केशवदास

●

केशवदास

डॉ. विजय पाल सिंह
भूतपूर्व अध्यक्ष, हिन्दी विभाग
काशी हिन्दू विश्वविद्यालय

लोकभारती प्रकाशन
पहली मंजिल, दरबारी बिल्डिंग, महात्मा गाँधी मार्ग, इलाहाबाद-1

लोकभारती प्रकाशन
पहली मंजिल, दरबारी बिल्डिंग, महात्मा गाँधी मार्ग
इलाहाबाद-211 001

वेबसाइट : www.lokbhartiprakashan.com
ईमेल : info@lokbhartiprakashan.com

शाखाएँ : 1-बी, नेताजी सुभाष मार्ग, दरियागंज
नयी दिल्ली-110 002
अशोक राजपथ, साइंस कॉलेज के सामने
पटना-800 006 (बिहार)
36-ए, शेक्सपियर सरणी
कोलकाता-700 017

मूल्य : ₹ 600

तीसरा लोकभारती संस्करण : 2015

त्रिवेणी ऑफसेट प्रिंटर्स
इलाहाबाद द्वारा मुद्रित

KESHAVDAS
Dr. Vijay Pal Singh

ISBN : 978-93-5221-072-5

श्रद्धेय

डॉ० हरवंश लाल शर्मा

एम० ए०, पी-एच० डी०, डी० लिट्०

की

सेवा में

सम्पादकीय

हिन्दी साहित्य का मध्य युग साहित्यिक वैभव की दृष्टि से अत्यंत संपन्न रहा है। इस युग के कलाकारों ने कविकर्म के साथ-साथ आचार्य-कर्म की भी महती साधना की थी। उनमें आचार्य कवि केशवदास का स्थान सर्वोपरि है। उनके कवि व्यक्तित्व तथा आचार्य व्यक्तित्व दोनों का हिन्दी-साहित्य में अपना विशिष्ट स्थान है। यह केवल प्रासंगिक नहीं था कि सूर-तुलसी की रसधारा में प्रवहमान साहित्यिकों की कई पीढ़ियों के लिए आचार्य केशव का पाण्डित्य एकमात्र सुदृढ़ आश्वासन था। कतिपय परवर्ती साहित्यिकों की इस आधार के प्रति शंका-कलुषित दृष्टि ही उनके समग्र कृतित्व का सम्यक् ईक्षण-आकलन करने में बराबर बाधा डालती रही है। साथ ही उनके कविकर्म तथा आचार्य-कर्म के पृथकशः अतएव खंडशः आकलन के परिणाम-स्वरूप उनका समुचित मूल्यांकन नहीं हो सका है। केशव के कवि व्यक्तित्व को उनके आचार्य व्यक्तित्व की सापेक्षता में समझने पर ही उनके प्रति न्याय किया जा सकता है, यह मेरी निश्चित धारणा है।

केशव पर अनेक ग्रन्थ लिखे जा चुके हैं, परन्तु सभी विद्वान लेखकों के गम्भीर तथा गवेषणापूर्ण विचार किसी एक ग्रन्थ में नहीं मिलते। इसी अभाव की पूर्ति के लिए प्रस्तुत ग्रन्थ का सम्पादन किया गया है। इसका ध्यान रखा गया है कि प्राचीन एवं नवीन सभी समीक्षकों की विचारधाराओं के साथ-साथ केशव समीक्षा के सभी महत्वपूर्ण अंगों का समावेश हो सके। मैं उन सभी विद्वान लेखकों तथा प्रकाशकों के प्रति अपनी हार्दिक कृतज्ञता ज्ञापित करता हूँ, जिनके समीक्षात्मक लेखों का मैंने इस संकलन में उपयोग किया है। मित्रवर दिनेश जी, रमेश जी ने इस ग्रन्थ को सहर्ष प्रकाशित किया है, अतः वे भी साधुवाद के पात्र हैं।

—विजय पाल सिंह

विषय-सूची

केशवदास

केशव का व्यक्तित्व और रचनाएँ

डॉ० रमेशचन्द्र मिश्र

केशवदास ने अपनी जन्म-तिथि के सम्बन्ध में अपनी रचनाओं में कहीं उल्लेख नहीं किया। आलोचकों का एक वर्ग[1] केशवदास का जन्म संवत् १६१२ विक्रम मानता है। दूसरा वर्ग[2] (लाला भगवानदीन, पीताम्बरदत्त बड़थ्वाल, प्रो० गौरीशंकर द्विवेदी) केशवदास का जन्म संवत् १६१८ विक्रम मानता है। इनके अतिरिक्त श्री गणेश प्रसाद द्विवेदी ('कवि और काव्य' ग्रन्थ में) संवत् १५०८ तथा शिवसिंह सेंगर संवत् १६२४ को भी केशवदास का जन्म-संवत् मानते हैं। सभी आलोचकों की मान्यता के पीछे मान लेने का आग्रह तो अवश्य है, किन्तु प्रामाणिक आधारभूत सामग्री का उल्लेख किसी ने नहीं किया। इसी प्रकार केशव के मृत्यु-संवत् के सम्बन्ध में भी विद्वान् एकमत नहीं हैं। आचार्य रामचन्द्र शुक्ल, मिश्रबन्धु, श्री रामनरेश त्रिपाठी, श्री गणेशप्रसाद द्विवेदी केशव का मृत्यु-संवत् १६७४ वि० मानते हैं। इनके अतिरिक्त पं० अम्बिकादत्त व्यास सं० १६७० वि० तथा श्री गौरीशंकर द्विवेदी संवत् १६८० वि० को केशव का मृत्यु

---

१. 'केशवदास सनाढ्य ब्राह्मण कृष्णदत्त के पौत्र और काशीनाथ के पुत्र थे। इनका जन्म संवत् १६११ और मृत्यु १६७४ के आसपास हुई।'
आचार्य रामचन्द्र शुक्ल—हिन्दी साहित्य का इतिहास, (ग्यारहवाँ संस्करण) पृ० १६१।

'केशवदास का जन्म संवत् १६१२ के लगभग टेहरी में हुआ था। ये ओरछा नरेश के दरबारी कवि, मंत्र-गुरु एवं मंत्री थे।'
डॉ० रामकुमार वर्मा—हिन्दी साहित्य का आलोचनात्मक इतिहास, (पंचम संस्करण), पृ० ४६४।

'ये महाशय सनाढ्य ब्राह्मण कृष्णदत्त के पौत्र और काशीनाथ के पुत्र थे। इनका जन्म ओड़छे में सं० १६१२ वि० के लगभग हुआ था। प्रसिद्ध कवि बलभद्र इनके भाई थे।......इनके शरीरान्त का समय सं० १६७४ विक्रम ठहरता है।'

—मिश्र बन्धु विनोद, प्रथम भाग, पृ० २७४।

२. देखिए—केशव और उनका साहित्य, (डॉ० विजयपालसिंह), पृ० ३३।

संवत् ठहराते हैं। डॉ० हीरालाल दीक्षित के अपने शोध-प्रबन्ध 'आचार्य केशवदास'[1] में उक्त दोनों वर्गों की मान्यताओं का विशद विवेचन करके केशवदास का जन्म-संवत् १६१२ तथा मृत्यु-संवत् १६७४ ही समीचीन ठहराया है।

अन्तः साक्ष्य—अपने प्रसिद्ध ग्रन्थ 'कविप्रिया' में केशव ने अपने वंश, पूर्वज तथा जीवन-परिचय-सम्बन्धी कुछ उल्लेखनीय बातों का संकेत दिया है—

'पुत्र भये हरिनाथ के कृष्णदत्त शुभ वेष।
सभा शाह संग्राम की जीती गढ़ी अशेष।।
तिनको बृत्ति पुराण की दीन्ही राजा रुद्र।
तिन के काशीनाथ सुत सोभे बुद्धि समुद्र।।
जिनको मधुकर शाह नृप वहुत कर्‌यो सनमान।
तिनके सुत वलभद्र शुभ प्रगटे बुद्धि निधान।।
बालहि तें मधुसाह नृप जिन पै सुनै पुरान।
तिनके सोदर द्वै भये केशवदास कल्यान।।

१. 'प्रकारान्तर से भी केशवदासजी का जन्म सं० १६१२ विक्रम मानना अधिक समीचीन है। महाराज इन्द्रजीतसिंह का जन्म सं० १६२० वि० माना गया है। अतएव 'रसिकप्रिया' के समय इनकी आयु लगभग २८ वर्ष की होती है। केशव के ही अनुसार इन्द्रजीतसिंह उन्हें गुरुवत् मानते थे, ('गुरु करि मान्यो इन्द्रजित तन मन कृपा विचारि।'—कविप्रिया, पृ० २१) अतः केशव की आयु उनसे अधिक रही होगी। किन्तु इन्द्रजीतसिंह के लिए 'रसिकप्रिया' जैसे शृङ्गारिक ग्रन्थ की रचना यह बतलाती है कि दोनों की आयु में बहुत अन्तर न था। 'रसिकप्रिया' की रचना के समय केशवदास और इन्द्रजीतसिंह की आयु में अधिक-से-अधिक सात-आठ वर्ष का अन्तर रहा होगा। इस प्रकार भी केशवदास का जन्म-संवत् लगभग १६१२ वि० ही मानना समीचीन है।

किंवदन्ती है कि तुलसीदास ने केशव का प्रेतयोनि से उद्धार किया था। इस किंवदन्ती से इतना तथ्य तो अवश्य ही प्रतीत होता है कि केशव की मृत्यु तुलसीदास की मृत्यु से पूर्व हो चुकी थी। तुलसीदासजी की मृत्यु सं० १६८० वि० में होना प्रसिद्ध है। अतः केशव की मृत्यु निश्चय ही सं० १६८० वि० के पूर्व हो चुकी थी। केशव की मृत्यु सं० १६७० वि० मानना भी अन्तस्साक्ष्य के आधार पर समीचीन नहीं है। केशव ने सं० १६६९ में 'जहाँगीर जस चंद्रिका' लिखी। ……अतएव सं० १६६९ वि० में केशव का स्वास्थ्य ऐसा अवश्य रहा होगा, जिसको देखते हुए कम-से-कम उन्हें अपनी मृत्यु की कोई सम्भावना न रही होगी। इसलिए केशव की मृत्यु सं० १६७४ वि० मानना ही अधिक उपयुक्त है।'

—आचार्य केशवदास, पृ० ३२-३३।

भाषा बोलि न जानहीं जिनके कुल के दास।
भाषा कभी भो मंदमति तेहि कुल केशवदास।।
गुरु करि मान्यो इन्द्रजित तनमन कृपा बिचारि।
ग्राम दिये इकबीस तब ताके पायँ पखारि।।
इन्द्रजीत के हेत पुनि राजा राम सुजान।
मान्यो मंत्री मित्र कै केशवदास प्रमान।।

—कविप्रिया, दूसरा प्रभाव, छन्द १३ से २१ तक

'कविप्रिया' के द्वितीय प्रभाव के विवरण से स्पष्ट होता है कि केशवदास जी का जन्म मिश्र उपाधिधारी सनाढ्य ब्राह्मण कुल में हुआ था। आपके पितामह कृष्ण-दत्त मिश्र को राजा रुद्रप्रताप के आश्रय में पुराण वृत्ति प्राप्त थी। कवि के पिता का नाम काशीनाथ था, जिनको राजा मधुकर शाह ने विशेष सम्मान प्रदान किया था। केशवदासजी तीन भाई थे—बड़े बलभद्र मिश्र और छोटे कल्याण मिश्र। केशवदास को परिस्थितिवश 'भाषा' में कविता करनी पड़ी थी, यद्यपि उनके कुल के दास भी संस्कृत में बोलते थे। महाराज इन्द्रजीतसिंह केशव को अपना गुरु मानते थे। उन्होने कवि को २१ गांव दान में दिये थे। इन्द्रजीतसिंह के बड़े भाई रामशाह भी केशव को मंत्री और मित्र मानते थे। अपने महाकाव्य 'रामचन्द्रिका' के प्रारम्भ में भी कवि ने अपना संक्षिप्त वंश-परिचय दिया है—

सनाढ्य जाति गुनाढ्य है जग सिद्ध शुद्ध सुभाव।
सुकृष्ण दत्त प्रसिद्ध है महि मिश्र पंडित राव।।
गणेश सो सुत पाइयो बुध काशिनाथ अगाध।
अशेष शास्त्र विचारि के जिन जान्यो मत साध।।
उपज्यो तेहि कुल मंद मति शठ कवि केशवदास।
रामचन्द्र की चन्द्रिका भाषा करी प्रकास।।

—रामचन्द्रिका, पूर्वार्द्ध, छन्द ४

उक्त परिचय 'कविप्रिया' में दिये हुए परिचय का ही शब्द-रूपान्तर है। 'राम-चन्द्रिका' को भाषा में लिखने की ही अधिक व्यंजना है। 'रसिकप्रिया' में दिया गया परिचय कुछ अधिक सूक्ष्म है—

नदी वैतवै तीर जहँ तीरथ तुंगारन्य।
नगर ओरछा बहु बसै, धरती तल में धन्य।।
दिन प्रति जहँ दूनो लहै, जहाँ दया अरुदान।
एक तहाँ केशव सुकवि, जानत सकल जहान।।

—रसिकप्रिया, प्रथम प्रभाव, छन्द ३, ५

इस उल्लेख से व्यंजित होता है कि केशवदास बुन्देलखण्ड के ओरछा राज्या-

न्तर्गत तुरंगारण्य के निकट बेतवा नदी[1] के किनारे बसे ओरछा नगर में निवास करते थे। वे श्रेष्ठ कवि थे, जिनका यश दूर-दूर तक फैला हुआ था। वास्तव में कवि केशव का जन्म-स्थान ओरछा ही रहा होगा, क्योंकि इनके काव्य में ओरछा-प्रदेश के प्रति विशेष आकर्षण दिखाई देता है। ऐसे छन्द लिखने वाला कवि कैसे हृदयहीन रहा होगा।

केशवदास ने अपने वैराग्य ग्रंथ 'विज्ञान गीता' में भी रामचन्द्रिका के समान ही ग्रंथ-परिचय दिया है, परन्तु कुछ विशेषता के साथ। देखिए—

केशव तुंगारन्य में, नदी बेतवै तीर।
जहाँगीरपुर बहु बसे, पंडित मंडित भीर।।
तहाँ प्रकाश सो निवास मिश्र कृष्णदत्त को।
अशेष पंडिता गुणी सुदास विप्र भक्त को।।
सुकाशिनाथ तस्यपुत्र विज्ञ काशिनाथ को।
सनाढ्य कुंभवार अंश वंश वेद व्यास को।।

—विज्ञान गीता, छन्द ३, ५

वृत्तिदई पुरुखानि की देहु बालकनि आसु।
मोहि आपनो जानि के, गंगा तट देउ बासु।।
वृत्ति दई पदवी दई, दूरि करो दुख त्रास।
जाइ करो सकलत्र श्री गंगातट बस बास।।

—विज्ञान गीता, छन्द ५७

'विज्ञान गीता' के उल्लेखों से यह स्पष्ट होता है कि राजा वीर सिंह देव ने केशव से मनोरथ पूर्ण करने के लिए कहा, जिस पर केशव ने कहा—'आपके पूर्व पुरुषों ने जो हमारे पूर्वजों को वृत्ति दी थी, उसे शीघ्र ही मेरे बालकों को प्रदान कीजिए। इससे प्रतीत होता है कि 'विज्ञान गीता' के रचनाकाल संवत् १६६७ तक केशव सपत्नीक थे, उनके एकाधिक संतान थी, राजा वीरसिंह ने केशव की पैतृक वृत्ति को रोक लिया था, जिसको उन्होंने केशव के द्वारा पुनः कामना करने पर प्रदान किया। यह भी प्रतीत होता है कि केशव का अन्तिम जीवन गंगा तट पर व्यतीत हुआ होगा।

---

१. बेतवा सरिता को इन्होंने गंगा के समान पवित्र माना है। सम्भव है कि इसी मोह के कारण ये तीर्थ-भूमि बेतवा प्रदेश को छोड़कर कहीं न जा सके।
देखिए—

ओरछे तीर तरंगिनि बेतवे ताहि तरे रिपु केशव कोहै।
अर्जुन बाहु प्रवाह प्रबोधित रेवा ज्योंराजन की रज मोहै।।
ज्योति जगै जमुना-सी लगै जग लोचन लोलित पाय वियो है।
सूर-सुता सुभ संगम तुंग तरंगित गंग-सी सोहै।।

—कविप्रिया, सातवां प्रभाव, छन्द १५

वीरसिंह देव-चरित, इस ऐतिहासिक काव्य-ग्रंथ से भी केशव के जीवन पर कुछ प्रकाश पड़ता है। जब राजा राम शाह और वीरसिंह देव आदि भाइयों में परस्पर युद्ध छिड़ा था, तब केशवदास वीरसिंह देव के पास सन्धि प्रस्ताव लेकर गये थे, जिनमें उन्हें आंशिक सफलता भी मिली थी। इससे यह प्रकट होता है कि वीर सिंह देव और राजा राम शाह दोनों ही केशव में विश्वास रखते थे। देखिए—

मंगद पायक प्रेम बनाय, पठये केशव मिश्र बनाय।
जो कछु करि आवहु सुप्रमान, यों कहि पठये राम सुजान।।
वीर सिंह : कासीसन के तुग कुलदेव, जानत हौ सबही के भेद।
जानत भूत भविष्य विचार, वर्तमान को समुझत सार।।
जिहि मग होय दुहुन को भलो, तेहि मग हौंहिं चलावौ चलौ।
केशव : यह सुनि केशवदास विचारि, बाद कही सुनिये सुखकारि।
नृपति मुकुट मनि मधुकर साहि, तिनके सुत द्वै दिन दुख दारि।
दुहुँ भाँति सुख के फर फरे, परमेश्वर तुम राजा करे।

—वीरसिंह देव चरित

बहिस्साक्ष्य—बहिस्साक्ष्य में शिवसिंह सरोज, मिश्रबन्धु विनोद का उल्लेख केशव के जन्म संवत् के सम्बन्ध में हो चुका है। इनके अतिरिक्त 'मूल गुसाईं चरित', 'कामरूप की कथा' तथा 'वैराग्य शतक' ये तीन रचनाएँ और मिलती हैं, जिनमें केशव का उल्लेख मिलता है। इनमें, 'मूल गुसाईं चरित' विशेष रूप से उल्लेख्य है, यद्यपि यह ग्रन्थ अप्रामाणिक है। बाबा बेणीमाधव दास ने अपनी इस रचना में लिखा है कि सं० १६४२ के लगभग केशवदास तुलसी से मिलने काशी गये थे। तुलसी ने उनके लिए 'प्राकृति कवि केशव को आने दो कहकर बुला भेजा।[1] केशव ने इसमें अपना अपमान समझा और लौटकर 'रामचन्द्रिका' की रचना की और पुनः तुलसी से मिले। 'प्रेत-योनि'[2] से उद्धार की बात भी 'गुसाई चरित' में है। 'गुसाईं चरित' वास्तव में केशव

---

१. कवि केशव बड़े रसिया। घनस्याम सुकुल नभ के बसिया।
कवि जानि के दरसन हेतु गए। रहि बाहिर सूचन भेजि दिए।
सुनि कै जु गुसाईं कहै इतनो। कवि प्राकृत केशव आवन दो।
फिरिगे झट केशव सो सुनि कै। निज तुच्छता आपुइते गुनि कै।
जब सेवक टेरउगे कहि कै। हौ भेटिहौं कालि्ह विनय गहि कै।
रचि राम सुचन्द्रिका रातिहि में। जुरे केशव जू असि घाटिहि में।
सतसंग जमी रस रंग मची। दोउ प्राकृत दिव्य विभूति षची।'

—मूल गुसाईं चरित, पृ० २५

२. "उडछै केसवदास, प्रेत हता घेरेउ मुनिहि।
उघरें विनहि प्रयास चढ़ि स्वरगहि गयौ।।"

—मूल गुसाईं चरित, पृ० ३०

के सम्बन्ध में किंवदन्ती गढ़ने में सहायक सिद्ध हुई है।

'कामरूप कथा' प्रेम-काव्य-परम्परा की रचना है। फिर भी इसमें सूफी सिद्धान्तों का प्रतिपादन नहीं है। यह रचना केशव के वंशज हरि सेवक मिश्र की है। नागरी प्रचारिणी सभा की खोज रिपोर्ट में इसका उल्लेख है। यह अभी अप्रकाशित है। इसमें लेखक ने अपना परिचय इस प्रकार दिया है—

'क्रस्नदत्त सुत गुन जलद कासिनाथ परवान।
तिनके सुत प्रसिद्ध हैं केसवदास कल्यान।
कवि कल्यान के तनय हुवे परमेस्वर इहि नाम।
तिनके पुत्र प्रसिद्ध हुवे प्रागदास इहि नाम।
तिन सुत हर सेवक कियो यह प्रबन्ध सुख दान।

इसमें परिचय संबंधी कोई विशेषता उल्लिखित नहीं है। इसी प्रकार देवकवि ने अपने 'वैराग्यशतक' में गंग, बीरबल और केशवदास का उल्लेख किया है—

केशव संगंग से प्रसिद्ध कविवर से जे,
कालहि गए न वृथा काल ही बितावहीं।
कविवर परम प्रवीन वीरवर केसौ,
गंग की सुकविताई गाई सतपाथी ने।
एक दल सहित बिलाने एक पल ही में,
एक भये भूत एक मींजि मारे हाथी ने।

केशव का स्वभाव

उपर्युक्त विवेचन से केशवदास का जन्म-संवत, मृत्यु-संवत, जाति (रामचन्द्रिका उत्तरार्ध) कुटुम्ब, (कविप्रिया, दूसरा प्रभाव) तथा निवास-स्थान का (कविप्रिया, छन्द ५) संक्षिप्त विवरण हुआ, अब हमें केशव के ग्रन्थों के माध्यम से उनके स्वभाव तथा स्वाभिमान के सम्बन्ध में देखना है। केशवदास स्वभाव से स्वाभिमानी कवि थे। भक्त कवियों के समान उनमें वाणी-दैन्य नहीं था। उन्हें अपने पांडित्य का अभिमान था, तभी तो वे अपने को 'केशवकवि सिर मौर' तथा 'विदित जहान' आदि कहते हैं। उन्होंने अपने वंश और जाति की मुक्त कण्ठ से प्रशंसा की है। केशवदास धन के लिए विशेष आकर्षित नहीं रहते थे, उसकी तुलना में आदर-सम्मान को विशेष महत्त्व देते थे। देखिए —

इन्द्रजीत तासों कह्यो मांगन मध्य प्रयाग।
मांग्यो सब दिन एक रस कीजै कृपा सभाग।।
योंही कह्यौ जु बीरबर मांगि जु मन में होय।
मांग्यो तब दरबार में मोहि न रोकै कोय।।

—कविप्रिया

स्वभाव से वे स्पष्टवादी और निडर थे। यह बात उनके ऐतिहासिक काव्य 'वीरसिंह देव-चरित' से भली प्रकार प्रकट होती है। उसमें उन्होंने राजा वीरसिंह देव के द्वारा आक्रमण किये जाने पर राजा राम शाह को उनकी कमियों से अवगत कराया है और वीरसिंह देव के निकट स्थायी सन्धि के लिए मध्यस्थ का भी कार्य किया। वीरसिंहदेव को भी उन्होंने राजा रामशाह के चरणों की सेवा करने की सलाह दी है।

स्पष्टता का उदाहरण रामचन्द्रिका से मिलता है। केशव राम-भक्त कवि होते हुए भी, राम के द्वारा सीता-त्याग को अनुचित ही बताते रहे हैं।[1] इसी प्रकार विभीषण के चरित्र को भी उन्होंने अति श्रेष्ठ और शुभ्र नहीं माना है।[2] विभीषण ने ज्येष्ठ भाई रावण की मृत्यु के पश्चात् उसकी पत्नी मन्दोदरी को पत्नी रूप में रखा, केशव की दृष्टि से यह चारित्रिक दोष अपराध है। राम-भक्त होने के कारण तुलसी ने विभीषण के इस दोष को उद्घाटित नहीं किया। किन्तु स्पष्टवादी कवि केशव से यह कथा दोष नहीं हुआ और स्पष्टतः उसका उल्लेख किया है।

केशव स्वभाव से रसिक थे, जैसा कि उनके इस प्रसिद्ध दोहे से व्यंजित होता है—

केशव केसन असि करी तस अरिहू न कराय।
चन्द्र वदनि मृग लोचनी बाबा कहि-कहि जाय॥

'मृगलोचनि चन्द्रवदनि' से बाबा सम्बोधन उनके युवा मन को सह्य न हो सका। कई आश्रयदाताओं के बीच में रहने पर भी उनकी विनोद-प्रियता दबकर समाप्त नहीं हुई।

आश्रयदाता—हिन्दी-साहित्य के तीन कवि ऐसे हैं जिन्हें अपने आश्रयदाताओं से विशेष सम्मान प्राप्त हुआ है। वे हैं—रासोकार चन्द्र, शिवराजभूषण के रचयिता भूषण और आचार्य कवि केशवदास। भूषण को अपने आश्रयदाता का मंत्री, मित्र और युद्ध-सहयोगी बनने का सौभाग्य नहीं मिला। जो नैकट्य पृथ्वीराज और चन्द में था वही इन्द्रजीतसिंह और केशव में था। केशव के 'कविप्रिया' में दिए गए कवि-वंश-वर्णन से यह प्रकट होता है कि राजा-महाराजाओं से प्राप्त सम्मान उनका पैतृक अधिकार था। उनके पितामह कृष्णदत्त, पिता काशीनाथ, अग्रज बलभद्र मिश्र ओरछा-नरेशों से सम्मानित होते रहे हैं। 'कविप्रिया' में एक छन्द ऐसा मिलता है, जिसमें महाराज चन्द्रसेन

---

१. 'पातक कौन तजी तुम सीता। पावन होत सुने जग गीता।
दोष विहीनहिं दोष लगावै। सो प्रभु यह फल काहे न पावै॥'

—रामचन्द्रिका, उत्तरार्ध

२. आउ विभीषण तू रणदूषण। एक तुही कुल को निज भूषण।
जूझ जुरे जो भगे भय जीके। शत्रु ही आनि मिले तुम नीके।
देव बधू जबहीं हरि ल्यायो। क्यों तब ही तजि ताहि न आयो।
यो अपने जिय के डर आयो। छुद्र सबै कुल छिद्र बतायो॥

—रामचन्द्रिका, उत्तरार्ध

का नाम आया है, जिससे प्रतीत होता है कि इनके प्रथम आश्रयदाता महाराज चन्द्रसेन ही थे। ये जोधपुर के महाराज मालदेव के पुत्र थे, जो सम्राट अकबर के अधीन थे। अपने पिता की मृत्यु के पश्चात् आजीवन मुगलों का सामना किया। केशव ने इनकी तलवार की प्रशंसा में लिखा है—

रजै रज केशवदास टूटत अरुणलार,
प्रतिभट अंकन ते अंक पै सरतु है।
सेना सुन्दरीन के विलोकि मुख भूषणनि,
किलकि किलकि जाही ताही को धरतु है।
गाढ़े गढ़ खेल ही खिलौननि ज्यों तोरि डारै,
जग जय यश चारु चंद्र को अरतु है।
चन्द्रसेन भुअपाल आँगन विशाल रण,
तेरो करवाल बाललीला सी करतु है।

महाराज चन्द्रसेन अपने पिता की मृत्यु (सं० १६२५—१६४२) से अपनी मृत्यु तक सिवाना के किले पर अधिकार किये थे। इसी बीच सम्भव है केशवदासजी सिवाना गये हों, जहाँ महाराज चन्द्रसेन से इन्हें सम्मान प्राप्त हुआ हो।

केशव के दूसरे आश्रयदाता महाराज इन्द्रजीतसिंह थे। आप ओरछाधीश थे। आपके बड़े भाई का नाम महाराज रामशाह था। महाराज रामशाह ने केशव को कछोवा की जागीर दी थी—

सुत सोदर नृप राम के यद्यपि बहु परिवार।
तदपि सबै इन्द्रजीत सिर राज काज को भार।।
कल्पवृक्ष सो दानि दिन सागर सो गंभीर।
केशव सूरो सूर सौ अर्जुन सो रणधीर।
ताहि कछोवा कमल सो गढ़ दीन्हों नृप राम।
विधि साधत बैठि तहं केशव बाम अबाम।।

—कविप्रिया, पहला प्रभाव, छन्द ३८-४०

केशव की 'रसिकप्रिया' की रचना इन्द्रजीतसिंह के दरबार में ही हुई थी। आप कविता प्रेमी, संगीत-प्रेमी, गुणग्राही राजा थे। केशव का अधिकांश समय आपके साथ ही व्यतीत हुआ है। केशव ने बड़े सम्मान से राजा इन्द्रजीत का नाम लिया है—

गुरु करि मान्यो इन्द्रजित तन मन कृपा विचारि।
ग्राम दये इकबीस तब, ताके पाय पखारि।
इन्द्रजीत के हेतु पुनि, राजाराम सुजान।
मान्यो मन्त्री मित्र कै केशवदास प्रमान।।

केशव के तीसरे आश्रयदाता महाराज इन्द्रजीतसिंह के भाई राजा वीरसिंहदेव हैं। केशव ने अपने काव्यग्रंथ 'वीरसिंहदेवचरित' में इनका यशगान बड़े विस्तार से किया है। 'विज्ञान गीता' की रचना भी कवि ने इन्हीं की प्रेरणा से को थी। आपके दान और

वीरता की प्रशंसा कवि ने भूरिशः की है—

राजा मधुकर शाह सुत राजा वीरसिंह
देव राजनि की मंडली में राजत जनक से
केशोराइ राजा वीरसिंह ही के नामहिं ते,
अरि राजराजनि के मद मुरझात हैं।
सजल जलद ऐसे दूरिते विलोकियत
पर दल दिल बल दल केशो पात हैं।

—विज्ञान गीता, छन्द २२, २६

केशव की 'कविप्रिया' के एक छन्द (३१) में किसी राजा अमरसिंह का भी उल्लेख है। यह नहीं कहा जा सकता कि ये अमरसिंह रीवा के राजा अमरसिंह थे अथवा महाराणा प्रतापसिंह के ज्येष्ठ पुत्र अमरसिंह थे। डॉ० हीरालाल दीक्षित ने महाराणा के पुत्र के सम्बन्ध में अपना मत दिया है। केशवदास ने अमरसिंह की प्रशंसा में लिखा है—

परम विरोधी अविरोधी ह्वै रहत सब,
दानिन के दानि कवि केशव प्रमान है।
अधिक अनंत आप, सोहत अनंत संग,
अशरण शरण, निरक्षक निधान है।
हुतभुक हितमति, श्रीपति बसत हिय,
भावत है गंगा जल, जग को निछान है।
केशोराय की सौं कहै केशोदास देखि देखि,
रुद्र की समुद्र की अमरसिंह रान है॥

—कविप्रिया

स्नेही मित्र—केशव ने 'वीरसिंहदेवचरित' में अपने स्नेही मित्र के रूप में महाराज अकबर के सभासद एवं नवरत्नों में से एक महेशदास दुबे उपनाम 'बीरबल' का उल्लेख किया है। 'मोरे हित' विशेषण शब्द से उनका नैकट्य बताया है। आपकी दान-प्रशंसा में 'कविप्रिया' के कई छन्द मिलते हैं। केशव समय-समय पर बीरबल से मिलने जाया करते थे। इसलिए उन्होंने बीरबल से कहा—'मांग्यो तब दरबार में मोहि न रोके कोय।' केशव के निम्न छन्द से प्रतीत होता है कि उन्होंने बहुत-सा धन पुरस्कार रूप में लिया होगा—

केशवदास के भाल लिख्यो विधि रंक को अंक बनाय संवार्‍यो।
धोये धुवे नहिं छूटो छुटै बहु तीरथ के जल जाय पखार्‍यो॥
ह्वै गयो रंक ते राव तबै जब वीरबली नृपनाथ निहार्‍यो।
भूलि गयो जग की रचना चतुरानन बाय रह्यो मुखचार्‍यो॥

—कविप्रिया, सातवाँ प्रभाव

राजा टोडरमल से भी कवि का परिचय था। आप शेरशाह सूरि और अकबर के विशेष

अधिकारी रहे हैं। परन्तु केशव ने टोडर के उदासीन स्वभाव के कारण विशेष सम्मान नहीं दिया है—

टोडर तुव मित्त मरे सब ही सुख सोयो।
मोरे हित बरबीर मरे दुख दीननि रोयो।।

—वीरसिंहदेवचरित

केशव के शिष्य-वर्ग में महाराज इन्द्रजीतसिंह की सभा-गायिका प्रवीणराय का नाम सर्वप्रथम लिया जा सकता है। कहते हैं कि केशव ने कविप्रिया की रचना प्रवीणराय को काव्य-शिक्षा देने के लिए ही की थी—

सविता जू कविता दई, ताकहँ परम प्रकास।
ताके काज कविप्रिया, कीन्हीं केशवदास।।

—कविप्रिया

प्रवीणराय की प्रशंसा करते हुए केशव ने उसकी तुलना उमा, रमा, शारदा तथा शिवा से की है—

रत्नाकर लालित सदा, परमानंदहि लीन।
अमल कमल कमनीय कर, रमा कि राय प्रवीन।।
राय प्रवीन कि शारदा सुचि रुचि रंजित अंग।
वीणा पुस्तक धारिणी राजहंस सुतसंग।।
वृषभवाहिनी अंग उर, बासुकि लसत प्रवीन।
शिवसंग सोहै सर्वदा, शिवा कि राय प्रवीन।।
नाचति गावति पढ़ति सब, सबै बजावत बीन।
तिनमें करत कवित्त इक, राय प्रवीन प्रवीन।।

—कविप्रिया

वास्तव में प्रवीण राय नाममात्र की वेश्या थी। वह महाराज इन्द्रजीतसिंह में ही परम आसक्त थी। इसीलिए उसने अकबर के निमन्त्रण की भी उपेक्षा कर दी थी और इसी सम्बन्ध से केशव ने उसकी इतनी प्रशंसा की है। साथ ही वह काव्य-कला-कुशल भी थी। कवि की प्रशंसा के लिए एकमात्र यही गुण बहुत है। महाराज इन्द्रजीत सिंह भी केशव को गुरुवत् मानते रहे हैं। उन्होंने गुरुदक्षिणा में उन्हें २१ गाँव भी दिए थे। अप्रत्यक्षतः रीतिकाल के सभी परवर्ती कवि केशव के शिष्य कहे जा सकते हैं, क्योंकि 'कविप्रिया' ग्रंथ सभी के लिए कवि-शिक्षा का ग्रन्थ है।

केशव से बिहारी का पिता-पुत्र सम्बन्ध—केशव से बिहारी का पिता-पुत्र संबंध सभी विद्वान् नहीं मानते। पं० गौरीशंकर द्विवेदी तथा बाबू जगन्नाथदास रत्नाकर इस मान्यता के प्रबल पक्षपाती हैं तथा डॉ० श्यामसुन्दर दास, गणेश प्रसाद द्विवेदी आदि उक्त मान्यता के विपक्ष में अपना मत देते हैं। इस मान्यता का सूत्रपात सर्वप्रथम सन् १८९५ में स्व० राधाकृष्णदासजी ने किया था। इस मान्यता के मूल में चार बातें थीं—(१) दोनों समकालीन थे, (२) बिहारी का वह दोहा—

जनम ग्वालियर जानिये, खंड बुंदेले बाल।
तरुनाई आई सुखद, मथुरा बसि ससुराल।।

जिसमें बिहारी का जन्म ग्वालियर में, लड़कपन बुन्देलखण्ड और युवावस्था ससुराल में बीती। (३) बिहारी के दोहों में बुन्देली के शब्दों का अधिक प्रयोग किया गया है। (४) बिहारी ने एक दोहे में 'केशोराय' शब्द का प्रयोग करके आदरपूर्वक केशव का नाम लिया है। विद्वानों ने उक्त पक्षों के समर्थन में बिहारी काव्य से उदाहरण भी दिए हैं। (इस सम्बन्ध में विशद वर्णन के लिए 'बिहारी रत्नाकर', 'बुन्देलखण्ड वैभव', प्रथम भाग; 'आचार्य केशवदास' (डॉ० हीरालाल दीक्षित) ग्रंथ विशेष रूप से द्रष्टव्य हैं।) 'बुन्देलखण्ड वैभव', प्रथम भाग में, 'केशव-पुत्रवधू' नाम से केशव की पुत्र-वधू का उल्लेख किया गया है। केशव के 'विज्ञान गीता' के साक्ष्य 'वृत्ति दई पुरखानि की, देउ बालकनि आसु' से इतना तो स्पष्ट होता ही है कि केशव कलत्रपुत्रादि से युक्त पारिवारिक व्यक्ति थे और उनकी पुत्रवधू की प्रसिद्धि श्वसुर किन्तु प्रसिद्ध कवि केशवदास के साथ हुई।

केशव की रचनाएँ—डॉ० हीरालाल दीक्षित ने अपने शोध-ग्रन्थ 'आचार्य केशवदास' में विविध प्रमाणों के आधार पर केशव के आठ ग्रन्थ प्रामाणिक माने हैं। कालक्रमानुसार वे हैं—

(१) रसिकप्रिया,—संवत् १६२८ विक्रम
(२) रामचन्द्रिका,—संवत् १६५८ विक्रम
(३) कविप्रिया,—संवत् १६५८ विक्रम
(४) रतनबावनी,—संवत् १६५८ से १६६४ तक
(५) वीरसिंहदेवचरित,—संवत् १६६४ विक्रम
(६) विज्ञान गीता,—संवत् १६६७ विक्रम
(७) जहाँगीर जसचन्द्रिका,—संवत् १६६९ विक्रम
(८) नखशिख,—लगभग संवत् १६५८ विक्रम

प्रामाणिक ग्रन्थों का संक्षिप्त परिचय यहाँ प्रस्तुत है—

(१) **रसिकप्रिया**—रसिकप्रिया के रचना-संवत् के सम्बन्ध में स्वयं कवि का साक्ष्य प्रस्तुत है—

संवत् सोरह सै बरस, बीते अड़तालीस।
कातिक सुदि तिथि सप्तमी, बार बरन रजनीस।।

—प्रथम प्रभाव, छन्द ११

उक्त साक्ष्य के अनुसार ग्रंथ की समाप्ति कार्तिक सुदी सतमी, चन्दवार संवत् १६४८ को हुई थी। कवि ने इस ग्रन्थ की रचना अपने आश्रयदाता इन्दजीतसिंह के प्रीत्यर्थ की थी। इसी सद्भावना के कारण प्रारम्भ में कवि उक्त रचना को स्वरचित बताता है किन्तु प्रत्येक प्रभाव के अन्त में इन्द्रजीतसिंह विरचित बताया है। साथ ही

रसिकों की रसिक वृत्ति के तोष के लिए भी कवि ने रचना प्रणयन का कारण दिया है। देखिए—

तिन कवि केशव सो कीन्हों धर्म सनेहु।
सब सुख दै करि यों कह्यो रसिकप्रिया करि देहु।।

—रसिकप्रिया, प्रथम प्रभाव, छन्द १०

'इति श्रीमन्महाराजकुमार इन्द्रजीत विरचितायां रसिक प्रियायां प्रच्छन्नप्रकाश संयोग वियोग वर्णनं नाम प्रथमः प्रभावः।'

अति रति-गति-भति एक करि, बिबिध-विबेक-बिलास।
रसिकन कों रसिकप्रिया, कीनी केशवदास।।'

—रसिकप्रिया, छन्द १२

वर्ण्यविषय की दृष्टि से देखा जाए तो 'रसिकप्रिया' काव्यशास्त्रीय ग्रंथ है। इसमें प्रधानतः श्रृङ्गार रस का वर्णन है। साथ ही काव्य-दोष और वृत्तियों का भी वर्णन है। किन्तु ग्रन्थ के अधिकांश भाग में श्रृङ्गार रस के विविध पक्षों का वर्णन है। ग्रन्थ सोलह प्रभावों में व्यवस्थित है। यह ग्रन्थ केशव के आचार्यत्व को सिद्ध करने में महत्त्व-पूर्ण है। इसमें स्थान स्थान पर काव्य-सौन्दर्य के भी दर्शन होते हैं। कवि का यह प्रथम लक्षण-ग्रंथ होते हुए भी भाव-चित्रण में सफल तथा शास्त्र-सिद्धान्त प्रतिपादन में महत्त्व-पूर्ण है।

(२) **रामचन्द्रिका**—केशव के सभी ग्रंथों में रामचन्द्रिका आकार में सबसे बड़ी रचना है और प्रसिद्धि की दृष्टि से सर्वाधिक प्रसिद्ध और चर्चित है। इस काव्य के सृजन की मूल प्रेरणा केशव को आदि कवि वाल्मीकि से मिली है—

बालमीकि मुनि स्वप्न में, दीन्हों दर्शन चारु।
केशव तिनसों यों कह्यो क्यों पाऊँ सुख सारु।।
मुनिपति यह उपदेश दै, जब ही भये अदृष्ट।
केशवदास तहीं कर्‌यो रामचन्द्र जू इष्ट।।

ग्रंथ की समाप्ति के सम्बन्ध में उल्लेख मिलता है—

सोरह सै अट्ठावने कातिक सुदि बुधवार।
रामचन्द्र की चन्द्रिका तब लीन्हों अवतार।।

अर्थात् कार्तिक सुदी बुधवार संवत् १६५८ को 'रामचन्द्रिका' महाकाव्य की रचना समाप्त हुई।

यद्यपि 'रामचन्द्रिका' राम-कथा-सम्बन्धी महाकाव्य है, फिर भी इसमें वर्णित कथा वही नहीं है और न वही क्रम है, जो वाल्मीकि रामायण और रामचरित-मानस का है। पूर्वार्द्ध में कथा-क्रम कुछ-कुछ साम्य भी रखता है किन्तु उत्तरार्द्ध में कवि की स्वयं की उद्‌भावना और व्यवस्था है। इस काव्य के माध्यम से कवि का पाण्डित्य प्रदर्शित हुआ है। संवाद-योजना, अलंकार-योजना, छन्द-योजना की दृष्टि से यह काव्य कवि के कौशल को ही प्रस्तुत करता है। इसमें कवि ने कथात्मक परम्परा, मार्मिक

स्थलों को ही स्वीकारने की परम्परा, अध्यायों में ही कथा को बाँधने की परम्परा को तोड़ा है। यह उन्तालीस (३८) प्रकाशों में व्यवस्थित है। वास्तव में यह ग्रन्थ भी काव्य-शास्त्रीय पीठिका को प्रयोग में प्रस्तुत करके ही रचा गया है। विभीषण और सुग्रीव के चरित्रों को कवि ने ज्यों-का-त्यों स्वीकार नहीं किया और न सीता-परित्याग के दोष से राम को वैसे ही मुक्त किया है। उनका स्पष्टवादी स्वर अपने ढंग से उक्त प्रसंगों की अवतारणा करता है।

(३) **कविप्रिया**—यह रचना काव्य-शिक्षा सम्बन्धी ग्रन्थ है, जिसकी रचना केशव ने अपनी प्रधान शिष्या प्रवीण राय को कवि-शिक्षा देने के लिए की थी—

सविता जू कविता दई, ताकहँ परम प्रकास।
ताके काज कवि प्रिया, कीन्हीं केशवदास।। —कविप्रिया

इस ग्रन्थ की समाप्ति फाल्गुन सुदी पंचमी बुधवार संवत् १६५८ विक्रम में हुई थी। देखिए—

प्रगट पंचमी को भयो कविप्रिया अवतार।
सोरह से अट्ठावनो फाल्गुन सुदि बुधवार।। —कविप्रिया

काव्य-जिज्ञासुओं को शिक्षा देने के लिए भी कवि ने ग्रन्थ का उद्देश्य उल्लिखित किया है—

समुझैं बाला बालकहु, वर्णन पंथ अगाध।
कविप्रिया केशव करी, छमियो कवि अपराध।।

—कविप्रिया

गुरुगंभीर शास्त्रीय विषयों को कविप्रिया के माध्यम से बालाओं और बालबुद्धि के काव्य-रसिकों को भी कवि-शिक्षा सुलभ कर दी है। इस काव्य-रचना की व्यवस्था भी सोलह प्रभावों में है। यह ग्रंथ भी कवि केशव के आचार्यत्व की पुष्टि करता है। यह लक्षण ग्रन्थों की परिपाटी में महत्त्वपूर्ण ग्रन्थ है। इसमें लक्षण दोहों में तथा उसका उदाहरण कवित्त-सवैयों में प्रस्तुत किया गया है। काव्य की दृष्टि से भी कुछ उदाहरण अत्यन्त सरस हैं। इस ग्रन्थ के द्वारा ही वे कवि और आचार्य दोनों सिद्ध होते हैं। अलंकारवादी कवि केशव ने इस रचना के माध्यम से अलंकारों के महत्त्व को सर्वोपरि सिद्ध करने का प्रयत्न किया है।

(४) **रतनबावनी**—यह प्रशंसापरक ग्रन्थ है। इसकी रचना ओड़छा नरेश मधुकरशाह के पुत्र युवराज रतनसेन की प्रशंसा में हुई है। रतनसेन ने बादशाह अकबर की विशाल-वाहिनी का सामना करते हुए युद्ध में वीरगति पाई थी। इस ग्रन्थ में एक घटना का उल्लेख है, जिसके अनुसार रतनसेन के पिता मधुकरशाह अकबर के दरबार में ऊँचा जामा पहनकर गये थे। बादशाह ने इसका कारण पूछा तो उन्होंने सरलता से कह दिया कि 'मेरे देश की भूमि कंटकमय है।' इन शब्दों में अकबर को व्यंग्य प्रतीत हुआ और कहा कि 'मैं तुम्हारा देश देखूंगा।' कुछ समय पश्चात् अकबर ने ओड़छा पर चढ़ाई कर दी।

यह ग्रन्थ डिंगल-कविता शैली में लिखा गया है। इसमें छप्पय छन्दों का बाहुल्य है, जिनमें द्वित्व शब्दों के प्रयोग की बहुलता है। यह छोटी रचना बड़ी ओजपूर्ण है। इसमें कुंवर रतनसेन के पराक्रमी जीवन की अभिव्यक्ति हुई है। पुत्र रतनसेन ने अपने पिता की आज्ञा के अनुसार शाही सेना का डटकर सामना किया और अन्त में स्वयं वीरगति को प्राप्त हुआ। नायक ने जन्मभूमि की रक्षा के लिए अपने प्राणों को तुच्छ समझा। इसमें वीररस का अच्छा परिपाक हुआ है।

इस ग्रन्थ का नाम तो 'बावनी' है। इसमें ५३ छन्द हैं। हो सकता है एक छंद प्रक्षिप्त हो। यह रचना प्रबन्ध-काव्य शैली में है। इस ग्रन्थ में रचना-काल नहीं दिया हुआ। अनुमानतः इसका रचनाकाल 'रामचन्द्रिका' के पश्चात् तथा 'वीरसिंहदेवचरित' (संवत् १६६४) से पहले रहा हो।

(५) **वीरसिंहदेवचरित**—यह ऐसिहासिक प्रबन्ध-काव्य है, जो तेंतीस प्रकाशों में व्यवस्थित है। इसके रचना-संवत् के सम्बन्ध में ग्रन्थ का साक्ष्य है—

संवत् सोरह सै तैंसठा। बीति गए प्रगटे चौंसठा।
अनल नाम संवत्सर लग्यौ। भाग्यो दुख सब सुख जगमग्यो।
ऋतु बसंत है स्वच्छ विचार। सिद्धि जोग मिति बसु बुधवार।
सुकुल पच्छ कवि केशवदास। कीनो वीर चरित्र प्रकास।।

—वीरसिंहदेवचरित

अर्थात् उक्त काव्य-ग्रंथ की परिसमाप्ति वसंत ऋतु के शुक्ल पक्ष की अष्टमी बुधवार संवत् १६६४ विक्रम में हुई थी। इसकी रचना संवाद-शैली में है। इसका प्रारम्भ ओड़छा नगर की प्रसिद्ध देवी 'विन्ध्यवासिनी' तथा दान और लोभ के पारस्परिक वार्तालाप के रूप में हुई है। दान और लोभ एक-दूसरे को नीचा सिद्ध करने का प्रयत्न करते हैं। दूसरे प्रकाश में ओड़छा नरेश वंश-परिचय तथा तीसरे प्रकाश से चौदहवें तक मधुकरशाह के पुत्रों के पारस्परिक विरोध तथा ईर्ष्याजन्य वैमनस्य का वर्णन है। अकबर की सेनाओं से उनका विस्तृत युद्ध-वर्णन भी हुआ है। इसमें अकबर की मृत्यु और वीरसिंहदेव का समस्त ओड़छा प्रदेश का अधिपति होने का वर्णन भी है। पन्द्रहवें प्रकाश से लेकर तेंतीसवें प्रकाश तक वीरसिंहदेव की दिनचर्या, उसके ऐश्वर्य एवं पराक्रम का विशद वर्णन है। 'वीरचरित' में अनेक स्थानों पर कवि ने प्रकृति का सुन्दर चित्रण किया है जिसमें नगर, सरोवर, वाटिका, राजमहल, शयनागार आदि के बिम्ब प्रभावी बन पड़े हैं। अन्तिम प्रकाशों में राजा की दानशीलता, राजनीतितत्परता का भी वर्णन है। इसके अन्तिम प्रकाशों पर रामचन्द्रिका के उत्तरार्द्ध की झलक दिखाई देती है। इसमें 'क्रोध' आदि भावों का सुन्दर वर्णन है। वीररस के अतिरिक्त भी अन्य रसों का उल्लेख है। इस ग्रन्थ का जितना ऐतिहासिक महत्त्व है उतना काव्यात्मक नहीं है।

(६) **विज्ञान गीता**—यह ग्रन्थ कवि के वैराग्य काल की कृति है। जीवन के उत्तरार्द्ध तक आते-आते कवि का दार्शनिक दृष्टिकोण प्रबल हो उठा था। यह रचना एक रूपक के रूप में लिखी गई है, जिसमें दार्शनिक विचार एवं भक्तिभावना की अभि-

व्यक्ति प्रभावी बन पड़ी है। इस पर श्रीमद्भागवत् गीता का स्पष्ट प्रभाव है। शान्त रस की अखिल धारा शमप्रधान मन को कारुण्य से स्निग्ध कर देती है।

इसकी रचना संवत् १६६७ विक्रम में हुई थी—

सोरह सै बीते बरस, विमल सतसठा पाइ।
भई ज्ञान गीता प्रगट सवही को सुखदाइ।।

—विज्ञान गीता

कवि को इस ग्रन्थ के लिखने की प्रेरणा महाराज वीरसिंहदेव से प्राप्त हुई थी।

इसमें कुल इक्कीस प्रभाव हैं। दो राजाओं के रूप में मोह और विवेक का प्रतीकत्व मिला है। महामोह की रानी मिथ्या दृष्टि है और दुराशा, तृष्णा, चिन्ता आदि उसकी दासी हैं। क्रोध, काम आदि मोह के सेनापति हैं, जो समय-समय पर उसे सलाह भी देते हैं। आलस्य और रोग उसके प्रबल शूरवीर हैं, छल, कपटादि उसके चाकर। दूसरी ओर विवेक महाराज की पटरानी बुद्धि है। श्रद्धा, करुणा आदि अन्य रानियाँ हैं। शील, सन्तोष, दान, अनुराग, सम-दम आदि सात्विकगुण उसके कुटुम्बी हैं। सत्संग, राजधर्म, विजय आदि विवेक के मंत्री और सभासद हैं। धैर्य उसका राज-दूत है। महामोह विवेक को नष्ट करना चाहता है, इसलिए दोनों में युद्ध ठन जाता है। विवेक का प्रधान गढ़ काशी है, जिस पर अधिकार करने के लिए महामोह पूरी तत्परता दिखाता है। वह अपने दूतों को पहले काशी भेजता है, जो बहुतों को अपनी ओर मिला लेते हैं। महामोह के विस्तृत प्रभाव को प्रदर्शित करने के लिए, प्रमुख स्थानों पर उनकी विजय का विस्तृत वर्णन है। अन्त में महामोह काशी पहुँचता है, जहाँ दोनों की सेनाओं में घमासान युद्ध होता है। अन्त में महामोह पराजित होता है और विवेक को विजयश्री प्राप्त होती है। इस प्रकार एक दार्शनिक विषय को भी कवि ने काव्य-दृष्टि के माध्यम से सरस बनाने का प्रयत्न किया है। इस ग्रंथ के माध्यम से तत्कालीन समाज एवं वातावरण का भी संकेत मिलता है। रस की दृष्टि से इसे शान्त रस की कृति कह सकते हैं।

(७) **जहाँगीरजसचन्द्रिका**—इस कृति का रचना-संवत् इस प्रकार दिया हुआ है—

सोरह सै उनहत्तराँ, माधव मास विचारु।
जहाँगीर सक साहि की करी चंद्रिका चारु।।

—जहाँगीरजसचंद्रिका

इस ग्रन्थ की रचना चैत्र मास के संवत् १६६९ में हुई थी। इसका वर्ण्य रूपक भी सांकेतिक ही है। उद्यम और भाग्य दोनों एक-दूसरे को नीचा दिखाने का प्रयत्न करते हैं। अन्त में निर्णय के लिए दोनों शिव के पास जाते हैं। शिवजी उन्हें बादशाह जहाँगीर के पास भेजते हैं। जब दोनों राजधानी आगरा में पहुँचते हैं, तो पहले कवि राजधानी का वर्णन करता है। फिर दोनों राजसभा में पहुँचते हैं। यहीं कवि जहाँगीर, सभासद एवं अन्य उपस्थित राजाओं का वर्णन करता है। तत्पश्चात् राजा उद्यम और

भाग्य दोनों का आदर-सत्कार करता है। अन्त में अपना निर्णय देता है कि उद्यम और भाग्य में कोई छोटा-बड़ा नहीं है, दोनों ही समान हैं। अन्त में कवि, उद्यम और भाग्य जहाँगीर की प्रशंसा में छन्द पढ़ते हैं और उसे आशीर्वाद देते हैं। यहीं ग्रन्थ की समाप्ति होती है। कवित्व की दृष्टि से रचना साधारण कोटि की है। राजदरबार का वर्णन सजीव और आँखों देखा-सा प्रतीत होता है।

(८) **नखशिख**—काव्य की दृष्टि से यह रचना उच्चकोटि की है। इसमें कवि परम्परा के अनुसार राधा के अंगों का नख से शिख तक सर्वांग वर्णन है। कवि परंपरा में प्रसिद्ध अंग-प्रत्यंगों के लिए प्रसिद्ध उपमानों की योजना हुई है। तत्पश्चात् उपमानों की सहायता से ही कवित्तों की योजना है। इसकी रचना का उद्देश्य 'नख शिख वर्णन' के क्षेत्र में कवियों का शिक्षा देना है—

'इहि विधि बरणहु सकल कवि अविरल छवि अंग-अंग।' 'कविप्रिया' में उल्लिखित है—

कही जो पूरव पंडितनि ताकी जितनी जानि।
तिनकी कविता अंग की उपमा नहीं बखान॥

अर्थात् कवि ने कवि परम्परा प्रसिद्ध उपमानों की सहायता से नायिका के अंग-प्रत्यंगों का सरस वर्णन किया है।

'नख-शिख' रचना का रचना-संवत् अन्धकाराच्छन्न है। विद्वानों का मत है कि यद्यपि इसका उल्लेख 'कविप्रिया' के चौदहवें और पन्द्रहवें प्रकाशों के मध्य में हुआ है, किन्तु यह स्वतन्त्र कृति है। यदि यह कविप्रिया का ही अंग होती तो इसका वर्णन पृथक् प्रकाश में होना चाहिए था। 'कविप्रिया' के चौदहवें प्रकाश में उपमालंकार का वर्णन है। सम्भव है अपनी शिष्या प्रवीणराय को उपमालंकार समझाते समय प्रसंगवश केशव ने नायिका के अंग-प्रत्यंगों के लिए प्रयुक्त, कवि परम्परा में प्रसिद्ध उपमानों को भी समझा देना उचित समझा हो। जो भी हो नख-शिख के सम्बन्ध में रचना समर्थ है।

उक्त आठ ग्रन्थों के अतिरिक्त (१) जैमुनि की कथा, (२) हनुमान जन्म लीला, (३) बालि चरित्र, (४) आनन्द लहरी, (५) रसललित, (६) कृष्णलीला, (७) अमी घूंट—ये सात अप्रामाणिक तथा रामालंकृत मंजरी यह संदिग्ध ग्रन्थ भी केशव के नाम से उल्लिखित हैं। नागरी प्रचारिणी सभा की खोज रिपोर्ट में इनका उल्लेख है, किन्तु ये ग्रन्थ प्रसिद्ध आचार्य कवि केशवदास मिश्र के नहीं हैं, किन्हीं अन्य केशवगिरि, केशवराय, केसोराइ अथवा निर्गुण मार्गी केशवदास के होंगे। इन ग्रंथों का आचार्य केशव कृत न होने का प्रबल प्रमाण प्रामाणिक ग्रन्थों के कार्य विषय की पुनरावृत्ति, भाषा-शैली में अन्तर तथा अन्तस्साक्ष्य एवं बाह्य साक्ष्य का अभाव ही है।

●

केशवदास

रामचन्द्र शुक्ल

ये सनाढ्य ब्राह्मण कृष्णदत्त के पौत्र और काशीनाथ के पुत्र थे। इनका जन्म संवत् १६१२ में और मृत्यु १६७४ के आस-पास हुई। ओरछा नरेश महाराज रामसिंह के भाई इन्द्रजीतसिंह की सभा में ये रहते थे, जहाँ इनका बहुत मान था। इनके घराने में बराबर संस्कृत के अच्छे पण्डित होते आए थे। इनके बड़े भाई बलभद्र मिश्र भाषा के अच्छे कवि थे। इस प्रकार की परिस्थिति में रहकर ये अपने समय के प्रधान साहित्य-शास्त्रज्ञ कवि माने गए। इनके आविर्भाव काल से कुछ पहले ही रस, अलंकार आदि काव्यांगों के निरूपण की ओर कुछ कवियों का ध्यान जा चुका था। यह स्वाभाविक भी था, क्योंकि हिन्दी काव्य-रचना प्रचुर मात्रा में हो चुकी थी। लक्ष्य-ग्रन्थों के उपरान्त ही लक्षण-ग्रंथों का निर्माण होता है। केशवदासजी संस्कृत के पण्डित थे, अतः शास्त्रीय पद्धति से साहित्य-चर्चा का प्रचार भाषा में पूर्ण रूप से करने की इच्छा इनके लिए स्वाभाविक थी।

केशवदास के पहले सं० १५८८ में कृपाराम थोडा रस-निरूपण कर चुके थे। इसी समय में चरखारी के मोहनलाल मिश्र ने 'शृङ्गार सागर' नामक एक ग्रन्थ शृङ्गार रस संबंधी लिखा। नरहरि कवि के साथ अकबरी दरबार में जानेवाले करनेश कवि ने 'कर्णाभरण', 'श्रुतिभूषण' और 'भूपभूषण' नामक तीन ग्रन्थ अलंकार-संबंधी लिखे, पर अब किसी कवि ने संस्कृत साहित्यशास्त्र में निरूपित काव्यांगों का पूरा परिचय नहीं कराया था। यह काम केशवदास ने किया।

ये काव्य में अलंकार का स्थान प्रधान समझनेवाले चमत्कार-कवि थे, जैसे कि इन्होंने स्वयं कहा है—

जदपि सुजाति सुलच्छनि सुबरन सरस सुवृत्त।
भूषन बिनु न बिराजई कविता, बनिता मित्त।।

अपनी इसी मनोवृत्ति के अनुसार इन्होंने भामह, उद्भट और दंडी आदि प्राचीन आचार्यों का अनुसरण किया जो रस, रीति आदि सब-कुछ अलंकार के ही अन्तर्गत लेते थे; साहित्यशास्त्र को अधिक व्यवस्थित और समुन्नत रूप में लानेवाले मम्मट, आनंदवर्द्धनाचार्य और विश्वनाथ का नहीं। अलंकार के सामान्य और विशेष दो भेद करके इन्होंने इसके अन्तर्गत वर्णन की प्रणाली ही नहीं, वर्णन के विषय भी ले लिए थे। 'अलंकार' शब्द का प्रयोग इन्होंने व्यापक अर्थ में किया है। वास्तविक

अलंकार इनके विशेष अलंकार ही हैं। अलंकारों के लक्षण इन्होंने दंडी के 'काव्यादर्श' से तथा और बहुत-सी बातें अमर-रचित 'काव्यकल्पलता वृत्ति' और केशव मिश्र-कृत 'अलंकार-शेखर' से ली हैं।

पर केशव के पचास या साठ वर्ष पीछे हिन्दी में लक्षण ग्रन्थों की जो परंपरा चली वह केशव के मार्ग पर नहीं चली। काव्य के स्वरूप के सम्बन्ध में तो वह रस की प्रधानता माननेवाले काव्य प्रकाश और साहित्यदर्पण के पक्ष पर रही और अलंकारों के निरूपण में उसने अधिकतर चन्द्रालोक और कुबलयानन्द का अनुसरण किया। इसी से केशव के अलंकार-लक्षण हिन्दी में प्रचलित अलंकार-लक्षणों से नहीं मिलते। केशव ने अलंकारों पर 'कविप्रिया' और रस पर 'रसिकप्रिया' लिखी।

इन ग्रन्थों में केशव का अपना विवेचन कहीं नहीं दिखाईं पड़ता। सारी सामग्री कई संस्कृत ग्रन्थों से ली हुई मिलती है। नामों में अवश्य कहीं-कहीं थोड़ा हेर-फेर मिलता है जिससे गड़बड़ी के सिवा और कुछ नहीं है। 'उपमा' के जो बाइस भेद केशव ने रखे हैं उनमें से पन्द्रह तो ज्यों-के-त्यों दण्डी के हैं, पाँच के केवल नाम भर बदल दिए गए हैं। शेष रहे दो—संकीर्णोपमा और विपरीतोपमा। इनमें विपरीतोपमा को तो उपमा कहना ही व्यर्थ है। इसी प्रकार 'आक्षेप' के जो नौ भेद केशव ने रखे हैं उनमें चार तो ज्यों-के-त्यों दंडी के हैं। पाँचवाँ 'मरणाक्षेप' दंडी का 'मूर्च्छा क्षेप' ही है। कविप्रिया का 'प्रेमालंकार' दंडी के (विश्वनाथ के नहीं) 'प्रेयस' का ही नामान्तर है। 'उत्तर' अलंकार के चारों भेद वास्तव में पहेलियाँ हैं। कुछ भेदों को दंडी से लेकर भी केशव ने उनका और-का-और ही अर्थ समझा है।

केशव के रचे सात ग्रन्थ मिलते हैं—'कविप्रिया', 'रसिकप्रिया', 'रामचन्द्रिका', 'वीरसिंहदेवचरित', 'विज्ञानगीता', रतनबावनी', और 'जहाँगीरजसचन्द्रिका'।

केशव को कविहृदय नहीं मिला था। उनमें वह सहृदयता और भावुकता न थी जो एक कवि में होनी चाहिए! वे संस्कृत साहित्य से सामग्री लेकर अपने पांडित्य और रचनाकौशल की धाक जमाना चाहते थे। पर इस कार्य में सफलता प्राप्त करने के लिए भाषा पर जैसा अधिकार चाहिए वैसा उन्हें प्राप्त न था। अपनी रचनाओं में उन्होंने अनेक संस्कृत काव्यों की उक्तियाँ लेकर भरी हैं। पर उन उक्तियों को स्पष्ट रूप से व्यक्त करने में उनकी भाषा बहुत कम समर्थ हुई है। पदों और वाक्यों की न्यूनता, अशक्त फालतू शब्दों के प्रयोग और सम्बन्ध के अभाव आदि के कारण भाषा भी अप्रांजल और ऊबड़खाबड़ हो गई है और तात्पर्य भी स्पष्ट रूप से व्यक्त नहीं हो सका है। केशव की कविता जो कठिन कही जाती है, उसका प्रधान कारण उनकी यही त्रुटि है—उनकी मौलिक भावनाओं की गम्भीरता या जटिलता नहीं। 'रामचन्द्रिका' में 'प्रसन्नराघव', 'हनुमन्नाटक', 'अनर्घराघव', 'कादम्बरी' और 'नैषध' की बहुत-सी उक्तियों का अनुवाद करके रख दिया है। कहीं-कहीं अनुवाद अच्छा न होने के कारण उक्ति विकृत हो गई है; जैसे प्रसन्नराघव के 'प्रियतमपदैरंकितान्भूमिभागान्' का अनुवाद 'प्यौ-पद पंकज ऊपर' करके केशव ने उक्ति को एकदम बिगाड़ डाला है। हाँ जिन

उक्तियों में जटिलता नहीं है—समास शैली का आश्रय नहीं लिया गया है—उनके अनुवाद में कहीं-कहीं बहुत सफलता प्राप्त हुई है, जैसे भरत के प्रश्न और कैकेयी के उत्तर में—

मातु कहाँ नृप तात ? गए सुरलोकहिं; क्यों ? सुत-शोक लए ।

जो कि हनुमन्नाटक के एक श्लोक का अनुवाद है ।

केशव ने दो प्रबन्ध-काव्य लिखे—एक 'वीरसिंहदेव-चरित', दूसरा 'रामचन्द्रिका'। पहला तो काव्य ही नहीं कहा जा सकता । इसमें वीरसिंहदेव का चरित तो थोड़ा है, दान-लोभ आदि के संवाद भरे हैं । 'रामचन्द्रिका' अवश्य एक प्रसिद्ध ग्रन्थ है । पर यह समझ रखना चाहिए कि केशव केवल उक्ति-वैचित्र्य और शब्दक्रीड़ा के प्रेमी थे । जीवन के नाना गम्भीर और मार्मिक पक्षों पर उनकी दृष्टि नहीं थी । अतः वे मुक्तक रचना के ही उपयुक्त थे, प्रबन्ध-रचना के नहीं । प्रबन्धपटुता उनमें कुछ भी न थी । प्रबन्ध-काव्य के लिए तीन बातें अनिवार्य हैं—१. सम्बन्ध निर्वाह, २. कथा के गम्भीर और मार्मिक स्थलों की पहचान और ३. दृश्यों की स्थानगत विशेषता ।

सम्बन्ध-निर्वाह की क्षमता केशव में न थी । उनकी 'रामचन्द्रिका' अलग-अलग लिखे हुए वर्णनों की संग्रह-सी जान पड़ती है । कथा का चलता प्रवाह न रख सकने के कारण ही उन्हें बोलने वाले पात्रों के नाम नाटकों के अनुकरण पर पद्यों से अलग सूचित करने पड़े हैं । दूसरी बात भी केशव में बहुत कम पाई जाती है । रामायण की कथा का केशव के हृदय पर कोई विशेष प्रभाव रहा हो, यह बात नहीं पायी जाती । उन्हें एक बड़ा प्रबन्ध-काव्य भी लिखने की इच्छा हुई और उन्होंने उसके लिए राम की कथा ले ली । उस कथा के भीतर जो मार्मिक स्थल हैं उनकी ओर केशव का ध्यान बहुत कम गया है । वे ऐसे स्थलों को या तो छोड़ गये हैं और यों ही इतिवृत्त मात्र कहकर चलता कर दिया है । राम आदि को वन की ओर जाते देख मार्ग में पड़ने वाले लोगों से कुछ कहलाया भी तो यह कि 'किधौं मुनिशाप-रत, किधौं कोऊ ठग हो ।' ऐसा अलौकिक सौंदर्य और सौम्य आकृति सामने पाकर सहानुभूतिपूर्ण शुद्ध सात्विक भावों का उदय होता है, इसका अनुभव शायद एक-दूसरे को संदेह की दृष्टि से देखने वाले नीति-कुशल दरबारियों के बीच रहकर केशव के लिए कठिन था ।

दृश्यों की स्थानगत विशेषता (लोकल कलर) केशव की रचनाओं में ढूंढ़ना तो व्यर्थ ही है । पहली बात तो यह है कि केशव के लिए प्राकृतिक दृश्यों में कोई आकर्षण नहीं था । वे उनकी देशगत विशेषताओं का निरीक्षण करने क्यों जाते ? दूसरी बात यह कि केशव के बहुत पहले से ही इसकी परंपरा एक प्रकार से उठ चुकी थी । कालिदास के दृश्यवर्णनों में देशगत विशेषताओं का जो रंग पाया जाता है, वह भवभूति तक तो कुछ रहा, उसके पीछे नहीं । फिर तो वर्णन रूढ़ हो गए । चारों ओर फैली हुई प्रकृति के नाना रूपों के साथ केशव के हृदय का सामंजस्य कुछ भी न था । अपनी इस मनोवृत्ति का आभास उन्होंने यह कहकर कि—

देखे मुख भावै, अनदेखेई कमल चंद ।
ताते मुख मुखै, सखी, कमलौ न चंद री ।।

साफ दे दिया है। ऐसे व्यक्ति से प्राकृत दृश्यों के सच्चे वर्णन की भला क्या आशा की जा सकती है ? पंचवटी और प्रवर्षण गिरि जैसे रमणीय स्थलों में शब्दसाम्य के आधार पर श्लेष के एक भद्दे खिलवाड़ के अतिरिक्त और कुछ न मिलेगा। केशव द्वारा शब्द-साम्य के सहारे जो उपमान लाये गये हैं वे किसी रमणीय दृश्य से उत्पन्न सौन्दर्य की अनुभूति के सर्वथा विरुद्ध या बेमेल हैं—जैसे प्रलयकाल, पांडव, सुग्रीव, शेषनाग। सादृश्य या साधर्म्य की दृष्टि से दृश्यवर्णन में जो उपमाएँ, उत्प्रेक्षाएँ आदि लाई गई हैं वे भी सौन्दर्य की भावना में वृद्धि करने के स्थान पर कुतूहल मात्र उत्पन्न करती हैं। जैसे श्वेत कमल के छत्ते पर बैठे हुए भौंरे पर यह उक्ति—

केशव केशवराय मनो कमलासन के सिर ऊपर सोहै।

पर कहीं-कहीं रमणीय और उपयुक्त उपमान भी मिलते हैं; जैसे जनकपुर के सूर्योदय-वर्णन में, जिसमें 'कापालिक काल' को छोड़कर और सब उपमान रमणीय हैं।

सारांश यह कि प्रबन्ध-काव्य रचना के योग्य न तो केशव में अनुभूति ही थी, न शक्ति। परंपरा से चले आते हुए कुछ नियत विषयों के (जैसे युद्ध, सेना तैयारी, उपवन, राज-दरबार के ठाट-बाट तथा शृङ्गार और वीररस) फुटकर वर्णन ही अलंकारों की भरभार के साथ करना वे जानते थे। इसी से बहुत से वर्णन यों ही, बिना अवसर का विचार किए, वे भरते गए हैं। वे वर्णन वर्णन के लिए करते थे, न कि प्रसंग या अवसर की अपेक्षा से। कहीं-कहीं तो उन्होंने उचित-अनुचित की भी परवाह नहीं की है, जैसे—भरत की चित्रकूट-यात्रा के प्रसंग में सेना की तैयारी और तड़क-भड़क का वर्णन। अनेक प्रकार के रूखे-सूखे उपदेश भी बीच-बीच में रखना वे नहीं भूलते थे। दान-महिमा, लोभ-निन्दा के लिए तो वे प्रायः जगह निकाल लिया करते थे। उपदेशों का समावेश दो-एक जगह तो पात्र का बिना विचार किए अत्यन्त अनुचित और भद्दे रूप से किया गया है, जैसे—वन जाते समय राम का अपनी माता कौशल्या को पातिव्रत का उपदेश।

रामचन्द्रिका के लम्बे-चौड़े वर्णन को देखने से स्पष्ट लक्षित होता है कि केशव की दृष्टि जीवन के गम्भीर और मार्मिक पक्ष पर न थी। उनका मन राजसी ठाट-बाट तैयारी, नगरों की सजावट, चहल-पहल आदि के वर्णन में ही विशेषतः लगता है।

केशव की रचना को सबसे अधिक विकृत और अरुचिकर करने वाली वस्तु है आलंकारिक चमत्कार की प्रवृत्ति, जिसके कारण न तो भावों की प्रकृत व्यंजना के लिए जगह बचती है, न सच्चे हृदयग्राही वस्तुवर्णन के लिए। पददोष, वाक्य-दोष आदि तो बिना प्रयास जगह-जगह मिल सकते हैं। कहीं उपमान भी बहुत हीन और बेमेल हैं, जैसे राम की वियोग दशा के वर्णन में यह वाक्य—

बासर की संपत्ति उलूक क्यों न चितवत।

रामचन्द्रिका में केशव को सबसे अधिक सफलता हुई है संवादों में। इन संवाद में पात्रों के अनुकूल क्रोध, उत्साह आदि की व्यंजना भी सुन्दर है (जैसे, लक्ष्मण, राम, परशुराम संवाद तथा लवकुश के प्रसंग के संवाद) तथा वाक्पटुता और राजनीति के

दाँवपेंच का आभास भी प्रभावपूर्ण है। उनका रावण-अंगद संवाद तुलसी के संवाद से कहीं अधिक उपयुक्त और सुन्दर है। 'रामचन्द्रिका' और 'कविप्रिया' दोनों का रचना-काल कवि ने १६५८ दिया है; केवल मास में अन्तर है।

'रसिकप्रिया' (सं० १६४८) की रचना प्रौढ़ है। उदाहरणों में चतुराई और कल्पना से काम लिया गया है और पदविन्यास भी अच्छे हैं। इन उदाहरणों में वाग्वैदग्ध्य के साथ-साथ सरसता भी बहुत-कुछ पाई जाती है। 'विज्ञानगीता' संस्कृत 'प्रबोध चन्द्रोदय' नाटक के ढंग की पुस्तक है। 'रतनबावनी' में इन्द्रजीत के बड़े भाई रत्न सिंह की वीरता का छप्पयों में अच्छा वर्णन है। यह वीर रस का अच्छा काव्य है।

केशव की रचना में सूर, तुलसी आदि की-सी सरसता और तन्मयता चाहे न हो पर काव्यांगों का विस्तृत परिचय कराकर उन्होंने आगे के लिए मार्ग खोला। कहते हैं, वे रसिक जीव थे। एक दिन बूढ़े होने पर किसी कुएँ पर बैठे थे। वहाँ स्त्रियों ने 'बाबा' कहकर संबोधन किया। इस पर इनके मुंह से यह दोहा निकला—

केसव केसनि अस करी बैरिहु जस न कराहिं।
चंद्रबदनि मृगलोचनी 'बाबा' कहि कहि जाहिं।।

केशवदास की रचना के कुछ उदाहरण नीचे दिये जाते हैं—

जो हौं कहौ रहिए तो प्रभुता प्रगट होति,
चलन कहौं तौ हितहानि नाहिं सहनो।
'भावै सो करहु' तौ उदास भाव प्राननाथ।
'साथ ले चलहु' कैसे लोकलाज बहनो।।
केसवदास की सौं तुम सुनहु, छबीले लाल,
चलेही बनत जौ पै, नाहीं आज रहनो।
जैसिये सिखाओ सीख तुमहीं सुजान प्रिय,
तुमहिं चलत मोहिं जैसो कछु कहनो।।

चंचल न हूजै नाथ, अंचल न खैंचो हाथ,
सौवे नेक शारिकाऊ, सुक तौ सोवायो जू।
मंद करौ दीप-दुति चन्दमुख देखियत,
दारिकै दुराय आऊँ द्वार तौ दिखायौ जू।।
मृगज मराल बाल बाहिरै बिडारि देउँ;
भायो तुम्हें केसव सौं मोहु मन भायो जू।
छल के निवास ऐसे बचन-विलास सुनि,
सौगुनी सुरत हू तें स्याम सुख पायो जू।।

कैटभ सो नरकासुर सो, पल में मधु सो मुरसो जिन मार्यो।
लोक चतुर्दस रक्षक केसव, पूरन वेद पुरान बिचार्यो।।
श्री कमला-कुच-कुंकुम-मुंडन-पंडित देव अदेव निहार्यो।
सो कर माँगन को बलि पै करतारहु ने करतार पसार्यो।।

(रामचन्द्रिका से)

अरुन गात अति प्रीत पद्मिनी-प्राननाथ मय।
मानहु केसवदास कोकनद कोक प्रेममय।।
परिपूरन सिंदूर पूर कैधौं मंगल घट।
किधौं सक्र को छत्र मढ्यो मानिक मयूख पट।।
कै सोनित-कलित कपाल यह दिल कापालिक काल को।
यह ललित लाल कैधौं लसत दिग भामिनी के भाल को।।

विधि के समान है बिमानीकृत राजहंस,
विविध विवुध युत मेरु सो अचल है।
दीपति दिपति अति सातौ दीप देखियत,
दूसरो दिलीप सो सुदक्षिणा को बल है।
सागर उजागर सो बहु बाहिनी को पति,
छनदान प्रिय कैधौं सूरज अमल है।
सब बिधि समरथ राजै राजा दसरथ,
भागीरथ-पथ-गामी गंगा कैसो जल है।।

मूलन ही की जहाँ अधोगति केसव गाइय।
होम-हुतासन-धूम नगर एकै मलिनाइय।।
दुर्गति दुर्गन हीं, जो कुटिलगति सरितन ही में।
श्रीफल की अभिलाष। प्रकट कविकुल के जी में।।

कुंतल ललित नील, भ्रकुटी धनुष, नैन,
कुमुद कटाच्छ बान सबल सदाई है।
सुग्रीव सहित तार अंगदादि भषनन,
मध्यदेश केशरी सु जग गति भाई है।।
बिग्रहानुकूल सब लच्छ लच्छ ऋच्छ बल,
ऋच्छराज-मुखी केसौदास गाई है।
रामचन्द्र जू की चमू राजश्री विभीषन की,
रावन की मीचु दर कूच चलि आई है।।

पढ़ौं विरंचि मौन वेद, जीव सोर छंडि रे।
कुबेर बेर के कही, न जच्छ मीर मंडि रे।।
दिनेस जाइ दूर बैठु नारदादि संगही।
न बोलु चंद मंदबुद्धि, इन्द्र की सभा नहीं।।

●

केशव के दार्शनिक सिद्धान्त

सरनामसिंह शर्मा 'अरुण'

केशव न तो 'तुलसी' और 'सूर' की भाँति एकान्ततः भक्त थे और न शंकराचार्य की भाँति दार्शनिक। फिर भी दर्शन और भक्ति के सिद्धान्तों की एक क्षीण झाँकी उनके काव्य में मिल ही जाती है। यहाँ यह ध्यान रखना चाहिए कि भक्ति और दर्शन में अन्तर होते हुए भी उनमें एक सामान्य सम्बन्ध-सूत्र रहता है। उन दोनों में उतना ही अन्तर है जितना भावना और सिद्धान्त में। भक्ति भावनाप्रधान और दर्शन सिद्धांत-प्रधान होता है। यह केवल स्थूल भेद है। सूक्ष्म दृष्टि से देखने पर तो दोनों में कोई तात्त्विक भेद ठहर ही नहीं पाता। व्यवहार से संबंध रखने वाली भावना में भी सिद्धान्तों की मान्यता पाई जाती है और सिद्धान्तों में भी भावना-सरस हाथ काम करता मिलता है। यही कारण है कि तुलसी-जैसे भक्त को भी 'यन्मायावशवर्ति विश्वमखिलम्' और 'यत्सत्वादमृषैव भाति सकलम्' आदि सिद्धान्तोक्तियों का वक्ता पाते हैं। और कदाचित् यही कारण है कि शंकर जैसे दार्शनिक को भी हम भगवान् शंकर का भक्त सुनते हैं।

यह बात तो रही दार्शनिकों और भक्तों की, किन्तु जो लोग न दार्शनिक हैं, और न भक्त, उनमें भी इष्ट-भावना के साथ-साथ पुण्य-पाप, जीवन-मरण, सुख-दुख आदि विचारों की संस्थिति पाई जाती है। भारत की आर्य-संतति में तो दार्शनिकता जन्म से ही पाई जाती है। भारत में ही नहीं कुछ विचार और भाव तो सामान्यतः विश्व भर में पाये जाते हैं। यदि 'अवश्यमेव भोक्तव्यं कृतं शुभाशुभम्' द्वारा भारत ने अपने कर्मसिद्धान्त को प्रकट किया है तो as you sow so you reap द्वारा इंग्लैंड ने तो उसी के प्रति पक्षपात प्रकट किया है। यदि आर्य संस्कृति की गोद में पला हुआ कोई भक्त अपनी इष्ट भावना को इन शब्दों में प्रकट करता है—

रामहि केवल प्रेम पियारा।
जानि लेहु सो जाननिहारा।।
तुम्हरिहि कृपा तुम्हहि रघुनन्दन।
जानहिं भगत-भगत-उर-वन्दन।।

अथवा

सोइ जानहि जेहि देहु जनाई।
जानत तुम्हहि-तुम्हहि होइ जाई।।

तो फारस की संस्कृति से प्रभावित कोई अनार्य 'बन्दा' अपने इष्ट के प्रति उत्कृष्टता की भावना को इस प्रकार प्रकट करता है—

मक़बूल जो ज़र्रह कि दरगाह में तेरी,
वह मुलतफते नेयरे आज़म नहीं होता ।।

अतएव केशव की कृतियों में उनके दार्शनिक न होते हुए भी दार्शनिक विचार और भक्त न होते हुए भी इष्ट-भावना पाई जाती है तो आश्चर्य भी क्या ? ये बातें उनके अध्ययन और पाण्डित्य का परिणाम हो सकती हैं। यदि हम केशव को दुनियादार भी कह दें तो भी यह नहीं कह सकते कि उन्होंने परलोक की ओर से आँखें मींच रखी थीं। यदि यह भी मान लिया जाय कि केशव ने गम्भीरतापूर्वक कभी यह नहीं सोचा होगा कि 'मैं कौन हूँ, कहाँ आ गया हूँ और किस प्रकार अपने पद को पा सकता हूँ'[1], तो भी हम उनके इस मत की अवज्ञा नहीं कर सकते, भले ही उन्होंने उसका प्रतिपादन योगवासिष्ठ के अनुकरण से ही क्यों न कर दिया हो।

ब्रह्म—ये समस्त जीव जिस लोकोत्तर शक्ति का प्रतिबिम्ब हैं उसको ब्रह्म कहते हैं—

सब जानि बूझियत मोहि राम।
सुनिए सो कहौं, जग ब्रह्म नाम ।।
तिनके अशेष प्रतिबिम्ब जाल।
तेइ जीव जानि जग में कृपाल ।।

—रा० चं० २५-२

उसी शक्ति को ज्योतिस्वरूप, निरीह और निरंजन माना गया है।

ज्योति निरीह निरंजन मानी।

—रा० चं०, २५-१४

उस अद्‌भुत प्रकाशमय शक्ति से ही इस जगत् की उत्पत्ति, स्थिति और प्रलय होती है।

सकल शक्ति अनुमानिये,
अद्‌भुत ज्योति प्रकाश।
जाते जग को होत है,
उत्पत्ति स्थिति अरु नाश ।।

—रा० चं०, २५-१५

वह अमलज्योति अनादि और अनंत है और सदेव एकरूप और स्वतन्त्र रहती है।

---

१. आयो कहाँ अब हौं कहि को हौं।
ज्यों अपनों पद पाऊँ सो टोहौं ।।

जागत जाकी ज्योति जग,
एकरूप स्वच्छन्द ।

—रा० चं०, १-२१

वही परब्रह्म, विष्णु और रुद्र के रूप में अपने को व्यक्त करता है ।

अखिल भुवन भर्ता,
ब्रह्म रुद्रादि कर्ता ।

—रा० चं, ६-२७

वह सर्वव्यापक है । भीतर-बाहर सर्वत्र उसकी गति है । कुछ लोग उसे निर्गुण मानते हैं और कुछ सगुण रूप में देखते हैं ।

निर्गुण एक तुम्हें जग जाने ।
एक सदा गुणवंत बखाने ।।

—रा० चं०, २०-१५

वह इन्द्रियातीत, अवर्ण्य, अरूप और अश्रव्य है ।

ज्योति जगे जग मध्य तिहारी ।
जाय कही न सुनी न निहारी ।।

—रा० चं०, २०-१६

ब्रह्म अनादि और अनन्त ही नहीं अदृश्य और अपरिमेय भी है ।

कोऊ कहै परिमान न ताको ।
आदि न अन्त न रूप न जाको ।।

—रा० चं०, २०-१६

उसने अपने गुणों के आश्रय से एक से अनेक रूप बना लिए हैं ।

तुम हो गुणरूप गुणी तुम ठाये ।
तुम एक ते रूप अनेक बनाये ।।

—रा० चं०, २०-१७

वही रजोगुण का आश्रय लेकर ब्रह्मरूप में सृष्टि की रचना करता है, सतोगुणाश्रय वह विष्णु नाम से अखिल विश्व का प्रतिपालन करता है, और तमोगुण का आश्रय लेकर रुद्ररूप से वही जगत् का संहार करता है ।

इक है जु रजोगुण रूप तिहारो ।
तेहि सृष्टि रची विधि नाम विहारो ।।
गुण सत्व धरे तुम रक्षक जाको ।
अब विष्णु कहै सिग़रो जग ताको ।।
तुमहीं जग रुद्र सरूप संहारो ।
कहिये तेहि मध्य तमोगुण मारो ।।

—रा० चं०, २०-१७, १८

जगत् की सत्ता उसी में है और वही जगत् रूप से प्रकट हो रहा है ।

तुम ही जग हो जग है तुम ही में।

—रा० चं०, २०-१८

माया—माया का ही दूसरा नाम संसृति है। वह मोह की सहचरी है। संभ्रम, विभ्रमादि उसी से उत्पन्न होते हैं। उसकी सब कथा स्वप्न के समान है।

संसृति नाम कहावति माया।
जानहुँ ताकहुँ मोह की जाया।।
संभ्रम विभ्रम संतति जाकी।
स्वप्न समान कथा सब ताकी।।

—वि० गी०, १३० के० पं० र०, पृ० २३०

सत, रज और तम से युक्त वह माया त्रिगुणात्मिका है। वही जगत् का निमित्त कारण है। केशव उसके दो रूप मानते हैं। एक रूप में उसका सम्बन्ध ब्रह्म से रहता है।

जनु माया अक्षर सहित देखि —रा० चं०, १३-८१

दूसरे रूप में वह जीव बन्धन का कार्य करती है।

जीव बंधे सब आपनि माया।।

—रा० चं०, २५-२६

जब तक विवेक द्वारा माया के परिवार (मोहादि) का नाश नहीं होता, तब तक माया में फँसे रहने के कारण जीव की मुक्ति नहीं होती। मोहादि का नाश होने पर प्रबोधावस्था में जीव इस जीवन में ही मुक्त हो जाता है।

जब विवेक हति मोह को, होइ प्रबोध संयुक्त।
तब ही जानों जीव को, जग में जीवन-मुक्त।।

—वि० गी० (के० पं० र०, पृ० २१०)

जीव—जगत् के अनेक जीव ब्रह्म के अनेक प्रतिबिम्ब हैं।

.....................जग ब्रह्म नाम
तिनने अशेष प्रतिबिम्ब जाल।
तेइ जीव जानि जग में कृपाल।।

—रा० चं०, २५-२

ब्रह्म और जीव का अन्तर बतलाते हुए केशव ने कहा है कि ब्रह्म सदैव एक-रस रहता है और जीव को अनेक जन्मं धारण करने पड़ते हैं। सर्वज्ञ होने से ब्रह्म को जीव-दशा का पूर्ण ज्ञान है, किन्तु अल्पज्ञ होने के कारण जीव ब्रह्म की रचना को नहीं समझ पाता।

तुम आदि मध्य अवसान एक।
अरु जीव जन्म समुझो अनेक।।
तुम ही जु रची रचना विचारि।
तेहि कौन भाँति समझो मुरारि।। —रा० चं० २५-१

वह ब्रह्म-प्रतिबिम्ब-रूप जीव स्वतः भ्रम में पड़कर माया के बंधन में बँध जाता है और काम, क्रोध, मदादि अनेक माया के आवर्तनों में पड़कर संसार में भ्रमता फिरता है।

काम क्रोध मद मढ़ो अपार।
जैसे जीव भ्रमे संसार।।

—रा० चं०, २८-८

लोभ, मोह, मद और काम के वश में पड़ा हुआ जीव अपने सहज रूप को भूल जाता है।

लोभ मद मोह बस काम जब ही भयो।
भूलि गयो रूप निज बोधि तिनसों गयो।।

—रा० चं०, २५-३

वासना जिधर खींचती है वह उधर ही जाकर लीन हो जाता है।

जित ले जैहै वासना तित-तित ह्वै है लीन।

—रा० चं०, २५-४

शुभ और अशुभ रूप से वासना दो प्रकार की होती है।

जीवन की युग भाँति दुराशा।
होति शुभाशुभ रूप प्रकाशा।। —रा० चं०, २५-५

अशुभ वासना में फँसकर वह अनेक कुकर्म करता है।

कीन्हे कुकर्म मनोबच काया।।

—रा० चं०, २५-१६

अशुभ वासना द्वारा जीव का उद्धार नहीं हो सकता। अतएव मुमुक्षु को शुभ वासना के आश्रय से ही मुक्ति की प्राप्ति हो सकती है। परन्तु शुभ मार्ग बड़े यत्नों से हाथ आता है।

यत्नन सौं शुभ पन्थ लगावै।
तो अपनो तब ही पद पावै।।

—रा० चं०, २५-५

शुभाशुभ कर्मों का फल भोगने के लिए जीव को अनेक देह तो धारण करनी पड़ती हैं, परन्तु वह मरता-जीता नहीं है। जीवन-मरण जड़ देह का धर्म है, जीव का नहीं। शैशव, यौवन और जरा, ये अवस्थाएँ भी जड़ शरीर से ही सम्बन्ध रखती हैं, जीव से नहीं।

बालक वृद्ध कहो तुम काको।
देहनि को किधौं जीव-प्रभा को।।
है जड़ देह कहे सब कोई।
जीव सो बालक वृद्ध न होई।।

—रा० चं०, ३७-१०

और भी

जीव जरै न मरै नहिं छीजै।
ताकहं शोक कहा अब कीजै।।
जीवहि विप्र न क्षत्रिय जानौ।
केवल ब्रह्म हिये महँ आनौ।।

—रा० चं०, ३७-१०

केशव के इन दोनों छन्दों में गीता की भाव-छाया दीख रही है। देखिये—

न जीयते म्रियते वा कदाचित्,
न हन्यते हन्यमाने शरीरे।।

—गीता

मुक्ति—केशव मुक्ति के चार प्रमुख साधन मानते हैं—साधु-संग, शम, संतोष और विचार।

मुक्तिपुरी बर द्वार के चार चतुर प्रतिहार।
साधुन को सतसंग सम अरु सन्तोष विचार।।

—रा० चं०, २५-८

साधु और साधारण पुरुष में अन्तर होता है। साधु वह है जो कज्जल-चक्रव्यूह के समान इस अगन जग में प्रविष्ट होकर भी उससे अकलंकित निकल आता है।

यह जग चक्काव्यूह किय कज्जल कलित अगाधु।
ता महँ पैठि जो नीकसै अकलंकित सौ साधु।।

—रा० चं०, २५-१०

उर्दू के एक कवि ने ईश्वर-भक्ति के लक्षण में उपर्युक्त भाव को ही अभिव्यक्त किया।

आलदये दुनिया नहीं,
वह मस्ताना है उसका।।

शम उस अवस्था को कहते हैं जिसमें शब्द, रूपादि इन्द्रियार्थ मन को क्षुब्ध नहीं कर सकते।

देखत हूँ बहुकाल छिये हूँ।
बात कहै सुने भोग किये हूँ।।
सोवत जागत नेक न क्षोभे।
सो समता सब ही महँ शोभे।।

—रा० चं, २५-११

सन्तोष की अवस्था में मन में किसी वस्तु की अभिलाषा का उदय नहीं होता और न किसी वस्तु के हानि-लाभ से दुःख-सुख ही होता है। उसमें मन ईश्वर में लीन रहता है।

जी अभिलाषा न काहु की आवै।
आये गये सुख-दुःख न पावै।।
लै परमानन्द सो मन लावै।
सो सब माहिं सन्तोष कहावै।। —रा० चं०, २५-१२

मुक्ति का चौथा साधन विचार है। "मैं कौन हूँ ?" कहाँ से आया हूँ (कहाँ से, किस लिए आया हूँ) ? अपने वास्तविक पद को पाना मेरा कर्त्तव्य है। कौन मेरा मित्र है ? कौन अमित्र है ? इस प्रकार की चिन्तना को विचार कहते हैं।

आयौ कहाँ, अब हौं कहि को हौं।
ज्यों अपनो पद पाऊँ सौ टोंहौं।।
बंधु अबंधु हिये महं जानै।
ता कहँ लोग विचार बखानै।।

—रा०, चं०, २५-१३

मुक्त पुरुष का अहंकार मिट जाता है और आत्म-ज्ञान की सहजावस्था[१] में वह समदृष्टि हो जाता है। उसको विश्व एक ही रूप में दीख पड़ता है, क्योंकि अहंभाव के नाश से भेद दृष्टि नष्ट हो जाती है।

आपन सो अवलोकिये, सब ही युक्त अयुक्त।
अहंभाव मिट जाय जो, कौन बद्ध को मुक्त।।[२]

—रा० चं०, २५-१८

केशव ने मुक्तों के दो भेद किये हैं—जीवन्मुक्त और विदेह मुक्त। जिसका हृदय और आचरण शुद्ध होते हैं, जो कर्मों से मुक्त हो जाता है (अर्थात् वह स्वभावतः शुभ-कर्म करता है। परन्तु कर्मों का भोग नहीं बनता), जो बाहर से मूर्ख-सा जान पड़ता है, पर उसका अन्तःकरण ज्ञानपूर्ण होता है, उसे जीवन्मुक्त कहते हैं।

बाहर हूँ अति शुद्ध हिये हूँ।[३]
जाहि न लागत कर्म किए हूँ।।
बाहर मूढ़ सु अँतस यानो।
ता कहँ जीवन्मुक्त बखानो।।

—रा०, चं०, २५-१७

---

१. "स्वात्मन्येवावस्थानम्" 'The freed soul assumes the form of his true self.'

२. सर्वात्मभावो मोक्षः उक्तः"—शं० भा० बृ० उ०, ४-४-६

३. The liberated, even-while alive, are lifted above the sense of egoity, and so above the sway of the law of karma. There is not an essential antagonism between action and freedom.

—स० राधाकृष्णन, इं० फि०, पृ० ६४४

विज्ञान गीता में जीवन्मुक्त का लक्षण इस प्रकार दिया हुआ है—

लोक करे सुख-दुःखनि वे जिनि,
राग विरागनि या महँ आनै।
डारे उपरि समूल अहं तरु,
कंचन काँच न जो पहिचानै।।
बालक ज्यौ भंवे भूतल में भंव,
आपुन से जड़ जंगम जानै।
केशव वेद पुराण प्रमाण,
तिन्हें सब जीवन्मुक्त बखानै।।

वि० गी० (के० पं० र०, पृ० २३८)

'विज्ञान गीता' में केशव का जीवन-मुक्ति का लक्षण शंकराचार्य की क्रम-मुक्ति का आभास देने लगा है—

क्रम-क्रम सब को छाँड़िये, ममता प्रभु मति युक्त।[1]
अहंकार परिहास के हूजै जीवन्मुक्त।।

वि० गी० (के० पं० र०, पृष्ठ २३८)

विदेहमुक्त जीवन-मुक्त से भिन्न माना गया है। वह देखता हुआ भी कुछ नहीं देखता। इस रूपात्मक जगत् में उसका आचरण चित्र-लिपि के समान होता है। वह स्वयं निरीह होते हुए भी परेच्छा से सदागति बना रहता है और चिदानन्द में लीन रहता है।

देखत हूँ अन देखत हूँ लिपि रूपक से न सरूप को धावै।
आपु अनिच्छ चलै पर इच्छ सो केशवदास सदागति गावै।।
ह्वै अतिमत्त चिदानंद मध्यनि लोग सदेह विदेह कहावै।।

वि० गी० (के० पं० र०, पृष्ठ २३८)

केशव के मत से शरीर मुक्ति-प्राप्ति में बाधा नहीं डालता। योग-साधन द्वारा सदेह मुक्ति बिल्कुल संभव है।

जो चाहे जीवन अति अनन्त।
सो साधे प्राणायाम मंत।।

---

१. Shankara admits the possibility of gradual liberation (क्रममुक्ति). Commenting on a passage of the प्रश्नोपनिषद regarding the meditation of ओ३म्, he says the such meditation leads to brahmaloka, where we gradualy, attain perfect knowledge. In another place he argues that the worship of a personal Ishwara has for its aim purification from sin (दुरितक्षय), attainment of Lordship (ऐश्वर्य प्राप्ति), or gradual liberation.

—Indian Philosophy, Page 645.

शुभ पूरक कुंभ मान जानि।
अरु रेचकादि सुखदानि मानि ।।
जो क्रम-क्रम साधे साधु धीर
सो तुमहि मिलै याही शरीर ।।

— रा० चं०, २५-२२, २३

योग-साधना में समाधि के लिए जहाँ वे निश्चलत्व और निर्वासनत्व की आवश्यकता पर जोर देते हैं वहाँ पूर्ण प्रेम पर भी जोर देते हैं। साथ-साथ वे पूर्ण प्रेम के लिए एकान्तता का भी स्मरण करा देते हैं।

आनहु ज्योति हिये अविनाशी।
अच्छ निरंजन-दीप प्रकाशी ।।
निश्चल वेष समाधि विहारे।
बासना अंग पतंगनि जारे ।।
शुद्ध स्वभाव के नीर नहावै।
पूरण प्रेम समाधिहि लावै ।।
मूल चिदानंद फूलनि पूजै।
औरन केशव पूज न दूजै ।।

—वि० गी० (के० पं० र०, पृ० २३३)

परन्तु जब तक मन का विरोध नहीं होता, मुक्ति के सब साधन निष्फल सिद्ध होते हैं। अतएव मुक्ति का मूल साधन मन का निरोध है। गीता में मनुष्यों के बन्धन-मोक्ष का कारण मन ही माना गया है—

मन एव मनुष्याणां कारणं बन्धमोक्षयोः (गीता)

केशव इसी से मिलते-जुलते भाव को अपने शब्दों में इस प्रकार प्रकट करते हैं—

मन ही दीन्ही गाँठि प्रभु,
मन ही पै छुरआउ।

—वि० गी० (के० पं० र०, २३८)

गीताकार ने 'कारणं बन्धमोक्षयोः' कहकर इस बात को स्पष्ट कर दिया है कि एक प्रकार से जगत का कर्त्ता हर्त्ता मन ही है। जीवन-मरण (आवागमन) के भ्रम में में डालने वाला मन ही है। मन एक ऐसा दुधारा खंग है जो एक धार से मुक्ति को काटता है, दूसरी से बन्धन को। वह कभी हमारा मित्र होता है कभी शत्रु।

जग को कारण एक मन,
मन को जीत अजीत।
मन को मन सुनि शत्रु है,
मन ही को मन मीत ।।

—वि० गी० (के० पं० र०, पृ० २३७)

अनेक विशेषणों से मन के रूप और स्वभाव को अभिव्यक्त करते हुए यजुर्वेद में भी मन के शिव-संकल्प की कामना प्रकट की गई है। केशव ने अन्यत्र मन की विशालता बतलाते हुए कहा है कि "वह समुद्र में भी नहीं समा सकता"। केशव यह मानते हैं कि मन आकाश के समान "अरूप" है, परन्तु वे यह भी मानते हैं कि वह बुद्धि के हाथ में रहता है। बुद्धि ही उसे ढील देती है, वही उसे खींच भी सकती है—

मन को रूप अरूप है,
जैसो है आकाश।
बढ़त बढ़ाये बुद्धि के,
घटत घटाये आस ॥

—वि० गी० (के० पं० र०, पृ० २३७)।

मन और इन्द्रियों का वही संबंध है जो गरुड़ और सर्पों का। मन के निग्रह से इन्द्रियों का दमन स्वतः ही हो जाता है। परन्तु मनोनिग्रह हँसी-खेल नहीं है। उसके लिए अभ्यास की आवश्यकता होती है। अतः वह धीरे-धीरे ही सम्भव होता है।

हरे हरे मनु ऐंचि कै,
कीजै मन को हाथ।
इन्द्रिय सर्प समान हैं,
गारुड[1] मन के साथ ॥

—वि० गी० (के० पं० र०, पृ० २३८)

मन के प्रवृत्ति और निवृत्ति, दो मार्ग हैं। जब बुद्धि उसे ढील दे देती है तो वह प्रवृत्ति मार्ग पर संभ्रम और आतुरता की अवस्था में व्याकुल फिरता है और जब उसे खींचकर निवृत्ति पथ पर चलाया जाता है तो वह स्थिर और शान्त हो जाता है। केशव ने इसी भाव को आलंकारिक शैली में इस प्रकार व्यक्त किया है—

ईश माय विलोकि कै,
उपजाइयो मन पूत।
सुन्दरी तिहि द्वै करीं,
तिहि तें त्रिलोक अभूत ॥
एक नाम निवृत्ति है जग,
एक प्रवृत्ति सुजान।
वंश द्वै ताते भये यह,
लोक मानि प्रमान ॥

१. गरुड़ का अर्थ सर्प-मंत्र भी किया जा सकता है।

महामोह दै आदि हम,
जाये जगत 'प्रवृत्ति'।
सुमुखि विवेकहि आदि दै,
प्रगटत भई 'निवृत्ति ।।

—वि० गी०, (के० पं० र०, पृ० २११)

'निवृत्ति' मार्ग पर चलना आरंभ करते ही मन को कामादि से लोहा लेना पड़ता है।

काम क्रोधहि जीतिकै,
मद लोभ मोह निवारि।

—वि० गी० (के० पं० र०, पृ० २३६)

'निवृत्ति' पथ पर 'विरति' या 'वैराग्य' का संबल लेकर चलना पड़ता है। वैराग्य भाव के बिना इस मार्ग पर चलना असंभव है। मन में 'विरति' का उदय होते ही जगत् की अवस्तुता और क्षणभंगुरता का नग्न रूप साधक के समक्ष आ जाता है। 'या जग में कछु नाहीं'[1] की प्रतीति से मन को जगत् से ग्लानि हो जाती है और वह उससे मुड़ चलता है। जिस प्रकार फूल चुनता हुआ माली[2] कबीर को चेतावनी दे जाता है, उसी प्रकार चिता में जलता हुआ शव केशव के चित्त में नश्वर शरीर और ऐहिक सुखों के प्रति ग्लानि उत्पन्न कर देता है।

पेट चढ़च्यो पलना पलका चढ़ि,
पालकिहू चढ़ि मोह मढ़्यो रे।
चौक चढ़च्यो चित्रसारि चढ़च्यो,
गज-बाजि चढ़च्यो गढ़ पर्व चढ़च्यो रे।।
व्योम विमान चढ़च्यौ ही रह्यो, कहि,
केशव सो कबहू न पढ़च्यो रे।
चेतत नाहिं रह्यौ चढ़ि चित्त,
सो चाहत मूढ़ चिताहू चढ़च्यो रे।।

—रा० चं०, पृ० १६-१४

जब मनुष्य को इस बात की पूर्ण प्रतीति हो जाती है कि यमलोक को उसे एकाकी ही जाना है, उसके इष्ट-मित्र और बन्धु-बान्धव उसका साथ न देंगे, तो फिर उसे उनके प्रति कोई आकर्षण नहीं रह जाता। अतः वह राम की ओर मुड़ता है—

हाथी न साथी न घोरे न चेरे,
न गाऊँ न ठाऊँ कुठाऊँ बिलै हैं।

---

१. रामचन्द्रिका, पृ० ११-५

२. माली आवत देखि कर कलियन करी पुकार।
फूलै फूलै चुनि लये कालि हमारी बार।।

तात न मात न पुत्र न मित्र न,
वित्त न तीय कहूँ संग रैहैं।।
केशव काम के राम विसारत,
और निकाम रे काम न ऐहैं।
चेति रे चेति अजौं चित अन्तर,
अंतक लोक अकेलोई जैहै।

—रा० चं०, १६-२६

इस जगत में सुख नहीं है—

जग मुँह सुक्ख न गुनिये। —रा० चं०, २४-१

जीव आवागमन के भ्रमरों में भटकता हुआ अनेक दुःख पाता है—

मरणहिं जीव न तजहीं।
मरि मरि जन्मन भजहीं।।

—रा० चं०, २४-१

यह जानते हुए भी कि शरीर क्षणभंगुर है, जगत् मिथ्या है, जो आया है उसे जाना है, यहाँ अपना कुछ नहीं, ममता से पीछा नहीं छूटता। यह ममता जीवमात्र के पीछे पड़ी हुई है—

माछी कहै अपनो घरु माछरु,
मूसौ कहै अपनौ घरु ऐसौ।
कोने घुसी कहै घूसि घिनौनी,
बिलारि औ व्याल बिलै महँ बैसो।
कीटक स्वान सो पक्षि औ भिक्षुक,
भूत कहैं, भ्रमजाल है जैसो।
हौहूँ कहौ अपनी घरु तैसहिं,
ता घरु सौं, अपनौ घरु कैसो।

—रा० चं०, २४-२६

नाश की गति मनुष्य-शरीर के ही साथ नहीं हुई, अपितु अखिल दृश्य जगत् उसकी परिधि में आ जाता है। औरों की तो गणना ही क्या, ब्रह्मा, विष्णु और महेश तक नाश की परिधि में रहते हैं—

ब्रह्म विष्णु शिव आदि दै,
जितने दृश्य शरीर।
नाश हेतु धावत सबै,
ज्यों बडवानल नीर।। —रा० चं०, २४-२४

कबीर[1] की भाँति केशव भी जगत् को काल चबैना (कवल) मानते हैं—

---

१. जगत चबैना काल को, कछु मुख में कछु गोद।

जितने चिर-चिर जीव जग,
अघ ऊरघ के लोक।
अजर अमर अज अमित जन,
कवलित काल सशोक ।।

—वि० गी० (के० पं० र०, पृ० २३१)

वैसे तो काम-वर्ग के सभी सदस्य प्रबल हैं, परन्तु उनमें काम महाप्रबल है। काम से पीछा छुडाने के लिए नारी का त्याग करना अनिवार्य है। जब तक काम पीछे लगा हुआ है तब तक जगत् से मोह नहीं टूट सकता और जगत् से पराङ्मुख हुए बिना सुख नहीं मिल सकता।

जहाँ भामिनी भोग तहँ,
बिन भामिनि कहँ भोग।
भामिनि छूटै जग छुटै,
जग छूटै सुख योग। —रा० चं०, २४-१४

कामादि शत्रुओं के हाथ में जीव की दुर्दशा का संक्षिप्त परिचय केशव ने इस प्रकार दिया है—

खैंचत लोभ दसौ दिसि को,
गहि मोह महाइत फाँसहि डारै।
ऊँचै तै गर्व विरावत, क्रोधहु,
जीवहि लूहर लावत मारै ।।
ऐसे में कोढ़ की खाज ज्यों केशव,
मारत कामहु बाण निनारै।
मारत पाँच करै 'पंचकूटहि',
कासों कहैं जगजीव विचारै ।।

—रा० चं०, २४-८

देह के प्रति आकर्षण रखने वालों को सचेत करने के लिए जरावस्था में होने वाली उसकी दुर्दशा का चित्र केशव इस प्रकार से खींचते हैं—

कँपे उर बानि डगै पर डीठि
त्वचाति कुचै सकुचै मति बैली।
नवै नवग्रीव थकै गति केशव,
बालक तै संगही संग खेली ।।
लिये सब आधिन व्याधिन संग,
जरा जब आवै ज्वरा की सहेली।
भगै सब देह दशा, जिय साथ,
रहै दुरि दौरि दुराशा अकेली ।।

—रा० चं० २४-११

●

केशव का आचार्यत्व

प्रो० नगेन्द्र

आचार्य शब्द के दो अर्थ हैं : साधारण अर्थ है दीक्षा आदि देने वाला गुरु और विशिष्ट अर्थ है किसी सिद्धान्त अथवा सम्प्रदाय का प्रवर्तक। धीरे-धीरे इस शब्द का प्रयोग इन दोनों अर्थों से सम्बद्ध अन्य अर्थों में भी शिथिल रीति से होने लगा। उदाहरण के लिए, शिक्षक या अध्यापक के अर्थ में, विषय-विशेष के निष्णात विद्वान—उस्ताद—के अर्थ में, और भी शिथिल रीति से, विद्वान अथवा पंडित के अर्थ में भी। इस प्रकार आचार्य शब्द का मूल पारिभाषिक रूप आज विकृत हो गया है, फिर भी इसके विषय में एक बात अब भी यथावत् रूढ़ है और वह यह कि आचार्य का सम्बन्ध शास्त्र से है। आचार्य शास्त्रकार अथवा शास्त्र-गुरु या कम-से-कम शास्त्र-वेत्ता अवश्य होता है। साहित्य के क्षेत्र में भी आचार्य का प्रत्यक्ष सम्बन्ध काव्य से न होकर काव्य-शास्त्र से ही है। काव्य की रचना करने वाला 'कवि' और काव्यशास्त्र की रचना करने वाला 'आचार्य' कहलाता है। मिश्र बन्धुओं ने आचार्य के कर्त्तव्य-कर्म की व्याख्या इस प्रकार की है : "आचार्य लोग तो कविता करने की रीति सिखाते हैं, मानो वह संसार से यह कहते हैं कि अमुकामुक विषयों के वर्णन में अमुक प्रकार के कथन उपयोगी हैं और अमुक प्रकार के अनुपयोगी।" यह आचार्यत्व का अत्यन्त स्थूल रूप है। यह वास्तव में रीतिकार का लक्षण है और हिन्दी में उन दिनों आचार्य का अर्थ रीतिकार ही था। केशव के आचार्यत्व का विवेचन करते हुए इन विभिन्न अर्थों को ध्यान में रखना चाहिए १. शास्त्रकार, अर्थात् नवीन काव्य-सिद्धान्त या काव्य-सम्प्रदाय का प्रवर्तक, २. शास्त्र-भाष्यकार, अर्थात् शास्त्र का व्याख्याता तथा रीतिकार एवं कवि-शिक्षक, ३. काव्यशास्त्र का विद्वान्।

विवेचन का क्षेत्र : केशव ने काव्यशास्त्र के सम्बन्ध में केवल दो ग्रन्थ लिखे हैं : 'कवि-प्रिया' और 'रसिकप्रिया'। लाला भगवानदीनजी का अनुमान है कि इन्होंने कदाचित छन्द पर भी एक ग्रन्थ लिखा था, परन्तु वह अप्राप्य है। 'कविप्रिया' का प्रतिपाद्य अलंकार है। इसमें सामान्य और विशेष अलंकारों का, अर्थात् वर्ण्य विषय से सम्बद्ध और वर्णन की शैली से सम्बद्ध काव्य-सौन्दर्य के उपकरणों का, वर्णन अथवा विवेचन है। 'रसिकप्रिया' रस का ग्रन्थ है। इसमें रस के अंग-उपांगों का, विशेषतः शृङ्गार रस के अंग-उपांगों का, नायिका-भेद-सहित विस्तृत वर्णन है। इस प्रकार केशव के प्रतिपाद्य विषय हैं, अलंकार और रस—विशेष रूप से शृङ्गार रस, जिसके

अन्तर्गत नायिका भेद का भी समावेश है। 'रसिकप्रिया' में वृतियों का भी संक्षिप्त वर्णन है। सम्भव है छन्दशास्त्र भी उनका विषय रहा हो और रामचन्द्रिका के लेखक के लिए वह सहज स्वाभाविक ही था। इस प्रकार आठ अंगों में से उन्होंने दो-तीन अंगों का ही विवेचन किया, कुल मिलाकर उनका क्षेत्र सीमित ही है।

कालक्रमानुसार 'रसिकप्रिया' की रचना 'कविप्रिया' से पूर्व हुई थी। इसका अभिप्राय यह है कि केशव की प्रवृत्ति आरम्भ में रसवाद की ओर थी और बाद में प्रौढ़ि प्राप्त कर वह अलंकारवाद की ओर हो गई। प्रश्न उठता है कि 'प्रौढ़ि की दृष्टि से तो अलंकारवाद की अपेक्षा रसवाद का ही स्थान ऊँचा है; ज्यों-ज्यों अलंकार-शास्त्र का विकास होता गया, त्यों-त्यों अलंकारवाद की अमान्यता और रसवाद की मान्यता की ही पुष्टि होती गई। फिर केशव के विषय में ऐसा किस प्रकार हुआ ?' प्रश्न समीचीन होते हुए भी विकास-क्रम के विपरीत है। उसके अनुसार अलंकारवाद काव्यशास्त्र की आरम्भिक स्थिति की और रसवाद अथवा रस-ध्वनिवाद उसकी विकसित अवस्था की सिद्धि थी। केशव ने अपने यौवनकाल में स्वभाव से रसवाद के अंग-भूत श्रृङ्गारवाद को ग्रहण किया, परन्तु उसके उपरान्त उन्होंने काव्यशास्त्र का और गहन अध्ययन करते हुए प्राचीनों के मत को प्रमाण मानकर अलंकारवाद को स्वीकार कर लिया। इसी क्रम से हम पहले केशव के रस-विवेचन की और तदुपरांत अलकार-विवेचन की समीक्षा करते हैं।

रस विवेचन : केशव ने यों तो नव-रस का वर्णन किया है, परन्तु उनका मूल प्रतिपाद्य श्रृङ्गार ही है, जिसे उन्होंने स्पष्ट रूप से रसराज माना है : "सबको केशोदास हरि नायक है श्रृङ्गार।" अपने मत के पोषण में उन्होंने सभी रसों का समावेश श्रृङ्गार में कर दिया है—हास्यादि मित्र-रसों का ही नहीं, रौद्र और बीभत्सादि अमित्र-रसों का भी उन्होंने श्रृङ्गारमय वर्णन किया है। श्रृङ्गार का रसराजत्व केशव की कोई अपनी नवीन कल्पना नहीं थी; शताब्दियों-पूर्व अग्निपुराण, श्रृङ्गारतिलक तथा श्रृङ्गार प्रकाश में उसकी घोषणा हो चुकी थी। अग्निपुराण की स्थापना है कि 'श्रृङ्गारी चेत्कविः काव्ये जातं रसमयं जगत्।' इसकी व्याख्या करते हुए अग्निपुराण के लेखक अथवा सम्पादक ने लिखा है, 'आनन्द से अहंकार की उत्पत्ति होती है, अहंकार से रति की, जिसके कि श्रृङ्गार, हास्य आदि भिन्न-भिन्न रूप मात्र हैं।' इसी की प्रतिध्वनि हमें भोज के श्रृङ्गार-प्रकाश में मिलती है। उनका मत है कि विद्वान् केवल गतानुगतिकता के कारण ही श्रृङ्गार, वीर आदि रसों का वर्णन करते हैं। वास्तव में रस तो केवल एक ही है : श्रृङ्गार। हमारा अहंकार ही प्रतिकूल परिस्थितियों के अभाव में विभाव, अनुभाव, व्यभिचारी आदि के द्वारा आनन्द रूप में संवेद्य होकर रसत्व को प्राप्त नहीं हो जाता है। रति, हास आदि भाव से ही उत्पन्न होते हैं, वे स्वयं रसत्व को कभी प्राप्त नहीं होते वे तो श्रृङ्गार की शोभा को बढ़ाते हैं, जिस प्रकार कि प्रकाश की किरणें अग्नि की कांति को बढ़ाती हैं। इसलिए स्थायी, संचारी आदि का प्रपंच मिथ्या है। श्रृङ्गार ही चतुर्वर्ग का कारण है, वही रस है। 'एकोन-

पंचाशद्भावा वीराद्यो मिथ्या रसप्रवादा श्रृङ्गार एवैकः चतुर्वर्गकारणं स रस इति।' अग्निपुराण और श्रृङ्गार प्रकाश की यह स्थापना दार्शनिक आधार पर स्थित है। उसमें जीवन के मौलिक तत्त्वों के आधार पर श्रृङ्गार की महत्ता प्रतिपादित की गई है जो मनोविश्लेषण शास्त्र आदि की अत्याधुनिक मान्यताओं से बहुत भिन्न नहीं है। परन्तु केशव की दृष्टि उसके मनोवैज्ञानिक और दार्शनिक आधार तक नहीं पहुँच सकी; उन्होंने केवल एक अर्ध दार्शनिक अथवा पौराणिक आधार को ग्रहण करते हुए सभी रसों का श्रृङ्गार में समावेश कर दिया है।

श्री बृषभानुकुमारि हेतु 'श्रृंगार' रूपमय।
वास 'हास' रस हरे, मात-बंधन 'करुनामय'।।
केशी प्रति अति 'रौद्र', 'वीर' मारो वत्सासुर-
'भय' दावानल पान, पियो 'बीभत्स' बकी उर।।
अति 'अद्भुत' वंच विरंचि मति, 'शांत' संतते शोच चित।
कहि केशव सेवहु रसिक जन नवरस में ब्रज-राज नित।।

उपर्युक्त स्तुति-छंद में कवि ने नौ रसों का कृष्ण के व्यक्तित्व में समावेश कर अपने सिद्धान्त के लिए आधार-भूमि तैयार की है। कृष्ण जिस प्रकार श्रृङ्गारमय होते हुए भी नवरसरूप धारण करते हैं उसी प्रकार श्रृङ्गार भी नवरस में परिणत हो सकता है अथवा नवरस का श्रृङ्गार के साथ तादात्म्य हो सकता है। परन्तु केशव इस तात्त्विक दृष्टि का निर्वाह नहीं कर सके। रसिकप्रिया के अन्त में जहाँ उन्होंने श्रृङ्गारेतर रसों के लक्षण-उदाहरण दिये हैं, वहाँ वे न तो इनके स्वरूप को स्पष्ट कर सके हैं और न इनमें से किसी रस का परिपाक ही कर सके हैं। ये रस संचारी की स्थिति से आगे नहीं बढ़ सके; और कहीं-कहीं तो वे अपने स्वरूप से भी सर्वथा स्वतन्त्र हो गये हैं। उनके करुण में शोक की उद्बुद्धि नहीं होती; केवल कृष्ण अथवा राधिका के प्रति सहानुभूति का उदय होता है। वहाँ रस का परिपाक ही नहीं है, केवल भाव-दशा है। वास्तव में केशव ने करुण का लक्षण भी परम्परा से थोड़ा हट कर किया है। उन्होंने इष्ट के नाश और अनिष्ट की प्राप्ति को करुण का मूल आधार न मानकर प्रिय के विप्रियकरण, अर्थात् इष्ट के अनिष्ट, को ही माना है। यह लक्षण थोड़ा विचित्र अवश्य लगता है, क्योंकि किसी मान्य आचार्य ने इस प्रकार का लक्षण नहीं किया। केशव ने या तो किसी अप्रसिद्ध ग्रन्थ के आधार पर इसे ग्रहण किया है, या फिर हमारा अनुमान है कि इष्ट का नाश और अनिष्ट की प्राप्ति का अर्थ उन्होंने 'इष्ट का अनिष्ट' कर लिया है। केशव ने ऐसी अनेक त्रुटियाँ अनेक स्थानों पर की हैं, अतएव यह शंका भी अनुचित नहीं है। इसके अतिरिक्त रौद्र, वीर और भयानक का एकान्त श्रृङ्गारमय वर्णन है। रौद्र में एक ओर तो सखी द्वारा राधा के मान का निवारण है: 'तेरे अंग के सभी उपमान तो तेरे भय से भाग गये, अब यह रुद्र-रूप तूने किस पर धारण किया है?' दूसरी ओर रति-रण में कृष्ण के रौद्रभाव का चित्रण है। इसी प्रकार भयानक का,

राधा और कृष्ण पर, शृङ्गारपरक प्रभाव दिखाया गया है कि जिसके कारण कामिनियाँ प्रिय के कठ से लग जाती हैं।

बीभत्स में भी शृङ्गार का ही प्रसंग है, फिर भी उसका परिपाक असफल नहीं कहा जा सकता। परन्तु बीभत्स का लक्षण देते हुए केशव ने स्थायी भाव रूप में जुगुप्सा शब्द का प्रयोग नहीं किया; ग्लानि का भी प्रयोग कुछ आचार्यों के अनुसरण पर मान्य हो सकता था, परन्तु केशव ने उसे 'निन्द-मय' माना है। रसिकप्रिया के टीकाकार सरदार कवि ने 'निन्दा-मय' पाठ की ओर भी संकेत किया है। निन्दा और जुगुप्सा अथवा ग्लानि में बड़ा अन्तर है। आत्म-निन्दा ग्लानि का मूल रूप है, दूसरों से भी अपनी निन्दा सुनकर ग्लानि होती है; फिर भी निन्दा और ग्लानि पर्याय नहीं हो सकते। और इसके अतिरिक्त जुगुप्सा में जो शारीरिक संवेदन अन्तर्भूत है उसका तो निन्दा से कोई प्रत्यक्ष सम्बन्ध भी नहीं है। सारांश यह है कि केशव का रस-विवेचन न तो अधिक तर्क-संगत है और न तात्त्विक। उसमें जो भिन्नता है वह भी किसी तर्क-पुष्ट अथवा मनोवैज्ञानिक आधार पर स्थित नहीं है और ऐसा प्रतीत होता है कि उसका कारण प्रायः अपरिपक्व ज्ञान ही है। केशव ने शृङ्गार की रसराजता का विवेचन न तो अग्निपुराण अथवा शृङ्गार-प्रकाश की भाँति सूक्ष्म दार्शनिक अथवा मनोवैज्ञानिक पद्धति पर किया है, और न वह अपनी उस मूल कल्पना का ही निर्वाह कर सके हैं जिसका संकेत उन्होंने अपने मंगल-छन्द में किया है। वह कल्पना भी अपने-आप में अत्यन्त सार्थक है—'भगवान् मूलतः आनन्द अर्थात् शृङ्गार-रूप होते हुए भी नाना-रसमय हैं।' परन्तु केशव से इसका भी निर्वाह नहीं हो सका; अनेकता की मूलवती एकता का ग्रहण भी वे नहीं कर सके। इसके स्थान पर उन्होंने शृङ्गार की परिधि के भीतर कुछ अनुभावों की सहायता से रौद्र, बीभत्स आदि रसों का समावेश करने का असफल प्रयत्न किया है। उनकी इस असफलता का मूल कारण यह है कि किसी रस का परिपाक उसके स्थायी की उदबुद्धि द्वारा होता है, अनुभाव-मात्र के चित्रण से नहीं। उदाहरण के लिए, रति-रण में कृष्ण के रुद्र के अनुभाव शृङ्गार के ही परिपाक में सहायक होते हैं; उनके द्वारा रौद्र रस का परिपाक सम्भव नहीं है। केशव तथा देव आदि हिन्दी कवियों ने यही मौलिक त्रुटि की है। शृङ्गार के क्षेत्र में केशवदास ने एक वैचित्र्य प्रस्तुत किया और वह है शृङ्गार का दो वर्गों में विभाजन : प्रच्छन्न और प्रकाश। परम्परा से भिन्न होते हुए भी यह केशव की अपनी उदभावना नहीं है; इसके लिए वे भोज के ऋणी हैं। और फिर शास्त्र की दृष्टि से यह विभाजन अधिक मौलिक एवं तर्क संगत भी नहीं है; क्योंकि प्रच्छन्न और प्रकाश के भेद का निर्वाह शृङ्गार की सभी स्थितियों में सम्भव नहीं है। प्रौढ़ा स्वकीया का प्रच्छन्न शृङ्गार कैसे निभ सकता है ! या मुग्धा परकीया का प्रकाश शृङ्गार सामान्यतः कैसे सम्भव हो सकता है !

भाव के विषय में भी केशवदास में परम्परा से कुछ वैचिश्य मिलता है। उन्होंने भाव की परिभाषा भी कुछ विचित्र-सी ही की है और इसके पाँच भेद माने हैं।

उदाहरण :

आनन, लोचन, बचन मग प्रकटत मन की बात ।
ताही सों सब कहत हैं, भाव कविन के तात ।।

इसका अर्थ यह है कि आनन, लोचन और वचन के द्वारा प्रकट होने वाली मन की बात—मनोविकार—ही भाव है । कहने की आवश्यकता नहीं कि यह परिभाषा अत्यन्त अस्पष्ट और अपूर्ण है ! इसमें सन्देह नहीं कि भाव मनोविकार का ही नाम है और उसके माध्यम भी दो प्रकार के ही होते हैं : आंगिक और वाचिक । परंतु यह वर्णन अत्यन्त स्थूल है । संभव है, केशव ने इसका संकेत नाट्य शास्त्र से ही ग्रहण किया हो :

वागंगसत्त्वोपेता काव्यार्थान् भावयन्तीति भावाः ।

हो सकता है कि केशव ने इसी का अत्यन्त स्थूल अर्थ कर दिया हो; क्योंकि दोनों लक्षणों के शब्दों में बहुत भेद नहीं है : 'काव्यार्थ' के स्थान पर 'मन की बात' का प्रयोग करके केशव ने इसे सरल बनाने का प्रयत्न किया हो । केशव ने पाँच प्रकार के भाव माने हैं :

भाव सु पाँच प्रकार के, सुनु विभाव अनुभाव ।
अस्थाई सात्विक कहें, व्यभिचारी कवि-राव ।।

यह भी भरत के आधार पर ही किया गया है । भरत ने भी इसी प्रकार विभाव, अनुभाव (जिनके अन्तर्गत सात्त्विक भाव भी आ जाते हैं), व्यभिचारी और स्थायी सभी को भाव ही माना है; क्योंकि उन सभी के द्वारा काव्यार्थ का भावन होता है । हाव और नायिका-भेद के प्रसंगों में भी केशव ने कुछ विचित्रता दिखाई है, पर उनके प्रायः सभी तथाकथित नवीन भेद विश्वनाथ और भानुदत्त में किसी-न-किसी रूप में मिल जाते हैं । उदाहरण के लिए उन्होने प्रचलित दस हावों के स्थान पर तेरह हाव माने हैं जिनमें से 'हेला' विश्वनाथ का उसी नाम का अगज अलंकार है और 'मद' कृति-साध्य अलंकार है । ऐसे ही उदाहरण नायिका भेद के प्रसंग में दिये जा सकते हैं ।

अलंकार-विवेचन—केशव का दूसरा वर्ण्य विषय है अलंकार । अलंकार के उन्होंने दो वर्ग किये हैं—सामान्य और विशेष । विशेष के चार भेद हैं :

सामान्यालंकार को चारि प्रकार प्रकास ।
वर्न, वर्न्य, भू-राज-श्री, भूसण केसवदास ।।

अर्थात् वर्ण, वर्ण्य, भूश्री और राजश्री—ये वास्तव में वर्ण्य विषय हैं जिनका समावेश इनकी अपनी विषयगत चारुता के कारण काव्य को अलंकृत करता है । दूसरे प्रकार के अलंकार विशिष्टालंकार हैं जिनके अन्तर्गत उपमा रूपकादि आते हैं । शुक्ल जी के शब्दों में, वास्तविक अलंकार ये ही हैं, क्योंकि इनका सम्बन्ध वर्णन-शैली से है । हिन्दो के विद्यार्थी के लिए यह वर्गीकरण कुछ नवीन सा लगता है परन्तु वास्तव में यह पूर्व-ध्वनिकाल के प्राचीन आचार्यों की देन है जो कालान्तर में काव्यशास्त्र के

सिद्धान्त स्थिर हो जाने पर अमान्य घोषित कर दिया गया था। भामह, दण्डी और वामन आदि प्राचीनों ने अलंकार को करण न मानकर कर्त्ता माना है। अर्थात् उसे सौन्दर्य का विधायक या एक प्रकार से सौन्दर्य का पर्याय ही माना है। वामन ने स्पष्ट लिखा है, 'काव्यं ग्राह्यमलंकारात्। सौन्दर्यमूलंकारः।' काव्य की सार्थकता अलंकार से है और अलंकार का अर्थ है सौन्दर्य। इस प्रकार ये आचार्य अलंकार और अलंकार्य में भेद नहीं करते; काव्य का विषयगत सौन्दर्य और वर्णन-शैली की चारुता दोनों ही इनके अनुसार अलंकार हैं। इसीलिए दण्डी ने अलंकार को काव्य-शोभा का विधायक तत्त्व माना है, शोभा की वृद्धि करने वाला सहायक तत्त्व या साधन नहीं। इस प्रकार कवि-प्रौढ़ोक्ति सिद्ध सभी बातें अलंकार के अन्तर्गत आ जाती हैं। ध्वनि की स्थापना के उपरान्त मान्य आचार्य ने इस भ्रांति का निराकरण किया और अलंकारों को शैली के उपकरण-मात्र माना। फिर भी कवि-शिक्षा के ग्रन्थों में इस परिपाटी का अनुसरण होता रहा। 'काव्यमीमांसा' के उपरान्त अमर की 'काव्यकल्पलतावृत्ति' और तदुपरान्त केशव मिश्र-कृत 'अलंकारशेखर' में कवि-समय के रूप में काव्य के वर्ण्य विषय, सामान्यालंकार, का विवेचन चलता रहा। केशव ने सिद्धान्त दण्डी और वामन आदि से और वर्णन प्रायः अमर और केशवमिश्र से ग्रहण किया। इस प्रकार, उपर्युक्त विभाजन न तो केशव की अपनी उद्भावना है और न वह तर्कपुष्ट तथा मान्य है। वह काव्यशास्त्र के विकास की प्रारम्भिक अवस्था का द्योतक है, विकसित अवस्था का नहीं।

विशिष्टालङ्कारों के विवेचन में केशव दण्डी के पूर्णतया ऋणी हैं। उनके लक्षण और कहीं-कहीं उदाहरण भी काव्यादर्श से लिए गये हैं। केशव के अलङ्कार-वर्णन में दण्डी के वर्णन से तीन चार प्रकार की भिन्नता है : कुछ अलङ्कारों के लक्षण दण्डी से भिन्न हैं, कुछ अलङ्कारों का विपर्यय हो गया है, दण्डी के कुछ भेद केशव ने स्वीकार नहीं किये और कुछ अतिरिक्त भेदों की उद्भावना की है। परन्तु यह भिन्नता केशव के लिए शुभाशंसा की बात नहीं है; क्योंकि लक्षणों की भिन्नता तथा अलङ्कारों का विपर्यय प्रायः भ्रांतिजन्य है, केशव दण्डी का आशय ही नहीं समझे हैं। उदाहरण के लिए, केशव ने अर्थान्तरन्यास के उपभेदों के नाम तो दण्डी के अनुसार रखे हैं, परन्तु उनके लक्षण उदाहरण भिन्न हैं; स्पष्टतया ही केशव यहाँ दण्डी का आशय नहीं समझे। इसी प्रकार केशव की 'अपह्नुति' 'मुकरी' बन गई है। 'रूपक-रूपक' साधारण 'रूपक' मात्र रह गया है। कई स्थानों पर केशव ने प्रतीयमान अर्थ को वास्तविक अर्थ ही मान लिया है जिससे चमत्कार ही नष्ट हो गया है। जैसे, 'आक्षेप' में उन्होंने वास्तविक निषेध को ही अलङ्कार का लक्षण मान लिया है, या सभी प्रकार के आशीर्वादों में ही अलंकारत्व मान लिया है। दण्डी के कुछ भेद केशव ने छोड़ दिये हैं। आक्षेप के चोबीस भेदों में से उन्होंने बारह ग्रहण किये हैं, और उपमा के बत्तीस भेदों में से बाईस ग्रहण किये हैं, जिनमें अनेक के नामादि भी भिन्न हैं। परन्तु यहाँ भी यह नहीं समझना चाहिये कि केशव ने अतिव्याप्ति-अव्याप्ति आदि को दूर करते हुए अलङ्कारों में व्यवस्था स्थापित करने के लिए यह काट-छाँट की है। केशव ने यह ग्रहण और त्याग सर्वथा मनमाने ढंग

से किया है; उसके पीछे न कोई तर्क है और न व्यवस्था। अतिरिक्त अलङ्कार-भेदों के के लिए भी केशव को कोई विशेष श्रेय नहीं दिया जा सकता; क्योंकि उनमें से कुछ तो चमत्कारहीन होने के कारण अलंकार ही नहीं बन सके। जैसे, संकीर्णोपमा और विपरीतोपमा में औपम्य का ही अभाव है। अतएव उनको अलंकार ही नहीं माना जा सकता। गणना में तो किसी प्रकार का अलंकारत्व है ही नहीं; यदि उसे अलंकार माना भी जाये तो भी वह सामान्यालङ्कार ही रहेगा। और, वास्तव में 'काव्यकल्पलतावृत्ति' और 'अलङ्कारशेखर' में उसका इसी रूप में वर्णन भी है।

दोष-विवेचन—केशव ने दोषों के दो वर्ग किये हैं। प्रमुख वर्ग के अन्तर्गत उन्होंने पाँच दोषों की गणना की है—

अंध, बधिर अरु पंगु तजि, नगन, मृतक मतिशुद्ध।

अन्ध, अर्थात् काव्य-परम्परा के विरुद्ध; बधिर, जहाँ परस्पर-विरोधी शब्दों का प्रयोग हो; पंगु छन्द-विरुद्ध; नग्न अर्थात् निरलङ्कार; और मृतक, जिसमें अर्थ का ही अभाव हो। केशव के इन दोषों का आधार क्या है, यह निश्चित रूप से नहीं कहा जा सकता। सम्भव है कि वे उनकी अपनी कल्पना ही हों, अथवा किसी अप्रसिद्ध कवि-शिक्षा-ग्रन्थ से उद्धृत हों; परन्तु इनकी स्थिति विशेष प्रामाणिक नहीं है। उदाहरण के लिए, नग्न-दोष, जहाँ किसी स्वीकृत अलङ्कार का अभाव हो, अपने-आप में कोई दोष नहीं है; क्योंकि गम्भीर आचार्यों ने 'अनलंकृती पुनः क्वापि' स्पष्ट ही कह दिया है। और, वास्तव में केशव ने जो छन्द उद्धृत किया है वह दोषपूर्ण अथवा त्याज्य छन्द न होकर सरस छन्द है। उसमें उक्ति-चमत्कार का भी अभाव नहीं है, चाहे वह चमत्कार परिगणित अलङ्कारों के अन्तर्गत भले ही न आता हो। इसी प्रकार 'मृतक' दोष भी असिद्ध-सा ही है; क्योंकि काव्य दोष केवल काव्य में हो सकता है, और अर्थहीन वाक्य को तो भाषा भी नहीं कहा जा सकता, काव्य की बात तो दूर रही। आगे चलकर केशव ने अपार्थदोष में इसी की पुनरावृत्ति की है, यद्यपि उस प्रसंग में उदाहृत छन्द सर्वथा निरर्थक नहीं। इन पाँच दोषों के अतिरिक्त केशव ने 'अन्य दोष' कहकर दस और काव्य-दोषो का वर्णन किया है। ये प्रायः प्रचलित दोष ही हैं जो केशव ने दण्डी से लिए हैं। यहाँ भी उन्होंने अनुवाद में असावधानी अथवा अर्थ-ग्रहण में त्रुटि की है। अपार्थ के लक्षण में दण्डी का कहना है: 'उन्मत्तमत्तबालानामुक्तेरन्यत्र दुष्यति। अर्थात्, उन्मत्त व्यक्तियों और मत्त बालकों की उक्तियों में निरर्थक शब्दावली का प्रयोग दोष नहीं रह जाता।' परन्तु केशव ने दण्डी के इस सूक्ष्म विवेचन को ग्रहण न करते हुए अत्यन्त स्थूल रूप में यह कह दिया है कि 'मतवारो उन्मत्त सिसु के से बचन बखानु।' अर्थात्, जहाँ शिशु अथवा उन्मत्त व्यक्ति के से वचनों का प्रयोग हो, वहाँ अपार्थ-दोष होता है।

अन्य प्रसंग—इन प्रमुख प्रसंगों के अतिरिक्त केशव ने वृत्तियों का और थोड़ा-सा पिंगल का भी विवेचन किया है। कैशिकी, सात्वती आदि वृत्तियों का सम्बन्ध नाटक से ही है, अतएव काव्यशास्त्र में उनको कोई विशेष महत्त्व नहीं दिया गया।

केशव ने रसिकप्रिया में भरत के नाट्यशास्त्र से पर्याप्त सहायता ली है, अतएव उसी सिलसिले में उन्होंने अन्त में वृत्तियों का विवेचन भी कर दिया है। पिंगल के अन्तर्गत कविप्रिया का गणागण विचार आ सकता है; यद्यपि वह 'अगण' दोष के ही प्रसंग में किया गया है, परन्तु विवेचन की इष्टि से वह स्वतन्त्र हो गया है।

काव्य-सिद्धांत और काव्य-सम्प्रदाय—केशव को हिन्दी-जगत् अलंकारवादी मान चुका है और साधारणतः उनका एक दोहा ही प्रस्तुत प्रसंग में उद्धृत कर इस स्थापना की सिद्धि भी कर दी जाती है; परन्तु केशव ने सामान्य काव्य सिद्धांत के विषय में 'रसिकप्रिया' तथा 'कविप्रिया' दोनों में कुछ निश्चित धारणाएँ व्यक्त की हैं। उनके मत से कवि तीन प्रकार के होते हैं—

उत्तम, मध्यम, अधम कवि, उत्तम हरि-रस लीन।
मध्यम मानत मानुषनि, दोषनि अधम प्रवीन।।

परमार्थ-परक काव्य के प्रणेता हरि-रस में लीन उत्तम कवि कहलाते है; अर्थात् केशव के अनुसार परमार्थ अथवा धर्म और मोक्ष रूप परम पुरुषार्थों की सिद्धि ही काव्य का चरम लक्ष्य है मानव-जीवन के कवि, जो मानव-चरित्र का गुणगान कर ऐहिक आनन्द को काव्य की सिद्धि मानते हैं, मध्यम कोटि के कवि हैं, और परमानन्द तथा लौकिक आनन्द अर्थात् आत्मा और मन दोनों के आनन्द से वंचित दोषपूर्ण कवि-कर्म-चारी अधम कवि हैं। यहाँ केशव ने 'रस' शब्द का स्पष्ट उल्लेख किया है।

कवि की सबसे बड़ी शक्ति है वाणी, जिसके बिना वह आनन्द का दान नहीं कर सकता :

ज्यों बिन डीठ न शोभिए, लोचन लोल बिसाल।
त्यों ही केसव सकल कवि, बिन बानी न रसाल।।

कवि की रसालता—सरसता—का मूल उपकरण है उसकी वाणी :

ताते रुचि सुचि सोचि पचि, कीजै सरस कवित्त।
केसव स्याम सुजान को, सुनत होइ बस चित्त।।

यहाँ भी सरस कवित्त अथवा कवित्त की सरसता पर ही बल दिया गया है और श्याम-सुजान अर्थात् भगवान् के प्रसादन को उसकी सिद्धि माना गया है। इस प्रकार केशव ने रस का तिरस्कार न कर उसके महत्त्व को पूर्णतया स्वीकार किया है। स्वयं अनेक दोषों के अपराधी होकर भी केशव ने दोष को कविता के लिए असह्य माना है :

राजत रंच न दोषयुत कविता बनिता मित्र।
बुंदक हाला परत ज्यों, गंगा-घट अपवित्र।।

इसलिए सबसे पूर्व उन्होंने दोषों का निरूपण कर कवियशःप्रार्थी को उनके विरुद्ध सावधान कर दिया है। प्रौढ़ावस्था तक पहुँचकर केशव पर अलंकार का जादू चढ़ गया। इसका कारण यह प्रतीत होता है कि यह कवि, जैसाकि 'रामचन्द्रिका' आदि के अनेक छन्दों से स्पष्ट है, अपने वंश की परम्परा और अपने पांडित्य के

प्रति अत्यधिक सचेष्ट था। पांडित्य का धीरे-धीरे उस पर आतंक छा गया कि अर्थ-गौरव के बोझ से मन की सरस्वती दब गई। पांडित्य और अर्थ-गौरव कृति-साध्य हैं और उधर अलंकार भी अपेक्षाकृत अधिक कृति-साध्य ही हैं, इसलिए केशव को पांडित्य और अर्थ-गौरव की स्पृहा ने ही अलंकार की ओर आकृष्ट किया, यह अनुमान लगाना कठिन नहीं है। उनका सिद्धान्त-वाक्य :

जदपि सुजाति सुलक्षणी, सुबरन सरस सुबृत्त।
भूषण बिनु न बिराजई, कविता बनिता मित्त॥

और 'रामचन्द्रिका' में उनका भयंकर अलंकार-मोह उनकी अलंकारवादिता को असंदिग्ध रूप से प्रमाणित कर देता है।

निष्कर्ष यह निकलता है कि केशव ने आरम्भ में रसवाद के अन्तर्गत श्रृङ्गार-वाद को मान्यता दी और 'रसिकप्रिया' के द्वारा हिन्दी में उसका प्रवर्तन किया। यह उत्तर-ध्वनिकालीन परम्परा थी जब रसवाद अपनी पूर्ण प्रतिष्ठा के उपरान्त नायिका भेद के ग्रन्थों में श्रृङ्गारवाद में ही सीमित हो गया था। प्रौढ़िकाल में केशव की प्रवृत्ति स्वभावतः सरसता से बौद्धिकता की ओर होने लगी। बौद्धिकता के दो रूप सम्भव थे : १. विचार-प्रधान (दार्शनिक) काव्य; २. अलंकार-प्रधान काव्य। केशव ने दोनों को ही ग्रहण किया है और चूंकि दरबार में रहकर उनका लगाव अलंकार से अधिक था, इसलिए अलंकार का जादू उनके सिर पर और ज्यादा चढ़कर बोलने लगा। अलंकार की परम्परा भामह, दण्डी, वामन, उद्भट आदि की ध्वनि-पूर्व परम्परा थी, जिसके अनुसार काव्य का समस्त सौंदर्य ही अलंकार के आश्रित था, जब वर्ण्य विषय और वर्णन-शैली दोनों ही अलंकार के अन्तर्गत आते थे।

मूल्यांकन : रीति-शास्त्र में केशव का स्थान—इस पृष्ठभूमि का निर्माण कर लेने के उपरांत अब केशव के आचार्यत्व का मूल्यांकन सहज ही किया जा सकता है। भारतीय काव्यशास्त्र में तीन प्रकार के आचार्य हुए हैं : पहली श्रेणी में भरत, भामह, दण्डी, वामन, आनन्द-वर्धन, अभिनव और कुन्तक आदि ऐसे आचार्यों का स्थान है जिन्होंने काव्यशास्त्र के किसी मौलिक सिद्धान्त का आविष्कार कर काव्य सम्प्रदाय का प्रवर्तन किया है। कहने की आवश्यकता नही कि केशव के लिए इस श्रेणी में तो कोई स्थान ही नहीं है। उन्होंने न किसी मौलिक सिद्धांत की सृष्टि की और न किसी नवीन काव्य-पंथ का ही प्रवर्तन किया। यह सब केशव की सामर्थ्य से बाहर था। दूसरी श्रेणी में वे आचार्य आते हैं जिन्होंने काव्य के सर्वाङ्ग का मौलिक व्याख्यान किया है—इन आचार्यों ने काव्य के मूलभूत सिद्धान्तों की सूक्ष्म-गहन व्याख्या करते हुए उन्हें व्यवस्थित रूप दिया है : उद्भट, मम्मट, विश्वनाथ, जगन्नाथ आदि व्याख्याता-आचार्य इस वर्ग के विभूषण हैं। केशव इस गौरव के भी अधिकारी नहीं हैं। इसके लिए काव्य के मूल-भूल सिद्धान्तों के तात्त्विक ज्ञान, उनके निर्भ्रान्त एवं स्पष्ट विवेचन-व्याख्यान तथा सुस्थिर व्यवस्थापन-शक्ति की अपेक्षा रहती है। जैसा कि हम अभी निर्देश कर चुके हैं, केशव में इन गुणों का प्रायः अभाव ही है। न उनका ज्ञान ही निर्भ्रान्त है और न

विवेचन ही स्थिर व स्पष्ट है। इस श्रेणी के आचार्यों का सबसे बड़ा गुण है व्यवस्था, जिसका केशव में एकान्त अभाव है। तीसरी श्रेणी कवि-शिक्षकों की है जिनका कार्य होता है विद्यार्थियों तथा रसिकों की काव्य-शिक्षा के निमित्त वर्णनात्मक ढंग से आवश्यक सामग्री का संचय कर सरल-सुबोध पुस्तक प्रस्तुत करना। सामान्यतः भारतीय काव्यशास्त्र की व्यापक भूमिका में विचार करने से केशव कवि-शिक्षक रूप में ही सामने आते हैं जिन्होंने काव्य के दो प्रमुख अंगों का—रस तथा अलंकार का—साधारण प्रतिभा और ज्ञान वाले विद्यार्थियों तथा रसिक जनों के लिए विस्तार से वर्णन किया है :

समुझै बाला बालकन, बरनन - पंथ अगाध।
कविप्रिया केशव करी, छमियहु कवि अपराध।।

यहाँ केशव ने अपना उद्देश्य स्पष्ट कर दिया है : एक तो वे काव्य-वर्णन की सुबोध शिक्षा देना चाहते हैं, सूक्ष्म विवेचन-विश्लेषण की नहीं; और दूसरे उनके ग्रन्थ साधारण शिक्षा-संस्कार वाले विद्यार्थियों और रसिकों के लिए हैं।

पर यदि हम अपनी दृष्टि को थोड़ा सीमित कर लें और हिन्दी काव्यशास्त्र की परम्परा में ही केशव के आचार्यत्व का विचार करें तो केशव का महत्त्व असंदिग्ध है। उनको हिन्दी-काव्यशास्त्र का प्रवर्तक होने का गौरव प्राप्त है। हिन्दी के उस व्यापक काव्य-युग के प्रवर्तन का श्रेय न केशव के किसी पूर्ववर्ती रीति-कवि को दिया जा सकता है और न परवर्ती को। कृपाराम का क्षेत्र अत्यन्त संकुचित है और व्यक्तित्व बहुत ही साधारण। चिन्तामणि को भी यह गौरव देना अन्याय है; क्योंकि यह केवल एक संयोग था कि उनके उपरान्त रीति-काव्य की धारा अविच्छिन्न रूप में प्रवाहित हो चली। हिन्दी के परवर्ती कवियों ने—देव, दास आदि सभी धुरन्धर कवियों ने—केशव को ही आचार्य-रूप में श्रद्धांजलि दी है। चिन्तामणि का नाम तक भी किसी ने नहीं लिया। केशव ने ही हिन्दी में सबसे पहले सचेष्ट रूप से संस्कृत की पूर्व-ध्वनि और उत्तर-ध्वनि परम्पराओं को अवतरित किया, और अपने पांडित्य-गुरु व्यक्तित्व के बल पर हिन्दी-काव्य में शास्त्रीय पद्धति की प्रतिष्ठा की।

इसमें सन्देह नहीं कि उनका अलंकार-सिद्धांत बाद में मान्य नहीं हुआ—उसकी भ्रांतियाँ अत्यन्त स्पष्ट और मुखर हैं। इसमें भी सन्देह नहीं कि उन्होंने हिन्दी के काव्य-साहित्य को आधार मानते हुए सिद्धांत-व्यवस्था न कर प्रायः संस्कृत का ही अनुवाद किया है। हमें यह भी स्वीकार्य है कि स्वयं हिन्दी के भी कतिपय परवर्ती आचार्यों—कुलपति, श्रीपति, दास आदि—का विवेचन केशव के विवेचन की अपेक्षा अधिक स्वच्छ और व्यवस्थित है। फिर भी केशव की प्रतिभा उनमें से किसी में नहीं थी। भक्ति-काव्य की वेगवती धारा को रीति-पथ पर मोड़ने के लिए एक प्रभावशाली व्यक्तित्व की आवश्यकता थी, और प्रतिभा तथा पांडित्य से परिपुष्ट यह व्यक्तित्व था केशव का।

●

रसिकप्रिया

प्रो० विश्वनाथप्रसाद मिश्र

(रसिकप्रिया का प्रियाप्रसाद तिलक)

'रसिकप्रिया' का निर्माण करते समय केशव आचार्य और कवि दोनों थे। आगे चलकर उनका आचार्य-पक्ष प्रबल होता गया। 'रसिकप्रिया' और 'रामचन्द्र-चन्द्रिका' को देखकर सहसा कोई विश्वास नहीं कर पाता कि एक ही की दोनों रचनाएँ हैं। संस्कृत-प्रबन्ध काव्यों की परम्परा पहले ही पुष्ट हो चुकी थी। संस्कृत में अमरुकशतक जैसे मुक्तक काव्य उतने नहीं हैं। हिन्दी में केशवदास ने 'रसिकप्रिया' में अपने कविरूप का जैसा निखार दिखाया वह हिन्दी की प्रभूत परिमाण में अपनी ही काव्य संपत्ति है। जहाँ कहीं संस्कृत के उदाहरणों का सहारा भी लिया गया है वहाँ भी नूतन भंगिमा या ग्रन्थन कौशल है। इसलिए केशव के सम्बन्ध में यह सत्य न भूलना चाहिये कि उनमें कवित्व की सरसता मुक्तक के क्षेत्र में पूरी थी। यदि कुछ विशेष प्रकार के विनियोग की प्रतिज्ञा उन्होंने न की होती तो 'रामचन्द्र-चन्द्रिका' में उनका कवि रूप उतना आवृत्त न होता जितना शास्त्रस्थिति संपादन के कारण हो गया है।

विषय-विमर्श

'रसिकप्रिया' में सोलह प्रभाव हैं। कदाचित् उसके षोडश शृङ्गार का ध्यान रखकर इतने प्रभाव रखे गये हैं—प्रत्येक शृङ्गार का एक प्रभाव। शृङ्गार का प्रभाव ही पड़ता है। प्रत्येक प्रभाव के उपसंहार में आगे के प्रभाव का वर्ण्य विषय सूचित कर दिया गया है।

प्रथम प्रभाव में सबसे पहले गणेश की वंदना है। सामाजिक प्रवाह का ध्यान जैसा मानस में तुलसीदास ने रखा वैसा ही केशवदास ने अपने साहित्यिक ग्रन्थों में। इसी से गणेशजी की वंदना सर्वप्रथम की। दूसरी वंदना श्रीकृष्ण की है, इन्हें नवरसमय कहने में केशव ने अधिक पांडित्य का प्रदर्शन किया है। हिन्दी में शृङ्गार के आलम्बन कृष्ण ही हो गये हैं, रसमात्र के आलम्बन वे ही हैं। हिन्दी की प्रथा के अनुसार इसके अनन्तर आश्रयदाता या राजवंश का वर्णन है। निर्माण हेतु, स्थान और समय का उल्लेख है। फिर नवरस का नामोल्लेख, उनमें शृङ्गार की श्रेष्ठता और श्रीकृष्ण के नायकत्व का कथन है। फिर शृङ्गार के संयोग-वियोग भेद और प्रकाश-प्रच्छन्न भेद हैं तथा

श्रीकृष्ण और राधिका दोनों के चरित्र में इनके उदाहरण दिखाये गये हैं।

द्वितीय प्रभाव में नायक लक्षण कथित है। इसमें अनुकूलादि और उनके प्रकाश-प्रच्छन्न भेद के विस्तार से उदाहरण हैं। इस प्रभाव में 'आठ गाँठ' का वर्णन है। 'पृष्ठ' के प्रसंग में वे लिखते हैं—

मनसा बाचा कर्मना बिहँसनि चितवनि लेखि।
चलनि चातुरी आतुरी आठौं गाँठ बिसेखि॥

—रा० चं०, २।१६

धृष्ट नायक सर्वात्मना धृष्ट होता है। उसकी आठ रूपों में अभिव्यक्ति होती है—मन, वचन, कर्म, विहँसना, चितवन, चाल, चातुर्य, चातुरता। इसका मुहावरे के रूप में भी कवि ने प्रयोग कर दिया है।

है हरि आठहू गाँठ अठाए।

सामान्यतया 'आठ गाँठ' का अर्थ 'शरीर की आठ संधियाँ' किया जाता है, पर केशव ने उसक विशेष अर्थ रखा है।

तृतीय प्रभाव में सबसे पहले नायिका जाति का वर्णन कामसूत्र के आधार पर किया गया है। तत्वतः कामसूत्र और साहित्य सूत्र में अन्तर है। साहित्य काम के उसी अंश को ग्रहण करता है जिसका सम्बन्ध मनोवृत्ति से होता है। इसलिए उसमें काम के उन विवरणों का उल्लेख, जो शरीर से संबंध रखने वाले हैं, ग्राह्य नहीं हुए। साहित्य अपेक्षाकृत सूक्ष्म तत्त्व से संबंध रखता है। साहित्य गें गन काम का पिता माना जाता है। इसलिए यों कह सकते हैं कि साहित्य बड़ों से अपना संबंध जोड़ता है, बाल-बच्चों में संलाप अपनी गम्भीरता के विरुद्ध समझता है। केशव ने इतना अच्छा किया कि नायिकाओं के इन भेदों के साथ पुरुषों के भी भेद नहीं कहे। कदाचित् उनका लक्ष्य यह था कि पद्मिनी स्त्रियों का उल्लेख साहित्य में हुआ करता है, इसलिए स्वरूप-बोध के लिए उनका संक्षिप्त विवरण दे देना चाहिये।

जाति-वर्णन के अनन्तर मुग्धा का विचार है। नायिकाओं के प्रकार भेद कई दृष्टियों से किये जाते हैं। पद्मिनी आदि जाति भेद हैं। मुग्धा आदि अवस्था भेद हैं। स्वकीया-परकीया आदि धर्मानुसार प्रकार हैं। मुग्धा के जो विशेषण नववधू आदि कहे गये हैं वे उसके प्रकार या भेद नहीं हैं। नायक के दक्ष आदि विशेषणों की भाँति ये विशेषण हैं। इसमें मुग्धा के सुख का वर्णन भी इन्होंने किया है। वह किसी की शिक्षा से वांछित सुखात्मक व्यवहार नहीं करती। उसके साथ छल-बल अनुचित है। उससे सुख-शोभा को क्षति पहुँचती है (देखिए ३।२८)। इसमें मध्या और प्रौढ़ा के विशेषण का गुण मुग्धा की ही भाँति विस्तार से कथित है, पर बहिर्रति और अंतर-रति के उल्लेख कामशास्त्र के ग्रन्थों से ही उठाकर रखे गये हैं। मध्या में सुरतांत-वर्णन साहित्य में परम्परा मुक्त होने के कारण कदाचित रति के स्वरूप बोध के लिए आचार्य-वर ने रख दिया है, जो साहित्य के सूक्ष्म स्वरूप के विरुद्ध है। इसी के अन्तर्गत षोडश शृङ्गार भी कथित है, जो पारंपरिक हैं।

चतुर्थ प्रभाव में 'दर्शन' का विचार है। इस संबंध में ध्यान देने योग्य यह है कि हिन्दी में श्रवण दर्शन भी चल पड़ा, जबकि वह दर्शन से संबद्ध नहीं है। शृङ्गार तिलक में दोनों को पृथक् ही कहा गया है—

दर्शनाच्छ्रवणाद्वापि कामार्ते भवतो यथा।
साक्षच्चित्रे तथा स्वप्ने तस्य स्यात्दर्शनं त्रिधा।
देशे काले च भंग्यां च श्रवणं चास्य तद्यथा॥

—१।५०-५१

रुद्र ने 'इन्द्रजाल'[1] को भी 'वा' के साथ जोड़ा है—

साक्षाच्चित्रे स्वप्ने स्यादर्शनमेवमिन्द्रजाले वा।
देशे काले भंग्या साधु तदाकर्णनं च स्यात्॥

—१२।३१

'उज्जवलनीलमणि' में भी दर्शन और श्रवण पृथक् हैं—

साक्षात्कृष्णस्य चित्रे च स्यात्स्वप्नादौ च दर्शनम्।
वन्दिदूतीसखीवक्त्राद् गीतादेश्च श्रुतिर्भवेत्॥

हिन्दी में 'श्रवण-दर्शन' करके दर्शन के ही चार भेद कर दिये गए हैं। यहाँ 'दर्शन' शब्द व्यापक कर दिया गया। श्रवण द्वारा प्रियगुणादि का कीर्तन सुनने पर भी उसके रूप का आनयन होता है। इसी से 'श्रवण दर्शन' का ग्रहण किया गया है।

पंचम प्रभाव दम्पत्ति चेष्टा का वर्णन है। जैसा कहा जा चुका है इन्होंने अपेक्षित लक्षणादि का नियोजन और साथ ही वांछित विस्तार करने का पूरा प्रयास किया है। प्रेम की अभिव्यक्ति के उपाय का नाम चेष्टा है। प्रिय के अन्यत्र देखने पर उसकी ओर देखना, उसके देखने पर अन्यत्र देखना आदि में केशव ने विस्तार किया—

कबहूँ श्रुतिकंडू करै आरस सौ ऐंडाइ।
केशवदास विलास सौं बारबार जमुहाइ॥ —५।६

यह उद्भावना केशव की नहीं है, पारंपरिक है। 'शृङ्गार तिलक' में नहीं है। केशव ने अवधानतापूर्वक आकलन किया है। ठीक इसी प्रकार स्वयं दूतत्त्व का प्रसंग वहाँ न होने पर भी नियोजित किया गया है (देखिए ५।१३)। इस प्रभाव में इन्होंने स्पष्ट घोषणा कर दी है कि वेश्या का वर्णन क्यों नहीं किया गया—

और जु तरुनि तीसरी क्यों बरनौ यहि ठौर।
रस में बिरस न वरनिये कहत रसिक सिरमौर॥ ५।३९

शास्त्रीय दृष्टि से परकीया और सामान्य में रसाभास मानते हैं। पर जैसा पहले कह आए हैं, परकीया भाव भावभक्तिप्रवाह में साधना की दृष्टि से ग्राह्य हो गया था। इसलिए उसका तो कुछ विवेचन इन्होंने कर दिया, पर सामान्या को 'रसाभास' भी नहीं विरस (रसहीन) कहकर परित्यक्त कर दिया।

---

१. 'साहित्यदर्पण' में यह गृहीत हुआ है।

षष्ठ प्रभाव में 'भाव' का विचार है। 'शृङ्गार तिलक' में यह विषय नहीं वर्णित है। भाव का लक्षण इन्होंने यों किया है—

आनन लोचन बचन मग प्रगटत मन की बात।
ताही सौं सब कहत हैं भाव कबिन के तात ॥ ६।१

इसमें मन की बात अर्थात् मनोविकार को भाव कहा गया है। पर इस भाव के पाँच प्रकार यों कहे गये हैं—

भाव सु पंच प्रकार के सुनि विभाव अनुभाव।
थाई सात्विक कहत हैं व्यभिचारी कविराव ॥ ६।१

विभाव और अनुभाव को भी भाव कहना शास्त्रीय नहीं है। स्थायीभाव, व्यभिचारी और सात्विक भाव को तो रसतरंगिणीकार 'भाव' कहते हैं—

रसानुकूलो विकारो भावो विकारोऽन्यथाभावः। विकारश्च द्विविधः आन्तर-शशारीरश्वान्तारो पि द्विविधः स्थायी भावो व्यभिचारी भावश्च। शारीरास्तु सात्विका-भावदयः।

रस के अनुकूल विकार को भाव कहते हैं। विकार का अर्थ है परिवर्तन (अन्य थाभाव)। यह परिवर्तन दो प्रकार का होता है—अंतःकरण का और शरीर का। आन्तरिक परिवर्तन दो प्रकार का होता है—स्थायी भाव और व्यभिचारी भाव (अस्थायी भाव)। शारीरिक परिवर्तन सात्विक भावादि होते हैं। यह नहीं समझना चाहिए कि देहविकार के लिए 'भाव' पद का व्यवहार गौण है। भेदकता है अन्य भावों को अपने शासन में रख सकना, देहविकार नहीं। स्थायी भाव और व्यभिचारी भाव में इतना ही अंतर है कि स्थायी भाव चरम समय पर्यंत स्थिर रहता है, इसी से स्थायी कहलाता है। दूसरा अस्थिर होता है। इस प्रकार स्थायी भाव मनोविकार में प्रधान होता है। प्रधान भाव होने के कारण यह सामाजिक के हृदय में उद्बुद्ध होकर रस चर्वणा करता है। व्यभिचारी या संचारी ऐसा नहीं कर पाता।

पर 'विभाव' भाव नहीं है। जो भाव को विशेषतया उत्पादित करते हैं वे विभाव कहलाते हैं। जो रसों को अनुभावित करते हैं, अनुभव में लाते हैं, वे अनुभाव कहलाते हैं। विभाव भाव के कारण होते हैं और अनुभाव उसके कार्य। कदाचित् किसी के कारण और कार्य में भी उसका अंश होता है ऐसा मानकर उन्हें भी भाव ही कह दिया गया है। विभाव का लक्षण करते हुए केशव उन्हें रस भाव का कारण कहते हैं—

जिनतें जगत अनेक रस प्रगट होन अनयास।
तिनसों बिमति बिभाव कहि, बरनत केशवदास ॥ ६।३

विभाव के दो भेद यथाशास्त्र ही है—आलंबन और उद्दीपन। इनमें आलंबन का लक्षण यह है—

जिन्हें अतन अवलंबई ते आलंबन जानि।
जिनतें दीपति होति है ते उद्दीप बखानि ॥ ६।५

यहाँ 'अतन' शब्द विचारणीय है। यदि आलंबन का लक्षण सभी रसों के अनुकूल माना जाए तो इसका अर्थ 'काम' करने में बाधा है। तब इसका अर्थ 'अशरीरी-रस-भाव' करना चाहिए। पर केशव ने इसके अनन्तर आलंबन-स्थान और उद्दीपन का जो वर्णन किया है वहाँ शृंगाररस के ही आलंबन-उद्दीपन कथित हैं। इसलिए जान पड़ता है कि इन्होंने 'काम' अर्थ में ही इसका व्यवहार किया है। आलंबन-स्थान वर्णन भी ध्यान देने योग्य है—

दंपति जोवन रूप जाति लच्छनजुत सखिजन।
कोकिल कलित बसंत फूल फल दल अति उपवन।
जलचर जलजुत अमल कमल कमला कमलाकर।
चातक मोर सुसब्द तड़ित धनु अंबुद अंबर।
सुभ सेज दीप सौगन्ध गृह पान गान परिधान मनि।
नव नृत्यभेद बीनादि रव आलंबन केसव बरनि।।

इसमें 'दंपति' तो अवश्य शृङ्गार रस के आलंबन हैं, पर सखीजन, कोकिलादि की गणना उद्दीपन में ही की जाती है। उद्दीपन दो प्रकार के होते हैं—संबद्ध और तटस्थ। आलंबन से संबद्ध उद्दीपन के अन्तर्गत कुछ तो शारीरिक चेष्टाएँ होती हैं, कुछ शरीर की साज-सज्जा, कुछ शय्यादि उपकरण, कुछ सहायक सखी आदि। तटस्थ के अंतर्गत प्राकृतिक स्थिति होती है। इनमें से केशव ने शारीरिक चेष्टा को ही उद्दीपन कहा है—

अवलोकन आलाप परिरंभन नख-रद-दान।
चुंवनादि उद्दीप हैं मर्दन परस प्रवान।।६।७

पर अन्य सभी उद्दीपनों को उन्होंने आलम्बन ही कहा इसका कारण कदाचित् यह है कि प्रकृत आलंबन के अतिरिक्त स्थिति भेद से ये भी आलंबन हो सकते हैं। इन्हें उद्दीपन कह देने से इनकी गणना फिर आलंबन के अंतर्गत नहीं हो सकती। पर ऐसा कर देने से इनका उद्दीपन होना स्पष्ट लक्षित नहीं होता। हिंदी में प्राकृतिक दृश्य आलम्बन होते हैं यह केशवदास ने ही कहा है। यह कथन कम महत्त्व का नहीं है—

आलंबन उद्दीप के जो अनुकरन बखान।
तै कहिये अनुभाव सब दंपति प्रीति विधान।।६।८

इसमें 'अनुकरण' शब्द 'अनुगमन' अर्थ में प्रयुक्त जान पड़ता है। अनुभाव शब्द के दो अर्थ किए जाते हैं—जो भावादि का अनुभव कराते हों अथवा जो भाव के पीछे प्रकट होते हों। यहां दूसरा अर्थ लिया गया है।

व्यभिचारी भाव के नामकथन में केशव ने परम्परा-गृहीत तेंतीस संचारियों के प्रसंग में दो शब्द ऐसे रखे हैं जिनसे भ्रांति हो सकती है। एक शब्द 'बिबाद' है और दूसरा 'आधि'।

१—गर्व हर्ष आवेग पुनि निंदा नींद-बिबाद।
२—उन्माद मरन अवहित्थ है व्यभिचारी जतुआधि।

यदि 'बिबाद' में कोई नया संचारी माना जाए तो 'तर्क' और उसमें कोई भेद नहीं होगा। इसलिए 'नींद-बिबाद' समस्तपद जान पड़ता है। 'नींद-बिबाद' का 'निद्रा का बखेड़ा' 'निद्रा की बात' अर्थ है। ध्यान देने योग्य है कि दोनों शब्द 'तुकांत' में आये हैं। ये तुकान्त के अनुरोध से प्रयुक्त हैं, इनका कोई स्वतन्त्र अस्तित्व नहीं है। जैसे 'बिबाद' को 'निद्रा' के साथ जोड़ लेने से स्थिति ठीक हो जाती है वैसे ही 'जुत आधि' को चाहें तो 'अवहित्थ' के साथ जोड़ दे सकते हैं। अन्यथा उस दोहे के प्रथम दल में 'व्याधि' है उसी से इसे जोड़ लें—'आधिव्याधि' को एक मानें। यह 'जुत' शब्द 'आधि' को किसी से जोड़ने के लिए ही प्रयुक्त है। उसकी स्वतन्त्र सत्ता के द्योतन के लिए प्रयुक्त नहीं जान पड़ता। शारीरिक क्लेश को व्याधि और मानसिक क्लेश को आधि कहते हैं। बाह्य और आभ्यंतर भेद से एक ही क्लेश की द्विधा स्थिति हो जाती है।

हाव का लक्षण इन्होंने यह किया है—

प्रेम राधिका कृस्न को है तातें सिंगार।
ताके भावप्रभाव तें उपजत हावविचार ।।६।१५

यहाँ 'भाव-प्रभाव' शब्द विचारणीय है। राधाकृष्ण के प्रेम से शृङ्गार होता है, उसके भाव के प्रभाव से हाव होता है। 'भाव' का अर्थ या तो 'स्थिति' मानें अथवा 'मनोविकार' मानें। नाट्यशास्त्र में 'हाव' दूसरे ढंग से माना गया है। हिन्दी में आलंबनगत 'अलंकार' को हाव कहते हैं—वाणी से, अंग से और सत्व से। सत्व देहात्मक होता है। सत्व से भाव और भाव से हाव, हाव से हेला होती है—

देहात्मकं भवेत् सत्वं सत्वात् भावः समुत्थितः।
भावात् समुत्थितो हावोहावा द्धेला समुत्थिता।। २४।७

वहीं नाट्यरसाश्रय अलङ्कारों का उल्लेख भी है। मुख और शरीर में यौवन के समय होने वाले स्त्रियों के शारीरिक विकार या चेष्टा का नाम अलङ्कार है—

अलंकारास्तु नाट्ष्येज्ञेया नाट्यरसाश्रयः।
यौवने ह्यधिकाः स्त्रीणां विकारा वक्त्रगात्रजाः।। २४।४

ये तीन प्रकार के हैं—अंगज, स्वाभाविक और अयत्नज। अंगज तीन, स्वाभाविक दस, अयत्नज सात। भाव, हाव और हेला ये तीन अंगज होते हैं। यहाँ 'भाव' का अर्थ है कामविकार। अल्पसंभोगेच्छाप्रकाशक भ्रूनेत्रादि विकार को हाव कहते हैं। जब विकार बहुत स्फुट रूप में प्रकट हो तो उसे हेला कहते हैं। ये अंगज कहलाते हैं, अंग या शरीर से प्रकट होने के कारण। स्वाभाविक दस होते हैं—लीला, विलास, विच्छित्त, विभ्रम, किलकिंचित, मोट्टायित, कुट्टमित, बिब्बोक, ललित, विहृत। ये स्वभावसिद्ध होते हुए भी कृतिसाध्य होते हैं, यत्नज होते हैं। स्त्रियों में स्वाभाविक सात्विक अलङ्कार इनके अतिरिक्त आठ और हो सकते हैं—मद, तपन, मोग्ध्य, विक्षेप,

कुतूहल, हसित, चकित, तथा केलि ।[1] अयत्नज सात होते हैं—शोभा, कांति, दीप्ति, माधुर्य, प्रगल्भता, औदार्य और धैर्य । अंगज और अयत्नज ये दस पुरुषों में भी हो सकते हैं । किन्तु विशेष शोभाकारक होते हैं नायिकाओं में ही ।

केशव ने उपर्युक्त दस स्वाभाविक अलङ्कारों के अतिरिक्त 'हाव' शीर्षक के अन्तर्गत 'हेला', 'मद' और बोधक को ग्रहण किया है । इस प्रकार इन्होंने कुल १३ हाव माने हैं । 'हावों' की ऐसी कल्पना 'रसतरंगिणी' से चली है । उसमें उक्त दस स्वभावज अलङ्कारों को 'हाव' नाम दिया गया है । हिन्दी में 'हेला' को भी उसी में मिला लिया गया है । पूर्वोक्त अतिरिक्त आठ स्वभावज अलङ्कारों में से हिन्दी वाले कुछ को या सभी को हाव के अन्तर्गत करके कहते हैं । बोधक हाव का वर्णन सबसे प्रथम हिन्दी में इन्होंने ही किया है—

गूढ़ भाव को बोध जहँ केसव औरहि होइ ।
तासौं बोधक हाव सब कहत सयाने लोइ ।। ६।५४

कोई-कोई इसे 'बोध' कहते हैं । भिखारीदास ने रससारांश में 'बोधक' को 'क्रियाचातुर्य' कहा है । पद्माकर जगद्विनोद में उसका लक्षण यों देते हैं—

ठानि किया कछु तिय पुरुष बोधित कर जु भाव ।
रस ग्रन्थम में कहत हैं तासौं बोधक हाव ।।४६६

'मोग्ध्य' के प्रतिपक्ष में 'चातुर्य-सूचक', 'बोधक' की कल्पना की गई है । 'दास' ने श्रृंगारनिर्णय में भरत कथित दस स्वाभाविक अलङ्कारों में ही अन्य अतिरिक्त स्वभावज अलङ्कारों को अन्तर्भुक्त करने का प्रयास किया है ।

इस प्रसंग में दूसरी विचारणीय स्थिति यह है कि स्वभावज अलङ्कारों को इन्होंने श्रीकृष्ण में भी माना है । इस संबंध से रसतरंगिणीकार ने स्थिति स्पष्ट कर दी है । नारियों में ये स्वाभाविक होते हैं । पर पुरुषों में औपाधिक—

नारीणां श्रृंगारचेष्टा हावः । स च स्वभावजो नारीणां । ननु बिब्बोकविलासविच्छित्तिविभ्रमाः पुरुषाणामपि संभवन्तीति चेत्सत्यम् । तेषां त्वौपाधिकाः स्वभावजाः स्त्रीणामेव । नन्मेव यदि तासां सदैव ते कथं न भवन्तीति चेत्सत्यम् । उद्दीपकान्वयव्यतिरेकाभ्यां नायिकानां हावाविभावतिरोभावावित ।

'रसतरंगिणी' में लीला, विलास, विच्छित्त, विभ्रम, ललित को शारीरिक, मोहायित, कुट्टमित, बिब्बोक, विहृत को आंतरिक और किलकिंचित को उभय संकीर्ण कहा है । साथ ही इन सबके विभाव और अनुभाव का भी उल्लेख विस्तार से किया है । जैसे लीला के संबंध में वे लिखते हैं—

प्रियभूषणवचनाद्यनुकृति लीला । तत्र विभावः सखीकौतुककलापः । अनुभाव प्रियपरिहासः ।

---

१. देखिये 'साहित्यदर्पण' ।

भोजराज के शृङ्गार प्रकाश में इसका अत्यधिक विस्तार है। उन्होंने अनुभाव के अंतर्गत ही इन्हें रखा है। रूपगोस्वामी ने भी अनुभाव के भीतर ही इन्हें रखा है। भोजराज ने अनुभाव का लक्षण ही यों किया है

इदानीमनुभावं व्याख्यास्यामः। तत्र विभावैः प्रबुद्धसंस्कारस्य नायकादेः ये स्मृतिच्छाद्वेषप्रयत्नजन्मानः मनोवाग्बुद्धिशरीरारम्भा तेऽनुभूयमानत्वाद् रत्यादी-नामनन्तरभावनाच्च अनुभावाः।

इस प्रकार मन, वाणी, बुद्धि और शरीर के आरंभ अनुभाव है। 'मन आरंभ' में भाव, हाव, हेला, शोभा, कांति, उद्दीप्ति, माधुर्य, धैर्य, प्रागल्भ्य, औदार्य, स्थैर्य और गांभीर्य हैं। 'वागारंभ' में हैं आलाप, प्रलाप, विलाप, अनुलाप, सल्लाप, अपलाप, संदेश, अतिदेश, निर्देश, उपदेश, अपदेश और व्यपदेश।[1] 'बुद्धयारंभ' भी बारह हैं—पांचाली, गौड़ी, वैदर्भी, लाटीया रीतियाँ; भारती, आरभटी, केशिकी, सात्विकी वृत्तियाँ और पौरस्त्या, उड्रमागधी, दाक्षिणात्या और आवंत्या। 'शरीरारंभ' में लीला, विलास, विच्छित्ति, विभ्रम, किलकिंचित, मोट्टायित, कुट्टमित, बिब्बोक, ललित, विहृत, क्रीड़ित और केलि का ग्रहण है।

उज्ज्वलनीलमणि में 'विहृत' के स्थान पर 'विकृत' नाम है—

ह्रीमानेर्ष्यादिभिर्यत्र नोच्यते स्वविवक्षितम्।
व्यज्यते चेष्टयेवेदं विकृतं तद्विदुर्बुधाः॥

भरत के नाट्यशास्त्र में भी विकृत नाम मिलता है। हिंदी के कुछ शृङ्गार युगीन रीतिग्रंथों में भी यही नाम रखा गया है।

नवीन कल्पना के लिए केशवदास ने क्षमाप्रार्थना भी की है—

राधा राधारमन के कहै जथामति हाव।
ढिठई केशवदास की छमियो कवि कविराव॥६।५७

सप्तम प्रभाव में 'खंडिता' का लक्षण भिन्न है। 'शृङ्गारतिलक' का लक्षण यह है—

कुतश्चिन्नागतो यस्या उचिते वासके प्रियः।
तदनागमसंतप्ता खंडिता सा मता यथा॥७६१॥

'खंडिता' का अर्थ होता है 'परिस्थितिवश प्रिय पर से जिसके अपनत्व का अभिमान खंडित हो।' यहाँ प्रिय के न आने से जिसको संताप हो वह खंडिता कही गई है। हिन्दी में खंडिता का जो लक्षण चला वह रसमंजरी के अनुगमन पर—

अन्योपभोगचिह्नित प्रातरागच्छति पतिर्यस्याः सा खंडिता। केशव का लक्षण यों है—

आवन कहि आवै नहीं आवै प्रीतम प्रात।
जाके घर सो खंडिता कहै जु बहुबिधि बात॥७।१६

1. मिलाइए नाट्यशास्त्र में अभिनयात्मक अलंकारों से।२४।५२-५७

यहाँ केशव ने 'आने का कहकर न आए' लिखकर एक और स्थिति स्पष्ट की तो दूसरी ओर 'अन्योपभोगचिह्नित' को छोड़ दिया। उसे 'कहे जु बहुबिधि बात' के भीतर रखा है। इसका कारण उनके द्वारा गृहीत 'प्रच्छन्नप्रकाश' भेद है। उन्होंने प्रच्छन्न में तो 'उपभोगचिह्नों' का उल्लेख नहीं किया, पर 'प्रकाश' में उनका संकेत किया है (देखिये ७।१८)।

हित तैं के मद मदन तैं पिय पे मिले जु जाइ।
सौ कहिये अभिसारिका बरनी त्रिबिध बनाइ ।।७।२५

प्रेम, मद (गर्व) और मदन 'काम' से प्रेरित होकर जो प्रिय के पास जाए। इसमें के दो विशेषण तो नाट्यशास्त्र में मिल जाते हैं—मद और मदन। प्रेम नूतन कल्पना है—

हित्वा लज्जां समाकृष्टा मदनं मदनेन या।
अभिसारयते कान्तं सा भवेदभिसारिका ।।२४।२१२

अष्टम प्रभाव में जड़ता का लक्षण विचारणीय है। 'शृङ्गारतिलक' में उसका लक्षण यह है—

अकांडे यत्र हुंकारो दृष्टिः स्तब्धा गता स्मृतिः।
श्वासाः समाधिकाः कार्श्यं जडतेयं मता यथा ।।२।१५

पर केशव ने यह लक्षण किया है—

भूलि जाइ सुधि बुधि जहाँ सुखदुख होइ समान।
तासों जड़ता कहत हैं केसवदास सुजान ।।८।४८

इसमें 'गता स्मृतिः' का भूलि जाइ सुधिबुधि' ठीक है। पर 'सुखदुख होइ समान' यह कदाचि 'इष्टानिष्टापरिज्ञान' से संबद्ध है। क्योंकि सुख अनुकूल-वेदनीय होता है और दुःख प्रतिकूलवेदनीय।

उज्ज्वलनीलमणि में 'जड़िमा' का लक्षण यह है—

इष्टानिष्ट परिज्ञानं यत्र प्रश्नेष्वनुत्तरम्।
दर्शनश्रवणाभावो जडिमा सोऽभिधीयते।
अत्राकाण्डेऽपि हुंकारस्तम्भश्वासभ्रमादयः ।।

इस प्रभाव के अन्त में केशव ने अनुभव की मार्मिक स्थिति का उल्लेख किया है। इसके अनुसार आदर, लोभ तथा अतिसंग से साधुओं के चित्त भी चंचल हो जाते हैं (देखिए ८।५६)।

नवम प्रभाव में केशव ने मान के प्रसंग में नायक के मान का भी विवेचन किया है। यह अंक शृङ्गारतिलक में नहीं है। साहित्यदर्पण में स्थिति स्पष्ट है—

मानः कोपः स तु द्वैधा प्रणयेर्ष्यासमुद्भवः।
द्वयोः प्रणयमानः स्यात्प्रमोदे सुमहत्यपि ।।३।१९८

उज्ज्वलनीलमणि में कहा गया है कि—

स्नेहं विना भयं न स्यान्नेर्ष्या च प्रणयं बिना ।
तस्मान्मानप्रकारो यं द्वयोः प्रेमप्रकाशकः ।।

दशम प्रभाव में मानापनोदन के साधन बताये गये हैं । इनमें एक दान भी है । केशव ने इसके प्रसंग मे भामित विचार की चर्चा की है । 'दान' तो वेश्या को भी दिया जाता है । फिर अन्यों से भेद किस प्रकार किया जायेगा । उनका निर्णय है—

जहाँ लोभ ते दान लै छांड़े मानिनि मान ।
वारबधू के लच्छनहिं चाबै तबहिं प्रमान ।।१०।७

इसका अर्थ है कि जहाँ लोभ न हो वहीं दान-उपाय ठीक होगा । इसी प्रकार 'प्रणति' में अपराध या काम का हेतु होना आवश्यक है । विना इसके प्रणति रस के लिए हानिकारक होती है (देखिए १०।१८) । मान छूटने की सहज या सरल स्थितियाँ भी होती हैं । इनका उल्लेख निम्नलिखित दोहे में है—

देस काल बुधि बचन तें कल धुनि कोमल गान ।
सोभा सुभ सौगन्ध तें सुख ही छूटत मान ।।१०।२६

उज्ज्वलनीलमणि में भी देशकालादिक का उल्लेख है—

देशकालबलेनैव मुरलीश्रवणेन च ।
बिनाप्युपायं मानो सो लीयते व्रजसुभ्रुवाम् ।।

एकादश प्रभाव में करुण विरह का निरूपण केशव ने श्रृङ्गारतिलक से भिन्न किया है । श्रृङ्गारतिलक में वही लक्षण है जो शास्त्रीय ग्रन्थों में अन्यत्र मिलता है । इसका प्रसिद्ध उदाहरण कादम्बरी में महाश्वेता का विरह है । श्रृङ्गारतिलक में लक्षण यों है—

यत्रैकस्मिन्विपन्नेऽन्यो मृतकल्पोऽपि तद्गतम् ।
नायकः प्रलपेत्प्रेम्णा करुणोऽसौ स्मृतो यथा ।।२।६०

पर केशव यों लिखते हैं—

छुटि जास केसव जहाँ सुख कै सबै उपाय ।
करुनारस उपजात तहाँ आपुन तै अकुलाय ।।११।१

केशव इसके वर्णन के पक्ष में भी नहीं हैं उनका कहना है—

सुख में दुख क्यों बरनिये यह बरनत व्यवहार ।
तदपि प्रसंगहिं पाइ कछु बरनत मति-अनुसार ।।११।२

इसका वर्णन रूपगोस्वामी ने इसलिए छोड़ दिया है कि वे इसे भी एक प्रकार का प्रवास विरह ही मानते हैं—

विप्रलम्भपरं केचित्करुणामिधमूचिरे
स प्रवास विशेषत्वान्नैवात्र पृथगीरितः ।।

कालियदह में प्रवेश करना आदि को वे करुणविप्रलंभ के अन्तर्गत मानते हैं । केशव ने 'मति-अनुसार' कुछ नया विचार किया है । यह अवश्य विचारणीय है कि कालियदह-प्रवेश आदि में करुण रस माना जाए या करुणविप्रलम्भ । शास्त्रीय व्यवस्था

इतनी ही है कि जब तक प्रियमिलन की आशा बनी है तब तक विप्रलम्भ है, जहाँ नैराश्य आया वह करुण हो जाएगा। केशव ने संदिग्ध स्थिति का परित्याग कर करुण-विरह का वर्णन इस आधार पर दिया है कि यदि नायिका को विरहावस्था में कोई बाधक स्थिति क्लेशकारिणी उत्पन्न हो जाए तो करुण-विप्रलम्भ मानना चाहिए। यदि प्रिय के पास सखी जाए और उससे मिलकर वहीं रह जाये और विरहिणी को उसकी ऐसी करतूत का पता चल जाये तो वह करुण-विरह है (देखिए ११।३)। प्रच्छन्न करुणविरह का उदाहरण तो ठीक बन गया है पर प्रकाश करुणविरह में 'प्रवासविरह' ही है। जब विरह में कोई बाधक स्थिति भी आलम्बन हो जाती है तब करुणविरह होता है। कोई बाधक स्थिति उद्दीपन रहती है तो वहाँ 'विषाद' संचारी ही भर है। इसी से इनका 'प्रकाश करुणविरह' ठीक उदाहरण नही जान पड़ता। (देखिए ११।४)।

विरह के अन्तर्गत इन्होंने 'भयविभ्रम' का वर्णन भी किया है, जिसका कोई लक्षण नहीं किया है। स्वरूप से स्थिति यह जान पड़ती है कि जहाँ वियोग में संयोग की दुखद वस्तुएँ दु:खदायिनी हो जाती है उसके वर्णन को ये 'भयविभ्रम' कहना चाहते हैं। सरदार ने ऐसे दुःख की खतियानी सात खातों में की है—

नींद सेज सुमनों सभा संगित सालि सुगन्ध।
सात वियोगिन को करत महा विरह तैं अंध।।

केशव ने केवल 'निद्रा' के उदाहरण दिये हैं। इसके अतिरिक्त 'पत्री' के उदाहरण भी इसी के साथ दिए गए हैं।

द्वादश प्रभाव में सखी-वर्णन शृङ्गारतिलक के अनुसार ही है। इसमें कुछ केशव ने और बढ़ाये हैं। इन्हें सखी कहा जाय या दूती। 'दास' दूती के अन्तर्गत ही इनमें से बहुतों को रखते हैं। सखी और दूती में स्वरूपभेद उनके स्वातंत्र्य और पारतन्त्र्य के ही आधार पर है। सखी में फिर भी कुछ स्वाधीनता होती है, उसकी प्रतिष्ठा विशेष होती है। हिंदी में परंपरया सखी और दूती के कर्मों का कुछ विभाजन भी कर दिया गया है। विरह निवेदन दूती का कार्य हो गया है।

त्रयोदश प्रभाव में सखी के जो कर्म बताए गए हैं उनमें कुछ क्रुद्ध भी हो सकती है। (देखिए १३।१)। पर दूती की क्या मजाल कि वह रोष कर सके। ऐसे ही संदेश आदि भी दूती के कर्म हैं। सखी की स्थिति कुछ अधिक परिष्कृत है। उसका सुसंस्कृत होना आवश्यक है। इसलिए जिसको सखी कहा गया है वे सब सखी के योग्य नहीं जान पड़तीं।

चतुर्दश प्रभाव में अन्य रसों का विवेचन है। हास्यरस के परिहास भेद की चर्चा पहले की जा चुकी है। रसों के वर्ण का उल्लेख भी केशव ने किया है जो शृंगारतिलक में नहीं है। देवता का उल्लेख फिर भी नहीं है। हास्यरस में वर्ण का भी उल्लेख छूट गया है। करुणरस का लक्षण शृंगारतिलक से भिन्न है। वहाँ लक्षण है—

"शोकात्मा करुणो ज्ञेयः प्रियभृत्यधनक्षयात्"

यहाँ है—

"प्रिय के विप्रिय करन तैं आनि करुनरस होत"

केशव ने अन्य रसों को भी राधाकृष्ण से ही संबद्ध रखना चाहा है। इसी से इस प्रकार का लक्षण उन्हें करना पड़ा। ऐसा उदाहरणों से स्पष्ट है। अन्य रसों की भी यही स्थिति है। इसका परिणाम यह हुआ है कि रसों का स्वरूप पूरा स्पष्ट नहीं हो सका है। उनके स्थायी भाव श्रृङ्गार के संचारी होकर आए हैं। समरस या शांतरस के उदाहरणों में तीसरा (१४।४०) ठीक है।

पंचदश प्रभाव में वृत्तियों का वर्णन है। इनमें सात्वती या सात्वकी वृत्ति का लक्षण श्रृङ्गारतिलक से कुछ भिन्न है। इसमें रौद्र के स्थान पर श्रृङ्गार है। वैसा ही पाठ प्राचीन पोथियों में है। अन्यत्र 'अद्भुत वीर सिंगार रस' के स्थान पर 'अद्भुत रुद्र वीर रस' पाठ भी मिलता है जो उससे ठीक मिल जाता है।

अन्तिम षोडश प्रभाव में 'अनरस-वर्णन' है। इसमें 'नीरस लक्षण' कुछ भिन्न रखा गया है। श्रृंगारतिलक में 'नीरस' का लक्षण (काव्यमाला में मुद्रित संस्करण में) दो बार कथित है। पहले के संबंध में टिप्पणी है कि कुछ पुस्तकों में यह नहीं मिलता। केशव ने दूसरे (३।५१) से कुछ मिलता-जुलता लक्षण (१६।४) किया है। अन्त में नित्य रसविरोध का विचार किया है (१६।१२) और रसोत्पत्ति भी (१६।१३) नाट्य शास्त्र के अनुसार दे दी है।

●

कविप्रिया
(सं० १६५८)
डॉ० ओम्प्रकाश

आचार्य केशवदास के कविशिक्षा-सम्बन्धी तीन ग्रन्थ मिलते हैं : 'रसिकप्रिया' (रचनाकाल सं० १६४८), 'रामचन्द्रिका' (सं० १६५८), तथा 'कविप्रिया' (सं० १६५८)। जिनमें से 'रामचन्द्रिका' में 'परब्रह्म श्रीराम' के यश का अनेक प्रसिद्ध तथा अप्रसिद्ध छन्दों में वर्णन करके केशव ने अपनी अपूर्व सामर्थ्य का परिचय दिया है तथा शिष्यों के लिए आदर्श उपस्थित किया है; लक्षण देने की आवश्यकता नहीं समझी गई। शेष दो पुस्तकों में वर्ण्य विषय के लक्षण भी हैं तथा उदाहरण भी। 'रसिकप्रिया' उनकी प्रथम रचना है, उसमें विवेचन की अपेक्षा उमंग अधिक है और 'रामचन्द्रिका' में छन्द के साथ-साथ कथा[1] रचयिता का मुख्य उद्देश्य बन गई थी; परन्तु 'चन्द्रिका' से ठीक चार मास उपरान्त लिखी गई 'कविप्रिया' में केशव एक प्रौढ़ आचार्य बने हुए हैं—उन्होंने विवेचन के अतिरिक्त सिद्धान्त-प्रतिपादन भी किया है। इस प्रकार यह स्पष्ट है कि 'कविप्रिया' आचार्य केशव की सबसे प्रौढ़ तथा सबसे महत्त्वपूर्ण कृति है।

यदि केशव अपनी पुस्तक में यह स्पष्ट न करते कि 'प्रिया' की रचना उन्होंने किसके लिए और क्यों की, तो हम यह संभावना कर सकते थे कि उस अभिमानी पंडित ने, संस्कृत में पंडितराज जगन्नाथ तथा हिन्दी में परवर्ती कवि राजा मुरारिदान के समान पुराने मतों का खंडन करके काव्यशास्त्र-सम्बन्धी कुछ नवीन मतों का प्रतिपादन किया होगा। परन्तु इस संभावना की आवश्यकता नहीं रहती, क्योंकि केशव ने पहले 'प्रभाव' में ही यह लिख दिया है कि रमा, शारदा तथा शिवा के समान गुणवती प्रवीणराय नाम की एक पातुर के लिए[3] (उसकी शिक्षा के लिए) ही इस पुस्तक की रचना हुई

---

१. रामचन्द्र की चन्द्रिका, वरणत हौं बहु छंद। (रा० च०)

२. सोरह सै अट्ठावनै कार्तिक सुदि बुधवार।
रामचन्द्र की चन्द्रिका, तब लीन्हों अवतार ॥ (रा० च०)
प्रगट पंचमी को भयो, कविप्रिया अवतार।
सोरह सै अट्ठावनो, फागुन सुदि बुधवार ॥ ।१।४। (कविप्रिया)

३. ताके काज कविप्रिया, कीन्हीं केशवदास ।१।६१।

है । प्रवीणराय तो व्याज मात्र है, वह स्वयं[१] तो कविता कर लेती थी; केशव ने यह देखा कि काव्यशास्त्र-सम्बन्धी ग्रन्थ अनेक हैं, उनके मत भी विभिन्न हैं सुकुमार बुद्धि-वाले बालक-बालिकाओं[२] के लिए यह संभव नहीं कि संस्कृत के उन ग्रन्थों को पढ़ें और फिर कविता का अभ्यास करें—इसी परिस्थिति पर विचार करके आचार्य ने 'कवि-प्रिया' की रचना की । इस प्रकार यह स्पष्ट हुआ कि—

(क) इस पुस्तक की रचना केशव ने किसी नवीन संप्रदाय के प्रचलन को ध्यान में रखकर नहीं की,

(ख) कवियों तथा आचार्यों के उपयोग के लिए भी नहीं—उनसे तो इस रचना के लिए क्षमा माँगी है ।[३]

(ग) यह कृति अनेक पुस्तकों का सार[४] है,

(घ) उदीयमान कवि इसको आसानी से समझकर (कंठ कर)[५] अपने कर्म में सफल हो सकेंगे—ऐसी लेखक को आशा है ।

हिन्दी में जितनी पुस्तकें काव्यशास्त्र-सम्बन्धी मिलती हैं उन सबसे विचित्र इस पुस्तक का नाम है, जिसके लेखक या आश्रयदाता का कोई संकेत नहीं मिलता, प्रत्युत उसके सम्भाव्य महत्त्व की आशा झलकती है—षोडश शृङ्गारों के समान[६] सोलह 'प्रभावों' वाली यह रचना-रमणी कवियों की प्रिया[७] बनकर उनके गले से (कंठमाल ज्यों[८]) सदा लगी रहेगी । यह नाम भी केशवदास के पांडित्य का द्योतक है । आचार्य वामन ने काव्यशास्त्र-सम्बन्धी सूत्रों की रचना कर उनकी एक वृत्ति भी स्वयं तैयार की और उनका नाम 'कविप्रिया'[९] रखा । केशव ने इसको अवश्य पढ़ा होगा और अपनी रचना के लिए यह नाम ही उनको अधिक पसंद आया होगा—भामह, दण्डी तथा वामन, रुद्रट से केशव बड़े प्रभावित थे, यह उनकी साम्प्रदायिक मान्यताओं से स्पष्ट है; क्या आश्चर्य है कि 'कविप्रिया' लिखने से दस वर्ष पहले ही उन्होंने अपनी कवि-शिक्षा-सम्बन्धी पुस्तक का नाम सोच लिया हो और उसी नाम के अनुकरण पर

---

१. तिनमें करत कवित्त इक, राय प्रवीन प्रवीन ।१।५६।

२. समझैं बाला बालकहु, वर्णन पंथ अगाध ।३।१

३. छमियो कवि अपराध ।३।१।

४. सुनि-सुनि विविध विचार ।३।२।

५. कंठ करो कविराज ।३।३।

६. कविप्रिया के जानिये, ये सोरह शृङ्गार ।१६।८७।

७. कविप्रिया है कविप्रिया ।१६।८८।

८. कंठमाल ज्यों कविप्रिया ।३।३।

९. प्रणम्य परमं ज्योतिर्वामिनेन कविप्रिया ।
काव्यालंकारसूत्राणां स्वेषां वृत्तिर्विधीयते ।।

रसिकों के लिए लिखी गई पुस्तक का नाम 'रसिकप्रिया'[1] रख दिया हो ?

'कविप्रिया' में सोलह 'प्रभाव' हैं। प्रथम में वंदना, प्रणयन-काल, राजवंश-वर्णन तथा प्रणयन-हेतु का कथन है; दूसरे में कवि वंश-वर्णन है। तीसरे से सोलहवें प्रभाव तक मुख्य वर्ण्य वस्तु को स्थान मिला है। आचार्य ने काव्य का लक्षण नहीं दिया, प्रत्युत यह बतलाया है कि कवि सोच-सोचकर अपनी कृति को सुन्दर[2] बनाने में लगा रहता है, तनिक-सा भी दोष काव्य को निन्दनीय बना देता है, इसलिए सौंदर्य-साधन की अपेक्षा दोषनिवारण में अधिक सचेत रहना चाहिए ।[3] जिस प्रकार मदिरा की एक बूंद से ही[4] गंगाजल का भरा हुआ घड़ा अपवित्र हो जाता है उसी प्रकार तनिक दोष से भी सारा काव्य अग्राह्य बन जाता है। केशव के इस कथन में सौंदर्य पर बल कम है प्रतिष्ठा पर अधिक, भामह में भी ऐसा ही संकेत है—एक भी सदोष पद का प्रयोग न करे क्योंकि सदोष काव्य से उसी प्रकार निन्दा होती है जिस प्रकार कि कुपुत्र से।[5] परन्तु दण्डी[6] का आग्रह सौंदर्य पर आश्रित है—सुन्दर शरीर में यदि एक भी सफेद चिह्न कोढ़ हो तो वह सारे शरीर को अरुचिकर बना देता है, इसी प्रकार काव्य-तनिक से भी दोष से अग्राह्य बन जाता है; रुद्रट के 'काव्यालंकार' पर नमिसाधु[7] ने अपनी टिप्पणी में भी ऐसा ही मत प्रकट किया है। काव्य के वर्णन में दोष पर इतना जोर देना केशव की अपनी सूझ नहीं है, भामह, दण्डी तथा रुद्रट के विचार तो स्पष्ट हो ही चुके हैं, नव्य आचार्यों ने भी काव्य का लक्षण बतलाने के लिए दोषहीनता पर सबसे पहले ध्यान दिया है—आचार्य मम्मट के[8] मत में दोषरहित और गुणसहित कहीं-कहीं अलंकृत शब्दार्थ को काव्य कहना चाहिये, और उनके कट्टु आलोचक आचार्य जयदेव[9] के मत में निर्दोषा, लक्षणवाणी, रीतियुक्त, गुणयुक्त, अलंकार रसावली, अनेक वृत्तियों

---

१. डा० दे के अनुसार इंद्रजीत नामक संस्कृत-कवि ने 'रसिकप्रिया' नाम की पुस्तक संस्कृत में लिखी है, (दे० संस्कृत पोइटिक्स, पृ० २८६)।

२. सुवरण को सोधत फिरत ।३।४।

३. प्रभु न कृतघ्नी सेइये, दूषण सहित कवित्त ।३।६।

४. बुंदक हाला परत ज्यों, गंगाघट अपवित्र ।३।५।

५. सर्वथा पदमप्येकं न निगाद्यमवद्यवत् ।
विलक्ष्मणा हि काव्येन दुस्सुतेनेव निन्द्यते ।१।११। (भामह : काव्यालंकार)

६. तदल्पमपि नोपेक्ष्यं काव्ये दुष्टं कथंचन ।
स्याद्वपुः सुन्दरमपि श्वित्रेणैकेन दुर्भगम् ।१।११। (दण्डी : काव्यादर्श)।

७. सकलालंकारयुक्तमपि हि काव्यमेकेनापि दोषेण दुष्यते, अलंकृतं वधूवनं काणेनेव चक्षुषा। (रुद्रट : काव्यालंकार, नमिसाधु की १।१४ पर टीका)।

८. तददोषौ शब्दार्थौ सगुणावनलंकृती पुनः क्वापि ।१।४। (काव्यप्रकाश)

९. निर्दोषा लक्षणवती सरीतिर्गुणभूषणा ।
सालंकाररसानेकवृत्तिर्वाकाव्यनामभाक् ।१।७। (चन्द्रालोक)

से युक्त वाणी काव्य कहलाती है। यहाँ तक कि रसवादी विश्वनाथ ने[1] पिछले लक्षणों का खंडन करके रसात्मकता की प्रतिष्ठा की, परन्तु तत्काल ही रस के अपकर्षण दोषों पर उनको ध्यान देना पड़ा।

दोषों की संख्या अपार है। केशव ने उनके तीन वर्ग बनाये हैं, जिनका क्रम उनके महत्त्व का सूचक है। प्रथम वर्ग में ५ दोष हैं, दूसरे में १३, तथा तीसरे वर्ग की चर्चा उन्होंने 'कविप्रिया' में न करके 'रसिकप्रिया'[2] में की है—वे सभी रसदोष जो हैं। दोषों के प्रथम तथा द्वितीय वर्ग में अन्तर बड़ा सूक्ष्म है जो उदाहरणों से ही स्पष्ट हो पाता है, दूसरे वर्ग में प्रायः वे दोष हैं जिनकी चर्चा संस्कृत के नव्य आचार्यों ने भी की है और जो कवि की अशक्ति के द्योतक हैं; परन्तु पहले वर्ग के ५ दोष सामान्यतः पाठक को मालूम नहीं पड़ेंगे, वे अशक्तिजन्य नहीं हैं, प्रत्युत दक्षता की कमी दिखलाते हैं। कविता-वनिता के ये दोष ५ हैं—अंध, वधिर, पंगु, नग्न तथा मृतक[3]। ये सब दोष शरीर के हैं, उपचार की दृष्टि से इनके ३ वर्ग हो सकते हैं—(१) अंध, वधिर तथा पंगु—जिनका उपचार दुसाध्य है, (२) नग्न—जिसका उपचार सर्वसाध्य है, (३) मृतक—जिसका उपचार असाध्य है। मृतक का तो एक ही उपचार है—त्याग; इसलिए अर्थहीन मृतक काव्य तो बस नष्ट ही है। अंध, बधिर तथा पंगु जीवित तो रहेगा परन्तु सदा अशुभ तथा अकीर्तिकर बनकर, उसका उपचार होता नहीं देखा गया। परन्तु नग्न का उपचार सर्वसाध्य है, इसलिए इसके प्रति अवहेलना अशोभा का भी हेतु है तथा निन्दा का भी—इसलिए आचार्य केशव ने अपने शिष्यों को यह सम्मति दी है कि काव्य में नग्न-दोष को सहन न करना चाहिए, इतना ही नहीं, काव्य को वस्त्राभूषणों से सजा कर ही रखना चाहिए।

वस्त्राभूषण की यही सजावट कवि का मुख्य कर्म है, केशव ने इसको 'अलंकार' नाम दिया है। अलङ्कार हीन कविता[4] नग्न है; उच्च जाति, शुभ सामुद्रिक लक्षण, सुन्दर रंग, प्रेमपूर्ण हृदय, तथा मधुर स्वभावयुक्त वनिता[5] भी नग्न रहने पर मन को रुचिकर नहीं लगती, इसी प्रकार उत्तम जाति, लक्षण, वर्ण, रस तथा छन्द वाली परन्तु अलङ्काररहीन नग्न कविता पाठक के मन को भाती नहीं। दोष-वर्जन के साथ-ही-साथ अलङ्कार-प्रयोग की यह विशेषता संस्कृत के पुराने आचार्यों में भी आग्रह की द्योतक

---

१. वाक्यं रसात्मकं काव्यं, दोषास्तस्यापकर्षकाः ।१।१। (साहित्यदर्पण)

२. रसिकप्रिया तें जानु ।३।६१।

३. अंध, बधिर अरु पंगु तजि, नग्न, मृतक मति शुद्ध ।३।७।

४. नग्न जु भूषण हीन ।३।८।

५. जदपि सुजाति सुलक्षणी, सुबरन सरस सुवृत्त ।
भूषण बिनु न बिराजई, कविता वनिता मित्त ।।५।१।।

है, दण्डी[१] के मत में अलङ्कार सम्पन्न काव्य चिरस्थायी बन जाता है, भामह[२] ने कहा है कि सुन्दर होने पर भी रमणी का मुख भूषण बिना मनोरम नहीं लगता, और अग्नि-पुराण[३] में अलङ्कार रहित सरस्वती को विधवा के समान माना है। संस्कृत के इन आचार्यों ने अलङ्कार को काव्य की आत्मा या प्राण नहीं बतलाया, प्रत्युत अलङ्कार कवि-हृदय के उल्लास का सूचक है और श्रोता को अपनी ओर आकृष्ट करता है; अधौत-वदना सुन्दरी या विधवा युवती को देखकर किस सहृदय के मन को ठेस न पहुँचेगी और सुसज्जित रमणी के अवलोकन मात्र से किस पुरुष के मन में बिजली-सी न दौड़ जाएगी आचार्य केशव ने मृतक को अर्थहीन[४] काव्य को माना है, अलङ्कारहीन को वे निर्जीव नहीं कहते—उदास भी नहीं—प्रत्युत नग्न के समान समझते हैं—वह अच्छा नहीं लगता न ('बिराजई')। वामन[५] ने कहा है कि काव्य में जो कुछ सुन्दर है उसे अलङ्कार कहते हैं और काव्य की प्रतिष्ठा अलङ्कार पर निर्भर है। आचार्य जयदेव[६] ने, आगे चलकर, अलङ्कार को काव्य का बहुत कुछ समझ लिया, और अलङ्कारहीन काव्य को उसी प्रकार निष्प्राण माना जिस प्रकार उष्णता के बिना अग्नि को। केशव इस मत में अधिक विश्वास नहीं रखते, प्रत्युत पुराने आचार्यों से सहमत दिखलाई पड़ते हैं—एक बार तो ऊपरी श्रृङ्गार[७] उनकी प्रकृत सुन्दर रूप का आकर्षण[८] जान पड़ा था।

आचार्य रामचन्द्र[९] शुक्ल ने केशवदास को अलङ्कारवादी आचार्य माना है, परम्परा भी इसी पक्ष में है। परन्तु ऊपर के विवेचन से यह स्पष्ट है कि जिस अर्थ में जयदेव अलङ्कारवादी थे ठीक उसी अर्थ में केशव नहीं कहे जा सकते; केशव दण्डी आदि प्राचीन आचार्यों के अनुयायी हैं जबकि शोभाकारक[१०] धर्म मात्र का नाम अलंकार था। पीछे[११] शोभा के दो हेतु माने गए, एक शोभा का जनक था और दूसरा शोभा का वर्द्धक, प्रथम

---

१. काव्यं कल्पान्तरस्थायि जायते सदलंकृति ।१।१९। (काव्यादर्श)

२. न कान्तमपि निर्भूषं विभाति वनितामुखम् ।१।१३। (काव्यालङ्कार)

३. अलङ्काररहिता विधवेव सरस्वती ।

४. मृतक कहावै अर्थ बिनु ।३।८।

५. काव्य ग्राह्यमलङ्करात् ।
सौन्दर्यमलङ्कारः । (काव्यालङ्कारसूत्रवृत्तिः)

६. अंगी करोति यः काव्यं शब्दार्थावनलंकृतिः ।
असौ न मन्यते कस्मादनुष्णमनलं कृती ।।१।८। (चन्द्रालोक)

७. काहे को सिंगार कै विगारति है मेरी आली,
तेरे अंग बिना ही सिंगार के सिंगार हैं ।६ १२।

८. तुलना कीजिए—अनलंकृतकांतं ते वदनं वनजद्युति ।३।५१। (भामह)

९. हिन्दी साहित्य का इतिहास, पृ० २३६ ।

१०. काव्यशोभाकरान् धर्मानलंकारान् प्रचक्षते ।२।१। (काव्यादर्श)

११. रीतिकाव्य की भूमिका, पृ० १६५ ।

को 'गुण' नाम दिया गया और दूसरे को अलंकार', एक को स्थायी या नित्य धर्म माना गया दूसरें को अस्थायी या अनित्य[1]। तब आचार्य मम्मट ने काव्य के लक्षण में गुणों की नित्यता मानी थी और **अलंकृती पुनः क्वापि** कहकर अलंकारों की अनित्यता, जिसका उत्तर आचार्य जयदेव ने **"असौ न मन्यते कस्मादनुष्णमनलं कृती"** कहकर दिया था। केशव के साथ गुण और अलंकार के पृथक्त्व का यह प्रश्न ही नहीं होता, क्योंकि वे तो इस झगड़े से बहुत पहले के आचार्यों के अनुयायी थे।

हाँ तो केशव के मत में नग्नत्व दोष को दूर करनेवाले धर्म का नाम अलंकार है अर्थात् अलंकार के अन्तर्गत वस्त्र भी आते हैं तथा आभूषण भी। प्रथम को सामान्य या साधारण अलंकार कहते हैं, द्वितीय को विशिष्ट[2]—ये दोनों रूप प्राचीन आचार्यों के ही अनुसार हैं। चौथे प्रभाव में तो कवि-भेद वर्णन था, पांचवें से सामान्य अलंकार का प्रसंग आरंभ होता है और आठवें के अन्त तक चलता है। सामान्य अलंकार को कवि-शिक्षा कह सकते हैं—कब, किसका, किस प्रकार से वर्णन करना चाहिए इस बात का लोकशास्त्र तथा कविसमय-सम्मत ज्ञान। वर्णन की सामग्री दो मार्गों से आती है—प्रकृति-वैभव (भूमिश्री) तथा राजवैभव (राज्यश्री), और वर्णन में दो बातों का ध्यान रखा जाता है– रंग (वर्ण) तथा आकृति (वर्ण्य)। इस प्रकार सामान्य अलंकार के चार[3] भेद हो गये, जिनका विवेचन 'कविप्रिया' के चार (पंचम से अष्टम) प्रभावों में है।

आचार्यों ने शक्ति (प्रतिभा), निपुणता (व्युत्पत्ति) तथा अभ्यास को समुदित रूप से काव्य का हेतु[4] माना है। वाग्भट्ट के मत में काव्य का हेतु तो प्रतिभा ही है, व्युत्पत्ति तथा अभ्यास प्रतिभा में संस्कारमात्र करते हैं—**'प्रतिभैव च कवीनां काव्य-करण-कारणम्। व्युत्पत्याभ्यासौ तस्य एव संस्कारकारकौ न तु काव्यहेतू'**। अभ्यास अपने आप नहीं होता, किसी काव्यज्ञ का शिष्यत्व ग्रहण करना पड़ता है, और उससे शिक्षा ली जाती है। केशव ऐसे ही काव्यज्ञ थे, उन्होंने शिष्यों के लिये ही शिक्षा रूप में 'कविप्रिया' की रचना की है, और सामान्य अलङ्कार में चार प्रभाव लगा दिये हैं; आज के पाठ के लिए भले ही वे भार-स्वरूप बन गये हों परन्तु कविभवितुकामा के लिए उस समय वे बड़े उपयोगी थे। काव्यशास्त्र के पाठक दो वर्गों में रखे जा सकते हैं—

---

१. काव्यशोभायाः कर्त्तारो धर्मा गुणाः ।३।१। तदतिशयहेतवस्त्वलंकाराः ३।२।
   पूर्वनित्याः ।३।३। (काव्यालङ्कारसूत्रवृत्तिः)

२. कबिन कहे कबितान के, अलङ्कार द्वै रूप।
   एक कहैं साधारणैं, एक विशिष्ट सरूप ।५।२।

३. वर्ण, वर्ण्य, भू-राज-श्री भूषण केशवदास ५।३।

४. व्युत्पत्त्यभ्याससंस्कृता प्रतिभास्य हेतुः ।। (वाग्भट्टः काव्यानुशासनम्)
   शक्तिर्निपुणता लोकशास्त्रकाव्याद्यवेक्षणात्।
   काव्यज्ञशिक्षयाभ्यास इति हेतुस्तदुद्भवे ।१।३। (काव्यप्रकाश)

(१) जो कोरे विद्वान् या आलोचक बन रहे हों, (२) जो काव्यकला सीखना चाहते हों। पहला वर्ग आजकल के स्कॉलरों तथा पुराने पंडितों का है—आजकल बहुत अधिक, पहले बहुत कम। दूसरा वर्ग कवियों या प्राचीन अर्थ में 'साहित्यिकों' का था—साहित्य पढ़नेमात्र से कोई 'साहित्यिक' न बन सकता था। साहित्य-सृष्टि से ही, 'साहित्यिक' का पद मिलता था। पुराने आचार्यों ने 'साहित्यिकों' के लिये ही प्रायः शास्त्र की रचना की है, इसलिए वहाँ कविशिक्षा को भी स्थान मिला है—वाग्भट्ट आदि ने प्रथम अध्याय में ही कविशिक्षा का प्रसंग चलाया है और वह भी बड़े विस्तार से। उस संप्रदाय के अनुयायी केशव ने भी वैसा ही किया है। 'कविसमयख्यातादि'[1] को तो विश्वनाथ जैसे नव्य आचार्य भी न छोड़ सके।

'कविप्रिया' के उत्तरार्द्ध में (नवम 'प्रभाव' से लेकर सोलहवें 'प्रभाव' तक) 'विशिष्ट, अलङ्कारों का विवेचन है। इसकी संख्या ३७ है—भेदों को अलग नहीं गिनाया गया, और इनके आठ वर्ग बना कर इनको आठ 'प्रभावों' में रखा है। इस बात का अभी तक कोई संकेत नहीं मिलता कि इन अलङ्कारों का क्रम किसी नियम पर आश्रित है अथवा नहीं, और इस वर्गीकरण का आधार क्या कोई विशेष सिद्धांत है? प्रारम्भ में अलङ्कारों की जो नामावली है उसी के क्रम का आगे निर्वाह किया गया है। लक्षण दोहों में है और उदाहरण प्रायः कवित्त या सवैये में, उदाहरणों के रूप में केशव ने अपने पुराने छंद भी रखे हैं और नये बनाकर भी। प्रायः एक भेद का एक ही उदाहरण दिया है। उदाहरणों में मौलिकता सर्वत्र दिखाई पड़ती है। दण्डी से अधिकांश में सहमत होते हुए भी केशव ने अलङ्कारों के प्रसंग में अलङ्कार-दोषों की चर्चा नहीं की।

आठ प्रभावों में अलङ्कारों के नाम तथा संख्या इस प्रकार है—

नवम प्रभाव—स्वभावोक्ति, विभावना, हेतु, विरोध, विशेष, उत्प्रेक्षा—६

दशम प्रभाव—आक्षेप—१

एकादश प्रभाव—क्रम, गणना, आशिष, प्रेम, श्लेष, सूक्ष्म, लेश, निदर्शना, ऊर्ज, रसवत्, अर्थान्तरन्यास, व्यतिरेक, अपह्नुति—१३

द्वादश प्रभाव—उक्ति (वक्रोक्ति, अन्योक्ति, व्यधिकरणोक्ति, विशेषोक्ति, सहोक्ति), व्याजस्तुति, व्याज निन्दा, अमित, पर्यायोक्ति, युक्त—६

त्रयोदश प्रभाव—समाहित, सुसिद्ध, प्रसिद्ध, विपरीत, रूपक, दीपक, प्रहेलिका, परिवृत्त—८

चतुर्दश प्रभाव—उपमा—१

पंचदश प्रभाव—यमक—१

षोडश प्रभाव—चित्र—१

अब प्रत्येक प्रभाव के मुख्य-मुख्य अलङ्कारों पर विचार करते हैं।

---

१. दे० साहित्यदर्पण, सप्तम परिच्छेद संख्या १८ के अनन्तर।

नवम प्रभाव

इस प्रभाव में ६ अलङ्कार हैं, परन्तु उनमें कोई पारस्परिक सामीप्य नहीं है। सर्वप्रथम **'स्वभावोक्ति'** अलङ्कार है, दण्डी ने भी इस अलङ्कार को सबसे पहले उठाया है, लक्षण दण्डी से मिलता-जुलता है, अन्तर यह है कि दण्डी की स्वभावोक्ति केवल रूप[1] का ही साक्षात् प्रकाशन करती है केशव ने रूप के साथ 'गुण'[2] को भी जोड़ दिया है—इस प्रकार केशव ने इसके दो भेद कर दिये हैं। स्वाभावोक्ति का पुराना नाम 'जाति'[3] भी है, केशव ने शायद इसको नहीं लिखा—संभव है केशव के लक्षण में 'तासों जान स्वभाव' के स्थान पर 'तासों जाति स्वभाव'[4] भी पाठ हो।

विभावना के केशव ने दो भेद माने हैं—(१) जहाँ बिना कारण के कार्योत्पत्ति हो, (२) जहाँ प्रसिद्ध कारण के बिना अन्य कारण से कार्योत्पत्ति हो। ये दोनों भेद दण्डी लक्षण में ही छिपे हुए हैं, और **प्रसिद्ध हेतुव्यावृत्त्या यत्किंचत् कारणान्तरम्** (३।११९) कहकर उन्होंने जिस भेद का संकेत किया था उसकी अवहेलना पीछे आचार्य मम्मट ने कर दी, परन्तु विश्वनाथ ने इसके दो भेद—उक्तनिमित्ता और अनुक्तनिमित्ता (सा० द० १०।८७)—किये हैं। कुवलयानन्द में तो ६ भेद मिलते हैं, जिनमें से चतुर्थ भेद केशव की यही 'अन्य विभावना' है।

दण्डी ने हेतु के कारक तथा ज्ञापक दो भेद बतलाकर हेतु अलङ्कार के भेद किये हैं, परन्तु केशव ने ऐसा न करके इसके केवल ३ भेद (९।१५) माने हैं। हाँ, केशव के उदाहरण दण्डी से बड़े प्रभावित **हैं, पीछे अकाश प्रकाशै शशी, बढ़ि प्रेम-समुद्र रहे पहले ही** (९।१८) वाला सवैया दण्डी के उदाहरण[5] का ही छायानुवाद है। दण्डी के प्रभाव से ही केशव ने विरोध तथा विरोधाभास को मिला दिया और एक उदाहरण का (कविप्रिया ९।२०) छायानुवाद[6] कर दिया है।

कविप्रिया का **विशेष** अलंकार नव्य आचार्यों की विभावना से मिलता है। हाँ, पीछे के आचार्यों[7] मम्मट, विश्वनाथ, अप्पय दीक्षित आदि ने विशेष का जो

---

१. नानावस्थं पदार्थानां रूपं साक्षाद् विवृण्वती।२।८। (काव्यादर्श)

२. जाको जैसो रूप गुण कहिये ताही साज।९।८।

३. स्वभावोक्तिश्च जातिश्च।२।८। (काव्यादर्श)

४. तासों जान स्वभाव सब कहि बरणत कविराज।९।८।

५. पश्चात् पर्यस्य किरणानुदीर्णं चन्द्रमंडलम्।
प्रागेव हरिणाक्षीणा मुदीर्णो रागसागरः।२।२५७। (काव्यादर्श)

६. काव्यादर्श।२।३३९।

७. अन्यत्प्रकुर्वतः कार्यमशक्यस्यान्यवस्तुनः।
तथैव करणं चेति (काव्यप्रकाश)।१०।१३६।
किंचित्प्रकुर्वतः कार्यमशक्यस्येतरस्य वा।
कार्यस्य करणं दैवाद्....। (सा० द० १०।९६)
किंचिदारम्भतोऽशक्यवस्त्वन्तरकृतिश्च सः।१०१। (कुवलयानन्द)

तीसरा भेद माना है उसमें केशव के विशेष की समानता खोजी जा सकती है। उत्प्रेक्षा की केशव ने चलती चर्चा कर दी है; जो दो उदाहरण दिये हैं उनमें से पिछला (९।३२) तो अपन्हुति और सन्देह दोनों के झमेले में डाल देता है, उत्प्रेक्षावाचक शब्दों का प्रसंग भी नही आता।

दशम प्रभाव

'कविप्रिया' का दशम प्रभाव केवल आक्षेप अलंकार का वर्णन करता है, इसके विस्तार को देखकर आश्चर्य होगा, परन्तु जब 'काव्यादर्श' में इसके भेदों की अनन्तता[1] की स्वीकृति तथा २४ भेदों की चर्चा पाते हैं तो हमारा रोष कुछ ठंडा पड़ जाता है—केशव ने तो १२ भेद ही लिखे हैं। केशव ने कालसम्बन्धी तीनों प्रतिषेध तथा धर्माक्षेप, संशयाक्षेप, आशीवचनाक्षेप दण्डी से लिये हैं, शेष ६ नाम, उनके अपने हैं। दण्डी से सहमत होकर यद्यपि केशव ने तीनों कालों में प्रतिषेध का वर्णन किया है, फिर भी वर्तमान में न माननेवाले[2] मम्मट तथा विश्वनाथ के मत को भी आदर[3] दिया है। ध्यान देना होगा कि संस्कृत के नव्य आचार्यों ने प्रतिषेध केवल दो कालों में माना है और प्रतिषेध के अनेक प्रकारों पर विचार नहीं किया, इसलिए 'आक्षेव' के 'अनन्त' भेद उनके यहाँ नही मिलते। केशव ने पुरानी बात को ही स्वीकार किया, हाँ, शिक्षाक्षेप के प्रसंग में बारहमासा लिखना और सभी उदाहरण शृङ्गार के ही लेना उनके युग का उन पर प्रभावमात्र दिखलाते हैं। आक्षेप अलंकार का चमत्कार 'विधि में निषेध' है—ऐसा जान पड़ता है कि हमारे कर्म से दूसरा व्यक्ति सहमत है परन्तु वह सहमत नहीं होता उसकी स्वीकृति में अस्वीकृति से भी प्रबल निषेध छिपा रहता है। केशव के कुछ उदाहरण निश्चय ही सुन्दर हैं—उसने प्रिय को बहुत समझाया कि विदेश मत जाओ पर वह माना नहीं, तब एक दिन उसने गंभीर होकर कहा कि सचमुच आपको आवश्यक कार्य है तो आप चले जाइए संकोच की कोई बात नहीं, जो चले जाते हैं क्या वे फिर आकर के नहीं मिलते, इसलिए मोह को छोड़ो मोह तो बढ़ाने से और भी बढ़ता है, हाँ वहाँ जाकर सुख से रहना, मेरी याद मत करना, और जब जाओ तो मुझको सोती ही छोड़ जाना, जगाना मत—मैं चैन से सोती रहूँगी जब तुम आओगे तब जगूँगी (१०।१२)। यहाँ कहते-कहते यह सूचना दे ही दी कि तुम्हारे जाने से पहले ही मेरे प्राण निकल जाएँगे—कर लो मनचाही निष्ठुरता। 'शिक्षाक्षेप' के बारहमासे वाले उदाहरणों में प्रकृति की उद्दीपकता का वर्णन कर इसी निषेध की व्यंजना है, जिन उदाहरणों में स्पष्ट यह कह दिया है कि 'कंत न करहु बिदेश मति' (१०।३०) वे उतने सुन्दर नहीं हैं।

---

१. अथास्य पुनराक्षेप्य भेदानन्त्यादनन्तता। २।१२०।

२. वक्ष्यमाणोक्तविषयः स आक्षेपो द्विधा मतः।१०।१०६–७ (काव्यप्रकाश)

३. कविकुल कोऊ कहत हैं, यह प्रतिषेधहि दोइ।१०।२।

ग्यारहवाँ प्रभाव

'क्रम' से लेकर **'अपन्हुति'** तक के भिन्न-भिन्न प्रकार के १३ अलंकार एक ही 'प्रभाव' के अन्तर्गत रख दिये हैं। पहला अलंकार 'क्रम' है, परन्तु यह मम्मट (अथवा दण्डी का भी) 'यथासंख्य' या 'क्रम' नहीं है, लक्षण से तो कुछ स्पष्ट नहीं होता, हाँ उदाहरणों से यह माना जा सकता है कि केशव का क्रम मम्मट का 'एकावली' अलंकार है—केशव का दूसरा उदाहरण (११।३) मम्मट द्वारा एकावली के प्रसंग में उद्धृत एक छंद[1] का स्पष्ट अनुकरण है। **'गणना'** अलंकार 'सामान्य' अलंकारों के साथ रहता तो अधिक अच्छा था, इसमें उदीयमान कवि को यह बतलाया है कि लोक में किस वस्तु की कितनी संख्या मानी गई है, और एक से लेकर दस तक की संख्या की शिक्षा पाठक को मिल जाती है।

आशीरलंकार दण्डी तथा भामह ने माना है, परन्तु केशव ने गुरुजनों के आशीर्वाद मात्र को अलंकार कह दिया है; संस्कृत आचार्य चमत्कार उस स्थल पर मानते हैं जहाँ उपभोक्ता की 'अभिलषित' वस्तु[2] से उस कथन का सम्बन्ध हो, पर केशव ने इस विशेषता पर ध्यान नहीं दिया। इसी प्रकार दण्डी के 'प्रेयस्' अलंकार का अनुकरण करते हुए भी केशव का 'प्रेम' अलंकार प्रीति का वर्णन मात्र बन गया है।

श्लेष केशव का अपना अलंकार है। सामान्य लक्षण के अनन्तर २ से ५ अर्थ तकवाले छन्दों के उदाहरण हैं। अब 'अभिन्न पद' तथा 'भिन्न पद' (११।३४) श्लेष के ये दो भेद किये हैं, अभिन्न पद का लक्षण नहीं दिया केवल उदाहरण है, भिन्न पद का लक्षण भी है। भिन्न पद का दूसरा नाम 'उपमा श्लेष' भी है—'ऐसे श्लेष प्रायः उपमा के लिए लिखे जाते हैं (दीन)। 'भिन्न पद' और 'अभिन्न पद' का यह विभाजन 'सभंगपद' तथा 'अभंगपद' के विभाजन से भिन्न है—सभंगपद तथा अभंगपद तो भिन्नपद के ही दो भेद हैं (जैसा कि उसके लक्षण[3] से स्पष्ट है)। केशव ने श्लेष के पाँच भेद और किये हैं—अभिन्नक्रिया, भिन्नक्रिया, विरुद्धकर्मा, नियमश्लेष तथा विरोधीश्लेष—परन्तु इनके लक्षण नहीं दिये, केवल उदाहरण हैं। दण्डी ने भिन्नपद तथा अभिन्नपद के अतिरिक्त श्लेष के सात भेद और किये थे—अभिन्नक्रिया, अविरुद्धक्रिया, विरुद्धक्रिया, सनियम, नियमाक्षेपरूपोक्ति, अविरोधी तथा विरोधी। केशव ने अपनी सामग्री प्रायः काव्यादर्श से ही ली है—एक का नाम बदल दिया है, एक बढ़ा दिया है तथा तीन भेद छोड़ दिये हैं। दण्डी के समान ही केशव ने श्लेष को सर्वत्र अंगी माना है और

---

१. न तज्जलं यन्न सुचारुपंकजम्—इत्यादि

२. आशीर्नामाभिलषिते वस्तुन्याशंसनं यथा। (दण्डी)
आशीरपि च केषांचिदलंकारतया मता।
सौहृदस्याविरोधोक्तौ——।३।५५।। (भामह)

३. (पद ही में पद काटिये), ताहि भिन्न पद जानि।
(भिन्न अर्थ पुनि पदन के) उपमा श्लेष बखानि ।।११।३६।

दूसरे अलंकारों को अंग, फलतः—जिन उदाहरणों में दूसरे अलंकारों का चमत्कार है वहाँ भी श्लेष को मुख्यता दी है—नियमश्लेष के दोनों छंद (श्लेषगर्भित तो हैं ही) श्लेष की अपेक्षा परिसंख्या के अधिक अच्छे उदाहरण बन सकते थे।

सूक्ष्म के लक्षण में दण्डी और मम्मट ने इंगित तथा आकार से (काव्यादर्श २।२६०) अर्थ का प्रकटीकरण माना है (काव्यप्रकाश १०।१२९ वृत्ति)। केशव ने दो परिवर्तन किये। (१) साधनों में 'भावप्रभाव' (११।४५) जोड़ दिया, (२) और अभिव्यक्ता के स्थान पर ग्रहीता को अधिक महत्त्व दे दिया—"जानै जिये की बात"। कहने की आवश्यकता, नहीं कि ये दोनों सुधार निरर्थक हैं। दण्डी ने लेश अलंकार के दो रूप माने हैं—(१) जहाँ प्रकट होनेवाली वस्तु को चतुराई से छिपाया जाय,[1] (२) जहां लेशतः कृता स्तुति से निन्दा या निन्दा से स्तुति हो।[2] प्रथम रूप दण्डी को स्वीकृत है और कदाचित् इसीलिए केशव ने केवल इसी की चर्चा की है; दूसरा रूप दण्डी ने लिखा अवश्य है परन्तु दूसरों का मत मानकर अपना नहीं—पीछे संस्कृत के आचार्यों (रुद्रट[3], अप्पय दीक्षित[4] आदि) ने इसी को लिखा है प्रथम को नहीं—नव्य आचार्यों (मम्मट, विश्वनाथ) ने इसकी चर्चा नहीं की। निदर्शन अलंकार में दण्डी का, लक्षण तथा उदाहरण दोनों में, अनुकरण है। काव्यादर्श में प्रेयस् ऊर्जस्वी तथा रसवत् एक साथ आये हैं, केशव ने प्रेयस् का नाम बदलकर ऊपर चर्चा कर दी है, ऊर्जा को संक्षिप्त में कहा है, परन्तु **रसवत्** में रसवर्णन का पर्याप्त विस्तार है।

दण्डी तथा केशव ने **अर्थान्तरन्यास** का एक ही लक्षण दिया है, परन्तु भेदों में अन्तर है। केशव ने चार भेद ही किये हैं—युक्त, अयुक्त, अयुक्तयुक्त, युक्तायुक्त—और प्रत्येक का लक्षण दे दिया है। ये भेद काव्यादर्श में भी हैं परन्तु इनसे पूर्व ४ भेद और हैं—विश्वव्यापी, विशेषस्थ, श्लेषाविद्ध तथा विरोधवान्—केशव ने इनको देना उचित न समझा। काव्यलिंग अलग अलंकार नहीं है, युक्तान्तरन्यास को ही काव्यलिंग समझना चाहिए।

मम्मट ने उपमान से उपमेय में आधिक्य[5] होने पर व्यतिरेक अलंकार माना है, परन्तु दण्डी ने 'भेदकथनम्' मात्र को व्यतिरेक का आधार कहा था (यद्यपि उपमान की अधिकता का कोई उदाहरण नहीं दिया)। केशव[6] के लक्षण में दण्डी का अनुकरण है, परन्तु 'कविप्रिया' में इसके दो भेद हैं—युक्त व्यतिरेक तथा सहज व्यतिरेक, जिनका लक्षण नहीं दिया। दण्डी ने इस सम्बन्ध में सादृश्य दो प्रकार का माना था—शब्दो-

---

१. लेशो लेशेन निर्भिन्नवस्तुरूप निगूहनम् ।२।२६५।
२. लेशमेके विदुर्निन्दां स्तुतिं वा लेशतः कृताम् ।२।२६८।
३. दोषीभावो यस्मिन् गुणस्य, दोषस्य वा गुणीभावः ।७।१००। (काव्यालंकार)
४. लेशः स्याद्दोषगुणयोर्गुणदोषत्वकल्पनम् ।१३८। (कुवलयानन्द)
५. उपमानाद् यदन्यस्य व्यतिरेकः स एव सः। (का० प्र०)
६. तामें आनै भेद कछु, होय जु वस्तु समान ।११।७८।

पात्त[1] (साधारण धर्मवाचक इव आदि शब्दों के प्रयोग में) तथा प्रतीत (तुल्य, सम आदि शब्दों के प्रयोग से लक्षण द्वारा जाना गया)—अनुमान से जान पड़ता है कि केशव ने इसी आधार पर व्यतिरेक के दो भेद कर लिये और उनको 'युक्त' तथा 'सहज' नाम दे दिये।

केशव ने **अपन्हुति** के केवल उस भेद को लिया है जिसको छेकापन्हुति कहते हैं, दण्डी में दूसरे भेद भी हैं।

बारहवाँ प्रभाव

इस प्रभाव में उक्ति के अतिरिक्त पाँच अलंकार और हैं; उक्ति कोई अलग अलंकार नहीं प्रत्युत उक्तिमूलक पाँच अलंकारों का समुदाय-नाम है। न जाने क्यों इसी प्रभाव में पर्यायोक्ति को अलग से गिनाया है ?

वक्रोक्ति काव्यादर्श में नहीं है; केशव ने इसको स्वतन्त्र रूप से लिखा है, परन्तु नव्य आचार्यों के समान इसको एक शब्दालंकार मात्र न मानकर प्राच्यों के अनुकरण पर व्यंग्य का पर्यायवाची बना दिया है। **अन्योक्ति** उन दिनों सूक्तिकारों का प्रिय चमत्कार था, केशव में भी इसीलिए आ गया है। हाँ, समासोक्ति का नितान्त अभाव खटकता है। **व्यधिकरणोक्ति** एक नया नाम[2] है, जिसको आजकल 'असंगति' कह सकते हैं — उदाहरण[3] बहुत सुन्दर है।

काव्यादर्श के अनुसार **विशेषोक्ति** अलङ्कार वहाँ है जहाँ गुण, जाति, क्रिया आदि[4] का निष्फलत्व दिखलाया जाए, परन्तु नव्य[5] आचार्यों के अनुकरण पर केशव ने अखण्ड कारण के विद्यमान रहने पर भी कार्य की असिद्धि में यह अलङ्कार माना है।

सहोक्ति का लक्षण दण्डी में अपूर्ण है तथा केशव में भी, क्योंकि जब इसके मूल में अतिशयोक्ति[6] होगी तभी चमत्कार आएगा—सम्बन्धिभेद से जब दो भिन्न गुणों या क्रियाओं की 'सह' शब्द की सामर्थ्य से, एक शब्द से एककालीनता प्रतिपादित की जाए। उदाहरण निश्चय ही उपयुक्त[7] है।

---

१. शब्दोपात्ते प्रतीते वा सादृश्यवस्तुनोर्द्वयोः ।२।१८०।

२. 'व्यधिकरण' शब्द नवीन नहीं है। 'समुच्चय' के प्रसंग में रुद्रट ने 'व्यधिकरणे वा यस्मिन् गुणक्रिये'…(७, २७) आदि लिखा है।

३. आलिंगन अंग अंग पीड़ियत पद्मिनी के
सौतिन के अंग अंग पीड़नि पिराति है। १२। ८।
पूत भयो दशरत्थ के केशव देवन के घर बाजी बधाई ।१२।११।

४. गुण-जाति-क्रियादीनां यत्तु वैकल्यदर्शनम् ॥

५. विशेषोक्तिरखण्डेषु कारणेषु फलावचः। (का० प्र०)

६. सा सहोक्तिर्मूलभूतातिशोक्तिर्यदा भवेत् ।७२। (साहित्यदर्पण)

७. बारबुद्धि बारन के साथ ही बढ़ी है बीर,
कुचनि के साथ ही सकुच उर आई है। १२।२१।

दण्डी ने केवल 'निन्दा के मिस स्तुति' का ही वर्णन किया था, परन्तु केशव में व्याजनिन्दा भी है तथा व्याजस्तुति भी और उदाहरण श्लिष्ट भी हैं तथा श्लेषरहित भी।

अमित अलङ्कार बिल्कुल नया है—जहाँ साधक की सिद्धि का साधन ही स्वयं भोग कर ले (१२।२६)—नायिका ने सखी को भेजा कि वह नायक को लिवा लाए परन्तु वह स्वयं ही नायक के साथ रमण करने लग गई (१२।२७)। विषादन[1] अलङ्कार में लगभग यही चमत्कार होता है।

पर्यायोक्ति (अथवा 'पर्यायोक्त') के लक्षण और उदाहरण 'प्रहर्षण' के लक्षण और उदाहरण बन गये हैं, क्योंकि, अदृष्ट कारण से, बिना प्रयत्न के ही इष्ट की प्राप्ति हो जाती है। दण्डी में यह भूल नहीं है, वे इष्टार्थ को साक्षात् न कहकर सिद्धि के लिए प्रकारान्तर[2] से कहने में यह चमत्कार मानते हैं।

युक्त अलङ्कार तो स्वभावोक्ति ही है, और केशवदास ने लगभग[3] एक ही शब्दावली में दोनों के लक्षण दिये हैं, परन्तु उदाहरण से यह ज्ञात होता है कि स्वभावोक्ति में 'रूपगुण' का वर्णन होता है—शिशु का या बालिका का, युक्त में 'रूपबल' का वर्णन रहता है—युवती या युवक का। एक में कोमलता और सौकुमार्य है, दूसरे में क्षमता तथा बल।

तेरहवाँ प्रभाव

किसी कार्य को प्रारम्भ कर देने पर दैवयोग से उनका साधन समाप्त हो जाना[4] दण्डी के मत में 'समाहित' का लक्षण है, केशव ने न होने वाले कार्य के दैवयोग से हो जाने में यह चमत्कार माना है। भोजराज का लक्षण[5] भी दण्डी से मिलता है और उसी में चमत्कार अधिक है क्योंकि दैवी सहायता उद्दीपक बन जाती है। दण्डी और केशव के उदाहरण एक ही हैं।

सुसिद्ध अलङ्कार में कोई व्यक्ति साधन जुटा मरता है परन्तु अन्य व्यक्ति उसका फल भोगता है; प्रसिद्ध में साधन एक व्यक्ति जुटाता है परन्तु सिद्धि अनेकों को प्राप्त

१. इष्यमाणविरुद्धार्थसंप्राप्तिस्तु विषादनम्। १३२। (कुवल०)

२. अर्थमिष्टमनाख्याय साक्षात् तस्यैव सिद्धये।
यत् प्रकारान्तराख्यानं पर्यायोक्तं तदिष्यते ॥२।२९५।

३. जाको जैसो रूपगुण कहिये ताही साज। (स्वभावोक्ति)
जैसो जाको रूपबल, कहिये ताही रूप। (युक्त)

४. किंचिदारभमाणस्य कार्यं दैववशात् पुनः।
तत्साधनसमापत्तिर्या तदाहुः समाहितम् ॥ २।२९८।

५. कार्यारम्भे सहायाप्तिर्दैवादेव कृतेह या।
आकस्मिकी बुद्धिपूर्वोभयी वा तत् समाहितम् ॥

होती है; विपरीत, अलङ्कार वहाँ होता है जहाँ कार्य का साधक ही स्वयं बाधक बन ज़ाए। ये अलङ्कार केशव की स्वतन्त्र सूझ के द्योतक हैं।

दण्डी और केशव के **रूपक** के लक्षण अत्यन्त प्राथमिक अवस्था के-से हैं, दोनों ने भेद बतलाने से पूर्व कुछ उदाहरण दे दिये हैं। रूपक[1] के भेद तो अनेक हैं परन्तु केशव ने तीन स्वाभाविक[2] या सरल भेदों की ही चर्चा की है। ये भेद हैं—अद्‌भुत-रूपक, विरुद्धरूपक, तथा रूपक-रूपक। विरुद्धरूपक तथा रूपक-रूपक नाम दण्डी के अनेक भेदों के बीच भी स्थान पा गये हैं। परन्तु केशव का विरुद्धरूपक दण्डी से नहीं मिलता, प्रत्युत रूपकातिशयोक्ति बन गया है। रूपक-रूपक में भी दण्डी की विशेषता नहीं आ पाई। अद्‌भुतरूपक में व्यतिरेक की ध्वनि ही अद्‌भुत है, यह दण्डी के किसी भेद से नहीं मिलता।

दण्डी के ही अनुसार रूपक के उपरान्त **दीपक** अलङ्कार आता है। इसके अनेक भेदों में से केशव ने केवल दो[3] भेदों का वर्णन किया है—मणिदीपक तथा मालादीपक। मणिदीपक किस-किस वर्णन में आना चाहिए, यह बतलाना केशव की एक विशेषता है (१३।२३)। मालादीपक दण्डी में भी है, लक्षण दोनों के समान हैं, उदाहरणों में भेद है।

प्रहेलिका अलङ्कार केवल पहेली भर है, यह अनेक उदाहरणों[4] से स्पष्ट है।

नव्य आचार्यों ने जिनको 'विषादन' नाम दिया है वही केशव का 'परिवृत्त' अलङ्कार है, दण्डी का परिवृत्ति इससे भिन्न है। दूसरे उदाहरण के तीसरे चरण[5] में वास्तविक परिवृत्ति का चमत्कार है भी। जान पड़ता है कि केशव ने 'समन्यूनाधिक'[6] विनिमय के इस रहस्य पर ध्यान न दिया और इस अलंकार का क्षेत्र व्यापक बना बैठे —जिससे विषादन भी इसमें समा गया। उपरिकथित अमित अलङ्कार तथा इस परि-वृत्त अलङ्कार के क्षेत्र अलग-अलग हैं।

चौदहवाँ प्रभाव

उपमा अलङ्कार में पूरा एक प्रभाव लगा है और २२ भेदों का वर्णन है। जिनमें से

---

१. न पर्यन्तो विकल्पानां रूपकोपमयोरतः।
   दिङ्‌मात्रं दर्शितं धीरैरनुक्तमनुमीयताम्॥ २।९६। (काव्यादर्श)

२. ताके भेद अनेक मैं, तीनै कहौं सुभाव।१३।१४।

३. दीपक रूप अनेक हैं, मैं बरनौं द्वै रूप।१३।२२।

४. देखै सुनै न खाय कछु, पांय न, युवती जाति।
   केशव चलत न हारई, बासर गिनै न राति"।१३।१४।
   (अर्थ—राह = मार्ग)

५. दै परिरंभन मोहन को मन मोहि लियो सजनी सुखदाई। १३।४१।

६. परिवृत्तिर्विनिमयः समन्यूनाधिकैर्भवेत्। १०५। (सा० द०)

१. संशयोपमा	**६. मोहोपमा**	**११. धर्मोपमा**
२. हेतूपमा	**७. नियमोपमा**	**१२. निर्णयोपमा**
३. अभूतोपमा	**८. अतिशयोपमा**	**१३. असंभावितोपमा,**
४. अद्भुतोपमा	**९. उत्प्रेक्षोपमा**	**१४. विरोधापमा**
५. विक्रियोपमा	**१०. श्लेषोपमा**	**१५. मालोपमा**

ये १५ भेद दण्डी के ज्यों-के-त्यों ले लिये हैं। शेष ७ भेदों में से 'दूषमोपमा', 'भूपणोपमा', 'परस्परोपमा', और 'लाक्षणिकोपमा' दण्डी की क्रमशः 'निन्दोपमा', 'प्रशंसोपमा', 'अन्योन्योपमा' तथा 'समानोपमा' हैं—केशव के नाम दण्डी के नामों की अपेक्षा अधिक शास्त्रीय जान पड़ते हैं। केशव की 'गुणाधिकोपमा' और 'संकीर्णोपमा' क्रमशः दण्डी की 'बहूपमा' तथा 'ललितोपमा' से मिलती-जुलती है। 'विपरीतोपमा' में उपमा का कोई लक्षण नहीं है।

अलङ्कारशास्त्र के प्रारम्भिक दिनों में उपमा का क्षेत्र बड़ा व्यापक था और आज के बहुत से सादृश्यमूलक अलङ्कार उस समय स्वतन्त्र अस्तित्व न रखने के कारण उपमा के ही भेदोपभेद थे, केशव में भी स्वभावतः यही प्रवृत्ति है, अतः उनके संशयोपमा, मोहोपमा, अतिशयोपमा आदि भेद क्रमशः संदेह, भ्रम तथा अनन्वय अलङ्कार ही हैं।

पन्द्रहवाँ प्रभाव

यमक अलङ्कार का भी पूरे एक 'प्रभाव' में विस्तार है। लक्षण के अनन्तर आदिपद, द्वितीयपद आदि के उदाहरण दे दिये हैं। यमक के भेद दो प्रकार से किये हैं—(१) अव्यपेत तथा सव्यपेत, (२) सुखकर तथा दुःखकर। दोनों का आधार काव्यादर्श है। सव्येत तथा अव्यपेत[१] के भेद पुराने आचार्यों को मान्य थे, परन्तु नव्य आचार्यों ने इनका त्याग कर दिया। मुख, सन्देश[२] आदि भेद देना उनको पसन्द न आया।

सोलहवाँ प्रभाव

अंतिम प्रभाव में चित्र अलङ्कार का वर्णन है। यह चित्र एक गहरा समुद्र है, जिसमें भले-भले गोता खा जाते हैं,[३] केशव ने उसके केवल कुछ कणों का ही वर्णन किया है। काव्य के सामान्य नियम यहाँ लागू नहीं होते, अनुस्वार, विसर्ग, ह्रस्व, दीर्घ आदि को स्वतन्त्र अधिकार है (१६।४), और 'व'—'ब', 'ज'—'य' में भेद नहीं रहता (१६।५)। आगे अनेक प्रकार के लक्षण तथा उदाहरण हैं जिनको पढ़ना बड़े धैर्य तथा साहस का काम है—समझना तथा सीखना तो शायद आजकल असंभव है।

---

१. अलङ्कार मंजरी, पृ० ८६।
२. बाग्भट्ट : काव्यानुशासनम्, चतुर्थ अध्याय।
३. केशव चित्र-समुद्र में, बूड़त परम विचित्र।
ताके बुंदक के कणै, बरनत हौं सुनि मित्र ॥१६।१।

केशवदास हिन्दी के प्रथम प्रतिष्ठित आचार्य हैं, संस्कृत अलङ्कारशास्त्र तथा साहित्य का जितना ठोस ज्ञान उनको था उतना किसी दूसरे को नहीं, और जिस अधिकार तथा प्रौढ़ता से उन्होंने विवेचन किया है उसको किसी दूसरे में पा सकना संभव नहीं है। यदि उनको 'कवि' कहें तो व्यापक अर्थ में ही, क्योंकि केशव में भावुकता की अपेक्षा पांडित्य अधिक है—जो आचार्य का प्रमुख गुण है। हिन्दी के पंडितों ने केशव के आचार्यत्व को बड़ा आदर दिया है, उनकी कृतियों पर टीकाएँ लिखी हैं तथा उनके मत को ससम्मान उद्धृत किया है।

'कविप्रिया' न किसी ग्रन्थ का अनुवाद है और न सुनी-सुनाई बातों का संग्रह मात्र। जिस युग में अलङ्कारशास्त्र का इतना चर्वित-चर्वण तथा मंथन-उल्लोडन हो रहा हो उस युग में किसी भी प्रतिभाशाली पंडित के लिए यह संभव नहीं होता कि अपने समसामयिक या अपने से कुछ पूर्व के आचार्यों का समर्थन करके स्वयं तुच्छ बन जाए, इसीलिए हमारे अभिमानी आचार्य ने रसवादी अलङ्कारशास्त्रियों की हाँ-में-हाँ न मिलाकर पुराने आचार्यों का समर्थन किया है। फिर भी अंधानुसरण नहीं मिलता, कितने ही स्थलों पर वे दण्डी से सहमत न हो सके, कहीं वे मम्मट-विश्वनाथ की मान लेते हैं, कहीं उनका अपना अलग मत है। जहाँ केशव का मत किसी से नहीं मिलता वहाँ दोनों की संभावनाएँ हैं—(क) उन पर किसी ऐसे संस्कृत ग्रन्थ का प्रभाव हो जो अभी तक आलोचकों के देखने में नहीं आया (क्योंकि केशव की आलोचना करने से पूर्व अपने कणमात्र संस्कृत ज्ञान को न भूल जाना चाहिए); (ख) उन्होंने देशकालपात्र को दृष्टि मे रख कर आवश्यक काँट-छाँट कर दी हो। कविप्रिया की परम्परा, उसके अधिकारी, तथा इस बात को कि यह हिन्दी का सर्वप्रथम प्रौढ़ अलङ्कार ग्रन्थ है, ध्यान में रखकर यदि मूल्यांकन किया जाए तो आचार्य केशव की प्रतिष्ठा में संदेह नहीं किया जा सकता।

'कविप्रिया' के 'विषय-निर्वाह में पूरी वैज्ञानिकता है, और विषयक्रम भी स्वाभाविक एवं पूर्वकविसम्मत है। लक्षण संस्कृत के समान ही कसे हुए तो नहीं हो सकते, परन्तु हिन्दी के दूसरे आचार्यों की तुलना में वे कम शिथिल हैं—वस्तुतः संस्कृत में लिखे लक्षणों के समान इनको भी वृत्ति की अपेक्षा है। उदाहरण मौलिक तो हैं ही उपयुक्त भी हैं, कहीं-कहीं संस्कृत का छायानुवाद है – केशव के उदाहरण कवित्त-सवैया जैसे बड़े छन्दों में हैं परन्तु संस्कृत के बहुत सारे उदाहरण अनुष्टुप जैसे छोटे छन्दों में थे, फलतः केशव की एक या दो पंक्तियों में ही उनका भाव समा गया, इस दशा में केशव के शेष चरण कभी-कभी पाठक को भुलावे में डाल देते हैं, वह समस्त छन्द में उदाहरण खोजता है परन्तु वस्तुतः वैसा नहीं होता। उदाहरणों में वर्णन की प्रवृत्ति-युग-प्रभाव की सूचक है।

विशिष्ट अलङ्कार में भी केशव की प्रतिभा अपूर्व है। 'स्वभावोक्ति' तथा 'युक्त' अलङ्कार का भेद बड़ा ध्यान देने योग्य है; गणना, अमित, युक्त, सुसिद्ध, प्रसिद्ध तथा विपरीत अलङ्कार बिल्कुल नये हैं; क्रम अलग है; और व्यधिकरणोक्ति एक नया नाम

है। केशव के परिवृत्ति अलङ्कार का क्षेत्र बहुत व्यापक बन गया है, उनकी व्याजस्तुति भी दण्डी से व्यापक है; यमक, व्यतिरेक, दीपक आदि भेदों में केशव की मौलिकता स्पष्ट है। आक्षेप तथा उपमा के भेदों में केशव ने अनावश्यक का उपयुक्त त्याग किया है। अलङ्कारों के जो नाम बदले हैं वे भी पुराने नामों की अपेक्षा अधिक सार्थक जान पड़ते हैं—निर्देश यथास्थान कर दिया गया है। शब्दालङ्कारों की कोई चर्चा नहीं है; जिन अलङ्कारों का जितना अधिक महत्त्व है उतना ही उनका विवेचन अधिक है। चित्रालङ्कार के महासमुद्र में से हमारे आचार्य ने, समय की गति को पहचानकर, केवल कुछ ही क्षण लिए हैं और उसको सबसे अन्तिम 'प्रभाव' में स्थान दिया है। ऐसा जान पड़ता है कि अलङ्कारों का क्रम सरलता से कठिनता की ओर बढ़ने का संकेत है।

केशव पर 'प्राच्यों' का ही अधिक प्रभाव है, नव्यों का नहीं। अलङ्कारों की संख्या, क्रम तथा वर्ग इसी तथ्य के प्रमाण हैं। अलङ्कारों की संख्या भामह में ४० है, जिनमें से ३ का निरसन तथा १ का तिरस्कार करके भामह ३६ अलङ्कारों का वर्णन करते हैं; 'आशी' के सहित संख्या ३७ होगी। दण्डी ने ३४ अर्थालङ्कार तथा यमक और चित्र, योग ३६ का वर्णन किया है; आवृत्तिदीपक को अलग मान लें तो संख्या ३७ हुई। उद्‌भट के अलङ्कार ४१ हैं; ३ अनुप्रास तथा १ पुनरुक्तवदाभास को अलग कर लीजिए, संख्या ३७ रही। वामन के अलङ्कार ३१ या ३३ माने जाते हैं। रुद्रट में अलङ्कारों की संख्या बढ़ने लगती है। यही ध्वनिपूर्वकाल हैं, जिसका केशव पर गम्भीर प्रभाव है; केशव ने अनुप्रास आदि शब्दालङ्कारों को नहीं अपनाया, उनके वर्णित अलङ्कार संख्या में ३७ ही हैं।

अलङ्कारों के नाम तथा क्रम भी पाठक का ध्यान आकृष्ट करते हैं और इससे भी पूर्व वर्गीकरण। जिस प्रकार उद्‌भट के वर्गीकरण को अवैज्ञानिक कहा जाता है उसी प्रकार केशव के वर्गीकरण को भी। वस्तुतः वर्गीकरण का सर्वदा विश्लेषणात्मक होना अनिवार्य नहीं, ऐतिहासिक तथा भौगोलिक तो भी हो सकता है। उद्‌भट का वर्गीकरण भौगोलिक था, केशव का ऐतिहासिक —उनके वर्गों पर ध्यान देने से ध्वनिपूर्वकाल की कहानी आँखों के सामने घूमने लगती है। भामह से रुद्रट तक ही क्यों, भोज तक आचार्यों के अपने-अपने वर्गीकरण हैं; किसी ने स्कूलों को ध्यान में रखकर अलङ्कारों के वर्ग बनाये तो किसी ने उनको वास्तव 'औपम्य', अतिशय तथा श्लेष के विशेष भेद कहा; कोई उनको उपमा के प्रपंच कहने लगा तो कोई उनको बाह्य, आभ्यन्तर आदि; कोई आचार्य भेदप्रधान, अभेदप्रधान, भेदाभेदप्रधान से भी सन्तुष्ट न रहकर एक दर्जन से अधिक अन्यवर्ग भी बना बैठा। प्रत्येक आचार्य में सचाई माननी ही पड़ेगी। केशव ने दण्डी के अनुकरण पर 'जमक' तथा 'चित्र' सबसे अन्त में रखे हैं, और उनके अलग-अलग 'प्रभाव' बना दिये हैं। उपमा को 'सर्वालङ्करशिरोरत्न' भी माना गया है और 'उभयालंक्रिया' (सरस्वती-कण्ठाभरण, ४, १,) मानकर इसका अन्त में वर्णन भी है; केशव ने इसको जमक-चित्र से पूर्व 'प्रभाव' में स्थान दिया है।

नवम से त्रयोदश प्रभावों में ३४ अलङ्कार हैं। नवम का क्रम भोज के अनुसार

है जाति या स्वभावोक्ति, विभावना, हेतु, विरोध, 'विशेष' भी विरोध-जाति का है; उत्प्रेक्षा भी इसी 'प्रभाव' में है। 'आक्षेप' के लिए अलग 'प्रभाव' आवश्यक ही जान पड़ता है। एकादश, द्वादश तथा त्रयोदश 'प्रभावों' में २७ अलङ्कार हैं—पुराने भी तथा नये भी; इन 'प्रभावों' का क्रम भामह के तृतीय परिच्छेद से अनुप्रेरित होकर बीच बीच में अत्याधान करता गया है। 'उक्ति' नाम का अलङ्कार भोज में भी था। प्रेयस्, रसवत्, ऊर्जस्वी, श्लेष आदि को सभी प्राच्य आचार्यों ने एक साथ रखा है; रूपक और दीपक भामह ने भी इसी क्रम से पास रखे हैं।

केशव के नवीन अलङ्कारों की उद्भावना की है; कुछ के नाम बदले हैं—केवल तमाशे के लिए नहीं; उनका अध्ययन गाम्भीर्य-सापेक्ष्य है। आचार्य केशवदास की प्रतिभा और पाण्डित्य का मुख्य निदर्शन 'कविप्रिया' का यही विशिष्टालङ्कार-प्रसंग है। बहुमुखी ज्ञान, अथाह पाण्डित्य, निस्संग विवेचन तथा उपयुक्त उदाहरण उनके व्यक्तित्व की कुछ झलक दिखा सकते है। उनके समय में अलङ्कार शास्त्र का प्रवाह संस्कृत भाषा में ही चल रहा है; केशव संस्कृत में भी, अनेक आचार्यों के समान, लिख सकते थे, परन्तु 'प्रवीणराय' के प्रति स्नेह या 'बाला-बालकों' के प्रति कर्तव्य की भावना उनको 'भाषा' में खींच लाई और भाषा-कवि के लिए इस आचार्य ने एक नया क्षेत्र खोल दिया—बिल्कुल अछूता, अनन्त तथा गम्भीर। पाण्डित्य की दृष्टि से वे भाषा-कवियों के शिरोरत्न हैं, और प्रतिभा की दृष्टि से उनको संस्कृत के मान्य आचार्यों के साथ आसन मिल सकता है।

●

केशव का अलंकार-वर्णन

प्रो० भगीरथ मिश्र

केशवदास काव्य में अलंकार को बहुत महत्त्व देते हैं । उनका कथन है कि चाहे कितनी ही अच्छे लक्षण वाली क्यों न हो कविता, स्त्री की भाँति बिना भूषणों के सुशोभित नहीं होती—

यद्यपि सुजाति सुलक्षणी, सुबरन सरस सुवृत्त ।
भूषण बिनु न विराजई, कविता बनिता मित्त ।।

—(कविप्रिया १५)

वर्तमान काल में चाहे बनिता और कविता, दोनों के ही लिए केशव का विचार मान्य न हो पर उनके समय इसकी धूम थी । अलंकारों को केशव, दो रूपों में विभाजित करते हैं—१. साधारण और २. विशिष्ट; किन्तु इन दोनों की न परिभाषा देने का कष्ट करते हैं और न व्याख्या ही करते हैं, केवल इसे परम्परागत मान्यता के रूप में ही ग्रहण कर लेते हैं—

कविन कहे कवितान के, अलंकार द्वै रूप ।
एक कहैं साधारणैं, एक विशिष्ट स्वरूप ।।

साधारण अलंकारों को हम प्रचलित अर्थ में अलंकार नहीं मान सकते, यह कविशिक्षा के अन्तर्गत है । यह यथार्थ में काव्यगत वस्तु-वर्णन का ही स्वरूप है, जिसके कारण आवश्यक वस्तु का चित्र हमारे सामने उपस्थित हो जाए । केशव ने इसके चार भेद किये हैं[1] :—वर्ण, वर्ण्य, भूमिश्री और राजश्री । इनका वर्णन क्रमशः कविप्रिया के पाँचवें, छठे, सातवें, आठवें प्रभावों में है ।

१. वर्ण के अन्तर्गत सात रंगों का वर्णन है । एक रंग विशेष के अन्तर्गत जो भी वस्तुएं यथार्थ या कथित मानी गई हैं उन सबका केशव निर्देश करते हैं और कविता

---

१. सामान्यालंकार को चारि प्रकार प्रकाश ।
वर्ण वर्ण्य भू राजश्री भूषन केशवदास ।। —कविप्रिया, पाँचवाँ प्रभाव ।

किन्ही अंशों में सामान्यलंकार के आधार 'काव्यकल्पलतावृत्ति' का प्रथम प्रतान (पंचम स्तबक) और अलंकारशेखर के षष्ठ रत्न की २, ३, ४ मरीचियाँ हैं ।—लेखक

में उनके उदाहरण भी देते हैं।

२. **वर्ण्य** के अन्तर्गत केशव ने एक गुण-विशेष रखने वाली वस्तुओं के नाम गिनाये हैं। कुछ गुण ये हैं—

सम्पूर्ण, आवर्त, मंडल, कुटिल, त्रिकोण, सुवृत्त, कोमल, कठोर, निश्चल, चंचल, सुखद, दुखद, शीतल, तप्त, सुरूप, कुरूप, मधुर, अबल, बलिष्ठ, अगति, सदा-गति, दानी आदि। इन गुणों को रखने वाली जो वस्तुएँ हैं उनका निर्देश केशव ने उदाहरणों में किया है।[1]

३. **भूमिश्री** के अन्तर्गत वस्तु तथा देश, प्रान्तर आदि का वर्णन आता है। जैसे देश, नगर, उपवन, पर्वत, आश्रम, नदी, पोखर, तड़ाग, सरोवर, प्रभात, चन्द्र, समुद्र तथा छः ऋतुएँ आदि। लेकिन इनके उदाहरण वस्तुओं के यथार्थ वर्णन नहीं बन पाये हैं। उनमें भी सामान्यालंकार न रहकर श्लेष इत्यादि अनेक विशेषा-लंकार भरे पड़े हैं।

४. **राजश्री** के वर्णन में आने वाली वस्तुओं की एक सूची केशव देते हैं जिनका उल्लेख राजश्री के अन्तर्गत होना आवश्यक है। वे हैं—

राजा रानी, राज-सुत, प्रोहित दलपति दूत।
मन्त्री, मन्त्र, प्रधान हय, गय संग्राम अभूत॥
आखेटक जल-केलि पुनि, बिरह स्वयम्बर जानि।
भूसित गुरतादिकनि करि राजश्रीहि बखानि॥

—कविप्रिया ८

इन सभी को हम कवि-शिक्षा के अन्तर्गत रख सकते हैं। इनके आधार-स्वरूप ग्रन्थ अमरचन्द्र की 'काव्यकल्पलता वृत्ति' के प्रथम व चतुर्थ वितान तथा अलंकार शेखर के सोलहवें और सत्रहवें प्रकरण विशेष रूप से हैं।[2] वास्तव में जैसा पहिले लिखा जा चुका है अलंकार-शेखर भी अधिकांश 'काव्यकल्पलता वृत्ति' के आधार पर ही है।

अलंकारों का यथार्थ वर्णन 'विशिष्टालंकार' के अन्तर्गत ही आता है जो कवि-प्रिया के ९-१५ प्रभावों में विस्तृत है। सर्वप्रथम अलंकार का कार्य बताने की दृष्टि से केशवदास उनके नाम गिनाते हैं और कहते हैं कि इतने अलंकारों का प्रयोग भाषा

---

१. देखिये कविप्रिया षष्ठ प्रभाव।

२. अलंकार शेखर—शैलेमहौषधी धातु वंश किन्नर निर्झराः।
श्रृङ्गपादगुहारत्न वनजीवद्युपत्यका॥६-२
कविप्रिया— तुंग श्रृंग दीरघदरी सिद्ध सुन्दरी धातु।
सुर नरयुत गिरि बरनिये औषध निर्झरपातु॥
अलंकार शेखर—देव्यां सौभाग्यलावण्यं शील-श्रृंगार मन्मथा।
त्रपाचातुर्य दाक्षिण्यप्रेममानव्रतादयः॥६-२

को सजाने के लिए करना चाहिए। इन अलंकारों की संख्या ३७ है। प्रायः इनके अलंकारों का वर्गीकरण और नाम, यहाँ तक कि इनकी परिभाषा भी आगे आने वाले आचार्यों से भिन्न है। ९वें प्रभाव में ६ अलंकारों---स्वभावोक्ति, विभावना, हेतु, विरोध, विशेष और उत्प्रेक्षा—का वर्णन है। स्वभावोक्ति का लक्षण और उदाहरण वही है जो औरों का। केशव ने इसके दो भेद—रूपवर्णन और मुख वर्णन—माने हैं। केशव के विचार से, वस्तु की सुन्दरता और गुणों का, जैसे वे किसी वस्तु में हैं वैसे ही वर्णन करना स्वभावोक्ति है। 'विभावना' जो कार्य-कारण के सम्बन्ध पर निर्भर रहने वाला अलंकार है, केशव ने दो भेदों में वर्णित किया है। प्रथम जब कि कारण की अनुपस्थिति में कार्य हो और दूसरा जब कारण दूसरा और कार्य दूसरा हो। इसी अध्याय में आने वाला 'विशेषालंकार' जिसका लक्षण केशव ने यह दिया है—

साधक कारनै विकल जहँ, होय साध्य की सिद्धि।
केशवदास बखानिये, सो विशेष परसिद्धि॥

अर्थात् अपूर्ण कारण से कार्य सिद्धि हो, विशेष अलंकार है। ध्यान से देखें तो यह 'विभावना' का ही एक भेद लगता है। 'विशेष' अलंकार यथार्थ में जहाँ पर बिना आधार के ही आधेय रहे[1] उसे कहते हैं अथवा अचानक एक वस्तु में अनेक हों अथवा कुछ काम करते हुए, दैववश किसी आवश्यक कार्य की सिद्धि हो जाय। अतः यह केशव का 'विशेष', 'विशेषालंकार' से भिन्न ही जान पड़ता है।

'हेतु' के केशव ने दो भेद दिये हैं—१. सभाव और २. अभाव।

ये दंडी के 'कारक' और 'ज्ञापक' हेतु के दो भेदों में 'कारक' के दो उप-भेदों

कविप्रिया— सुन्दरि सुखद पतिव्रता, सुचि रुचि शील समान।
यहि विधि रानी बरनिये सजल सुबुद्धि निधान॥

काव्य कल्पलता—(१) शैलेमहौषधी धातु वंश किन्नर निर्झराः।
श्रृंगपाद गुहारत्नवनजीवाद्युपत्यका॥६९
—का० वृ०, प्रतान १, स्तवक ५

(२) देव्यां विज्ञान चातुर्य त्रपाशीलव्रतादयः।
रूपलावण्यसौभाग्यप्रेमश्रृंगारमन्मथा॥५७
—का० वृ०, प्र० १, स्तवक ५

टिप्पणी—ये प्रसंग काव्यकल्पलतावृत्ति और अलंकारशेखर—दोनों में लगभग एक ही शब्दावली में वर्णित हैं।

१. देखिये साहित्यदर्पण (विश्वनाथ कृत)

यदाधेयमनाधारमेकंचानेकगोचरम्।
किंचित्प्रकुर्वतः कार्यमशक्यस्येतरस्यवा
कार्यस्यकरणंदैवाद्विशेषस्त्रिविधस्ततः॥
—१० परि० ७३-७४।

के आधार पर दिये गए जान पड़ते हैं[1] । उसका उदाहरण भी 'विभावना' का-सा है। केशव ने 'विरोध' और 'विरोधाभास' दोनों को कहा है। परन्तु 'विरोध' के प्रथम उदाहरण से पहली और तीसरी पंक्तियों में जहाँ 'विरोध' है वहीं तीसरी और चौथी पंक्तियों में 'विरोधाभास' है। 'विरोध' का दूसरा उदाहरण भी 'विभावना' का-सा ही हो गया है। 'उत्प्रेक्षा', केशव के विचार से वहाँ होता है जहाँ कवि, किसी वस्तु की कुछ दूसरी वस्तु होने की कल्पना करता है। उनके द्वारा प्रस्तुत उदाहरणों ने उत्प्रेक्षा से अधिक अन्य अलंकार प्रमुख हैं।

इसके पश्चात् 'आक्षेपालंकार' के वर्णन में कविप्रिया का पूरा १०वां प्रभाव लगा दिया गया है। इसको केशव ने बारह भेदों में कहा है। इनमें से ६ भेदों के नाम दंडी के अनुसार हैं। दंडी ने इसके २४ भेद किये हैं। भावी, भूत, वर्तमान के अतिरिक्त केशव के विचार से—

प्रेम, अधीरज, धीरजहु, संशय, मरण, प्रकास।
आशिख, धरम, उपाय कहि, शिक्षा केशवदास ।।

ये आक्षेप के भेद हैं। केशव ने वास्तविक निषेध को ही 'आक्षेप' अलंकार मान लिया है जबकि अलंकार निषेधोक्ति की वक्रता पर निर्भर रहता है।

११वें प्रभाव के अन्तर्गत केशवदास ने क्रम, गणना, आशिष, प्रेम, श्लेष, सूक्ष्म, लेश, निदर्शना, ऊर्जस्वि, रसवत्, अर्थान्तरन्यास, व्यतिरेक तथा अपह्नुति अलंकारों का वर्णन किया है। 'क्रम' और 'गणना' अलंकारों की परिभाषाएँ स्पष्ट नहीं हैं। 'क्रम' अलंकार दंडी और मम्मट के 'क्रम' से भिन्न होकर अधिकांश आचार्यों के 'शृङ्खला' अथवा 'एकावली' अलकार से साम्य रखता है। 'गणनालंकार' तो विशिष्टालंकार न रहकर वस्तु वर्णन-सा हो गया है। 'आशिष, प्रेम, ऊर्जस्वि' रसवत् अलंकारों में प्राचीन और अर्वाचीन संस्कृत-आचार्यों के मतों में भिन्नता है। केशव ने प्राचीन अर्थात दंडी, भामह आदि के अनुसार इनके लक्षण उदाहरण दिये हैं।

'श्लेष' केशव का बहुत प्रिय अलंकार है। संस्कृत साहित्य में भी श्लेषालंकार अधिकांश कवियों की रचना में विशेष महत्त्व रखता है। 'राघवपांडवीय' नामक काव्य पूरा श्लेष में ही लिखा गया है। केशव के उदाहरण अपने आश्रयदाता रामसिंह की प्रशंसा के लिए भी उपयुक्त हैं और उदाहरण भी हैं। केशव ने इसके भिन्न-पद, अभिन्न-पद, अभिन्न-क्रिया, विरुद्धकर्मा, नियम-श्लेष, विरोधी-श्लेष भेद किए हैं। केशव का काव्य भी श्लेषालंकार से भरपूर है। 'सूक्ष्मालङ्कार' चतुराई के साथ इंगितों से बात करने में माना गया है। 'श्लेषालङ्कार' के लक्षण स्पष्ट नहीं हैं। यह अधिकांश आगे के लेखकों के 'युक्ति' अलङ्कार से मिलता-जुलता है। निदर्शना, अर्थान्तरन्यास, व्यतिरेक, अपह्नुति अलङ्कार भी केशव के प्रिय अलङ्कारों में से है। 'अर्थान्तरन्यास' के तीन भेद और 'व्यतिरेक' के दो भेद केशव ने किए हैं।

---

१. देखिए काव्यादर्श—द्वितीय परिच्छेद, २४६वाँ छन्द।

बारहवें प्रभाव में उक्ति का वर्णन है। उक्ति, कथन का ढंग विशेष है, जो सभी अलंकारों के मूल में है, पर केशव ने इसे एक अलग अलंकार माना है। यह पांच प्रकार की है, केशव ने लिखा है—

वक्र, अन्य, अधिकरण कहि और विशेष समान।
सहित सहोकति मैं कही, उक्ति सु पंच प्रमान।।

इनमें व्यधिकरण-उक्ति, असंगति अलंकार से साम्य रखता है। इनके अतिरिक्त व्याज-स्तुति, अमित, पर्यायोक्ति आदि अलंकार भी इसी 'प्रभाव' में वर्णित हैं।

अगले प्रभाव में समाहित, सुसिद्ध, विपरीत, रूपक, दीपक, प्रहेलिका और परिवृत्ति अलंकारों का वर्णन है। उदाहरण ही लक्षणों को स्पष्ट करते हैं। 'विपरीता-लंकार' में उदाहरण कुछ त्रुटिपूर्ण है क्योंकि दूती को साधन के रूप में पहले नहीं दिखाया। 'विरुद्ध' अलंकार 'रूपकातिशयोक्ति' की भाँति जान पड़ता है। दीपक को केशव दो भेदों—मणि दीपक और माला दीपक में वर्णित करते हैं। जैसा आगे के आचार्यों ने नहीं किया है। इस प्रकार केशव के अलंकार वर्णन में अपनी विशेषता है।

१४वां प्रभाव, 'उपमालंकार' में ही समाप्त होता है। केशव ने २२ प्रकार की उपमाओं का वर्णन किया है जिनमें से अधिकांश कुछ फेरफार से दंडी की ३२ उपमाओं से मिलती-जुलती हैं।[1] इनमें से महोपमा भ्रांति से; संशयोपमा सन्देह से; अति-शयोपमा अनन्वय से; संकीर्णोपमा ललितोपमा से तथा विपरीतोपमा वक्रोक्ति से साम्य रखती है। कुछ में तुलना का आधार न होते हुए भी केशव ने उपमा माना है जैसे विपरीतोपमा।

१५वें प्रभाव में 'यमक' का विस्तृत वर्णन है। यमकालंकार के भेद केशव ने दो आधारों पर किये हैं। प्रथम तो उसके प्रभाव और बुद्धिग्राह्यता के आधार पर भेद हैं—सुखकर और दुखकर। सुखकर वह है जो सरलता से समझा जा सके और दुखकर जो कठिनता से। इसके पश्चात् दूसरा आधार यमक में पदों के क्रम पर है। इसका प्रथम भेद 'अव्ययेत' वह है जहाँ यमकपूर्ण पद एक-दूसरे के बाद आते हैं, और दूसरा 'सव्ययेत' वह है जहाँ पर और शब्द इस प्रकार के पदों के बीच आ जाते हैं। फिर पंक्तियों के आधार पर जिसमें यमकपूर्ण पद आते हैं, अन्य और भी भेद किये गये हैं। इस प्रकार का वर्गीकरण आगे के लेखकों में अप्राप्य है। ये भेद दंडी के अनुसार हैं पर केशव सबको भाषा में नहीं अपना सके।

१६वें प्रभाव में 'चित्रालंकार' का विवरण दिया है। इसमें एक मस्तिष्क का

---

१. देखिये केशव की काव्य-कला, पृ० २०२, २०३; तथा "उपमा के जो २२ भेद केशव ने रखे हैं उनमें से १५ ज्यों-के-त्यों दंडी के हैं। ५ के केवल नाम और भेद बदल दिये हैं शेष रहे दो भेद संकीर्णोपमा और विपरीतोपमा। इनमें विपरीतोपमा को उपमा कहना ही व्यर्थ है।"

—रामचन्द्र शुक्ल, हिन्दी-साहित्य का इतिहास, पृष्ठ २५२

व्यायाम-सा ही है। केशव का कथन है कि 'चित्रालंकार' के समुद्र में बड़े-बड़े प्रतिभाशाली व्यक्ति गोता खाने लगते हैं; इसलिए वे कुछ का ही वर्णन करते हैं और अंत में केशव इस बात की चेतावनी देते हैं कि चित्रालंकार रसहीन होता है। इसमें यति, अन्ध, बधिर, अगन आदि दोष नहीं गिने जाते। इसमें ब के स्थान पर व और य के स्थान पर ज ग्रहण किया जा सकता है। 'चित्रालंकार' के अनेक भेदों पर केशव ने लिखा है।

केशव की 'कविप्रिया' में हमें अलंकारों के वर्गीकरण की बात विशेष रूप से मिलती है। उक्ति, उपमा, तुलना, यमक (शब्द की आवृत्ति,) श्लेष (बहुअर्थता), विरोध, कार्य-कारण का सम्बन्ध आदि वर्गीकरण के आधार हैं जिन पर केशव ने उन्हें रखा है। केशव शायद उसका वर्गीकरण और सुदृढ़ आधार पर कर सकते, यदि उनके सामने 'कविप्रिया' पुस्तक को एक स्त्री के रूप में १६ प्रभाव रूप, १६ शृङ्गारों में विभक्त करने की काव्यात्मक कल्पना विद्यमान न होती।

केशव की कला

डॉ० श्यामसुन्दरदास

केशव की कला के भीतर उनकी भावयोजना, उनका बाह्यदृश्य वर्णन, उनके संवाद, उनके अलङ्कार और उनके रस परिपाक-कौशल की चर्चा ही यथेष्ट होगी। केशव ने 'रसिकप्रिया' में श्रृङ्गाररस का ही विस्तृत वर्णन किया है, शेष का वर्णन तो उन्होंने यों ही चलता कर दिया है। श्रृङ्गार के वर्णन में ही पाण्डित्य-प्रदर्शन की रुचि, चमत्कार-विधान की प्रेरणा तथा श्रृङ्गार के नये दृश्यों को अंकित करने में आनन्द की भावना ने केशव को काव्योचित कल्पना, संयम और धार्मिकता से काम नहीं लेने दिया है। 'रसिकप्रिया' और 'कविप्रिया' दोनों में से ऐसे अनेक उदाहरण लिये जा सकते हैं जिनसे पता चलता है कि केशव ने बड़ी सुन्दर कल्पना से भी काम लिया है और उनको वह दृष्टि भी प्राप्त थी जो एक उच्च कोटि के कवि के लिए आवश्यक है, पर ऐसा लगता है कि वे अपने युग के वातावरण और अपने संरक्षकों की रुचि के कारण भी स्वतन्त्र न थे। एक कारण और भी था। उनकी रुचि क्लिष्ट कल्पना की ओर थी। तीसरे उनके प्रेम के आदर्श बहुत ऊंचे न थे। श्रृङ्गार को छोड़कर करुण-से-करुण दृश्य केशव के हृदय को पिघला नहीं सका है। ऐसे समय में भी उनकी आँखें अलंकार वैचित्र्य की ओर लगी रहती हैं। रामचन्द्रिका में राम का अयोध्या-त्याग, दशरथ की मृत्यु आदि ऐसे स्थल हैं जिसका प्रभाव केशव के हृदय पर बिल्कुल नहीं पड़ा है। ऐसे स्थानों को यों ही छोड़कर वे कथानक को आगे बढ़ा देते हैं। प्रिय का प्रिय चिह्न प्रेमी के हृदय को कैसा व्याकुल कर देता है, इसके अनुभव के लिए भी केशव के पास समय नहीं था। 'रामचन्द्रिका' में उनकी सीता राम की मुद्रिका को आँसुओं से स्नान कराके और कंकण की पदवी प्रदान करके ही रह जाती है। केशव की हृदयहीनता के इन उदाहरणों का उल्लेख करने के पश्चात् यहाँ मैं यह अवश्य कहना चाहता हूँ कि लक्ष्मण के शक्ति लगने पर और मेघनाद-वध पर केशव की यह नीरसता एकदम सहृदयता में परिवर्तित हो गई है और उनके पदों में उनके पाठकों को भी शोक-विभोर करने की सामर्थ्य आ गई है—

लक्ष्मण राम जहीं अवलोक्यों, नैनन ते न रह्यो जल रोक्यौ।
वारक लक्ष्मण मोहिं बिलोकौ, मो कह प्राण चले तजि रोकौ।
हौं सुमिरौं गुन केतिक तेरे, सोदर पुत्र सहायक मेरे।
बोलि उठौ प्रभु को प्रन पारौ, नातरु होत है मो मुख कारौ।

और मेघनाद-निधन पर रावण कह उठता है—

आजु आदित्य जल पवन पावक प्रबल
चंद आनन्दमय त्रास जग को हरौ।
गान किन्नर करौं नृत्य गंधर्व-कुल।
यक्ष विधि लक्ष उर यक्ष कर्दम घरौ।

इत्यादि। शोक की उद्भावना के इन अत्यन्त स्वाभाविक और प्रामाणिक स्थलों को छोड़कर बहुत-से अन्य भी स्थल हैं। जहाँ केशव ने अपनी अलंकार मंजूषा त्याग दी है और मानव-अन्तःकरण को स्पर्श करनेवाली अनुभूति का परिचय स्पष्ट न देकर उसकी ओर संकेत करके बहुत-कुछ कह दिया है। ऐसी अवस्था में केशव को जो लोग हृदय-हीन कहते हैं वे उनके प्रति पूर्णतया न्याय नहीं करते हैं। जब विश्वामित्रजी राम-लक्ष्मण को लेकर चलते हैं तो दशरथ की अवस्था का उन्होंने इस प्रकार वर्णन किया है—

राम चलत नृप के युग लोचन, बारि भरति भे बारिद रोचन।
पायन परि ऋषि के सजि मौनहि, केशव उठि गए भीतर भौनहिं।।

आगे चलकर चित्रकूट में श्रीरामचन्द्रजी अपनी माताओं से पिता का कुशल-समाचार पूछते हैं। उस समय भी केशव एक मूक चित्र उपस्थित करके हृदय को छू लेते हैं। वे लिखते हैं—

तब पूछियौ रघुराई, सुख है पिता तन माई।
तब पुत्र को मुख जोइ, क्रम तें उठीं सब रोई।।

इस पद में शोक की अत्यन्त गम्भीर अभिव्यक्ति हुई है। इसके अतिरिक्त प्रताप, ऐश्वर्य और वीरता तथा आतंक के वर्णन केशवदास ने अत्यन्त सुन्दर किए हैं। इसके अतिरिक्त रणभूमि और युद्ध-कौशल का वर्णन भी केशव ने कई स्थलों पर अत्यन्त भावपूर्ण रीति से किया है। 'रामचन्द्रिका' के पूर्वार्द्ध में भले ही उग्र शब्दों की पूर्ण योजना न होने से तथा भयंकर परिस्थितियों की ठीक-ठीक व्यंजना न होने से युद्ध वर्णन कल के लगते हों, पर उत्तरार्द्ध में लव-कुश युद्ध में ये सब त्रुटियाँ दूर हो गई हैं और युद्धवीर तथा रौद्र दोनों रसों की योजना अत्यन्त सफलतापूर्वक हुई है, इतना ही नहीं इनके युद्ध-वर्णन में हमें उन सब शैलियों के अधिकारपूर्ण प्रयोग भी मिलते हैं जिनका प्रयोग केशव से पहले के कवि बराबर करते चले आये थे। 'रतनबावनी' में रतनसिंह के युद्ध का वर्णन करते समय अपभ्रंश काव्य की प्रथा के अनुसार प्राकृतिक शब्दों का भी प्रयोग किया है। इसी प्रकार भयानक और रौद्र रसों का भी वर्णन कई स्थलों पर केशव ने बहुत ही सुन्दर किया है। राम के रौद्र रूप के दर्शन हमें रामचन्द्रिका की इन पंक्तियों में होते हैं :—

करि आदित्य अदृष्ट नष्ट यम करौं अष्ट वसु।
रुद्रन बोरि समुद्र करों गन्धर्व सर्व वसु।।

भावक्षेत्र को छोड़कर कवि की प्रतिभा की परख के अवसर हमें उन स्थानों पर

भी मिलते हैं जहाँ वह अपने पात्रों के रूप और उनकी परिस्थितियों के चित्रण करने का प्रयास करता है। जो कवि जितनी अधिक सफलता से इस प्रकार के सजीव चित्र यथातथ्य रूप में उपस्थित करने में सफल होता है उसकी रचनाएँ उतनी ही अधिक प्रिय और प्रभावपूर्ण हो जाती हैं। दुःख के साथ कहना पड़ता है कि केशव को इन बाह्य दृश्यों के चित्रण में भी पूर्ण सफलता नहीं मिली है। शब्दालंकारों के मोह ने केशव के इस प्रयत्न में अत्यन्त बाधा उपस्थित की है। चमत्कार की रुचि ने स्वाभाविकता का गला घोंट दिया है। यह सब होते हुए समस्त 'रामचन्द्रिका' में से एक-दो स्थल अवश्य ऐसे निकाले जा सकते हैं जिनके द्वारा उत्तम वर्णन के दृष्टान्त की पूर्ति हो सकती है। परशुराम के रूप का चित्रण और बुढ़ापे का चित्रण ऐसे ही वर्णनों में से हैं। परशुराम के इस रूप-वर्णन में उनके रूप की झाँकी के कुछ दर्शन अवश्य होते हैं।

कुशमुद्रिका समिधैं श्रुव कुस और कमंडल को लिए।
करमूल सरधनु तर्कसी भृगु लात सी दरसे हिए।
धनुबान तिच्छ कुठार केसब मेखला मृगचर्म स्यों।
रघुवीर को यह देखिए रसवीर सात्विक धर्म स्यों।

प्रकृति के अतुलित सौन्दर्य से प्रभावित होने के लिए जिस भावुकता की आवश्यकता होती है उसका केशव में सर्वथा अभाव है। उनके अलंकार और रस-निरूपण के भीतर प्रकृति को वह स्थान भी ठीक-ठीक नहीं मिल पाया है जो इस प्रकार के अन्य संस्कृत कवियों की रचनाओं में प्रकृति को मिला है। संभव है, राजदरबार की कृत्रिमता से वे इतने प्रभावित और उसी में इतने व्यस्त रहे हों कि प्रकृति की ओर देखने का उन्हें अवकाश हो न मिलता हो। 'रामचन्द्रिका' में वन, नदी, पंचवटी आदि अनेक ऐसे स्थल हैं जहाँ पर सुन्दर प्राकृतिक दृश्यों का वर्णन पाने की स्वाभाविक आशा से हम कवि की ओर देखते हैं, पर वहाँ शब्द की करामात को छोड़कर और कुछ भी न पाकर निराश हो जाते हैं। पंचवटी के वर्णन में—

पांडव की प्रतिमा सम लेखो,
अर्जुन भीम महामति देखो।

इस वर्णन में तो केशव ने इतिहास-विरुद्ध उपमा के दोष का भी ध्यान नहीं रखा है। पंच और पांडव के शब्द साम्य के पीछे वे ऐसे पड़े कि सारी भावुकता पानी-पानी हो गई। पंचवटी को आगे चलकर उन्होंने शिवमूर्ति बना दिया है।

चहुँ ओरन नाचति मुक्ति नटी,
गुन धूरजटी बन पंचवटी।

इसी प्रकार ऋषियों के आश्रम का सौंदर्य वर्णन करना तो दूर रहा, वहाँ की मनोरम पवित्र शांति का प्रभाव उत्पन्न करने में भी इन्होंने इतनी अतिशयोक्ति से काम लिया है कि सारा आश्रम किसी जीवविद्या की प्रयोगशाला हो गया है—

केसोदास मृगज बछेरू चूसें बाघिनीन
चाटत सुरभि बाघ बालक-बदन है

यदि इतना ही होता तो भी यथेष्ट था, पर केशव को इससे भी संतोष कहाँ है। वे आगे लिखते चले जाते हैं—

सिंहन की सटा ऐचें कलभ करनि करि
सिंहन कौ आसन गयंद को रदन है।

नदियों और नदी-तट के सुरम्य दृश्यों के अवसर भी 'रामचंद्रिका' में कई स्थलों पर आए हैं, किन्तु वहाँ भी प्रकृति की छवि न लिखकर विरोधाभाष अलंकार के उदाहरण दिए गए हैं। सरयू और गोदावरी के बर्णन ऐसे ही हैं—

विषमय यह गोदावरी अमृतन को फल देति।
केसव जीवनहार के दुख अशेष हरि लेति।।
अति निपट कुटिल गति यदपि आप।
तउ देत शुद्ध गति छुवत आप।।

इसी प्रकार सूर्योदय का सुन्दर वर्णन करते हुए वे उसकी उपमा 'सोनित कलित कपाल' से देकर उस दृश्य का प्रभाव नष्ट कर देते हैं।

'रामचद्रिका' पर संस्कृत के दो ग्रन्थों का बड़ा प्रभाव पड़ा है। इनमें 'प्रसन्नराघव' और 'हनुमन्नाटक' मुख्य हैं। केशव पर 'प्रसन्नराघव' की अपेक्षा 'हनुमन्नाटक' का प्रभाव अधिक है। पर उन्होंने वहाँ से भाव लेकर उसका ठीक-ठीक निर्वाह नहीं किया है। अनुकूल परिस्थिति के बीच न होने के कारण उन भावों में वह सौंदर्य भी नहीं आ सका है जो उस नाटक में है। कवि की योग्यता की बात तो यह होनी चाहिए कि उस भाव में जो अभाव हो, उसकी पूर्ति करके वह उसके सौंदर्य में वृद्धि कर दे, न कि उसका दुरुपयोग करे। एक उदाहरण पर्याप्त होगा। 'हनुमन्नाटक' में राम सामने बैठे हैं, यहाँ उन्हें दिखाकर रावण इस प्रकार वर्णन करता है—

अङ्के कृत्वोत्तमाङ्गं प्लवगबलपतेः पादमक्षस्य हन्तु-
र्भूमौ विस्तारितायां त्वचिकनकमृगस्याङ्गशेषं निधाय।
बाणं रक्षःकुलघ्नं प्रगुणितनुजेनार्पितं तीक्ष्णमक्ष्णोः
कोणेनोद्वीक्ष्यमाणस्त्वदनुजवचने दत्तकर्णोऽयमास्ते।।

इसी भाव को केशव ने इस प्रकार लिया है—

भूतल के इन्द्र भूमि पौढ़े हुते रामचंद्र
मारीच कनकमृगछालहिं बिछाए जू।
कुंभहा कुंभकर्न नासाहर गोद सीस
चरन अकंप अक्ष अरि उर लाए जू।।
देवांतक नरांतक अंतक यों मुसकात
विभीषन वैन तन कानन रुखाए जु।
मेघनाद मकराध महोदर प्रनहर बान
त्यों विलोकत परम सुख पाए जू।।

केशव के संबादों की बड़ी प्रशंसा है पर उनपर भी दोनों पुस्तकों का बहुत

प्रभाव पड़ा है। रावण-अंगद-संवाद में बहुत-से छंद तो मूल के अनुवाद मात्र ही हैं।

ऐसे ही अनेक पद उद्धृत किए जा सकते हैं जिनमें ऐसा ही साम्य है। 'गुन धूरजटी बन पंचवटी' वाला पद भी इसी प्रकार का छायानुवाद है। जयदेव कृत 'प्रसन्नराघव' नाटक के भी कई पद या तो ज्यों के त्यों 'रामचंद्रिका' में रखे हैं या उनके छायानुवाद हैं। इतना ही नहीं, 'रामचंद्रिका' के तृतीय, चतुर्थ तथा पंचम प्रकाश की सम्पूर्ण कथा का क्रम, प्रधान स्थल और सुन्दर उक्तियाँ सब 'प्रसन्नराघव' के अनुसार हैं। स्वयंवर में जो दो बंदीजन राजाओं का वर्णन करते हैं तथा राजा जनक की प्रतिज्ञा की सूचना देते हैं, यह सब प्रसंग 'प्रसन्नराघव' के प्रथम अंक में इसी रूप में मिलेगा। भेद यही है कि केशव के सुमति, विमति, 'प्रसन्नराघव, नूपुरज और मंजरीक हैं। रावण और बाणासुर की बातचीत भी बहुत-कुछ इसी नाटक के अनुसार है। 'कविप्रिया' में केशव आचार्य दण्डी और केशव मिश्र के ग्रन्थों से अधिक-से-अधिक प्रभावित हुए हैं।

केशव के अलंकारों के संबंध में यहाँ अधिक विस्तार से विचार नहीं करना है। यहाँ इतना ही कहना पर्याप्त होगा कि केशव के अलंकारों में चाहे सहृदयता का अभाव भले ही हो पर उनमें दूर की सूझ अवश्य थी। उन्होंने एक-एक दृश्य को लेकर उत्प्रेक्षा, संदेह और रूपक की झड़ी लगा दी है। परिसंख्या के भी अनेक उदाहरण मिलेंगे। आलंकारिक योजना करने में केशव कभी नहीं थकते हैं। अलंकर के प्रयोग के लिए उन्होंने वहाँ पर भी स्थान निकाल लिया है जहाँ कोई स्थान दीखता ही नहीं है। अलंकारों की धुन में केशव कामदेव को राक्षसों का उपमान बना गए हैं।

केशव की भाषा ब्रजभाषा है, परन्तु उस पर बुन्देलखण्डी का बहुत-कुछ प्रभाव है। यह प्रभाव शब्दों के प्रयोग, क्रिया के कालों तथा संज्ञा सर्वनामों के रूपों में भी दिखाई पड़ता है। कहीं-कहीं बुन्देलखण्डी मुहावरे भी ज्यों-के-त्यों मिलते हैं और ऐसे अप्रचलित शब्दों का भी प्रयोग मिलता है जो ब्रजभाषा में नहीं होता था, जैसे आलोक (कलंक), लांच (रिश्वत), ऐलो (आह), नारी (समूह), इत्यादि। बुन्देलखण्डी शब्दों में खारक (छोहारा),चोली (पिटारी),घोरिला (खूंटी), बरगा (कड़ी), दुगई (दालान), कुची (कुंजी), गौर मदाइन (इंद्रधनुष), आदि प्रधान शब्द हैं। यों तो रूपों की एक-रूपता ब्रजभाषा में बहुत कम मिलती है पर केशव के समय तक यों भी ब्रजभाषा के प्रयोग अनिश्चित रहे होंगे। इसलिए केशव के एक ही छंद में देखा के लिए देखिया, दीख का प्रयोग मिलता है। केशव की भाषा में विदेशी शब्द बहुत ही कम हैं क्योंकि वे उस वातावरण में पले थे जहाँ निरी संस्कृत का प्रयोग होता था। उन्होंने मुहावरों का प्रयोग किया है पर लोकोक्तियों की ओर उनकी रुचि नहीं थी केशव की भाषा में वह प्रौढ़ता नहीं है जो आगे चलकर रीतिकालीन कवियों की विशेषता हो गई थी। 'रामचंद्रिका' की अपेक्षा 'कविप्रिया' की भाषा अधिक प्रसादगुण युक्त है।

केशव के आचार्यत्व पर विचार करते समय 'रामचंद्रिका' को छोड़कर 'कविप्रिया' और 'रसिकप्रिया' पर भी अधिक विचार करना है। 'कविप्रिया' का आधार काव्यादर्श 'अलंकारशेखर' नामक ग्रंथ है। 'कविप्रिया' के चार अध्यायों में कवि-शिक्षा-

संबंधी सामग्री संकलित है और नवें अध्याय से लेकर अंत तक अलंकारों का वर्णन किया गया है। इनका नाम केशव ने विशेषालंकार रखा है। कवि-शिक्षा को उन्होंने सामान्यालंकार मान लिया है। केशव ने कुल सैंतीस अलंकार माने हैं और उनका यह वर्गीकरण आचार्य दण्डी के अनुसार है। केशव के इस ग्रंथ का विषय-निर्वाह शास्त्रीय दृष्टि से दूषित है। अनेक स्थलों पर लक्षण तथा उदाहरण का समन्वय नहीं है। इसके अतिरिक्त केशव ने जिन अलंकारों के उपभेद किए हैं उन उपभेदों के लक्षण प्रायः नहीं लिखे हैं। कुछ अलंकारों में ऐसी अस्पष्टता कर दी है कि दो अलंकारों की खिचड़ी-सी पका दी है। उन्हीं के बताए लक्षणों से दो अलंकारों में भेद नहीं ज्ञात होता। केशव ने विरोध और विरोधाभास दो पृथक अलंकार माने हैं पर इनके जो उदाहरण उन्होंने दिए उनमें यह भेद मिट गया है। अपह्नुति अलंकार में चमत्कार के लिए प्रस्तुत को छिपाकर अप्रस्तुत को सामने रखा जाता है। केशव ने न जाने क्यों इसे भुला दिया है। इससे उनकी अपह्नुतियाँ पहेलियाँ हो गई हैं। अलंकारों के वर्णन में केशव ने कई एक ऐसी भूलें की हैं। जिनसे उनके इस विषय के पंडित होने में संदेह हो जाता है और यह कहना ही पड़ता है कि केशव का अलकार-शास्त्र का ज्ञान ठीक नहीं था। केशव-दास की दूसरी पुस्तक 'रसिकप्रिया' है जिसके आधार पर उनके प्रेमी उनके आचार्यत्व की दुहाई देते हैं। कुछ संस्कृत के आचार्यों के अनुकरण पर केशव ने इसमें शृङ्गार रस का आचार्यत्व सिद्ध करने का प्रयत्न किया और उन्हें किसी अंश में सफलता भी मिली है। उनकी 'रसिकप्रिया' रस का ग्रन्थ होने के स्थान पर केवल शृङ्गार रस का ग्रन्थ हो गयी है। इस ग्रन्थ को भी यदि ध्यान से देखा जाय और केशव की ख्याति का जो प्रभामंडल है उसका ध्यान थोड़ी देर के लिए छोड़ दिया जाय तो एक बार फिर स्पष्ट और अप्रिय सत्य कहना ही होगा कि इस रस के भी विभाव, अनुभाव, संचारियों का शास्त्रीय विवेचन नहीं किया गया है। इन सबको ओर भी इस ग्रन्थ में ध्यान नहीं दिया गया है। केवल संयोग-शृङ्गार, विप्रलम्भ-शृङ्गार, नायिका-दर्शन, नायिका-भेद, सात्विक, व्यभिचारों, मान तथा सखी का बड़े विस्तार से वर्णन किया गया है। ये दोनों पुस्तकें किसी प्रकार भी केशवदास को आचार्यत्व प्रदान करने में उनका साथ नहीं देती हैं। इन्हें रामचन्द्रिका के साथ मिलाकर देखने पर केशव के पक्ष में निर्णय करना कठिन प्रतीत होता है। केशव के इन तीनों ग्रंथों का काव्य की दृष्टि से अधिक मूल्य है, उदाहरण के पद्यों में कहीं-कहीं अच्छी कल्पना के दर्शन होते हैं।

केशव के संवाद

पं० कृपाशंकर शुक्ल

कवि कथनोपकथन की योजना द्वारा पात्रों को और भी सजीवता प्रदान करता है। जब तक कवि स्वयं पात्रों के विषय में कुछ कहता रहता है तब तक हमें यह प्रतीत होता है कि पात्र हमसे अभी दूर हैं। किंतु संवादों में पात्र हमारे बहुत पास आ जाते हैं। फिर उनके चरित्रादि के विषय में प्रत्यक्ष अनुभव से हम अपनी धारणा बनाते हैं। नाटक काव्यों की अपेक्षा अधिक सजीव इसलिए कहे गये हैं कि उनमें हम पात्रों से साक्षात् संबंध स्थापित करने में समर्थ होते हैं। नाटकों की उत्पत्ति के विषय में प्रायः आचार्यों की सम्मति है कि जिस दिन काव्यों में पात्रों की परस्पर बातचीत का आयोजन किया गया उसी दिन नाटकों का सूत्रपात हुआ और केवल इसी आधार पर नाटकों का इतिहास लिखते समय लोग वेदों और उपनिषदों तक पहुँचते हैं। इन ग्रन्थों के आख्यानों को लेकर यह सिद्धान्त प्रतिपादित किया जाता है कि नाटकों का मूल वेदों तथा ब्राह्मण ग्रंथों में है। यों तो नाटकों का मूल आधार अभिनय है, परन्तु यह स्वीकार करने में कोई अतिशयोक्ति नहीं कि कथनोपकथन नाटकों का एक महत्त्वपूर्ण अंग है। जिन काव्यों में कथनोपकथन की योजना की गई है उनमें नाटकों की सी प्रत्यक्ष अनुभूति का कुछ-कुछ आनन्द हमको प्राप्त होता है।

परन्तु यदि किसी काव्य में संवाद देखकर उसके साथ कोई विशेष विशेषण लगाने की आवश्यकता नहीं जैसा कि 'उद्धवशतक' में संवाद देखकर कुछ लोगों ने अनुभव किया तथा कथनोपकथनात्मक खंड-काव्य नाम की लम्बी उपाधि दे डाली। संवादों की योजना 'उद्धवशतक' की अनोखी वस्तु नहीं है। उपनिषद्, पुराण, रामायण, महाभारत तथा मध्यकाल के काव्य-ग्रन्थों में सर्वत्र कम अथवा अधिक मात्रा में संवाद रखे ही गए हैं। परन्तु कथनोपकथनात्मक महाकाव्य अथवा कथनोपकथनात्मक खंड-काव्य ऐसी उपाधियाँ अभी तक किसी को नहीं सूझीं। हिंदी में भी जायसी, सूर, तुलसी, नन्ददास इत्यादि अनेकानेक कवियों ने संवाद रखे हैं। जब काव्य में जीवित प्राणियों का प्रवेश होता है तब वे कभी-कभी आपस में कुछ बोल भी लिया करें तो अधिक चौंकने की बात नहीं। यह तो और भी स्वाभाविक प्रतीत होता है।

बातचीत के द्वारा पात्रों के कुल-शील की पहचान बड़ी सुगमता से हो जाती है। जो बात कवि स्वयं कई पृष्ठों में कर सकता है वही बात संवादों के द्वारा थोड़े में की जा सकती है। राम के शील का महत्त्व तुलसीदासजी ने स्थान-स्थान पर दिखाया है

परन्तु एक बार जब हम कैकेयी के मुँह से ऐसी बात सुन लेते हैं कि—

तुम अपराध जोग नहिं ताता

तो राम के शील की प्रतिष्ठा हमारे हृदयों में सुन्दरता से हो जाती है। कैकेयी की कुटिलता अथवा भरत की 'भायप भगति' के विषय में तुलसीदासजी और ढंग से चाहे जितना भी लिखते परन्तु वह बात न हो पाती जो कैकेयी-दशरथ तथा भरत-राम के संवादों द्वारा सरलता से कर दी गई है।

केशवदासजी ने स्थान-स्थान पर संवाद रखे हैं। जहाँ-जहाँ ऐसा हुआ है वहाँ पर उनका काव्य साधारण भूमि से बहुत कुछ ऊँचा उठ जाता है। केशवदासजी के चरित्र-चित्रण के विषय में लोगों की यह माननीय सम्मति है कि केशव अपने पात्रों में प्राण-प्रतिष्ठा न कर पाए। वाल्मीकि इत्यादि प्राचीन कवियों के प्रयत्न-स्वरूप रामायण के पात्रों के विषय में हमें परम्परा से जो संस्कार प्राप्त हैं वे यदि न होते तो हम केशव के दिए हुए राम-भरत इत्यादि से अपने जीवन में कभी भी कुछ सम्पर्क न स्थापित कर पाते। परन्तु जिन-जिन स्थानों पर केशवदासजी ने पात्रों को स्वयं बोलने का अवसर दिया है वहाँ पात्रों में हम जीवन का पूर्ण स्पंदन पाते हैं।

केशव दरबारी कवि थे। दरबार में कूटनीति तथा राजनीतिपूर्ण बातचीत सुनने-सीखने का अवसर है। अतः राजनीतिक दाव-पेंच तथा वाग्वैदग्ध को लिए हुए उनके पात्रों के संवादों की अच्छी योजना की गई है। तुलसी तथा केशव के संवादों में एक प्रत्यक्ष भेद है। केशव ने अपने उन्हीं पात्रों को बोलने का अधिक अवसर दिया है जिन्हें व्यंग्य से बातें कहते तथा कूटनीति के दाँव खेलने की अधिक आवश्यकता थी। जहाँ-जहाँ गंभीर मनोवृत्तियों के चित्रण की आवश्यकता थी वहाँ-वहाँ केशव संवादों तक को बचा गए हैं। उदाहरण के लिए चित्रकूट में राम-भरत के संवाद तथा दशरथ-कैकेयी के संवादों का अभाव है। तुलसी में एक प्रवृत्ति हम पाते हैं। जहाँ-जहाँ राम से सम्बन्ध है और पात्र राम के पक्षपाती हैं वहाँ-वहाँ तो उन्होंने बड़ी गम्भीरता तथा सहृदयता से काम लिया है; परन्तु जहाँ कोई पात्र ऐसा आ जाता है जो राम का विरोधी है तो तुलसीदासजी उस विरोधी पात्र की मर्यादा पर ध्यान न रख उसे बहुत तुच्छ बना देते हैं। जहाँ उनके सिद्धान्त के अनुकूल पात्रों का कथनोपकथन है वहाँ गम्भीरता, शील, मर्यादा सब-कुछ है परन्तु जहाँ दूसरे प्रकार के स्थल हैं वहाँ संवादों में मर्यादा इत्यादि का उतना ध्यान नहीं रखा गया। जिन परशुराम ने इक्कीस बार पृथ्वी क्षत्रिय-रहित कर दी थी तथा जिनके आगे जनक-विश्वामित्र इत्यादि बड़े-बड़े लोग कुछ बोलने का साहस नहीं कर पाते उन्हीं को लक्ष्मण का बार-बार मुँह चिढ़ाना उचित नहीं प्रतीत होता। ऐसा जान पड़ता है मानो किसी चिड़चिड़े बुड्ढे को कोई बालक चिढ़ा रहा हो। यह मान भी लिया जाय कि समाज ने बुड्ढों के सुधारने का काम बालकों के सुपुर्द कर दिया है; फिर भी यह प्रश्न रह ही जाता कि वास्तव में क्या परशुराम ऐसे ही चिड़चिड़े बुड्ढे थे। इसमें सन्देह नहीं कि लक्ष्मण का स्वभाव कुछ उग्र था। क्रोध के आवेश में वे यदि परशुराम पर हाथ भी छोड़ देते तो इतना बुरा न लगता जितना

उनका मुँह चिढ़ाना। उसी प्रकार रावण-अंगद के संवाद में भी दरबारी शिष्टता, दूतों की मर्यादा तथा रावण के प्रताप की ओर ध्यान न रख तुलसी ने अपने अंगद को बहुत कुछ-बहकने दिया है। यह सत्य है कि रावण राम का शत्रु था और राम के भक्तों को उसके प्रति तिरस्कार की भावना रखने का अधिकार है, परन्तु यह तो स्मरण रखना ही होगा कि रावण कोई ऐसा वैसा व्यक्ति नहीं। वह इन्द्र, कुबेरादि देवताओं से भी सेवा लेने वाला है। अंगद केवल रावण को समझाने गये थे, उसे दंड देने को नहीं। ऐसी अवस्था में अंगद के ऐसे उद्‌गारों '**मैं तव दसन तोरिबे लायक**' से यह प्रकट होता है कि तुलसी को उस समय इस बात का ध्यान नहीं रहा कि यह रावण का दरबार था। आश्चर्य तो इस बात पर और भी होता है कि अंगद रावण के दाँत तोड़ने का आयोजन कर रहा है परन्तु रावण यह सब बैठे-बैठे सुन रहा है। यह कह देने से काम न चलेगा कि दूत अबध्य है इसलिए रावण गम खा गया क्योंकि हम देख ही चुके हैं अभी कुछ दिन पहले एक दूसरे दूत हनुमानजी की बड़ो दुर्दशा हो चुकी थी। ऐसी अवस्था में हमें तो यही प्रतीत होता है कि तुलसीदासजी ने रावण के कानों में धीरे से कह दिया होगा कि हम जो कुछ लिखें और हमारा "अंगद तुम्हें चाहे कैसी भी सुनाए परन्तु तुम टस-से-मस मत होना। रावण-अंगद-संवाद का अनौचित्य पं० रामचन्द्र शुक्लजी को भी खटका और उन्होंने भी लिखा है—"अगद और रावण का संवाद राजभाषा के गौरव और सभ्यता के विरुद्ध है। पर इसका मतलब यह नहीं कि गोस्वामी जी राजवर्ग की शिष्टता का चित्रण नहीं कर सकते थे। राजसमाज के सभ्य भाषण का अत्यन्त सुन्दर नमूना उन्होंने चित्रकूट में एकत्र सभा के बीच दिखाया है। पर राक्षसों के बीच शिष्टता, सभ्यता आदि का उत्कर्ष वे दिखाना नहीं चाहते थे।"

'कुछ खटकनेवाली बातें' शीर्षक देकर यह बात पूज्य शुक्ल जी ने लिखी है। इससे प्रतीत होता है कि इसके (संवाद के) अनौचित्य को वे भी स्वीकार करते हैं। चित्रकूट के समाज में राजन्यवर्ग की शिष्टता का चित्रण हुआ है अथवा महात्माओं की शिष्टता का; यह प्रश्न भी विचारणीय है। संभवतः राजकीय शिष्टता का चित्रण तुलसी ने वहाँ पर किया है जहाँ भरे दरबार में बैठे राजा दशरथ जेब में से एक शीशा निकाल अपना मुँह देखने लगते हैं। यह मान लेने में कोई विशेष हानि नहीं कि सब बातें सबके बूते की नहीं। जो तुलसीदास '**बारे ते बिललात डोलत पुनि द्वार-द्वार, जानत हो चारि फल चार ही चनक को**' वाली अवस्था में कुछ दिनों तक रह चुके थे। उन्हें बाद की अवस्था में यदि दरबार देखने का सौभाग्य भी प्राप्त हुआ होगा तो टोडर का, और टोडर जैसे ज़मींदार प्रायः अब भी पंचायतों में बैठे हुक्का गुड़गुड़ाया करते हैं। ऐसी अवस्था में हम अच्छी तरह समझ सकते हैं कि दरबार में दर्पण देखने की कल्पना तुलसीदास को कहाँ से मिली।

केशव ने जिन-जिन आवश्यक स्थानों पर संवाद नहीं रखे हैं वहाँ पर यदि संवादों की योजना करने का उन्होंने प्रयत्न भी किया होता तो वे अवश्य सफल हुए

होते। परन्तु बड़ी चतुराई से उन्होंने उन्हीं स्थलों को चुना है जो उनकी प्रकृति तथा योग्यता के अनुकूल पड़े हैं। चन्द्रिका में ये संवाद मुख्य हैं—

१—रावण-बाणासुर संवाद
२—राम-परशुराम-संवाद
३—परशुराम-बामदेव-संवाद
४—कैकेयी-भरत-संवाद
५—रावण-हनुमान-संवाद
६—रावण-अंगद-संवाद
७—सीता-रावण-संवाद
८—लवकुश-विभीषणादि-संवाद

इन संवादों में कुछ तो बहुत छोटे हैं, जैसे, रावण-बाणासुर-संवाद। राम-परशुराम-संवाद तथा रावण-अंगद-संवाद पर्याप्त लम्बे हैं। परशुराम और राम के संवाद में राम की गम्भीरता, वृद्धों के प्रति श्रद्धा, संकोच तथा उचित संयत भाषा का प्रयोग इत्यादि सब बातें बड़े कौशल से रखी गई हैं। तुलसीदास के लक्ष्मण का प्रतिनिधित्व यहाँ पर भरत करते हैं। परन्तु भरत की स्वाभाविक गंभीरता के कारण परशुराम के महत्त्व की बहुत रक्षा हो गई है। परशुराम के क्रोध को देख वे नम्रता बनाए रखते हैं और इस प्रकार उनके प्रति श्रद्धा प्रकट करते हैं।

जिनको सुअनुग्रह बृद्धि करै। तिनका किमि निग्रह चित्त परै।
जिनके जग अच्छत सीस धरै। तिनकौ तन सच्छत कौन करै॥

एक बार अवश्य लक्ष्मण के मुंह से ऐसी बात निकल गई **'अपनी जननी तुमही सुख '[illegible] हती'** परन्तु वह भी तब हुआ जब दोनों ओर से कहा-सुनी होते-होते बात बहुत, कुछ बढ़ चुकी थी। राम भी परशुराम के प्रति अपनी श्रद्धा तथा नम्रता बनाए रखते हैं।

कंठ कुठार परे अब हार कि फूलै असोक कि सोक समूरो।
कै चितसारि चढ़ै कि चिता तन चन्दन-चर्चि कि पावक पूरो॥
लोक में लोक बड़ो अपलोक सु केसवदास जु होऊ सु होऊ।
विप्रन के कुल को भृगुनंदन! सूर न सूरज के कुल कोऊ॥

परशुराम भी राम को शील-समुद्र इत्यादि कहते जाते हैं। परन्तु धीरे-धीरे दोनों ओर स्वाभाविक ढंग से क्रोध का विकास होता चला जाता है और परशुराम के मुंह से **"राम सुबंधु संभारि, छोड़त हौं सर प्रान हर। देहु हथ्यारन डारि हाथ समेतनि बेगि दे"** निकलते ही राम भी यह कहते हुए सुने जाते हैं—

भृगुनंद संभारु कुठार मैं कियो सरासन-युक्त सर।

राम और परशुराम दोनों आदि से अंत तक एक-दूसरे की मर्यादा का समुचित ध्यान रखते हैं और उत्तर-प्रत्युत्तर के क्रम से क्रोध का विकास बड़े उपयुक्त ढंग से हुआ है। परशुराम से कुछ कहने के स्थान में बार-बार अपने कुठार को संबोधित करके कहते हैं—

मेरो कह्यो करि मित्त कुठार, जु चाहत है बहु काल जियोरे।
तौं लौ नहीं सुख जौ लगि तू रघुवीर को स्रोन-सुधा न पियोरे॥

परशुराम को कुठार पर बड़ा भरोसा था, अतः उसे मित्र कहना बहुत स्वाभाविक

हुआ है। राम पर क्रोध करने के स्थान में जड़ वस्तु को आक्रमण के लिए उकसाने में क्रोध की जो व्यंजना है वह बहुत उग्र है। जब राम भोले बनकर कहते हैं— **"सो अपराध पर्‌यो हम सौ अब क्यों सुधरे तुमहीं तो कहौ"**। तो परशुराम धीरे-से उतने ही नम्र शब्दों में कह देते हैं—**"बाहु दै दोउ कुठारहि केशव आपने धाम को पंथ गहौ।"**

परशुराम-राम-संवाद के पहले एक छोटा-सा संवाद परशुराम और बामदेव का हुआ था जो बहुत ही व्यंग्ययुक्त तथा वक्रतापूर्ण है। परशुराम पूछते हैं कि न जाने ये कौन-से राम हैं। अपने इस अज्ञान के द्वारा वे यह प्रकट करना चाहते हैं कि राम कोई तुच्छ व्यक्ति है जिन्हें परशुराम जानते भी नहीं परन्तु बामदेव उत्तर देते हैं कि ये वे ही प्रतापी राम हैं जिन्होंने ताड़का वध किया था। यह सुनते ही परशुराम कहते हैं कि इसमें राम की कौन-सी बड़ाई हुई। इसका भी विचार नहीं किया कि वह बेचारी स्त्री थी। राम पर आक्षेप होते ही बड़े सुन्दर ढंग से राम का महत्त्व तथा प्रताप प्रतिपादित करते हुए बामदेव कहते हैं—

मारीच हुतो संग, प्रबल सबल खल अरु सुबाहु काहू न गने।
करि क्रतु रखवारी, गुरु सुखकारी, गौतम की तिय सुद्ध करी।
जिन हर-धनु खंड्यो, जग जस मंड्यो, सीय स्वयंवर मांझ बरी।

उसी प्रकार अंगद-रावण संवाद में दोनों ओर ने मर्यादा का ध्यान रखा गया है। अंगद यह कभी नहीं भूलते कि हम दूत बनकर आए हैं और एक बड़े प्रतापी राजा रावण के सामने खड़े हैं। रावण भी एक ओर अपना प्रताप दिखाता है, दूसरी ओर राम की तुच्छता और साथ-ही-साथ कूटनीति से यह भी प्रयत्न करता चलता है कि अंगद के हृदय में राम के प्रति द्वेषाग्नि भड़का अपने पक्ष में मिला लिया जाए। अंगद यद्यपि कभी आवेश में नहीं आते परन्तु देखने में नम्र पर उग्रभावगर्भित वाणी से रावण को उत्तर भी देते चलते हैं, साथ-ही-साथ उसके दावों को भी बचाते चलते हैं। अंगद रावण की मर्यादा का इतना ध्यान रखते हैं कि रावण की महारानी मंदोदरी के साथ 'देवी' शब्द लगाना भी नहीं भूलने—

देवि मंदोदरी कुंभकर्नादि दै। मित्र मंत्री जिते पूछि देखौ सबै।

तुलसीदास की तरह अंगद के द्वारा रावण को यह उपदेश भी नहीं दिया जाता कि तू दाँतों में तृण दबा, गले में कुठार लटका (ढोल बजाता हुआ) राम की शरण में जा। बस वहाँ अंगद इतना ही उपदेश देते हैं—

राखिए जाति की पाति को बंस को।
गोत को साधिए लोक परलोक को॥
आति कै पाँ परौ देस लें कोस ले।
आजु ही इस सीता चलैं औक को॥

इस पर रावण भी बड़े व्यंग्य से सरल शब्दों में उत्तर देता है—

ताहि हौं छोड़ि कै पायं काके परौं।
आज संसार तौ पायं मेरे परै।।

तुलसीदास के अंगद बिना प्रसंग के बालि इत्यादि की कोख में रावण को दबे रहने की कथा सुनाने लगते हैं और एक श्रद्धालु श्रोता की तरह रावण भी ध्यानावस्थित होकर सुनता रहता है। केशव ने भी इनमें से बहुत-सी बातों की ओर संकेत किया है किन्तु बिना पूछे नहीं। उत्तर-प्रत्युत्तर के क्रम से बातों की धारा को ऐसी चतुराई से मोड़ा है कि कहीं कृत्रिमता भी नहीं आने पाई है और रावण का अपमान भी हो गया है। इसी सवैये में सहस्रार्जुन के द्वारा रावण के बंधन का जिक्र कैसे किया गया है—

राम को काम कहा ? रिपु जीतहिं, कौन कबै रिपु जीत्यौ कहा ?
बालि बली, छल सौं, भृगुनन्दन गर्व हर्‌यौ, द्विज दीन महा ।।
दीन सु क्यों छिति छत्र हत्यौ बिन प्राणन हयहयराज कियौ।
है है कौन ? वहै विसर्‌यो जिन खेलत ही तोहि बाँधि लियौ ।।

इसी प्रकार बाणासुर की दासियों के द्वारा रावण की जो दुर्दशा की गई थी वह भी स्वयं रावण के प्रश्न के उत्तर में कह दी गई है। रावण पूछता है कि वह बाणासुर कौन है ? अंगद कहते हैं वे बली बलि के पुत्र हैं। रावण तिरस्कार तथा उपेक्षा से कहता है कि अरे वही न बलि जिसे वामन ने बाँध लिया था ? अंगद भी बड़े धीरे से कहते हैं—

वेई सु तौ जिनकी चिर चेरिन नाम नचाइ कै छांड़ि दियौ।

इन बातों से अपनी धाक जमते न देख रावण अंगद की पीठ ठोंकने लगता है। बालि-बध की याद दिलाकर उसे भड़काने का प्रयत्न करता है—

तोसे सपूतिह जाइके बालि अपूतन की पदवी पगु धारे।
अंगद संग लै मेरो सबै दल आजुहिं क्यों न हतै बपु मारै ।।

परन्तु इन सब बातों से अंगद रावण के पंजे में नहीं आ पाता। फिर भी रावण अपनी कूटनीति को नहीं छोड़ता और इस प्रकार की शर्त सीता देने के लिए पेश करता है—

देहिं अंगद राज तो कहँ मारि बानर-राज को,
बाँधि देहि विभीषनहिं अरु फोरि सेतु समाज को।
पूंछि जारहिं अक्षरिपु की पाँय लागहिं रुद्र के,
सीय को तब देहुँ रामहिं पार जाय समुद्र के ।।

पर इस राज्य पाने की आशा से अंगद डिगते नहीं प्रतीत होते।

कथनोपकथन में प्रायः इस बात का भय रहता है कि कवि अपने पात्रों के पीछे खड़े होकर स्वयं न बोलने लगे। कभी-कभी तो कवि पात्रों के दाएँ-बाएँ झाँकता भी दृष्टिगोचर होता है। तुलसीदास जी के बहुत-से पात्रों की भलमंसी की बातचीत में कवि के साधु-स्वभाव की छाप स्पष्ट लक्षित होती है। परन्तु केशव ने अपने पात्रों की

व्यक्तिगत विशेषताओं का निर्वाह कथनोपकथन में बड़े कौशल से किया है। यह बात दूसरी है कि अन्य स्थानों पर त्रुटियाँ रह जाने से उनके पात्रों में उतनी सजीवता नहीं आने पाई।

केशव के संवाद नाटकीय अभिनय के बहुत उपयुक्त पड़ते हैं। इसीलिए जहाँ-जहाँ रामलीला होती है वहाँ यद्यपि तुलसी की रामायण का आश्रय लिया जाता है परन्तु संवाद केशव के लिए जाते हैं। रामलीला में केशव के संवादों का उपयोग पूर्वी नगरों में उतना नहीं होता क्योंकि रामचन्द्रिका का प्रचार इधर नहीं है परन्तु झाँसी के आस-पास एक बड़े प्रान्त में तथा उत्तर की ओर रुहेलखंड तथा बैसवाड़े तक रामलीलाओं में रामचन्द्रिका के संवाद काम में लाए जाते हैं।

केशव की अलंकार-योजना

डॉ० किशनचन्द शर्मा

भाव, रस, गुण आदि के उत्कर्ष के साधन 'अलङ्कार' कहलाते हैं। अलङ्कार काव्य के बाह्यांग हैं, और रस, भाव आदि आत्मा। जिस प्रकार आत्मा के बिना शरीर निष्प्राण है उसी प्रकार रस के बिना काव्य। अलङ्कार रस, भाव आदि की अनुभूति में सहायक होकर काव्य के सौन्दर्य को बढ़ाते हैं, परन्तु उसका स्थान नहीं ले सकते हैं। केशव के विचार में जिस प्रकार कामिनी की शोभा अलङ्कारों के बिना नहीं होती उसी प्रकार काव्य भी अलङ्कारों के बिना रमणीय नहीं होता।[1] परन्तु यह मत भ्रमात्मक है। आभूषण भी यदि सच्चे सौन्दर्य के सामंजस्य का बिना ध्यान रखे पहने जाते हैं तो सौंदर्य की वृद्धि में सहायक होने के स्थान पर सौन्दर्योत्कर्ष में बाधक ही होते हैं और शरीर पर भारस्वरूप जान पड़ते हैं। आभूषण बिना धारण किए भी कामिनी का वास्तविक सौन्दर्य तो रहता ही है। इसी प्रकार उपयुक्त अलङ्कार-योजना काव्य की शोभा की वृद्धि करती है परन्तु अलङ्कार के लिए ही किया गया अलङ्कार-प्रयोग काव्य के लिए भार हो जाता है। अलङ्कार योजना के अभाव में भी काव्य का भावगत सौंदर्य अक्षुण्ण रहता है। इस प्रकार कहा जा सकता है कि अलङ्कार काव्य के लिए आवश्यक नहीं हैं और उनके बिना भी सरल काव्य का निर्माण हो सकता है किन्तु अलङ्कारों के होने से काव्य की शोभा और बढ़ जाती है।

केशव ने 'रसिकप्रिया' में काव्य के लिए रस के सर्वोपरि महत्त्व को भी तो माना है।[2] परन्तु केशव स्वयं बहुत-से स्थलों पर अपने इस सिद्धान्त का निर्वाह नहीं कर सके हैं। केशव के प्रबन्ध-ग्रन्थों में अनेक स्थल ऐसे हैं जहाँ कवि ने चमत्कार-प्रदर्शन एवं उक्ति वैचित्र्य तथा दूरारूढ़ कल्पना के मोह में पड़कर काव्य के बहिरंग को ही सजाया और संवारा है एवं काव्य के अन्तरंग को उपेक्षित किया है।

---

१. जदपि सुजाति सुलक्षणी, सुबरन सरस सुवृत्त।
भूषण बिनु न विराजई, कविता वनिता मित्त॥
—क० प्रि० प्र० ५, छं० १।

२. ज्यों बिनु डीठ न शोभिये, लोचन लोल विशाल।
त्यों ही केशव सकल कवि, बिन वाणी न रसाल॥

जब हम केशव के प्रबन्ध काव्यों की अलङ्कार-योजना पर विचार करते हैं तो ज्ञात होता है कि कवि के कतिपय प्रबन्धों में तो कुछ प्रमुख अलङ्कार ही प्रयुक्त हैं और कुछ में कवि का अलङ्कार-वैविध्य के प्रति विशेष मोह देखने में आता है। 'रामचंद्रिका तथा 'वीरसिंहदेव-चरित' प्रथम श्रेणी के अन्तर्गत हैं तथा 'विज्ञान गीता', 'रतनबावनी' और 'जहाँगीर-जस-चन्द्रिका' द्वितीय श्रेणी में आती हैं। यहाँ इन प्रबन्धों पर क्रम से विचार किया गया है।

रामचन्द्रिका

'रामचन्द्रिका' का प्रणयन प्रधानतया पाण्डित्य-प्रदर्शन के लिए हुआ था, अतएव केशव ने इस ग्रन्थ की अलङ्कार-योजना में भी अपना पाण्डित्य-प्रदर्शन ही किया है किन्तु जब-जब वे आलंकारिक आवेश में नहीं रहे हैं तब-तब उन्होंने स्वाभाविक अलंकारों की भी योजना की है। ऐसे स्थल कम अवश्य हैं। अलङ्कार-वैविध्य के प्रति जितना मोह इस ग्रन्थ में परिलक्षित होता है उतना कवि के किसी अन्य ग्रन्थ में देखने में नहीं आता। बहुत से स्थलों पर तो कवि ने उपमा, उत्प्रेक्षा और सन्देह आदि अलंकारों की झड़ी-सी बाँध दी है। इस ग्रन्थ में उपमा, रूपक, उत्प्रेक्षा, प्रतीप, व्यतिरेक, अतिशयोक्ति, सन्देह, अपह्नुति, विभावना, सहोक्ति, स्वभावोक्ति, श्लेष, परिसंख्या, विरोधाभास, निदर्शना तथा गूढ़ोत्तर आदि अलङ्कारों का प्रयोग प्रमुख रूप से हुआ है। इनमें भी सबसे अधिक प्रयोग 'उत्प्रेक्षा' का हुआ है। श्लेष, परिसंख्या एवं विरोधाभास आदि अलङ्कारों का प्रयोग विशेष रूप से पाठकों को चमत्कृत करने की दृष्टि से किया जाता है। भाव-व्यञ्जना में वे उतने सहायक नहीं होते हैं। केशव ने भी इसी भावना से प्रेरित होकर बहुत-से स्थलों पर इन अलङ्कारों को प्रयुक्त किया है। 'श्लेष' के सहारे जनकपुरी का वर्णन करते हुए कवि कहता है—

तिन नगरी तिन नागरी प्रति पद हंसक हीन।
जलजहार शोभित न जहँ प्रकट पयोधर पीन ।।
(रा० चं०, प्र० ५, छं० १६)

इस दोहे में श्लेष का प्रयोग बड़ा ही उपयुक्त बन पड़ा है। इसी प्रकार दशरथ राज्य के वर्णन के प्रसंग में भी 'श्लेष' का सुरुचिपूर्ण प्रयोग हुआ है।

विधि के समान हैं विमानीकृत राजहंस,
विविध बिबुध युत मेरु सो अचल हैं।
दीपति दिपति अति सातो दीपि दीपयतु,
दूसरो दिलीप सो सुदक्षिण का बल है ।।
सागर उजागर का बहुवाहिनी को पति,
छनदान प्रिय किधौं सूरज अमल है।

सब विधि समरथ राजै राजा दशरथ,
भगीरथ-पथगामी गंगा कैसो जल है ।।

(रा० चं०, प्र० २, छं० १०)

परन्तु कुछ ऐसे स्थल भी दिखाई देते हैं जहाँ कवि 'श्लेष' के द्वारा प्रस्तुत एवं अप्रस्तुत में कोई समानता न होते हुए भी अप्रस्तुत के गुण प्रस्तुत में ढूंढ़ निकालने की चेष्टा करता हुआ दिखलाई पड़ता है । उदाहरणस्वरूप उनके दण्डकवन, प्रवर्षणाद्रि और सागर के वर्णन प्रस्तुत किए जा सकते हैं । दण्डकवन का वर्णन करते हुए कवि लिखता है—

शोभत दण्डक की रुचि बनी भाँतिन भाँतिन सुन्दर घनी ।
सेव बड़े नृप की जनु लसै । श्रीफल भूरि भयो जहँ बसै।।

(रा० चं०, प्र० ११, छं० १०)

सागर को एक नागरिक के रूप में चित्रित करते हुए केशव का कथन है—

भूति विभूति पियूषहु को विष ईश शरीर कि पाय बियो है ।
हैं किधौं केशव कश्यप को घर देव अदेवन के मन मोहै ।।
संत हिया कै बसै हरि संतत शोभ अनन्त कहँ कवि कोहै ।
चन्दन नीर तरंग तरंगित नागर कोउ कि सागर सोहै ।।

(रा० चं०, प्र० १४, छं० ४१)

इसी प्रकार 'श्लेष' के सहारे 'वर्षा' को कालिका के रूप में देखा है ।

भौंहें सुरचाप चारु प्रमुदित पयोधर,
भूखन जराय जोति तड़ित रलाई है ।
तूरि करी सुख मुख सुखमा संसी की नैन,
अमल कमल पल दलित निकाई है ।।
केसोदास प्रवल करेनुका गमन हर,
मुकुत सुहंसक-सबद सुखदाई है ।
अधर वलित मति मोहै नीलकंठ जू की,
कालिका कि वरषा हरषि हिय आई है ।।

(रा० चं०, प्र० १३, छं० १९)

फिर भी श्लेषालङ्कार का प्रयोग भाषा पर कवि के अधिकार का परिचायक है । दो अर्थों वाले छंद 'रामचन्द्रिका' में ही दिखाई देते हैं । 'कविप्रिया' में कुछ छन्द ऐसे भी हैं जिनके तीन-तीन, चार-चार और पाँच-पाँच तक अर्थ निकलते हैं ।

'विरोधाभास' अलङ्कार केशव को विशेष प्रिय ज़ान पड़ता है । राजा दशरथ की वाटिका और गोदावरी नदी के वर्णन एवं 'शिव' तथा 'पितर' आदि देवताओं द्वारा राम की स्तुति के प्रसंग में इस अलङ्कार का प्रयोग बड़ा ही सुरुचिपूर्ण हुआ है । गोदा-वरी का वर्णन करते हुए कवि ने लिखा है—

विषमय यह गोदावरी अमृत के फल देति ।
केशव जीवनहार को दुख अशेष हरि लेति ।।

इसी प्रकार का सुरुचिपूर्ण प्रयोग शिवजी द्वारा राम को स्तुति के प्रसंग में हुआ है—

अमल चरित तुम बैरिन मलिन करौ,
साधु परदार प्रिय अति हौ ।
एक थल थित पै बसत जग जन मध्य,
केशोदास द्विपद पै बहुपद-गति हौ ।।
भूषण सकल युत शीश भूमिभार,
भूतल फिरत यों अभूत भुवपति हौ ।
राखौ गाइ ब्राह्मणनि राजसिंह साथ चिरु,
रामचन्द्र राजकरौ अद्भुत गति हौ ।।

(रा० चं०, प्र० २७, छं० २)

'परिसंख्या' अलङ्कार के प्रति भी कवि की विशेष अभिरुचि प्रतीत होती है । अवधपुरी, विश्वामित्र एवं भरद्वाज मुनि के आश्रम, देव-स्तुति तथा राम-राज्य व्यवस्था आदि के वर्णन के प्रसंगों में 'परिसंख्या' अलङ्कार का अत्यन्त ही सफल प्रयोग हुआ है । विश्वामित्र के आश्रम का वर्णन करते हुए कवि लिखता है—

विचारमान ब्रह्म देव अर्चमान मानिये,
अदीयमान दुःख, सुख दीयमान जानिये ।
अदण्डमान दीन गर्व दण्डमान भेदवै,
अपठ्यमान पाप ग्रन्थ पठ्यमान वेदवै ।
साधु कथा कथियै दिन केशवदास जहाँ,
निग्रह केवल है मन को दिन मान तहाँ ।
पावन बास सदा ऋषि को सुख को बरषै,
को वरणै कवि ताहि विलोकत जो हरषै ।।

(रा० चं०, प्र० ३-४, ३-४)

राम-राज्य का वर्णन करते हुए कवि का कथन है—

चित्र ही में आज वर्णसंकर विलोकियत,
ब्याह ही में नारिन के गारिन सों काज ।
ध्वजै कंपयोगी निशि चक्रै है वियोगी,
द्विजराज मित्रदोषी एक जलद समाज है ।।
मेघै तो गगन पर गाजत नगर घेरि,
अपयश डर, यश ही को लोभ आज है ।
दुःख ही को खण्डन है मण्डन सकल जग,
चिरु चिरु राज करो जाको ऐसो राज है ।।

(रा० चं०, प्र० २७, छं० ५)

मूलै तौ अधोगतिन पावत हैं केशवदास,
मीचु ही सों हैं वियोग इच्छा गंगनीर की।
वन्ध्या वासनानि जानु विधवा सुवाटिका ही,
ऐसी रीति राजनीति राजै रघुवीर की ।।
कविकुल ही के श्रीफलन उर अभिलाष समाज,
तिथि ही को क्षय होत है रामचन्द्र के राज।
लूटिवे के नाते पाप पट्टनै तो लूटियत,
तोरिवै को मोहतरु तोरि डारियतु ।।
घालिवे को नाते गर्व घालियत देवन के,
जारिवे के नाते अघ ओघ जारियतु है।
बाँधिवे के नाते ताल बाँधियतु केशोदास,
मारिबे के नाते तो दरिद्र मारियतु है।
राजा रामचन्द्र जू के नाम जग जीतियतु,
हारिवे के नाते आन जन्म हारियतु है।

(रा० चं०, प्र० २८, छं० ११-१३)

'उपमा', उत्प्रेक्षा', 'सन्देह' आदि सादृश्यमूलक अलंकारों की योजना करते हुए केशव अपनी चमत्कार-प्रदर्शन की प्रवृति के फेर में पड़कर कुछ स्थानों पर ऐसे उपमानों को ले आए हैं जिससे प्रस्तुत का वास्तविक स्वरूप कुछ भी प्रत्यक्ष नहीं हो सका है और कुछ स्थलों पर उनका उपमानों का प्रयोग बड़ा ही कुरुचिपूर्ण हुआ है। ऐसे कुछ उदाहरण यहाँ दिये जाते हैं। चन्द्रमा को आकाश में देख-कवि उत्प्रेक्षा करता है—फूलन की शुभ गेंद नई है। ढूघि शची जनु डारि बई है।[1] पहली उत्प्रेक्षा में ब्रह्मा के सिर पर विष्णु के बैठने तथा दूसरी उत्प्रेक्षा में चन्द्रमा को गेंद बनाने की कल्पना अनुपयुक्त एवं उपहासास्पद है। हनुमान राम की विरहावस्था का चित्रण करते हुए राम की उपमा 'उल्लू' से देते हैं।[2] अग्नि की ज्वालाओं में जलते हुए राक्षसों का वर्णन करते हुए कवि ने राक्षसों की समता कामदेव से की है[3]। कामदेव उपमान का कितना अरुचिपूर्ण प्रयोग यहाँ हुआ है।

जहाँ कवि चमत्कार-प्रदर्शन अथवा दूरारूढ़ कल्पना के लोभ का संवरण कर सका है वहाँ अलंकारों का सुरुचिपूर्ण प्रयोग हुआ है, जो भावोत्कर्ष में सहायक है। इस प्रकार के कुछ छन्द यहाँ उपस्थित किए जाते हैं। भरत के ननिहाल से आने का

---

१. रा० चं०, प्र० १०, छं० ४१।
२. बासर को संपति उलूक ज्यों न चितवत हैं।

—रा० चं०, प्र० १३, छं० ८८।

३. कहूँ रैनचारी गहे ज्योति गाढ़े। मानो ईश रोषाग्नि में काम डाढ़े ।।

—रा० चं०, प्र० १४, छं० ८।

समाचार पाकर सब माताएं छटपटाती हुई बड़ी उत्सुकता के साथ उनसे मिलने उसी प्रकार जाती हैं जिस प्रकार (सद्यः प्रसूता) गाएँ अपने बछड़ों को चाटने तथा दूध पिलाने के लिए छटपटाती हुई दौड़ती हैं।[१] इस उपमा के द्वारा केशव ने भरत के प्रति माताओं के प्रेम की सुन्दर व्यंजना की है।

'निम्नांकित छन्द में कवि ने हनुमान के सुन्दर नामक पर्वत से उछलकर सुवेल नामक पर्वत की ओर उड़कर लंका को प्रस्थान करने का वर्णन करते हुए कई उपमाएँ दी हैं, जो हनुमान की वेगशीलता और हनुमान द्वारा समुद्रोल्लंघन के कार्य के संपादन की शीघ्रता द्योतित करती हैं—

हरि कैसो वाहन कि विधि कैसो हेम हंस,
लीक सी लिखत नभ पाहन के अंक को।
तेज को निधान राम मुद्रिका विमान कैधों,
लच्छन का बाण छूट्यो रावण निशंक को॥
गिरिगज गंड ते उड़ान्यो सुवरन अलि
सीता पदपंकज सदा कलंक रंक को।
हवाई सी छूटी केशोदास आसमान में,
कमान कैसो गोला हनुमान चल्यो लंक को॥

(रा० चं०, प्र० १३, छं० ३८)

दशरथ की मृत्यु के उपरान्त जब भरत महल में आता है तो यह माताओं को अकेली और निरालम्ब पाता है। कवि ने माताओं की वियोगजन्य विकलता का चित्रण बहुत ही उपयुक्त उपमा द्वारा किया है।[२]

इसी प्रकार 'उत्प्रेक्षा' अलंकार की भी योजना कई स्थलों पर बड़ी सुन्दर हुई है। हनुमान के द्वारा सीता जी की लाई हुई चूड़ामणि को पाकर राम के हृदय में होने वाले आनन्द की व्यंजना, उत्प्रेक्षा के सहारे कवि ने सफलता से की है।[3]

लंका में आग लगी है। सोने की लंका का सोना द्रवित होकर समुद्र में जा रहा है। इसके लिए कवि उत्प्रेक्षा करता है—

कंचन को पघिलो पुर पूर पयोनिधि में पसरो सो सुखी ह्वै।
गंग हजार मुख गुनि केशो गिरा मिली मानों अपार मुखी ह्वै[४]॥

---

१. मातु सबै मिलिबे कहं आई। ज्यों सुत को सुरभी सुलवाई॥
—रा० चं०, प्र० १०, छं० २८।

२. मन्दिर मातु विलोकि अकेली। ज्यों बिनु वृक्ष विराजति वेलि।
—रा० चं०, प्र० १०, छं० २।

३. श्री रघुनाथ जबै मणि देखी जी महं भाग दशा सम लेखी।
फूलि उठ्यो मन ज्यों निधि पाई। मानहु अंध सुडीठि सुहाई॥
—रा० चं०, प्र० १४, छं० २४।

४. रा० चं०, प्र० १४, छं० ११।

कुछ अन्य प्रमुख अलंकारों के उदाहरण यहाँ पाठकों के अवलोकनार्थ उपस्थित किये जाते हैं।

रूपक :

१. पुँज कुँजर शुभ्र स्यन्दन शोभिजैं सुठि शूर।
ठेलि-ठेलि चलै गिरीशनि पेलि श्रोणित पूर॥
ग्राह तुँग तुरंग कच्छप चारुचर्म विशाल।
चक्क सों रथचक्र पैरत वृद्ध गृद्ध मराल॥
केकरे कर बाहु मीन, गयंद शुण्ड भुजंग।
चीर चौंर सुदेश केश शिवाल जानि सुरंग॥
बालुका बहु भाँति है मणिमालजाल प्रकाश।
पैरि पार भये ते द्वै मुनिवाल केशवदास॥
(रा० चं०, प्र० ३७, छं० २-३)

२. श्रोणित सलिल नर वानर सलिलचर,
गिरि बालिसुत विष विभीषण डारे हैं।
चरम पताका बड़ी बड़वा अनल सम,
रोगरिपु जामवन्त, केशव विचारे हैं॥
वाजि सुरबाजि सुरगज से अनेक गज,
भरत सबन्धु इन्दु अमृत निहारे हैं।
सोहत सहित शेष रामचन्द्र केशव से,
जीति के समर सिंधु साँचहु संवारे हैं॥
(रा० चं०, प्र० ३९, छं० ९)

अतिशयोक्ति

१. सम्बन्धातिशयोक्ति

वरण वरण अंगिया उर धरे। मदन मनोहर के मन हरे,
अंचल अति चंचल रुचि रचैं। लोचन चल जिनके संग नचै॥
(रा० चं०, प्र० ३१, छंद २६)

२. रूपकातिशयोक्ति

देखहु देव दीन के नाथ, हरत कुसुम के हारत हाथ।
नवरंग बहु अशोक के पत्र, तिन मंह राखत राजकलत्र॥
(रा० चं०, प्र० १३, २६)

अपह्नुति

१. फूलि फूलि तरु फूल बढ़ावत। मोदत महा मोह उपजावत॥
उड़त पराग न चित उड़ावत। भ्रमर भ्रमत नहीं जीव भ्रमावत॥
(रा० चं०, प्र० १, छं० ३१)

विभावना

यद्यपि ईंधन जरि गये, अरिगण केशवदास।
तदपि प्रतापानलन के पल पल बढ़त प्रकाश॥
(रा० चं०, प्र० २, छं० ११)

स्वभावोक्ति

बन महं विकट विविध दुख सुनिये, गिरि गह्वर मग अगमहीं गुनिये।
कहुँ अहि हरि कहुँ निशिचर चरहीं, कहुं दवदहन दुसह दुख सरहीं॥
(रा० चं०, प्र० ८, छं० २५)

अप्रस्तुतप्रशंसा

श्रीनृसिंह प्रहलाद की वेद जो गावत गाथ।
गये मास दिन आसु ही झूठी ह्वै है गाथ॥
(रा० चं०, प्र० १४, छं० ३०)

कारणमाला

जहं भामिनी, भोग तहं, बिन भामिनि कहं भोग।
भामिनी छूटे जग छूटे, जग छूटे सुख योग॥
(रा० चं०, प्र० २४, छं० १४)

एकावली

राजा रामचन्द्र तुम राजहु सुयश जाको,
भूतल के आस-पास सागर के पासु सो॥
सागर में बड़भाग वेश शेषनाग जू के,
शेषजू पै चंडभाग विष्णु के निवाल सो॥
विष्णु जू में भूरि भाग्य भव को प्रभाव सीई,
भवजू के भाल में विभूति को निवाल सो॥
भूति माँहि चन्द्रमा सो, चन्द्र में सुधा को अंशु,
अंशुनि में केशवदास चन्द्रिका प्रकाश सो॥
(रा० चं०, प्र० २७, छं० ६)

प्रतीप

को है दमयन्ती इन्दुमती रति राति दिन,
होंहि न छबीली छन छबि जो सिंगारिये।
केशव लजात जलजात जातवेद ओप,
जातरूप बापुरो विरूप सो निहारिये॥
मदन निरूपम निरूपन निरूप भयो,
चंद बहुरूप अनुरूप कै विचारिये।
सीता जी के रूप पर देवता कुरूप को हैं,
रूप ही के रूपक तो वारि वारि डारिये॥
(रा० चं०, प्र० ६, छं० ५८)

भ्रान्तिमान

अमल सजल घनस्याम वपु केशोदास,
चन्दहू ते चारु मुख सुषमा को ग्राम है।
कोमल कमल दल दीरघ विलोचननि,
सोदर समान रूप न्यारो न्यारो नाम है ।।
बालक बिलोकियत पूरण पुरुष गुन,
मेरो मन मोहियत ऐसो रूप धाम है।
वैर जिय मान बामदेव को धनुष तोरो,
जानत हों बीस बिसं राम भेष काम है ।।

(रा० चं०, प्र० ७, छं० १४

गूढ़ोत्तर :

रे कपि कौन तू ? अक्ष को घातक, दूत बली रघुनन्दन जू को।
को रघुनन्दन रे ? त्रिशिरा-खर-दूषण-दूषण, भूषण भू को ।।
सागर कैसे तर्‌यो ? जैसे गोपद, काज कहा ? सिय चोरहि देखो।
कैसे बंधायो ? जु सुन्दरि तेरी सोई दृग जोवत पातक लेखो ।।

(रा० चं०, प्र० १४, छं० १)

निदर्शना :

बालि बली न बच्यों पर खोरहि क्यों बचिहौं तुम आपनि खोरहि।
जा लग छीर समुद्र मथ्यौ कहि कैसे न बाँधिहौ वारिधि बोरहि ।।
श्री रघुनाथ गनौ असमर्थ न देखि बिना रथ हाथिन घोरहि।
तोर्‌यो सरासन संकर को जेहि सोऽब कहा तुव लंक न तोरहि ।।

(रा० चं०, प्र० १५ छं० ७)

व्याजस्तुति :

डरैं गाय विप्रै अनाथै जो भाजै, पर द्रव्य छोड़ै पर स्त्रीहि लाजै।
परद्रोह जासों न होवै रती को, तो कैसे लरै वेष कीन्हें जती को ।।

(रा० चं०, प्र० १६, छं० २७)

कहीं-कहीं एक ही छन्द में अनेक अलंकारों के सफल प्रयोग भी देखने में आते हैं जैसे—

एक दमयन्ती ऐसी हरैं हंसि हंस वंश,
एक हंसिनी सी बिसहार हिये रोहियो।
भूषण गिरत एकै लेति बूड़ि वीचि बीच,
मीनगति लीन हीन उपमान टोहियो ।।
एकै मत कै कै कंठ लागि लागि बूड़ि जात,
जल देवता सी देवि देवता विमोहियो।

केशोदास आस-पास भंवर भंवत जल—
केलि में जलजमुखी जलज सी सोहियो ।।
(रा० चं०, प्र० २, छं० ३७)

उपमा, प्रतीप, सम्बन्धातिशयोक्ति और भ्रम का संकर)

वीरसिंहदेव-चरित

इस ग्रन्थ के प्रथमार्द्ध में अकबर की शाही सेनाओं से वीरसिंहदेव के युद्धों का सविस्तर वर्णन किया गया है। इस कारण इस अंश में केशव को अलंकार-प्रयोग के क्षेत्र में अपना कौशल प्रदर्शित करने का अधिक अवसर प्राप्त नहीं हुआ है। इस भाग में दृश्य एवं वस्तु-वर्णन में ही कहीं-कहीं अलंकारों का प्रयोग देखने में आता है। ग्रन्थ के उत्तरार्द्ध में वीरसिंह के ऐश्वर्य तथा दिनचर्या का वर्णन किया गया है। यहां अधिकांश प्रसंग, दृश्य और वस्तुएं वही मिलती हैं, जो 'रामचन्द्रिका' में वर्णित हैं। इसलिए इनके विषय में प्रायः कल्पनाएँ की गई हैं, जो 'रामचन्द्रिका' में उपलब्ध होती हैं।

जिन स्थलों पर कवि ने पाण्डित्य-प्रदर्शन अथवा दूर की सूझ का आग्रह नहीं छोड़ा है, वहां कवि का अलंकार-प्रयोग भाव-व्यंजना अथवा वस्तु के उत्कर्ष साधन में असफल ही रहा है। ऐसे दो उदाहरण यहाँ उपस्थित किए जाते हैं। मेवाशाला में जाते हुए महाराज वीरसिंह की उपमा 'भुक्कड़ रंक' से देना उपहासास्पद है[1]। इसी प्रकार वर्षा को अनुसूया, कालिका और द्रौपदी बनाना कल्पना की विडम्बना ही है। परन्तु फिर भी वीरसिंहदेव-चरित में ऐसे बहुत से स्थल हैं जहाँ कवि ने सुन्दर अलंकार-योजना की है। कुछ उदाहरण यहाँ दिये जाते हैं। वीरसिंहदेव की सेना के युद्ध के लिए प्रस्थान करने के कारण पृथ्वी की धूलि उठकर आकाश की ओर जा रही है। इस सम्बन्ध में कवि ने बड़ी ही विलक्षण उत्प्रेक्षाएँ की हैं, जो भाव के उत्कर्ष-साधन में सहायक हैं।

अधर धूरि आकाशहि चली हय गय खुरनि खरी दलभली।
जानि गगन को हालत हियो, ठौर ठौर जनु थंभित कियो।।
रह्यो अकाश विमाननि पूरि। मनों उसारनि छाई धूरि।।
जझहिंगे रन सुभट अपार। सामुहैं घायनि राजकुमार।।
तिनकों सुखद मानहु महि कियो। स्वर्गारोहन मार्ग वियो।
रहि धूरि परिपूरि अकास। मिटे निकट ह्वै सूर प्रकास।
(वी० दे० च०, पृ० ८३)

इसी प्रसंग के अन्तर्गत 'ध्वज' के वर्णन में कवि की उत्प्रेक्षाएँ अत्यन्त ही सुन्दर एवं उपयुक्त बन पड़ी हैं।

---

१. निपटि रंक ज्यों लालच भये। मेवा की साला में गये ।।
—वी० दे० च०, पृ० १२४।

तामैं बहुत पताका लसैं । धूम अनल जनु ज्वाला बसैं ।।
मनहु काल की रचना घोर । कैधों मीच नचति चहुँ ओर ।।
पवन प्रकास दीह गति होति । मनहु अकाश दियन की ज्योति ।।
जनु अकाश वन वलित वलत्त । तरलित तुंग ताल के पत्त ।।
किधों विमाननि की दुति हलै । देवनि के अंचल से चलैं ।।
जय श्री भुजा सिंधु देखियै । किधौं चौर चंचल लेखियै ।।
वीरसिंह की वलध्वजा धूरिनि में सुख देति ।
जुद्ध जुरन कौं मानहु प्रतिजोधिनि बोलै लेति ।।

(वी० दे० च०, पृ० ८३)

रावभूपाल के युद्ध में अकेला ही टूट पड़ने पर मुगल सेना उसे घेर लेती है । इसके लिए कवि ने कई उत्प्रेक्षाएँ की हैं ।

मनहु पर्वतन अति बल भयो । इन्द्रपुरी को ढोवा ढयो ।।
मनौ निसाचर गन बलवन्त । घरि लियौ मानौं हनुमन्त ।।
मानौ अंधकार बल लये । वारक सूर सामुहैं गये ।।
दीरघ सर्प बहुत पुर कढ़ै । मानहु कोपि गरुड पर चढ़ै ।।

(वी० देव० च०, पृ० ८३-८४)

इसी प्रकार वीरसिंह के द्वारा शेख अबुलफ़ज़ल के युद्ध में मारे जाने का समाचार सुनने पर अकबर के अश्रुपूर्ण नेत्रों के विषय में कवि बड़ी ही स्वाभाविक उत्प्रेक्षा करता है[1] । युद्ध-प्रसंग के अतिरिक्त केशव ने अन्य स्थलों पर भी शोभन उत्प्रेक्षाओं का प्रयोग किया है । वीरसागर की छटा उत्प्रेक्षा के प्रयोग से निखर उठी है ।

फूले नील कमल जल एन । मानहु सुन्दरता के नैन ।।
कुल कल्हार सुगंधित मनौ । सुभ सुगंधता के मुख मनौ ।।
प्रफुलिता सूर कोकनद किये । मानहु अनुरागिनि के हिये ।।
पति कमल देखत सुख भयौ । मनौं रूप के रूपक रयौ ।।

(वी० दे० च०, पृ० १००)

चतुर्भुजदेव के लिए भी कवि ने कितनी सरल एवं उपयुक्त उत्प्रेक्षा की है ।

सोभति अति सुन्दर सुभ सदा । संख चक्र कर पंकज गदा ।।
पद ऊपरै स्यामतल लाल । बरनत केसव बुद्धिविसाल ।।
मनौ गिरा जमुना जल आइ । स्वेत पाट पट जटे सुभाइ ।।
... ...
देखत होइ सुद्ध मन छुद्र । निकले मथि जनु छीर समुद्र ।।
सीस छत्र मरकत मय दंड । मानौ कमल सनाल अखंड ।।

(वी० दे० च०, पृ० १०६)

---

१. चंचल लोचन जल झलमले । पवन पाइ जनु सरसिज हले ।।

—वी० दे० च०, पृ० ४३ ।

महाराज वीरसिंह देव के उपवन में कहीं-कहीं जलयन्त्र भी हैं, जिनके विषय में कवि ने कितनी मधुर और यथातथ्य कल्पना की है—

जहाँ तहाँ जलजंत्र प्रकाश धर तैं धारा चली ।।
जनु जमुना कौ सूक्ष्म वेस । चाहत रविपुर कियौ प्रवेस ।।

(वी० दे० च०, पृ० १३८)

हृदन-महोत्सव के अवसर पर जब महाराज वीरसिंह देव सज-धज कर हाथी पर बाहर निकलते हैं तो सुन्दरियाँ उनके दर्शनार्थ अपने-अपने भवनों पर चढ़ती हैं। कवि ने इन सुन्दरियों की छवि के व न में उत्प्रेक्षाओं की झड़ी सी बाँध दो है।

यों सोभति सोभा सों सनो । मोहन गिरि अग्रनि मोहनी ।।
जनु कैलास सैल पर चढ़ी । सिद्धनि की कन्या दुति मढ़ी ।।

... ...

मनौ छजनि पर कीरति लसं । रूपनि पर दीपति सी वसैं ।।
गृह गृह प्रति जनु गृह देवता । जनु सुमेरु सोने की लता ।।
एकनि कर दर्पन नहि हरै । मनौ चन्द्रिका चन्द्रहि धरै ।।
एक अरुन अम्बर रस भिनी । जनु अनुराग रंगी रागिनी ।।
एकै वर्जति पुष्प अशेष । मनौ पुष्पलता सुख वेष ।।

(वी० दे० च०, पृ० १४८)

'उपमा' के भी केशव ने बड़े सफल प्रयोग किए हैं। वीरसिंह को अपने दरबार में आया देखकर सलीम के हर्ष का पारावार नहीं रहता और उसका अंग-अंग खिल उठता है। केशव की इस प्रसंग में उपमाएँ बड़ी ही उचित एवं स्वाभाविक बन पड़ी हैं—

सोभ्यौ वीर देखि यों साहि । जैसे रहै सुमेरहि चाहि ।।
वीरसिंह कौं बाढ़ि सौंह । पारस सौंह परस्यों ज्यों लोह ।।
परम सुगन्ध नीम ह्वै जाइ । जैसे मलयाचल कौं पाइ ।।

(वी० दे० च०, पृ० ३५)

विन्ध्यवासिनी का प्रसाद पाकर जब कुंवर रावप्रताप राजा रामशाह से मिलने के लिए प्रस्थान करता है तो कवि ने उसे सुग्रीव, लक्ष्मण तथा हनुमान के समकक्ष ला बिठाया है। उपमा कितनी सटीक है।

सोभ्यौ तब सुग्रीव समान । रामकाज जिनकौ परिवान ।।
तुम लक्षन लछिमन सौ लसै । मन क्रम वचन रामव्रत बसै ।।

... ...

रामदेव दुसह तन अनंत । सोभ्यौ कुंवर मनौ हनुमन्त ।।

(वी० दे० च०, पृ० ८१)

राजा रामशाह भी रावभूपाल को देखकर खिल उठते हैं। इस अवसर पर कवि ने रामशाह के हर्षातिरेक की उपमा के सहारे बड़ी ही सुन्दर व्यंजना की है।

राजहि भयौ परम सुष गात। तिहिं सुष फूले अंग न मात।।
अति प्यासौ ज्यों पानी पाइ। बहु भूखौ भोजन सुखदाइ।।
परम पंग ज्यों पाये पांय। गूँग लह्यौ ज्यों वचन बनाय।।
लहैं अंध ज्यौं लोचन चारु। भीजत जनु पायौ अंगारु।।
सीतारत ज्यौं अग्निहि लहै। वन भूल्यौ मार्गहि ज्यों लहै।।

(वी० दे० च०, पृ० ६२)

रणरुद्र वीरसिंहदेव के युद्धक्षेत्र में टूट पड़ते ही राजा रामशाह की सेना में भगदड़ मच जाती है। इस प्रसंग में कवि ने कई उपमाएँ दी हैं, जो सुन्दर तथा उपयुक्त हैं।

देखत ही भागै रिपु लोग। ज्यों धनंतर आये तें रोग।।
अरि की फौज भगी गहि त्रास। अंधकार ज्यों सूर प्रकास।।
परम दानि सुनि जैसे रोर। जैसे नषत बड़े ही भोर।।
जहाँ तहाँ भट यों भग गये। राम सुनत ज्यों पातक नये।।

(वी० दे० च०, पृ० ४१)

अबुलफजल के निधन के दारुण समाचार से जब अकबर के नेत्रों से अश्रुधारा बहने लगती है तो कवि उसके नेत्रों की उपमा 'रहटघरी' से देता है।

भरि भरि रीति जाति रीति रीति भरै पुनि,
रहटघरी सी आँखि साहि अकबर की।।

(वी० दे० च०, पृ० ४५)

एक स्थल पर युद्ध के वर्णन में कवि ने युद्ध-स्थल तथा वर्षा का स्वाभाविक रूपक बाँधा है।

दलबल सहित उठे दोउ वीर। मनो घनाघन घोर गंभीर।।
धुन्ध धूरि धुरवा सो गनौ। बाजत दुन्दभि गर्जत मनौ।।
जहाँ तहाँ तरवारैं कढ़ी। तिनको दुति जनु दामिनि बढ़ी।।
तुपक तीर ध्रुव धारा पात। भीत भये रिपुदल भट व्रात।।
श्रोनितजल पैरत तिहिं खेत। कूरम कुल सब दलहि समेत।।

(वी० दे० च०, पृ० ५८)

'उल्लेख' अलंकार की भी योजना एक स्थान पर कवि ने बहुत ही सुन्दर की है। देखिये, चन्द्रमा को 'चन्द्रवदनी' युवतियों ने किस-किस रूप में देखा है।

कुन्द कुसुम नासहि की मनौ। मनिमय मनौ मुकुट सोभनौ।।
नभश्री कैसो सुभ ताटंक। मुक्तामनिमय सोभत अंक।।
वानरपति सो तारा संग। स्वेत छत्र जनु धर्यो अनंग।।
महाकाल अहि कैसो अण्ड। गगन सिंधु जनु फेन अखण्ड।।
मदन नृपति को गगन निकेत। राजतकलस सुदुवौ समेत।।
सिद्ध सुन्दरी को जनु धर्यो। दन्तपत्र शुभ शोभा भर्यो।।

चारु चन्द्रिका सिन्धुमय सीतल स्वच्छ सतेज ।।
मन्नो सेषमय सोभिजै हरिनाधिष्ठित सेज ।।
(वी० दे० च०, पृ० १३०)

'व्यतिरेक' की यहाँ कैसी सुन्दर योजना हुई है—

रमनी मुख मण्डल निरखि राका-रमन लजाइ।
जलद, जलधि-सिवसूल में राखत बदन छिपाइ ।।
(वी० दे० च०, पृ० १३४)

चमत्कारवृत्ति को सन्तुष्ट करने वाले अलंकारों, जैसे परिसंख्या, विरोधाभास श्लेष आदि का प्रयोग इस प्रबन्ध में अपेक्षाकृत कम ही हुआ है। नगर (जहाँगीरपुर) के वर्णन में 'परिसंख्या' का चमत्कार दर्शनीय है।

होम धूम मलिनाई जहाँ। अति चंचल चल दल दल तहाँ ।।
वाल नाम है चूड़ा कर्म। तीछनता आयुध के धर्म ।।
जहं विधवा बाटिका न नारि। जहं अधोगति मूल विचारि ।।
मान भंगमाननि को जानि। कुटिल चाल सरितानि बखानि ।।
दुर्गनि की दुर्गति संचरै। व्याकरनै द्विज वृत्तिनि हरै ।।
कीरति ही के लोभी लाष। कविजन कै श्रीफल अभिलाष ।।
(वी० दे० च०, पृ० ११५)

विज्ञानगीता

'विज्ञानगीता' में कवि का अलंकारों के प्रति विशेष आग्रह दिखाई नहीं पड़ता है। उपमा, रूपक तथा उत्प्रेक्षा आदि कुछ ही अलंकारों का प्रयोग जहाँ तहाँ देखने में आता है, जो प्रायः भाव-व्यंजना में सहायक है। केशव द्वारा प्रयुक्त कुछ अलंकारों के उदाहरण यहाँ प्रस्तुत किये जाते हैं। निम्नलिखित छन्द में मिथ्या संसार को सत्य मानने वाले जड़ जीवों की उपमा काठ के घोड़े पर चढ़कर खेलने वाले बालकों अथवा गुड्डे-गुड्डियों का खेल खेलने वाली बालिकाओं से देकर सांसारिक जीवों की जड़ता का स्पष्टीकरण बड़े ही सुन्दर ढंग से किया है।

जैसे चढ़े बाल सब काठ के तुरंग पर
तिनके सकल गुण आपुही में आने हैं ।।
जैसे अति बालिका वे खेलति पुतरि अति
पुत्र पौत्रादि मिलि विषय बिताने हैं ।।
आपनो जो भूलि जात लाज साज कुल धर्म
जाति कर्मकादिकन हीं सो मनमाने हैं ।।
ऐसे जड़ जीव सब जानत हौं केशोदास
अपनी सचाई जग सांचोई कै जाने हैं ।।
(वि० गी०, प्र० ८, छं० ४४)

महाराजा वीरसिंहदेव की प्रशंसा करते हुए कवि ने अनेक उपयुक्त उपमाएँ दी हैं।

दाननि में बलि विराजमान जिन पाँहि
भागिब को है गति विक्रम तनक से।
सेवत जगत प्रमुदितनि की मंडली में
देखियत केशोदास सौनक शनक से।।
जोधनि में भरत भगीरथ सुरथ पृथु
विक्रम में विक्रम नरेश के बनक से।।
राजा मधुकरशाह सुत राजा वीरसिंह
राजनि की मण्डली में राजत जनक से।।
(वि० गी०, प्र० १, छं० २२)

'रूपक' अलंकार के भी सफल प्रयोग कवि ने कई स्थानों पर किये हैं। एक स्थल पर कवि ने उदर का रूपक समुद्र से बाँधा है। जैसे समुद्र में सब कुछ समा जाता है, वैसे ही मनुष्य का उदर भी बड़ा ही अथाह है। जिस प्रकार समुद्र में तिमिंगिल आदि भयंकर जन्तु रहते हैं और अनेक जीव-जन्तुओं का भक्षण करके भी उनकी क्षुधा-निवृत्ति नहीं होती, उसी प्रकार मनुष्य के उदर की क्षुधा भी कभी नहीं मिटती। इसी प्रकार जिस भाँति समुद्र में बड़वाग्नि का निवास है, जिसकी प्यास निरन्तर समुद्र का जल-पान करते हुए भी शान्त नहीं होती, उसी प्रकार मनुष्य की तृष्णा भी कभी नहीं मिटती।

तृषा बड़ी बड़वानली, तिमिंगिल क्षुद्र।
ऐसो को निकसै जु परि, उदर उदार समुद्र।।
(वि० गी०, प्र० ३, छं० २८)

एक और स्थान पर कवि ने तृष्णा का रूपक तरंगिनी से बाँधा है। जैसे किसी नदी के, जिसका पाट खूब बढ़ा हुआ हो, दूसरे पार जाना दुष्कर है, वैसे ही तृष्णा का पार पाना कठिन है। कवि कहता है—

कौन गनै इनि लोकनि रीति विलोकि विलोकि जहाजनि बोरे।
लाज विशाल लता लपटी तन धीरज सत्य तमालिन तोरे।।
वंचकता अपमान अयान अलाभ भुजंग भयानक तृष्णा।।
पाटु बढ़ो लहुँ घाट न केशव क्यों तरि जाइ तरंगिन तृष्णा।।
(वि० गी०, प्र० ७, छं० १७)

कवि ने अन्य स्थल पर रणभूमि और नदी के सांग रूपक का भी विधान बहुत ही सुचारु रूप से किया है।

पुंज कुंजर शुभ्र स्यन्द शोभिये अतिशूर।
ठेलि-ठेलि चले गिरीशनि पेलि शोणित पूर।।
ग्राह तुंग तरंग कच्छप चारु चमर विशाल।
चक्र से रथ चक्र पैरत गृद्ध वृद्ध मराल।।
(वि० गी०, प्र० १३, छं० ३)

इसी प्रकार 'उत्प्रेक्षा' का प्रयोग भी भावव्यंजना में सहायक हुआ है। महामोह के अपने-दल-दल के साथ प्रस्थान करने पर धूलि पृथ्वी से उठकर आकाश में व्याप्त हो गई है। इसके लिए कवि उत्प्रेक्षा करता है कि मानो पृथ्वी, इन्द्र को शोध देने जा रही है। इस उत्प्रेक्षा के द्वारा कवि ने महामोह की सेना की विशालता का भान कराया है। कवि का कथन है—

रथ राजि साजि बजाइ दुंदुभि कोह सों करि साजु।
बिन्दुमाधव को चल्यो दल भूमि को अधिराजु॥
उठि धूरि भूरि चली अकाशहुँ शोभिजै अशेष।
जनु सोधु देन चली पुरंदर को धरा सुविशेष॥
(वि० गी, प्र० ११, छं० ३)

नीचे लिखे छन्द में वाराणसी के ऊँचे-ऊँचे भवनों पर सुशोभित पताकाओं के लिए कवि कल्पना करता है कि मानो बैकुण्ठ-मार्ग में जाते हुए मुक्त मानवों के ज्योतिपुंज का प्रकाश हैं। इस प्रकार कवि ने वाराणसी के ऐश्वर्य की ओर संकेत किया है।

वाराणसी अति दूर ते अवलोकियो मग पूत।
ऊँचे अवासनि उच्च सोहति है पताक विधूत॥
शोभा विलास बिलोकि केशवराइ यों मति होति।
बैकुण्ठ मारग जात मुक्तनि की नवें ज्यों जोति॥
(वि० गी०, प्र० ११, छं० ४)

निम्नलिखित छन्द में 'अन्योन्य' अलंकार का प्रयोग दर्शनीय है—

पत्नी पति बिनु दीन अति, पति पत्नी बिनु मन्द।
चन्द बिना ज्यों यामिनी, ज्यों यामिनी बिनु चन्द॥
(वि० गी०, प्र० १६, छं० ३९)

कहीं-कहीं कवि ने एक ही छन्द में अनेक अलंकारों का भी सुन्दर प्रयोग किया है। यहाँ एक उदाहरण देते हैं। 'सती' के सौन्दर्य का वर्णन करते हुए कवि ने उपमा, रूपक, उत्प्रेक्षा, सन्देह तथा रूपकातिशयोक्ति का मनोहर संकर प्रस्तुत किया है।

चन्द्रमुखीनि में चारु चकोर कि चन्द चकोरनि में रुचिरो है।
लोचन लोल कपोलनि मध्य विलोकत यों उपमा कह्यो है॥
सुन्दरता सरसीनि में मानहु मीन मनोजनि के मनु मोहैं।
माणिक सो मणि मंडल में कहि को यह बालबधूनि में सोहै॥
(वि० गी०, प्र० ८, छं० ३८)

रतनबावनी

'रतनबावनी' में कवि ने जान-बूझकर अलंकारों की भरमार करने की चेष्टा नहीं की है। काव्य के स्वाभाविक प्रवाह में ही यत्र-तत्र उपमा, उत्प्रेक्षा, सन्देह, एका-

वली आदि कुछ अलंकारों की योजना हो गई है, जो प्रायः भाव-व्यंजना के उत्कर्ष साधन में सहायक हैं। कुछ उदाहरण नीचे दिये जाते हैं।

दिल्लीश्वर अकबर की सभा में महाराज मधुकरशाह के पहुँचने पर कवि ने उनकी छवि का वर्णन 'उपमा' के द्वारा करते हुए लिखा है कि वे वहाँ उसी प्रकार शोभित हो रहे थे, जिस प्रकार नक्षत्रों के मध्य में चन्द्रमा सुशोभित होता है।

दिल्लीपति दरबार जाय मधुशाह सुहायव।
जिमि तारन के मांह इन्दु शोभित छवि छायव।।

(रत्नबावनी, छं० ५)

निम्नलिखित पंक्तियों में 'एकावली' का बहुत ही सुन्दर एवं उपयुक्त प्रयोग किया गया है—

मातु हेतु पितु तजिय, पिता के हेत सहोदर।
सुतहिं सहोदर हेत, सखा सुत हेत तजहु वर।।
सखा हेत तजि बन्धु, हित तजहु सुजन जन।
सुजन हेत तजि सजन, सजन हित तजहु सुखन मन।।
कहि केशव सुख लगि धरनि तजि, धरनी हित धर खंडिये।
सइ खंडिय सब घर हेत पति, प्राण हेत दति छंडिये।।

(रतनबावनी, छं० १३)

अधोलिखित छन्द में रतनसेन के द्वारा शाही सेना के छिन्न-भिन्न होने के विषय में कवि उत्प्रेक्षा करता है कि शत्रु की सेना ठीक वैसे ही रतनसेन की सेना के सम्मुख न ठहर सकी जैसे वायु के झोंकों के सम्मुख बादल।

तब फटक भये दल भट्ट सब तुरत सेन दपटंत रन।
जनु बिज्जु संग मिल एक इक एकहि पवन झकोर धन।

(रतनबावनी, छं० २९)

रतनसेन पर पठान योद्धाओं के प्रहार करने के विषय में कवि उत्प्रेक्षा करता है कि पठान रतनसेन पर ठीक उसी प्रकार से प्रहार करते थे जिस प्रकार होली के अवसर पर ग्वाल बाल 'खंडल छोर' अहीर पर।

इक इक्क धाउ धल्लिव सबन रतनसेन रणधीर कहं।
जनु ग्वाल बाल होली हरष खंडल छोर अहीर कहं।।

(रतनबावनी, छं० ३१)

'सन्देह' तथा उत्प्रेक्षालंकार की सहायता से रतनसेन के शिर का वर्णन करते हुए कवि कहता है—

किधौं सत्त की शिखा, सोभ-साखा सुखदायक।
जनु कुल-दीपक ज्योति जुद्ध-तम भेंटन लायक।।
किधौं प्रष्ट पति-पुंज पुन्य कर पल्लव पिख्खिय।
किधौं कित्ति-परभात तेजमूरति करि लिख्खिय।।

कहि केशव राजत परम पर रतनसेन शिर शम्भियहु।
जनु प्रलय काल फणपति कहूँ फणपति-फण उद्दित कियहु ।।

(रतनबावनी, छं० २८)

जहाँगीर-जस-चन्द्रिका

इस ग्रन्थ में प्रस्तुत अलंकारों में उपमा, रूपक, उत्प्रेक्षा, अतिशयोक्ति, एकावली, विभावना, विरोधाभास, सन्देह तथा परिसंख्या मुख्य हैं। यहाँ कुछ अलंकारों के उदाहरण प्रस्तुत किये जाते हैं।

विरोधाभास, परिसंख्या और अतिशयोक्ति आदि अलंकार भावव्यंजना के उत्कर्ष-साधन में सहायक न होकर पाण्डित्य-प्रदर्शन ही विशेष करते हैं। इस ग्रन्थ में बादशाह जहाँगीर के यश एवं प्रताप तथा उसके दरबार और दरबारियों आदि का वर्णन हुआ है, इस कारण कवि की पाण्डित्य-प्रदर्शन की प्रवृत्ति का प्राधान्य अधिक रुचिकर प्रतीत नहीं होता है। 'विरोधाभास' अलंकार की सहायता से जहाँगीर के प्रताप का वर्णन करते हुए कवि कहता है—

बैठे एक छत्र तर छांह सब छिति पर
सूरज भगत अतिराह हित मति हो।
सिंहासन बैठे राज राखत हो गाइ द्विज
देखत हो गजराज देखियत अति हो।।
अकर कहावन धनुष धरैं केसोराय
परम कृपाल पैं कृपान करपति हो।।
चिरु चिरु राज करौं जहाँगीर साहि पति
लोक कहैं नरदेव देवनि की गति हो।।

(ज० ज० चं०, छं० १९१)

निम्नलिखित छन्द में 'परिसंख्या' अलंकार के सहारे जहाँगीर के राज्य की व्यवस्था का वर्णन करते हुए कवि का कथन है—

देरी गाइ बामन को काज सब काल जहाँ,
कवि कुलही को सुबरन हर काजु है।
गुरुसेजगामी एक बालके विलोकियत,
मातंगनि के ही मतवारे को सो साजु है।।
अरि नगरीन प्रति करत अगम्या गौन,
दुर्गन ही केसौदास दुर्गति सी आजु है।।
साहिनि के साहि जहाँगीर साहि साहि सिंघ,
चिरु चिरु राज करो जाको ऐसो राजु है।।

(ज० ज० चं०, छं० १९२)

अधोलिखित छन्द में 'एकावली' अलंकार के द्वारा जहाँगीर के यश का वर्णन किया गया है—

साहिनि को साहि जहाँगीरसाहि जू को,
जस भूतल के आसपास सागर हुलास सो।
सागर में बड़भाग वेष शेषनाग को सो,
सेष जू में सुखदानि विस्नु को निवासु सो।।
विस्नु जू में भूरिभाव भव को प्रभाव जैसो,
भव जू के भाल में विभूति को विलासु सो।
भूति मांझ चंद्रमा सो चंद्र में सुधा को अंसु,
अंसुनि में सोहे चारु चन्द्रिका प्रकासु सो।।
(ज० ज० चं०, छं० ३६)

जहाँगीर के प्रताप का वर्णन कवि ने एक स्थल पर 'विभावना' अलंकार के सहारे भी किया है।

अरिगन इंधन जरि गये जदपि केसोदास।
तदपि प्रतापानलनि को पल पल बढ़त प्रकास।।
(ज० ज० चं०, छं० ११५)

उपमा, उत्प्रेक्षा आदि सादृश्यमूलक अलंकारों की योजना भावव्यंजना में सहायक है। इस प्रकार के कुछ उदाहरण यहाँ दिये जाते हैं। निम्नलिखित छन्द में 'उपमा' अलंकार के द्वारा जहाँगीर की चरित्रगत विशेषताओं का निरूपण किया गया है—

नल सो जगतदानी सांचो। हरिचन्द्र जू सो,
पृथु सो परम पुरषारथिन लेखिये।
बलि सो विवेकी जु दधीच ऐसो धीरधरु,
साधु अम्बरीष जू सो उर अवरेखिये।।
भृगुपति जू सो सूर हनुमंत जू सो जसी,
केसोराई विक्रम तें साहसी बिसेखिये।
साहिनि को साहि जहाँगीर साहि धरधाता,
दाता कीनो दूसरो विधाता ऐसो देखिये।।
(ज० ज० चं०, छं० ११८)

सिंहासनस्थ जहाँगीर के शीश पर मुक्तावली से सुसज्जित छत्र तथा उसके चारों ओर चंवरों के झले जाने के विषय में कवि ने बड़ी सुन्दर उत्प्रेक्षाओं का प्रयोग किया है।

मुक्तावलि जुत सोभिजै छत्र सीस पर सेतु।
सुधा बिन्दु बरषै मनो सोम कढ़्यो हिय हेतु।।
चौर ढरत चहुँ ओर अति उज्ज्वल परम प्रकास।
कीरत मनौ रिपुन की वारत केसौदास।।
(ज० ज० चं०, छं० १०८, १०९)

निम्नांकित छन्द में 'उपमा' और 'असंगति' अलंकारों का इकट्ठा प्रयोग भी बहुत ही सुरुचिपूर्ण हुआ है।

भोगभार भागभार केसव विभूति भार
भूमि भार भूरि अभिषेक कैसे जल से।
दान भार मान भार सकल सयान भार
धन भार धर्म भार अच्छत अमल से।
जय भार जस भार सोहै जहाँगीर सिर
राजभार आसिष असेष मंत्र बल से।
देखि देखि ठौर ठौर देस देस तिहि दुख
फाटत है सत्रुन के सीस दार्यो फल से।

(ज० ज० चं०, छं० १८५)

केशव की छंद-योजना

डा० गार्गी गुप्त

महाकाव्य की परिभाषा देते हुए आचार्य दंडी ने कहा है कि प्रत्येक सर्ग में एक ही छंद होना चाहिए एवं लोकरंजन के हेतु उसे केवल सर्गान्त में परिवर्तित कर देना चाहिए। हेमचन्द्र ने इस परिवर्तन को स्वीकार करके भी उसे काव्य की रूढ़ि नहीं माना क्योंकि उस समय कुछ महाकाव्य ऐसे थे जिनमें आद्योपान्त एक ही छंद का प्रयोग हुआ था जैसे रावण-विजय, सेतुबंध आदि। विश्वनाथ ने इन दोनों नियमों का समर्थन करते हुए यह भी कहा कि इन दोनों नियमों का पालन सर्वत्र न होकर कतिपय महाकाव्यों में एक ही सर्ग में अनेक छंदों का प्रयोग होता है—'नानावृत्तमयः क्वापि सर्गः कश्चन दृश्यते।'[1]

उपरोक्त आचार्यों के विभिन्न मतों को देखने से पता चलता है कि महाकाव्यों की छंद सम्बन्धी मान्यताएँ सदैव परिवर्तनशील रही हैं। जैसे-जैसे महाकाव्यों की रचना होती रही वैसे ही उनकी परिभाषाएँ भी बदलती गईं। छद आदि महाकाव्य को रोचक बनाने के उपकरण थे अतः उन्हें संकीर्ण सीमाओं से आबद्ध नहीं किया जा सकता था। एक सर्ग में छंद एक हो अथवा अनेक, उस पर महाकाव्य की श्रेष्ठता निर्भर नहीं थी, वास्तविक महत्त्व तो कवि की छंद-योजना सामर्थ्य का था। यदि कवि विविध छंदों में सफलतापूर्वक काव्य-रचना कर सकता था तो उसके काव्य का महत्त्व बढ़ता ही था परन्तु ऐसे कवि बहुत कम थे जिनका बहु छंदों पर पूर्ण अधिकार था अतः हमें बहुछंदी काव्य भी बहुत कम मिलते हैं। विश्वनाथ की परिभाषा इस बात का प्रमाण है कि उस समय कुछ ऐसे महाकाव्य अवश्य वर्तमान थे जिनके सर्गों में बहुछंदों का प्रयोग हुआ था यद्यपि उन्होंने उनके नाम नहीं दिये हैं। संस्कृत महाकाव्यों के अतिरिक्त छंद वैविध्य रासो ग्रन्थों की भी एक विशेषता थी। इस दृष्टि से 'सन्देश रासक' में विविध छंदों की छटा दर्शनीय है। अपभ्रंश भाषा में नयनंदी कवि के 'सुदंसण चरिउ', देवसेनगणि के 'सुलोचना चरिउ', एवं पण्डित लाखू के 'जिणदत्त चरिउ' में भी छंदों की विविधता के दर्शन होते हैं। इस प्रकार के काव्यों को एक प्रकार से 'रामचन्द्रिका' का पूर्व रूप कहा जा सकता है। यद्यपि यह निश्चयपूर्वक नहीं कहा जा सकता कि केशव ने यह प्रेरणा किस भाषा के काव्यों से ली परन्तु अधिक संभव यही प्रतीत होता है कि

---

१. साहित्य दर्पण : विश्वनाथ

उनको यह प्रेरणा संस्कृत काव्यों से ही प्राप्त हुई होगी जो आज विस्मृति के गर्भ में विलीन हो गये हैं परन्तु केशव के समय में वर्तमान रहे होंगे। यह भी हो सकता है कि इस प्रकार के काव्यों का आचार्यों की परिभाषाओं में उल्लेख परन्तु अभाव देखे और अन्य भाषाओं में उनकी उपस्थिति देख केशव ने हिन्दी भाषा में भी यह प्रयोग करने का निश्चय किया हो। जो भी हो केशव पूर्व बहुछंदी रचनाओं की उपस्थिति थी और केशव को यह प्रेरणा पूर्ववर्ती साहित्य से ही प्राप्त हुई थी। इतना अवश्य है कि हिन्दी भाषा में इस प्रकार की रचना सर्वप्रथम केशव ने ही की तथा विविध छंदों पर पूर्णाधिकार होने के कारण वह इसमें पूर्णतया सफल भी हुए।

'रामचन्द्रिका' में केशव ने कथारंभ में ही स्वीकार किया है 'रामचन्द्र की चन्द्रिका वर्णत हौं बहु छंद।'[1] अपने पूर्ववर्ती बहुछंदी महाकाव्यों को देखकर केशव ने अपने इस ग्रन्थ में अनेक छंदों का प्रयोग किया है और इस दृष्टि से 'रामचन्द्रिका' हिन्दी साहित्य में एक साहित्यिक प्रयोग है। हिन्दी साहित्य में इस प्रकार का कठिन परन्तु सफल प्रयास न केशव के पूर्ववर्ती किसी कवि ने किया। केशव के पूर्व जायसी का 'पद्मावत' तथा तुलसी का 'रामचरितमानस' महाकाव्य के क्षेत्र में दो प्रशंसनीय प्रयास हो चुके थे परन्तु छंदों की दृष्टि से इनमें कोई उल्लेखनीय बात नहीं थी। केशव हिन्दी साहित्य को संस्कृत की पूर्व परम्पराओं के अनुकरण पर एक बहुछंदी काव्य भेंट करना चाहते थे और 'रामचन्द्रिका' उनकी उसी प्रेरणा का परिणाम है।

पीताम्बरदत्त बड़थ्वाल ने 'रामचन्द्रिका' में कवित्व का विश्लेषण करते हुए कहा है कि 'रामचन्द्रिका' केशव की सबसे उत्कृष्ट रचना है पर वह भिन्न-भिन्न लक्षणों के उदाहरणस्वरूप रचे गये पद्यों का तरतीबवार संग्रह ज्ञात होता है। दूषणों तक के उदाहरण हैं। छंद की दृष्टि से यह पिंगल का ग्रन्थ दीखता है। एकाक्षरी से लेकर कई अक्षरों तक के छंदों का मिलना इसे पुष्ट करता है। 'रामालंकृत मंजरी' केशव का बनाया हुआ एक पिंगल ग्रन्थ है यह हम कह चुके हैं। 'रामचन्द्रिका' की कुछ हस्तलिखित प्रतियों में कुछ छंदों के नीचे यथा 'रामालंकृतमजर्या' लिखकर उन छंदों के लक्षण लिखे हैं। संभव है 'रामचन्द्रिका' 'रामालंकृत मंजरी' का परिवर्तित या परिवर्धित रूप हो या यह छंद 'रामालंकृतमंजरी' में हो।''[2]

केशव ने जिस प्रकार काव्य तथा रस का प्रशिक्षण देने के लिये 'रसिकप्रिया' तथा 'कविप्रिया' की रचना की है उसी प्रकार हो सकता है कि छंद की शिक्षा देने के लिये उन्होंने कोई पिंगल ग्रन्थ लिखा हो जिसका नाम 'रामालंकृत मंजरी' भी होना संभव है परन्तु इतना अवश्य कहा जा सकता है कि केशव ने 'रामचन्द्रिका' के माध्यम से छंदों का शिक्षण कार्य नहीं किया है। यदि हम पीताम्बरदत्त बड़थ्वाल के कथना-

---

१. रामचन्द्रिका, १।२१

२. ना० प्र० प०, भाग १०, संवत् १९९६, 'आचार्य कवि केशवदास, नामक लेख, पृ० ३५८

नुसार यह भी मान लें कि केशव ने 'रामचन्द्रिका' में कुछ छंद 'रामालंकृतमंजरी' से उद्धृत किये हैं तब भी 'रामचन्द्रिका' का पिंगल ग्रन्थ होना सिद्ध नहीं होता। 'रामचन्द्रिका' के कुछ छंद 'कविप्रिया' में पाये जाते हैं परन्तु इससे 'कविप्रिया' रामकाव्य नहीं बन जाती। जिस प्रकार केशव ने 'रामचन्द्रिका' के कतिपय छंद 'कविप्रिया' में सम्मिलित कर लिये हैं उसी प्रकार उन्होंने 'रामालंकृत मंजरी' के कुछ छंद प्रसंगोचित समझ कर 'रामचन्द्रिका' में सम्मिलित कर लिये होंगे। इससे केवल इतना ही सिद्ध होता है कि 'रामालंकृत मंजरी' नामक किसी पिंगल ग्रन्थ की रचना केशव ने 'रामचन्द्रिका' के पूर्व की थी। छन्दों की दृष्टि से 'रामचन्द्रिका' प्रयोग ग्रन्थ है, शिक्षण ग्रन्थ नहीं और विश्वनाथ की परिभाषा के अनुसार यह उसके महाकाव्यत्व की एक विशेषता है।

वैदिक काल से ही छंद काव्य का एक आवश्यक गुण रहा है। वेदों की रचना छंदोबद्ध ही हुई है। यजुर्वेदी के पास तीन पग चलता हुआ पुरोहित हाथ में अग्निपात्र लेकर कहता है—तू प्रतिद्वन्द्वी नाशक विष्णु का चरण है, गायत्री छंद पर आरूढ़ होकर पृथ्वी पर चल; तू शत्रुनाशक विष्णु का चरण है, त्रिष्टुप् छंद पर आरूढ़ होकर वायु में चल, तू द्वेषीनाशक विष्णु का चरण है, जगती छंद पर आरूढ़ होकर आकाश में चल तू विरोधीनाशक विष्णु का चरण है, अनुष्टप् छंद पर आरूढ़ होकर विश्व के सम्पूर्ण भागों में चल।[1]

प्रस्तुत अवतरण से हम निष्कर्ष निकाल सकते हैं कि उस समय देवताओं की स्तुतियाँ विभिन्न छंदों में की जाती होंगी तथा उनके रचयिता छंद शास्त्र से भलीभाँति परिचित रहे होंगे। उपरोक्त छंदों का प्रयोग केवल वेदों में ही हुआ है अतः वे वैदिक छंद कहलाते हैं। वेदों परवर्ती साहित्य में प्रयुक्त छंद लौकिक छंद कहलाते हैं जिनके दो भेद माने गये हैं, मात्रिक तथा वर्णिक। हिन्दी कवियों ने संस्कृत साहित्य में प्रयुक्त दोनों प्रकार के लौकिक छंदों का प्रयोग किया है। केशव से पहले जिस कवि ने अपने काव्य में सबसे अधिक छंदों का प्रयोग किया है, वे हैं महाकवि तुलसीदास परन्तु उनका छंद प्रयोग इतना सचेष्ट नहीं है कि उनके मानस को छंद-काव्य कहा जा सके। केशव के पूर्व डिंगल भाषा का एक राम काव्य 'रघुनाथ गीतांरो' अवश्य मिलता है जिसमें विविध छंदों में राम कथा कही गई है।[2]

केशव ने 'रामचन्द्रिका' में मात्रिक तथा वर्णिक दोनों प्रकार के लौकिक छंदों का प्रयोग किया है। स्वयं केशव के काव्य में भी उनके अन्य ग्रंथों की अपेक्षा 'रामचन्द्रिका' में सबसे पहले अधिक छंदों का प्रयोग हुआ है। उन्होंने कथारंभ करने के पूर्व ही प्रस्तावना में कह दिया है—

---

१. यजुर्वेद, १२.५

२. केशवदास : रामरतन भटनागर, पृ० ४२

जगत जाकी ज्योति जग एकरूप स्वच्छंद।
रामचन्द्र की चन्द्रिका वर्णत हौं बहु छद।[1]

ग्रंथ रचना का कारण बताते हुए केशव ने एकाक्षरी से लेकर अष्टाक्षरी छंद तक के छंदों के उदाहरण एक ही स्थल पर दे दिए हैं—

एकाक्षरी छद—सी, धी। री, धी।
द्वयक्षरी छंद—राम नाम। सत्य धाम।
त्र्यक्षरी छंद—और नाम। को न काम।
चतुरक्षरी छंद—दुख क्यां टरि है। हरिजु हरि है।
चतुरक्षरी छंद—वरणियो। बरण सो। जगत को। शरण सो।
पंचाक्षरी छंद—सुख कंद है। रघुनंदन जू।
जय यों कहै। जग वंद जू।
षडक्षरी छंद—गुनी एक रूपी, सुनो वेद गावैं।
महादेव जाको, सदा चित्त लावैं।
सप्ताक्षरी छंद—विरंचि गण देखै। गिरा गुणनि लेखै।
अनन्त मुख गावै। विशेषहि न पावै।
अष्टाक्षरी छंद—भलो बुरो न तू गुनै। वृथा कथा कहै सुनै।
न रामदेव गाइहै। न देव लोक पाइहै।

परन्तु इसके बाद ही संभवतः यह सोचकर कि पाठक को 'रामचन्द्रिका' के सम्बन्ध में छंद ग्रंथ होने का भ्रम न हो जाए वे स्वयं स्वीकार कर लेते हैं कि छंद परिवर्तन उनकी सचेष्ट किया है क्योंकि उनका लक्ष्य ही बहुछंदी काव्य प्रस्तुत करना है। इसीलिए वे जान-बूझकर ही 'रामचन्द्रिका' का वर्णन बहुछंदों में कर रहे हैं।

जिस प्रकार केशव ने भाव तथा शैली के लिए संस्कृत साहित्य का ऋण लिया है उसी प्रकार छंदों के क्षेत्रों में भी संस्कृत साहित्य के ऋणी हैं। संस्कृत काव्य ग्रंथों में प्रायः एक भाव डेढ़ अथवा आधे श्लोक में वर्णित दिखाई देता है। केशव के पूर्व हिन्दी में यह परिपाटी प्रचलित नहीं थी। हिन्दी में एक भाव का वर्णन पूर्ण छंदों में मिलता है चाहे यह छंद एक हो अथवा एक से अधिक परन्तु अर्ध छंदों का प्रचलन हिन्दी में नहीं था। केशव ने संस्कृत के अनुकरण पर संस्कृत छंदों की परिपाटी को हिन्दी में लाने का प्रयत्न किया। उन्होंने कहीं-कहीं पर 'रामचन्द्रिका' में डेढ़ अथवा अर्ध छंदों का प्रयोग किया है।

शिरोभूषण का वर्णन करते हुए शुक कहता है—

शीशफूल शुभ जर्‌यो जराय। मांगफूल सोहै सम भाय।
वेणीफूलन की बर माल। भाल भले बेंदा युग लाल।
तम नगरी पर तेज निधान। बैठे मनो बारह भान।[2]

---

१. रामचन्द्रिका, १।२१
२. वही, ३१।८

यह डेढ़ छंद है परन्तु केशव ने उनको एकत्र ही रखकर एक छंद बना दिया है। इसी प्रकार भृकुटि वर्णन में डेढ़ छंद है—

भृकुटि कुटिल बहु भायन भरी। भाल लाल दुति दीसात खरी।
मृगमय तिलक रेख युग बनी। तिनकी सोभा सोभित घनी।
जनु यमुना खेलति शुभ गाथ। परसन पितहि पसारियो हाथ।[१]

केशों से टपकते हुए जलकणों का भी वर्णन डेढ़ ही छंद में किया है—

केशनि ओरनि कीकर रमैं। ऋक्षनि को तमयी जनु बमैं।
सज्जल अम्बर छोड़त बने। छूट रहैं जल के कण घने।
भोग जलै तन सों मिलि करे। छोड़त जानि ते रोवत खरे।[२]

चन्द्रमा का वर्णन राम दो ही चरणों के अर्ध छंद में करते हैं—

अंगद को पितु सो सुनिए जू। सोहत तारहिं संग लिए जू।[३]

ताटंक वर्णन में भी दो ही चरणों के अर्ध छंद का प्रयोग किया गया है—

अति झुलमुलीन सह झलकलीन। फटरात पताका जनु नबीन।[४]

भरत राम के सीता बनवास के अनुचित कार्य से क्षुब्ध होकर कहते हैं—

हौं तेहि तीरथ जाय परौंगे। संगति दोष अशेष हरौंगे।[५]

संस्कृत काव्यों में अधिकांश अतुकांत छन्दों का प्रयोग मिलता है। संस्कृत वृत्त भिन्न तुकांत के लिए उपयुक्त भी हैं परन्तु हिन्दी अथवा किसी अन्य आर्य भाषा में भिन्न तुकांत छंदों का प्राय: अभाव ही है। केशव से बहुत पूर्व वीरगाथा-काल में चंदरबरदाई ने अतुकांत छंदों का प्रयोग किया था। केशव ने 'रामचन्द्रिका' में इस प्रकार के बहुत छंद तो नहीं लिखे परन्तु हिन्दी भाषा में इस प्रकार का प्रयोग करने का प्रयास अवश्य किया है। विश्वामित्र राजा जनक की प्रशंसा में कहते हैं—

गुण गण मणिमाला चित्त चातुर्यशाला।
जनक सुखद गीता पुत्रिका पाय सीता।।
अखिल भुवन भर्ता ब्रह्म रुद्रादि कर्ता।
थिर चर अभिरामी; कीय जामातु नामी।।[६]

उपरोक्त छंदों में यद्यपि माला-शाला, गीता-सीता, भर्ता-कर्ता अभिरामी-नामी शब्दों में अन्त्यानुप्रास है परन्तु छंद अतुकांत ही हैं।

'रामचन्द्रिका' में अतुकांत छंदों के कुछ उदारण आगे दिए जा रहे हैं -

---

१. रामचन्द्रिका, ३१।१०-११
२. वही, ३२।४१
३. वही, ३०।४२
४. वही, ३१।१४
५. वही, ३६।३३
६. वही, ६।२७

जग यशवन्त विशाल, राजा दशरथ की पुरी ।
चन्द्र सहित सब काल, भालथली जनु ईश की ।।[१]
लियो चाप जब हाथ, तीनिहु भैयन रोष करि ।
बरज्यो श्री रघुनाथ, तुम बालक जानत कहा ।।[२]
प्राणनाथ रघुनाथ, जियकी जीवन मूरि हौ ।
लक्ष्मण हे तुम साथ, छमियों चूक परी जु कुछ ।।[३]
राम देखि रघुनाथ, रथ ते उतरे बेगि दै ।
गहे भरथ को हाथ, आवत राम विलोकियो ।।[४]

'रामचन्द्रिका' में छोटे से छोटे तथा बड़े से बड़े छंदों का प्रयोग हुआ है । एक ओर जहाँ केशव ने एक अक्षर के श्री छंद का प्रयोग किया है वहाँ उन्होंने छप्पय, रोला और कुंडलिया जैसे बड़े छंदों का भी प्रयोग किया है ।

श्री छंद—सी, धी । री, धी ।[५]

जिन हाथन हठि हरषि हनत हरनी रिपुनन्दन ।
तिन न करत संहार कहा मदमत्तगयंदन ?
जिन बेधत सुख लक्ष लक्ष नृप कुँवर कुँवरमनि ।
तिन बानन बाराह बाघ मारत नहिं सिहन ।
नृपनाथ-नाव दशरत्थ यह अकथ कथा नहिं मानिये ।
मृगराज-राज-कुल कमल कहँ बालक वृद्ध न जानिये ।।[६]

रोला—शुभ सूरज कुल-कलस नृपति दशरथ भये भूपति ।
तिनके सुत भये चारि चतुर चित चारु मति ।
रामचन्द्र भुवचन्द्र भरत भारत भुव भूषण ।
लक्ष्मण अरु शत्रुघ्न दीन दानव दल दूषण ।।[७]

प्रचलित छंदों के अतिरिक्त केशव ने कतिपय मौलिक छंदों का भी प्रयोग किया है जैसे सुगीत, मदन मल्लिका तथा सिंह विलोकित आदि ।

सनाढ्य जाति गुनाढ्य हैं, जगसिद्ध शुद्ध सुभाव ।
सुकृष्णदत्त प्रसिद्ध महि मिश्र पंडितराव ।

---

१. रामचन्द्रिका, १।६४
२. वही, ७।२४
३. वही, २२।२०
४. वही, ७।१३
५. वही, १।८
६. वही, २।१८
७. वही, १।२२

गणेश सो सुत पाइयो बुध काशिनाथ अगाध।
अशेष शास्त्र विचारि कै जिन जानियो मत साध।[1]

यह सुगीत छंद केशव का मौलिक छंद है। यह अठारह वर्णों का छंद है जिसमें केशव ने आदि में जगण, फिर भगण, रगण, सगण और अन्त में दो जगण रखे हैं।

अति मुनि तन मन तहँ मोहि रह्यो।
कछ बुधि बल वचन न जाय कह्यो।
पशु-पक्षी नारि नर निरखि तबै।
दिन रामचन्द्र गुण गनत सबै।[2]

उपरोक्त सिंहविलोकित छंद केशव का मौलिक वर्णित छंद है।

देश-देश के नरेश। शोभिजं सबै सुबेश।
जानिये न आदि अंत। कौन दास कौन संत।[3]

यह अष्टवर्णी मदन मल्लिका छंद भी केशव का निजो छंद है जिसमें क्रम से गुरु लघु आते हैं।

निम्न मनहरन तथा कमल छंद भी केशव के मौलिक छंद हैं—

अति निकट गोदावरी पाप संहारिणी।
चल तरंग तुँगावली चारु संचारिणी॥
अलि कमल सौगंध लीला मनोहारिणी।
बहु नयन देवेश-शोभा मनो धारिणी।[4]

कमल छन्द—

तरुचन्दन उज्ज्वलता तब धरे। लपटी नव नागलता मन हरे।
नृप देखि दिगम्बर बन्दन करे। जमु चन्द्रकलाधर रूपहि भरे॥[5]

चौबोला छंद मात्रिक छंद है परन्तु केशव ने इस छंद को चौबोला का प्रवाह रखते हुए भी वर्णिक वृत्त के अंतर्गत रख दिया है—

संग लिये ऋषि शिष्यन घने। पावक से तपतेजनि सने।
देखत बाग तड़ागन भले। देखन औधपुरी कहँ चले।[6]

यह केशव का विशेष छंद है। इसमें प्रवाह चौबोला का है परन्तु है यह वर्णिक वृत्त। इसी प्रकार गीतिका मात्रिक छंद है। परन्तु केशव ने उसे वर्णिक छंद का रूप दे दिया है—

---

१. रामचन्द्रिका, १।४
२. वही, १।४४
३. वही, २।५
४. वही, ११।२३
५. वही, ३२।१७
६. वही, १।३६

तहँ सोभिजैं सखि सुन्दरी जनु दामिनी बपु मण्डिकै ।
घनश्याम को तनु सेवहीं जड़ मेघ ओघन छण्डि कं ।।
यक अंग चर्चित चारु चंदन चन्द्रिका तजि चन्द को ।
जनु राहु के भय सेवही रघुनाथ आनन्द कंद को ।।[१]

कुसुमविचित्रा छंद का ग्यारहवाँ अक्षर दीर्घ होना चाहिए परन्तु केशव ने निम्न छंद में उसे लघु ही रखा है—

अति सुभ बीथी रज परिहरे । मलयज लीपी पुहपन धरे ।
दुहु दिसि दीसैं सुबरन मये । कलस विराजैं मनिमय नये ।।[२]

हीरक छंद दो प्रकार का होता है, मात्रिक तथा वर्णिक । मात्रिक २३ मात्रा का होता है तथा वर्णिक १८ अक्षर का । केशव ने अधिकांश वर्णिक वृत्तों का प्रयोग किया है अतः उन्होंने मात्रिक हीरक के स्थान पर वर्णिक हीरक का ही प्रयोग किया है—

चंडचरन, छंडि धरनि, मंडि गगन छावही ।
तत्क्षण हुई दच्छिन दिसि लक्ष्यहि नहि पावही ।
धीरधरन बीरबरन सिंधुतट सुभावहीं ।
नाम परम, धाम धरम, राम करम गावहीं ।।[३]

केशव ने मनोरमा छंद में भी कुछ परिवर्तन किया है । उन्होंने इसमें चार सगण तथा दो लघु का नियम रखा है परन्तु अन्य पिंगल ग्रंथों में इसका लक्षण भिन्न है—

सुनिये कुल-भूषण देव विदूषण । बहु आजिविराजिन के तम पूषण ।
भुव भूप जे चारि पदारथ साधत । तिनको कबहूँ नहिं बाधक बाधत ।।[४]

इसी प्रकार केशव ने निम्न मनोरमा छंद में यही लक्षण रखा है—

हम हैं दशरत्थ महीपति के सुत । सुभ राम सु लच्छन नामक संजुत ।
यह सासन दै पठये नृप कानन । मुनि पालहु घालहु राक्षस के गन ।।[५]

जयकरी तथा चौबोला दोनों छंद १५ मात्राओं के होते हैं । जयकरी के अंत में गुरु, लघु और चौबोला के अन्त में लघु गुरु होते हैं । केशव ने अनेक छंदों में इन दोनों का मिश्रण कर दिया है । कहीं दो चरण चौबोला के हैं और दूसरे दो जयकरी के और कहीं इसके विपरीत हैं ।

---

१. रामचन्द्रिका, ६।६०
२. वही, ८।६
३. वही, १३।३३
४. वही, १८।७
५. वही, ११।३४

सोदर मंत्रिन के जु चरित्र। इनके हमपै सुनि मखमित्र।
इनही लगे राज के काज। इनही ते सब होत अकाज।।[१]

में प्रथम दो चरण चोबोला के हैं और दूसरे दो जयकरी के।

काल कूट ते मोहन रीति। मणिगण ते अति निष्ठुर प्रीति।
मदिरा ते मादकता लई। मन्दर उदर भई भ्रम मई।।[२]

में प्रथम दो चरण जयकरी के हैं और दूसरे दो चोबोला के।

वसन्ततिलका छंद को केशव के तनिक परिवर्तन से एक नए छंद हरि-लीला में परिवर्तित कर दिया है। वसन्ततिलका में त+भ+ज+२ गुरु होते हैं परन्तु केशव ने अन्तिम गुरु को लघु बनाकर इस छंद को हरि-लीला का रूप दे दिया है—

बैठे विशुद्ध गृह अग्रज अग्र जाय।
देखि बसन्त ऋतु सुन्दर मोद दाय।।
बौरे रसाल कुल कोमल केलि काल।
मानो अनन्द ध्वज राजत श्री विशाल।।[3]

इसी प्रकार—

साँची कही भरत बात सबै सुजान।
सीता सदा परम शुद्ध क्रिया-विधान।।
मेरी कछू अबहि इच्छ यहै सु हेरि।
मोको हतौ बहुरि बात कहौ जु फेरि।।[४]

हरि-लीला छंद के अन्तिम वर्ण को यदि गुरु मान लें तो यही छंद वसन्ततिलका हो जायगा।

कुण्डलिया छंद एक दोहा और उसके बाद एक रोला छंद रखने से बनता है। इसमें कुछ कवि कुण्डलिया के दूसरे चरण का तीसरे के साथ और कुछ कवि दूसरे चरण का तीसरे के साथ और चौथे चरण का पाँचवें के साथ सिंहावलोकन करते हैं। केशव ने 'रामचन्द्रिका' में दोनों शैलियों का प्रयोग किया है। यथा—

नारी तजै न आपनो सपने हु भरतार।
पंगु गुँग बौरा बधिर अंध अनाथ अपार।
अंध अनाथ अपार वृद्ध बावन अति रोगी।
बालक पंडु कुरूप सदा कुबचन जड़ जोगी।
कलही कोढ़ी भीरु चोर ज्वारी व्यभिचारी।[५]

१. रामचन्द्रिका, २३।१४
२. वही, २३।२४
३. वही, ३०।३२
४. वही, ३३।६६
५. वही, ८।१६

तथा

तातें नृप सुग्रीव पे जैये सत्वर तात।
कहिये बचन बुझाय कै कुशल न चाहो गात।
कुशल न चाहो गात, चहत हौ बालिहि देख्यो।
करहु न सीता सोध काम बश राम न लेख्यो।
राम न लेख्यो चित्त लही सुख-सम्पत्ति जाते।
मित्र कह्यो गहि बाँह कान कीजत है ताते।[1]

उपरोक्त उदाहरणों को देखने से ज्ञात होता है कि केशव ने मात्रिक छंदों की अपेक्षा वर्णिक वृत्तों का प्रयोग अधिक किया है। जहाँ कहीं भी संभव हुआ है उन्होंने मात्रिक छंदों को भी वर्णिक छंद बनाने का प्रयत्न किया है। मात्रिक छंदों में केशव ने सबसे अधिक दोहा, चौपाई तथा सोरठा छंदों का प्रयोग किया है। दोहा, चौपाई अवधी के छंद हैं। केशव के पूर्व जायसी तथा तुलसी ने अपने महा-काव्यों के लिए दोहा तथा चौपाई छंदों को ही चुना था परन्तु केशव ने 'रामचन्द्रिका' की रचना ब्रज भाषा में करने पर भी अवधि के इन छंदों का अत्यंत सुन्दर प्रयोग किया है। 'पद्मावत' तथा मानस के समान 'रामचन्द्रिका' की रचना पूर्ण रूप से दोहा तथा चौपाई छंदों में सीमित नहीं है परन्तु जहाँ कहीं भी इन छंदों का प्रयोग हुआ है वहाँ इनका सौंदर्य दर्शनीय है। अवधी के इन छंदों का सौन्दर्य ब्रजभाषा में आकर और भी अधिक निखर उठा है।

केशव ने 'रामचन्द्रिका' में २४ मात्रिक छंदों तथा ५८ वर्णिक छंदों का प्रयोग किया है।[2] सम्पूर्ण 'रामचन्द्रिका' ग्रंथ में पंगु अथवा यति भंग दोष बहुत कम मिलता है। केशव स्वयं छंद-शास्त्र के अनूठे पारखी थे अतः उनके काव्य में यह दोष केवल दो-एक स्थलों पर ही दृष्टिगोचर होता है।

या द्वादशे प्रकाश खर दूषण त्रिशिरा नाश।
सीता-हरण विलाप सुग्रीव मिलन हरि त्रास।[3]

इस दोहे में सुग्रीव शब्द के टूट कर दो चरणों में चले जाने से यति भंग दोष आ जाता है।

आगम कनक कुरंग के कही बात सुख पाइ।
कोपानल जर जाय जनि शोक समुद्र न बुड़ाइ।[4]

चौथे के चरण में एक मात्रा अधिक होने के कारण इसमें पंगु दोष है।

छंद का रस से घनिष्ठ संबंध है। छंद के माध्यम से रस विशेष प्रभावोत्पादक हो जाता है। छप्पय में वीर, रौद्र, तथा भयानक; नाराच में वीर; सवैया और बरवै में

---

१. रामचन्द्रिका, १३।२
२. तालिका के लिए देखिए केशवदास : ही० ला० दीक्षित, पृ० २०३
३. रामचन्द्रिका, १२वाँ प्रकाश, दोहा
४. वही, १४।३१

शृंगार, शांत, वरुण; तथा दोहा, चौपाई, सोरठा में सभी रस प्रभावशाली हो सकते हैं। केशव ने बहुत-से स्थलों पर रसोपयुक्त छंदों का प्रयोग किया है तथा कहीं-कहीं छंदों में विरोधी रसों को व्यक्त करने का भी प्रयास किया है, जैसे सवैया छंद शृंगार के स्थान पर अद्‌भुत रस का वर्णन किया है—

भैर से भट भूरि भिरे बल खेत खरे करतार करे कै।
भारे भिरे रण-भूधर भूप न टारे टरै इभ कोट अरे कै।।
रोष सों खग हने कुश केशव भूमि गिरे न टरेहु गरे कै।
राम त्रिलोकि कहैं रस अद्‌भुत खाये गरे नग नाग परे कै।।[1]

इसी प्रकार नाराच छंद में वीर के स्थान पर शृंगार का वर्णन किया है—

नितंब बिंब फल से कटिप्रदेश छीन है।
विभूति लूटि ली सबै सुलोकलाज लीन है।
अमोल ऊजरे उदार जंघ युग्म जानिये।
मनोज के प्रमोद सों विनोद यंत्र मानिये।[2]

साथ ही 'रामचन्द्रिका' में नाराच छंद में वीर रस के उदाहरणों का भी अभाव नहीं है—

भगे चये चमू चमूप छोंड़ि छोंड़ि लक्ष्मणै।
भगे रथी महारथी गयंद वृंद को गणै।
कुशै लवै निरंकुशै बिलोकि बंधु राम को।
उठ्यो रिसाय कै बली बंध्यो जु लाज दाम को।[3]

वैसे ही सवैया में शृंगार रस के उदाहरण भी मिलते हैं—

बैठे जराय जरे पलिका पर राम सिया सब को मन मोहैं।
ज्योति समूह रहो मढ़िकै सुर भूलि रहे बपुरो नर को हैं।
केशव तीनहु लोकन को अवलोकि वृथा उपमा कवि टोहैं।
सोभन सूरज मंडल माँझ मनो कमला कमलापति सोहैं।[4]

रौद्र रस का वर्णन केशव ने अनेक स्थलों पर छप्पय में किया है—

भगन कियो भवधनुष साल तुमको अब सालौं।
नष्ट करौं विधि सृष्टि ईश आसन ते चालौं।
सकल लोक संहरहु सेस सिरते धर डारौं।
सप्त सिंधु मिलि जाहि होइ सबहि तम भारो।
अति अमल जोति नारायणी कह केशव बुझि जाय बर।
भृगुनंद संभारु कुठार मैं कियो सरासन युक्त सर।[5]

---

१. रामचन्द्रिका, ३८।१६
२. वही, ३१।३३
३. वही, ३६।१६
४. वही, ६।४५
५. वही, ७।४२

दोहा, चौपाई तथा सोरठा छंद में तो केशव ने सभी रसों की अभिव्यक्ति की है। अवसरानुकूल इनमें से जो छंद उन्हें रुचा है उसी का उन्होंने प्रयोग किया है। सत्य तो यह है कि केशव को छंद पर इतना अधिक अधिकार है कि उन्होंने रस देख कर छंद रचने का प्रयास नहीं किया है। छंद उनकी लेखनी से स्वतः ही निस्सृत हुए हैं, जो रस जिस छंद में आ गया, वही प्रभावशाली बन गया है।

रस के अतिरिक्त केशव ने भावों को दृष्टिगत रखते हुए भी छंदों का प्रयोग किया है। जहाँ जिस प्रकार का भाव है छंद भी उसी के अनुकूल है। चंचला छंद में १६ वर्ण होते हैं जिसमें क्रमशः आठ बार गुरु लघु रखे जाते हैं। वाटिका विहार के समय जब राम की सवारी के लिए घोड़ा आता है, उस अवसर पर केशव ने चंचला छंद का प्रयोग किया है। अश्वगति के समान ही छंद की गति है —

भोर होत ही गयो सु राज लोक मध्य बाग।
बाजि आनियो सु एक इंगितज्ञ सानुराग।
शुभ्र सुम्भ चारिहून अंश रेणु के उदार।
सीखि सीखि लेत है ते चित्त चंचला प्रकार।[1]

इस प्रसंग में चचला छंद का प्रयोग केशव के पांडित्य का प्रमाण है। विवाह आदि शुभ अवसरों पर भारत में गालियाँ देने की परम्परा बहुत प्राचीन काल से प्रचलित है। ये संगीतमय गालियाँ अपशब्द होते हुए भी श्रोताओं को खूब मुग्ध करती हैं। केशव ने इस अवसर के लिए संगीतपूर्ण हरिप्रिया छंद को चुना है। रामसीता विवाह में जेवनार के समय वधू पक्ष की स्त्रियाँ वर पक्ष के पुरुषों को अनेक व्यंग्यमय गालियाँ हरिप्रिया छंद में ही देती हैं—

अब गारि तुम कहँ देहिं हम कहि कहा दूलह राम जू।
कछु बाप प्रिय परदार सुनियत करी कहत कुबाम जू।[2]
....
यह लाज मरियत ताहिं तुमसो भयो नातो माथ जू।
अब और मुख निरखै न ज्यों त्यों राखिये रघुनाथ जू।

इसी प्रकार महाराज राम को प्रातःकाल जब जगाया जाता है, चारण हरिप्रिया छंद में ही राम की स्तुति करते हैं। संगीत के अवसर पर केशव का छंद भी संगीतमय है—

जागिये त्रिलोकदेव, देव देव राम देव।
भोर भयो, भूमिदेव भक्त, दरस पावैं।।
ब्रह्मा मन मन्त्र बर्ण, विष्णु हृदय चातक घन।
रुद्र हृदय-कमल-मित्र, जगतगीत गावैं।।
गगन उदित रवि अनन्त, शुक्रादिक जोतिवंत।
छन-छन छबि छीन होत, लीन पीन तारे।।

---

१. रामचन्द्रिका, ३१।१
२. वही, ६।३०-३६

मानहु परदेश देश, ब्रह्मदोष के प्रवेश,
ठौर-ठौर ते विलात जात भूप भारे ।।[1]

केशव का छंदों पर असीम अधिकार है। 'रामचन्द्रिका' में जहाँ कथा द्रुत गति से आगे बढ़ती है वहाँ केशव ने भी छोटे-छोटे छंदों का प्रयोग किया है और जहाँ कथा मन्थर गति से चलती है, केशव ने भी लम्बे-लम्बे छंदों का प्रयोग किया है। छंद उनके संकेत पर चलते से प्रतीत होते हैं। 'रामचन्द्रिका' के उपरोक्त उदाहरणों को देखकर असंदिग्ध रूप से कहा जा सकता है कि केशव ने छंद शास्त्र का गम्भीर अध्ययन किया था। 'रामचन्द्रिका' में उनके छंद परिवर्तन से कथा-प्रवाह में कोई बाधा नहीं पड़ती है अपितु नित्य नवीन छंदों के कारण प्रबन्ध एक रस न रहकर उसमें नवीन उत्साह बना रहता है। केशव को जहाँ एक ही छंद में कोई विशेष भाव व्यक्त करने की आवश्यकता अनुभव हुई है उन स्थलों पर उन्होंने एक ही छंद का कई बार प्रयोग किया है। 'रामचन्द्रिका' का पिंगल ग्रन्थ की अपेक्षा काव्य ग्रन्थ होना इसी बात से प्रमाणित हो जाता है कि उन्होंने एक ही छंद का एक ही स्थान पर कई बार प्रयोग किया है तथा उसी छंद का प्रयोग अन्य अनेक स्थलों पर भी किया है। 'रामचन्द्रिका' बहुछंदी महाकाव्यों की शृङ्खला की एक कड़ी है परन्तु इस प्रकार का काव्य-रचना-कार्य इतना दुष्कर था कि केशव के पश्चात् इसे इतनी सफलतापूर्वक आगे बढ़ाने का साहस अभी तक कोई भाषा कवि नहीं कर सका है। केशव के काव्य की मर्यादा अब भी उसकी महत्त्वपूर्ण कड़ी के रूप में जाज्वल्यमान है, यद्यपि उनके अनुकरण पर अनेक परवर्ती कवियों ने बहुछंदी काव्य कृतियों की रचना की।

---

१. रामचद्रिका, ३०।१८

केशव की भाषा

डॉ० महेन्द्रकुमार

भाषा भावाभिव्यक्ति का अत्यन्त समर्थ एवं सहज माध्यम है। समर्थ इसलिए क्योंकि जहां इतर माध्यम अपने साधनों के सीमित और अनिश्चित होने के कारण रचनाकार के मनोगत बिम्बों की सूक्ष्मताओं और तद्गत वैविध्य के सूत्रधार अपने साधन-बाहुल्य तथा उसे निश्चित रूप प्रदान करने वाले नियम-बन्धन द्वारा पूर्णरूपेण अंकित ही नहीं करता, इससे आगे अपने बाह्य और आन्तरिक सौन्दर्य द्वारा उन्हें रमणीय अथवा आस्वादनीय भी बना देता है; एवं सहज इसलिए क्योंकि यह रचयिता और आस्वादकर्त्ता—दोनों को समान रूप से बिना किसी अतिरिक्त प्रयत्न के प्राप्त होता है तथा बिम्ब की अभिव्यक्ति और उसके ग्रहण में समानतः योगदान करता है। कलाओं में काव्य-कला की लोक-प्रियता का सबसे बड़ा रहस्य इसके माध्यम (अर्थात् भाषा) की सामर्थ्य और सहजता ही ,है जिनका दर्शन सामान्यतः शब्दभाण्डार और व्याकरण तथा शब्द और अर्थ सम्बन्धी सौष्ठव में किया जा सकता है। अतएव कवि-विशेष के रचना-कौशल की परिचायक भाषा की परीक्षा भी इन्हीं के आधार पर की जानी चाहिए, इस बात को दृष्टि में रखते हुए ही केशव की भाषागत विशेषताओं के अध्ययन का प्रयत्न करेंगे।

शब्द भाण्डार और व्याकरण

शब्द-भाण्डार की दृष्टि से केशव की भाषा ब्रजभाषा साहित्य के कवियों की तुलना में सर्वाधिक समृद्ध कही जा सकती है। उन्होने केवल संस्कृत के प्रचलित-अप्रचलित शब्दों को तत्सम और तद्भव रूपों मे ही प्रयुक्त नहीं किया, इनके साथ-ही-साथ प्राकृत और अपभ्रंश के वे शब्द भी इसमें सहज रूप से आ गये हैं जो उस समय की लोकभाषाओं में प्रचलित थे। उदाहरण के लिए—

सुनि राम **सीलसमुद्र**। तब **बंधु** हैं अति **क्षुद्र**
यम बाड़**वानल कोप**। अब कियो चाहत **लोप** ।।२७।।

(रामचन्द्रिका : सप्तम प्रकाश)

इनमें सफेद शब्द संस्कृत-तत्सम हैं और ब्रजभाषा के कवियों की रचनाओं में सामान्य रूप से देखे जा सकते हैं। इसी प्रकार—

कुंतल ललित नील भ्रकुटी धनुष नैन
कुमुद कटाक्ष वान सबल सदाई है।
सुग्रीव सहित तार अंगदादि भूषननि
मध्यदेस केसरी सु गजगति भाई है।
बिग्रहानुकुल सब लक्ष लक्ष रिक्षबल
रिक्षराजमुखी मुख केसोदास गई है।
रामचन्द्र जू की चमू राजश्री विभीषन की
रावन की मीचु दरकूच चलि आई है ।।६६।।

(रामचन्द्रिका : पंचदश प्रकाश)

इनमें संस्कृत-तत्सम शब्द श्लेष के कारण अप्रचलित कहे जा सकते हैं—राम की सेना, विभीषण की राजश्री तथा रावण की मृत्यु विषयक अर्थों के कारण ! ऐसे ही तद्भव शब्द भी प्रचलित अर्थों में द्रष्टव्य हैं—

आजु विराजत हैं कहि केसव श्री **वृषभानुकुमारी कन्हाई।**
बानी बिरंचि वहिक्रम काम रची जु बची सु **बधूनि** बनाई।
अंग **बिलोकि** त्रिलोक में ऐसी को नारि नहीं जिन नारि **नवाई।**
मूरतिवंति सिंगारि समीप **सिंगार** किये जनु सुन्दरताई ।।५८।।

(रसिकप्रिया : तृतीय प्रभाव)

बृषभवाहिनी अंग उर, **बासुकि** लसत **प्रबीन।**
सिव सँग सोहै सर्बदा, सिवा कि राय प्रबीन ।।६०।।

(कविप्रिया : प्रथम प्रभाव)

रबिपुत्र बालि सों होत जुद्ध।

(रामचन्द्रिका : त्रयोदश प्रभाव)

स्यामबंदिनी भाग हौं लावत छाँड़ि विषाद ।।३०।।

(विज्ञानगीता : अष्टम प्रभाव)

इनमें प्रथम उद्धरण के अन्तर्गत प्रयुक्त शब्द ऐसे हैं जो ब्रजभाषा कविता में सामान्यत: प्रचलित हैं जबकि शेष उद्धरणों के शब्द नितान्त अप्रचलित अर्थों में भी प्रयुक्त हुए हैं। इन्हीं के समान प्राकृत और अपभ्रंश के प्रचलित शब्द भी निम्नोक्त उद्धरणों में काले अक्षरों में छपे हैं। देखिये—

बालक मृनालनि ज्यों तोरि डारै सबकाल
कठिन कराल वैं अकाल **दीह** दुख को। (६६)

(कविप्रिया : षष्ठ प्रभाव)

दीठ पीठ तन फेरि पीठ तन **इक्क** न **दिट्ठिय**। (४०)

(रतनबावनी)

प्राचीन भाषाओं के समान अर्वाचीन भाषाओं और बोलियों के शब्द भी केशव की रचनाओं में स्वाभाविक रूप से प्रयुक्त हुए देखे जा सकते हैं। इनमें भी राम के

चरित्र के गायक तुलसी द्वारा प्रतिष्ठित अवधी भाषा तथा उनके (केशव के) जन्म-स्थान की बोली बुन्देलो का प्रभाव विशेष रूप से रहा है। काले टाइप में दिये शब्दों से यह बात सहज ही स्पष्ट हो जायगी, देखिये—

अवधी प्रभाव— कहुँ द्विजगन मिलि सुख श्रुति **पढ़हीं**।
कहुँ हरि हरि हर हर रट **रटहीं**।
कहँ मृगपति मृग सिसु पय **पियहीं**। (२)

(रामचन्द्रिका : तृतीय प्रभाव)

तब रामचन्द्र प्रबीन। हँसि बंधु त्यों दृग **दीन**।
गुनि दुष्टता सह लीन। श्रुति नासिका बिन **कीन** ।।४०।।

(रामचन्द्रिका : एकादश प्रभाव)

बुंदेली प्रभाव— नख पद पदवी को पावै पद द्रौपदीन।
एकौ बिसौ उरबसी उर में न **आनिबी**।
लोम सी पुलोमजा न तिल सी तिलोत्तमा न
मैल हू समान मन नका न **मानिबी**।
जानियै न कौन जाति अबहीं जगाएं जाति
जीबन तौ जानिहौं जौ ताहि **पहिचानिबी**।
बातक सी वानी माँहि भाव सो भवानी माँहि
केसोदास रति में रतीक ज्योति **जानिबी** ।।१४।।

(रसिक प्रिया : चतुर्थ प्रभाव)

धनु है यह **गौरमदाइन** नाहीं। (१६)
सिव सिर ससि श्री को राहु कैसे सु छीवै ।।६२।।

(रामचन्द्रिका : त्रयोदश प्रकाश)

इनके अतिरिक्त अरबी, फारसी और तुर्की जैसी विदेशी भाषाओं के जनसाधारण एवं राजदरबारों में प्रचलित शब्द भी उन्होंने बिना किसी संकोच के ग्रहण किये हैं और वे अपने मूल और ब्रजभाषा की प्रकृति के अनुरूप ढले हुए—दोनों ही रूपों में सहज देखे जा सकते हैं—

रावन की मीचु **दरकूच** चलि आई है ।।३९।।

(रामचन्द्रिका : पंचदश प्रकाश)

(२) **पील** पचास समेत इतिक सुरपुर भाग लहियव। (५३)

(रतनबावनी)

.........आए बाहिर **आलम** साहि।
मुजरा कियों **बसीठनि** आनि। (५२)

(वीर चरित्र : सप्तम प्रकाश)

को गनै राव राजा जिते जीति लिये सबके **वतन** ।।३८।।
उजबक उलुक जवासे ज्यौं जरत हैं। (३२)

(जहाँगीरजसचन्द्रिका)

इनमें दरकूच और पील फ़ारसी के, आलम, मुजरा और वतन अरबी के तथा उजबक तुर्की भाषा के मूल शब्द हैं। इसी प्रकार—

सका मेघमाला सिखी पाकारी। (२३)
(रामचन्द्रिका : षोडश प्रकाश)

भई फिराद साहि सिर धुन्यो। (१५)
लरे लोग मेरे उठि पेस। (३५)
(वीर चरित्र : तृतीय प्रकाश)

इनमें सका, फिराद और पेस क्रमशः फ़ारसी के सक्का, फ़रियाद और पेश के ब्रजभाषा की प्रकृति के अनुरूप ढले हुए रूप हैं।

शब्दों के प्रयोग में कवि को पूरी छूट होती है—वह अपनी इच्छानुसार प्रत्येक शब्दों को जैसे भी चाहे प्रयुक्त कर सकता है। इस छूट के कारण ही वह छन्द का निर्वाह करता हुआ अपनी रचना को संगीत आदि की दृष्टि से ग्राह्य बनाने में सफल होता है। किन्तु यह स्वतन्त्रता तभी तक मार्जनीय होती है जब तक कि शब्द इस रूप में रहे कि उससे अर्थ तक पहुँचने में पाठक को किसी कठिनाई का सामना न करना पड़े—इससे आगे उसका यह व्यापार दोष बन जाता है। ब्रजभाषा के कवियों ने इस स्वतन्त्रता का लाभ ही नहीं उठाया, शब्दों के इस भाषा की प्रकृति के अनुरूप विविध रूप प्रस्तुत कर इसकी समृद्धि में पर्याप्त योग दिया है, किन्तु फिर भी अनेक स्थलों पर उन्होंने शब्दों को नया रूप देने के स्थान पर उनके स्वरूप को विकृत कर दिया है। केशव भी इस रोग से अछूते नहीं रहे। इस सम्बन्ध में यदि यह कहें कि उनके काव्य में यह दोष कुछ अधिक है तो अत्युक्ति न होगी। बानगी के लिए देखिये—

बाल बहिक्रम दीपति देह त्रिबिक्रम की गति लीलि लई ही। (१०)
(रसिकप्रिया : चतुर्दश प्रभाव)

छाँड़ि दियो अति आरस पारस केसब स्वारथ साथ समूरो। (१४)
(कविप्रिया : अष्टम प्रभाव)

सब जक्त जानि अमित्र। (१२) (रामचन्द्रिका : नवम प्रकाश)
कहि केसब मंडहि रार रन करि राखैं खित्तहि भवन। (३४)
(रतनबावनी)

इनमें बहिक्रम, पारस, जक्त और खित्तहि क्रमशः वयःक्रम, पार्श्व, जगत् और खेत (क्षेत्र) के विकृत रूप हैं।

यह बात तो रही केशव द्वारा प्रयुक्त शब्दों के रूप वैविध्य की, जहाँ तक उनकी भाषा में व्याकरण-सम्बन्धी प्रयोगों का प्रश्न है वह भी इस विशेषता से असम्पृक्त नहीं; यथा—

(१) लोकलाज तजि राजरंक निरसंक बिराजत।
जोइ आवत सोइ कहत करत पुनि हसत न लाजत।

घर घर जुवति जुवनि जोर गहि गाँठिनि **जोरहिं** ।
बसन छीनि मुख माँडि आँजि लोचन तिन **तोरहिं** ।

(२) (क) ज्यों ज्यों बहु बरजे मैं मेरे प्रान प्राननाथ
अंग न लगाइयै जू आगे दुख **पाइबो** । (८)

(ख) जौ हौं कहौं 'रहिजै' तो प्रभुता प्रगट होति
'चलन' कहौं तो हित हानि नाहिं **सहनौ** । (२०)

(कविप्रिया : दशम प्रभाव)

(३) पाहन तें पतिनी करि पावन टूक कियो धनु द्वै हर **को** रे ।
छत्रबिहीन करी छन **मैं** छिति गर्व हृत्यो तिनके वर **को** रे ।
पर्वतपुंज पुरैनि **के** पात समान तरे अजहूँ धरको रे ।
होइँ नरायनहूँ **प** न ये गुन **कौन** इहाँ नर बानर **को** रे ।।३१।।

(रामचन्द्रिका : षोडश प्रकाश)

इनमें प्रथम उद्धरण के प्रथम दो चरणों में काले शब्द वर्तमानकालिक क्रिया रूप बाद के दो चरणों में काले टाइप में वर्तमानकालिक क्रिया रूपों से भिन्न है । द्वितीय उद्धरण के दोनों अंशों की काले टाइप में क्रियार्थक संज्ञाओं के रूप में एक जैसे नहीं । तृतीय उद्धरण में काले टाइप में विभक्ति रूपों में कतिपय एक दूसरे के विकल्प रूप में प्रयुक्त किये गये हैं । कहने की आवश्यकता नहीं कि इन सबसे व्याकरण रूपों का वैविध्य सहज ही प्रकट हो जाता है । इतना ही नहीं, संस्कृत के समासों, संधियों, विभक्ति रूपों और क्रिया रूपों के प्रयोग में भी उन्होंने किसी भी प्रकार का संकोच नहीं किया । उदाहरण के लिए—

एकरदन गजबदन सदन बुधि **मदनकदनसुत** ।
गौरिनंद आनंदकंद जगबंद चंदयुत । (१)

(रसिकप्रिया : प्रथम प्रभाव)

कछु आपुन अध अधगति **चलंति** ।
फल पतितन कौं अरध **फलंति** ।।२६।।

(रामचन्द्रिका : प्रथम प्रकाश)

तदुपरि केसवराइ कहि दंडक छंद अनंत ।।४।।

(छन्दमाला : वर्णवृत्ति)

सुनि-सुनि रीझे साहि जू उमगे **उरसि** समोद । (१३७)

(जहाँगीरजसचन्द्रिका)

इन उद्धरणों के काले अक्षरों में छपे अंशों में संस्कृत भाषा के व्याकरण के अनुसार ही क्रमशः समास, वर्तमानकालिक क्रिया (लट्), सन्धि और अधिकरण विभक्ति रूप का प्रयोग हुआ है ।

व्याकरण-सम्बन्धी प्रयोगों में वैविध्य—विशेषतः उस दशा में जबकि अन्य भाषाओं के व्याकरण के नियम भी बिना किसी कारण के लागू कर दिये गये हों,

सामान्यतः अच्छी बात नहीं समझी जाती; कारण इनसे भाषा में व्यवस्था नहीं आ पाती। किन्तु यदि सूक्ष्म दृष्टि से देखा जाय तो स्वीकार करना पड़ेगा कि यही एक ऐसी शक्ति है जो जड़ होने से उसकी रक्षा करती है। ब्रजभाषा कवियों की रचनाओं में यह बात सामान्य रूप से देखने को मिलती है। अतएव केशव भी इसके अपवाद नहीं कहे जा सकते। परन्तु इससे आगे जहाँ पर वे व्याकरण के नियमों का उल्लघन कर बैठे हैं वहाँ उनके दोष मार्जनीय नहीं रहे। आश्चर्य होता है कि जिस संस्कृत भाषा में व्याकरण-सम्बन्धी दोष विद्वानों के मध्य उपेक्षणीय नहीं समझा जाता, उसी भाषा का पंडित लोकभाषा के व्याकरण के नियमों के विषय में इतना अगम्भीर क्यों हो गया। उदाहरण के लिए—

१. क्रिया-दोष—

(क) पाइ परें हूँ तें प्रीतम त्यौं कहि केसव क्यौं हूँ न मैं दृग दीनी।

(१५)

(रसिकप्रिया : सप्तम प्रभाव)

(ख) ···चोर तें चतुरभुज चहूँ चक्क जाने हौ।
काठ मध्य कौन पाठ बेदनि बखाने हौ। (५१)

(कविप्रिया : षष्ठ प्रभाव)

(ग) सब्दति चंचल चतुर बभाति। (३२)

(वीर चरित्र : एकादश प्रकाश)

(इनमें ब्रजभाषा के व्याकरण के अनुसार 'मैं दृग दीनी', 'जाने हो', 'बखाने हो' तथा 'सब्दति' के स्थान पर क्रमशः 'मैंने दिये' (दियो), 'जाने गये हो', 'बखाने गये हों' तथा 'सब्द करति' होना चाहिए था।

२. लिंग दोष—

जय जाय कहौ हनुमंत हमारो। (१)

(रामचन्द्रिका : बीसवाँ प्रकाश)

(यहाँ 'जय' को पुल्लिग कहा गया है जबकि ब्रजभाषा में यह स्त्रीलिंग ही माना जाता है।)

३. वचन-दोष—

प्रति मन्दिरन पताका लसै। (३)

(वीरचरित्र : षोडस प्रकाश)

यहाँ 'मन्दिरन' के साथ 'प्रति' विशेषण व्याकरण के अनुसार अशुद्ध कहा जायगा, कारण 'प्रति' के बाद विशेष्य किसी अवस्था में बहुवचन रूप में प्रयुक्त नहीं होता।

सन्तोष की बात है कि इस प्रकार के दोष उनकी रचनाओं में पर्याप्त होते हुए भी इतने अधिक नहीं हैं कि उनकी भाषा के नितान्त अव्यवस्थित होने की घोषणा की जा सके।

संक्षेप में केशव की भाषा स्वरूप की दृष्टि से शब्द और व्याकरण दोनों से सम्बद्ध प्रयोगों में पर्याप्त वैविध्यपूर्ण है। केवल संस्कृत, अपभ्रंश आदि पूर्ववर्ती भाषाओं के ब्रजभाषा में प्रचलित शब्द ही इसमें प्रयुक्त नहीं हुए, इनके—विशेषत: संस्कृत के अनेक ऐसे शब्द भी प्रचुर परिमाण में आ गये हैं जो या तो कवि ने प्रकृति-प्रत्ययादि की सहायता से स्वयं गढ़े हैं या फिर सामान्यतः अप्रचलित रहे हैं। इनके अतिरिक्त अवधी जैसी प्रतिष्ठित भाषा तथा बुन्देली जैसी समृद्ध क्षेत्रीय बोली के शब्दों का प्रयोग भी इनकी भाषा की अपनी विशेषता है—विदेशी भाषाओं में अरबी-फारसी के सर्व-साधारण में प्रचलित एवं अप्रचलित शब्दों का भी प्रयोग भी इसकी समृद्धि में अपना योग दे रहा है। कतिपय शब्दों को एक-से अधिक रूपों में गढ़कर भी उन्होने अपनी भाषा को ही नहीं, समग्र ब्रजभाषा को वैविध्य की दृष्टि से समृद्ध बनाने का विशेष प्रयत्न किया है। शब्द-प्रयोग के साथ-ही-साथ व्याकरण-सम्बन्धी प्रयोगों के विषय में भी यही बात सत्य है। ब्रजभाषा-व्याकरण के नियमों के वैविध्य का तो उन्होंने खुल-कर प्रयोग किया ही है, इसके अतिरिक्त संस्कृत, अवधी और बुन्देली के व्याकरण-सम्बन्धी प्रयोग भी उनकी भाषा के कण्ठहार बन गये हैं। इसमें सन्देह नहीं कि ऐसा होने से उनकी भाषा में व्याकरण की दृष्टि से अनेक दोष आ गये हैं, पर नवीन प्रयोगों द्वारा उन्होंने प्रकारान्तर से यह सिद्ध कर दिया है कि ब्रजभाषा में सभी कुछ पचाने की अपार शक्ति है।

भाषा-सौष्ठव

शब्द और व्याकरण यदि भाषा के स्वरूप को खड़ा करते हैं तो सौष्ठव उसे सौन्दर्य प्रदान करता है। दूसरे शब्दों में, स्वरूप यदि भाषा-शरीर की गठन का परि-चायक है तो सौन्दर्य उसकी आकर्षण अथवा आह्लादन-क्षमता को प्रकट करता है। चूंकि शब्द और अर्थ ही भाषा के प्रमुख अवयव हैं, अतएव एतद्गत सौन्दर्य ही उसके समग्र अथवा आंशिक सौन्दर्य का विभावक कहलाना चाहिए। इनमें शब्द-सौन्दर्य जहाँ शब्दालंकारों में विशेष रूप से व्यक्त होता है, वहाँ अर्थगत सौन्दर्य शब्द की शक्तियों तथा उक्ति वैचित्र्य के रूप में देखा जा सकता है। गुण एवं रीतियाँ और वृत्तियाँ शब्द और अर्थ—दोनों के संयुक्त सौन्दर्य से सम्बन्ध रखते हैं—यद्यपि आपातत: इनसे शब्द-सौन्दर्य ही अधिक प्रकट होता है। केशव की भाषा के सौष्ठव की परीक्षा भी हम इन सबको दृष्टि में रखकर कर रहे हैं।

शब्दालंकार—शब्दालंकारों में अनुप्रास, यमक, वीप्सा और पुनरुक्ति—ये चार अलङ्कार ही ऐसे हैं जो भाषा-सौन्दर्य में विशेष रूप से अभिवृद्धि करते हैं। इसमें अनु-प्रास से जहाँ भाषा के अन्तर्गत झंकार आती है वहाँ यमक इसमें चमत्कार लाता है—वीप्सा और पुनरुक्ति इसको गति प्रदान करते हैं। केशव ने अपनी रचनाओं में भाषागत सौन्दर्य की सृष्टि करने के निमित्त इन तीनों का ही आश्रय लिया है। किन्तु इनमें भी उनका सर्वाधिक लगाव यमक के प्रति दृष्टिगोचर होता है। यही कारण है कि उनकी

अधिकांश रचनाओं में इसकी छटा भाषा को यथावश्यकता चमत्कारक एवं गतिसंपन्न बना देती है। बानगी के लिए—

नैननि की अतुराई बैननि की चतुराई
गात की गुराई न दुरति दुति चाल की।
आपने चरित्रनि के चित्रत विचित्र चित्र
चित्रनि ज्यों सोहै साथ पुत्रिका गुवाल की। (२९)
(रसिकप्रिया : सप्तम प्रभाव)

यहाँ प्रथम चरण में 'नैननि', 'अतुराई' और 'उराई' की तथा द्वितीय चरण में 'चित्र' की आवृत्ति हुई है। केशव की रचनाओं में ऐसा चमत्कार सामान्य रूप से देखा जा सकता है। किन्तु इस सम्बन्ध में यह कह देना असंगत न होगा कि चमत्कार में विश्वास रखते हुए भी वे इस अलंकार के पीछे पड़ते हुए प्रतीत नहीं होते। यही कारण है कि यह उनकी भाषा के सौन्दर्य में अभिवृद्धि करता हुआ मिलता है—उस पर बोझ डालता हुआ दृष्टिगत नहीं होता।

यमक के समान अनुप्रास का प्रयोग भी केशव की रचनाओं में पर्याप्त मात्रा में उपलब्ध होता है। परन्तु विशेषता इसके प्रयोग में यह रही है कि वे पद्माकर आदि परवर्ती कवियों के समान समानवर्णों की आवृत्ति की झड़ी लगाने के स्थान पर वर्णों का साम्य तीन अथवा चार बार से अधिक नहीं लाते। यही कारण है कि अनुप्रास-जन्य संगीत उनकी रचनाओं में स्थिर जल में उठने वाली तरंगों की लय का अधिक स्मरण दिलाता है। कहना न होगा कि इस लय की सृष्टि उनकी रचनाओं में सामान्य रूप से अनुप्रास के प्रमुख दो भेदों—वृत्ति और छेक के द्वारा ही हुई है। उदाहरण के लिए—

पूरब की पूरापूरी पापर पुरी से तन
बापुरी वै दूरिहि तें पायन परति है।
दक्षिन की जक्षिनी सी गच्छै अंतरिक्ष मग
पच्छिम की पक्षहीन पक्षी ज्यों डरति है। (१३)
(रामचन्द्रिका : एकोनविंश प्रकाश)

यहाँ 'प्' और 'ब' की आवृत्ति में वृत्यनुप्रास तथा 'क्ष्' और 'न्', 'च्', और 'छ्' (क्ष) तथा 'प्' और 'क्ष' की आवृत्तियों में छेकानुप्रास देखा जा सकता है।

जहाँ तक अनुप्रास के शेष तीन भेदों के प्रयोग का प्रश्न है, उसके विषय में यह कहने में संकोच नहीं हो सकता कि इसमें ऐसा कोई वैशिष्ट्य नहीं है जिसके आधार पर हमारे आलोच्य को ब्रजभाषा के अन्य कवियों से पृथक् करके देखा जा सके अथवा जो उसकी भाषा की अपनी विशेषता कहा जाए।

परिमाण की दृष्टि से यमक और अनुप्रास का प्रयोग केशव के काव्य में जितना अधिक देखने को मिलता है उतना वीप्सा और पुनरुक्ति का नहीं। बात वास्तव में यह है कि इन दोनों अलङ्कारों का सम्बन्ध क्रमशः भाव और वस्तु के साथ रहता

है—वीप्सा जहाँ भाव के क्रम और आवेश को प्रकट करता है वहाँ पुनरुक्ति वस्तु के कोमल, कठोर आदि रूपों की व्यंजना कराता है। चूँकि केशव की रचनाओं में भावों के आवेग की अभिव्यक्ति सामान्यतः वस्तुवर्णन की तुलना में बहुत कम हुई है, अतएव उनमें वीप्सा का प्रयोग खोज करने पर ही मिल सकेगा। पुनरुक्ति का प्रयोग अवश्य ही कुछ आधिक्य के साथ देखा जा सकता है और इसकी अपनी विशेषता इसी बात में निहित रही है कि विषय का स्वरूप इसके प्रयोग के साथ सहज ही प्रकट हो जाता है।

अर्थध्वनन—भाषा-प्रसाधन के उपर्युक्त धर्मों के अतिरिक्त एक साधन और भी है जिसे अंग्रेजी में 'आँनोमोटोपिया' कहा जाता है। इसके द्वारा ऐसे स्वर-व्यंजन-समूह वाले शब्दों का चयन किया जाता है कि उसकी मिश्रित ध्वनि विषय के अनुरूप बनकर उसके बिम्ब को भी स्पष्ट कर देती है। इसमें सन्देह नहीं कि वर्णों की इस प्रकार से आवृत्ति अनुप्रास और यमक अथवा पुनरुक्ति और वीप्सा की परिसीमाओं से बाहर नहीं पड़ती; किन्तु फिर भी इसका सम्बन्ध शब्द के बाह्यस्वरूप के साथ ही होता है, उसकी प्रतीति के साथ नहीं। केशव ने भी इस प्रकार के ध्वन्यात्मक शब्दों के प्रयोग द्वारा कहीं-कहीं अपनी अभिव्यक्ति को संगीत की दृष्टि से ही नहीं, अर्थ-ग्रहण की दृष्टि से भी अत्यन्त समर्थ एवं सशक्त बना दिया है। उदाहरणार्थ—

खलनि के **खैलभैल**, मनमथ मन ऐल
सैलजा के सैल गैल गैल प्रति रोक है।
सेनानि के **सटपट** चंद्रचित चटपट
अति अति **अटपट** अतंक के ओक है।
इंद्रजू के **अकबक** धाताजू के **धकपक**
संभुजू के **सकपक** केसोदास को कहै।
जब जब मृगया को राम के कुमार चढ़ैं
तब तब कोलाहल होत लोक लोक है।।३५।।

(कविप्रिया : अष्टम प्रभाव)

इसमें खैलभैल, सटपट, अटपट, चटपट, अकबक, धकपक, और सकपकगत स्वर-व्यञ्जन-ध्वनियाँ क्रमशः व्याकुलता, किंकर्त्तव्यविमूढ़ता-जन्य घबराहट, आतुरता, आतंक, आतंक-जन्य घबराहट तथा आकस्मिकता जन्य आश्चर्य की व्यञ्जना करा रही हैं।

गुण—अर्थ-ध्वनन के समान ही गुणों का सम्बन्ध भी वर्ण-ध्वनियों और अर्थ के साथ रहता है। अन्तर केवल इतना ही है कि अर्थ-ध्वनन की दशा में पदगत ध्वनियों का उद्देश्य जहाँ अर्थ के स्वरूप को स्पष्ट कर उसकी अनुभूति को तीव्र बनाने में पूर्ण होता है, वहाँ गुण की स्थिति में ये अर्थ के माधुर्य आदि गुणों के अनुरूप चलकर इन गुणों के प्रभाव को स्थायी बनाने में सहायक होती हैं। इस प्रकार एक अवस्था में ध्वनियों को प्राथमिकता दी जाती है और दूसरी में अर्थ को परवर्ती आचार्यों ने गुण तीन माने हैं—माधुर्य, ओज और प्रसाद। इनमें माधुर्य की स्थिति शृङ्गार, करुण और

शान्त— इन तीन रसों में बताते हुए इसकी व्यञ्जना के लिए उन्होंने ट, ठ, ड, ढ, वर्णों तथा समासों का अभाव एवं र-कार ण-कार और अनुस्वार-युक्त वर्णों का प्रयोग अनिवार्य कहा है। ओज के लिए वे कर्कश-ध्वनियों—अर्थात् ट, ठ, ड, ढ, श, ष, रेफ-युक्त अक्षर, प्रत्येक वर्ग के प्रथम और द्वितीय तथा तृतीय और चतुर्थ वर्णों का संयोग एवं लम्बे समासों की अनिवार्यता स्वीकार करते हुए उसकी स्थिति वीर, बीभत्स और रौद्र में मानते हैं। प्रसाद की स्थिति उनके विचार में किसी भी रस के अन्तर्गत हो सकती है तथा इसकी विशेषता केवल इसी में निहित है कि रचना के श्रवण मात्र से उसका प्रभाव सूखे ईंधन में व्याप्त होने वाली अग्नि के समान क्षिप्र होता है। केशव की रचनाओं का अध्ययन करने पर यह सहज ही माना जा सकता है कि यद्यपि उनके काव्य का विषय मुख्यरूप से श्रृङ्गार, वीर और शान्त रस ही रहे हैं तथापि किसी विशेष गुण के प्रति उनका आग्रह नहीं रहा—विषयानुसार उन्होंने ऐसे शब्दों अथवा समासों का प्रयोग किया है कि तदगत ध्वनियां उसके अनुकूल गुण-विशेष की उत्पादक बन गई हैं। वैसे इनके प्रयोग के सम्बन्ध में यहां यह निवेदन कर देना असंगत न होगा कि केशव की रचनाओं में ओज की अभिव्यक्ति अन्य गुणों की अपेक्षा अधिक स्पष्ट है और यह उनकी वीर रस तथा स्तुति सम्बन्धी रचनाओं में सहज ही देखी जा सकती है। बानगी के लिए प्रत्येक गुण-सम्बन्धी एक-एक उद्धरण देते हैं, देखिये—

माधुर्य—लाड़िली लीली कलोरी लुरी कहूँ लाल लुके कहूँ अंग लगाइकै।
आजु तौ केसव कैसहुँ लेरुवै लागन देति न देखहु आइ कै।
बेगि चलौ उठि आई लिवावन दौरि अकेलिये हौं अकुलाइकै।
भूलिहुँ गोकुल गाँउ में गोविन्द कीजै गरूर न गाइ चराइ कै ।।३०।।

(रसिकप्रिया : सप्तम प्रभाव)

प्रसाद— हाथी न साथी घोरे न चेरे न गाँउ न ठाँउ को नाँउ बिलैहै।
तात न मात न पुत्र न मित्र न वित्त न अंगऊ सँग न रैहै।
केशव काम को राम बिसारत और निकाम न कामहि ऐहै।
चेत रे चेत अजौं चित अंतर अंतक लोक अकेला ही जैहै ।।५६।।

(कविप्रिया : षष्ठम प्रभाव)

ओज— बिप्र-चरन मम माथ सदा यह सुभ करि लिक्खिय।
बिप्रहिं संकट परहि तहाँ हम सीस सु दिज्जिय।
त्रिभुवनपति निज हृदय भृगु सु पूरन पद पिक्खिव।
विप्र-सरन हंमेस रहत हम विघन न दिक्खिव।
सुइ रतनसेन कुल-लाड़िलहु विप्र-बचन किमि-छंडियव।
कहि केसव तन धन देहुँ सब सत्रु पीठि नहिं दिज्जियव ।।२३।।

(रतनबावनी)

यहां प्रथम उद्धरण में 'ड़' और 'ठ'—ये दो वर्ण शास्त्रीय दृष्टि से माधुर्य-विरोधी कहे जा सकते हैं, किन्तु श्रृङ्गारिक विषय की दृष्टि से इनका भी अपना महत्त्व

है—'लाडिली' शब्द किशोरावस्था की अल्हड़ता की व्यञ्जना जहाँ 'ड़' के द्वारा ही करा सकने में समर्थ है वहाँ 'उठि' का 'ठ' आगमन की आतुरता को प्रतीति करा रहा है। द्वितीय में अन्वय के साथ पाठ करने मात्र से विषय का बिम्ब-ग्रहण होता चला जाता है एवं तृतीय में समासों, द्वित्वयुक्त शब्दों एवं कर्ण-कटु ध्वनियों का प्रयोग अपने समन्वित प्रभाव द्वारा वक्ता की वाणी को सहज ही ओजमयी बना रहा है।

रीति और वृत्ति—रीति और वृत्ति का निकट का सम्बन्ध है, यह प्रायः संस्कृत के सभी आचार्यों ने किसी-न-किसी रूप में स्वीकार किया है, परन्तु इसके साथ ही इन दोनों के भेदाभेद के सम्बन्ध में भी कम विवाद नहीं रहा। मम्मट-जैसे आचार्यों ने तो रीति के वैदर्भी, गौडी और पांचाली नामक भेदों तथा वृत्ति के क्रमशः उपनागरिका, परुषा और कोमला संज्ञक भेदों को एक ही माना है। कहना न होगा इस विवाद का मुख्य कारण आचार्यों में गुण-विषयक मौलिक मतभेद है—वामन जहाँ गुणों को शब्द और अर्थ के धर्म मानते हैं वहाँ परवर्ती आचार्य इनको रस के धर्म स्वीकार करते हैं। इसमें सन्देह नहीं कि शब्द और अर्थ के काव्य-शरीर होने के नाते उनके धर्म—अर्थात् गुण रस का स्थान तो नहीं ले सकते किन्तु इतना निश्चित है कि रस के प्रभाव की व्यापकता के लिए इन दोनों का समन्वित योग अनिवार्य है। कारण, गुण के अनुरूप शब्दगत वर्णों की ध्वनियों का महत्त्व अर्थ की अनुरूपता के बिना अपने आपमें कुछ नहीं रह जाता। ऐसी स्थिति में वृत्ति को रीति का पर्याय नहीं कहा जा सकता। हाँ, यह रीति का अंग अवश्य हो सकती है। किन्तु वामन ने रीति के तीन भेदों तथा दश गुणों का जो विवेचन प्रस्तुत किया है उससे केवल पदों के बाह्य रूप अथवा वर्ण-योजना का ही महत्त्व दृष्टि में आता है, माधुर्य का नहीं। ऐसी दशा में रीति और वृत्ति में भेद करना उचित प्रतीत नहीं होता। यदि रीति के अन्तर्गत शब्द और अर्थ को ही समान रूप में महत्त्व प्रदान किया जाय तो यह अर्थ-ध्वनन जैसे अलङ्कारों की कोटि में आ जाएगी।

अस्तु, रीति का अर्थ वृत्ति अर्थात् गुण-विशेष की व्यंजक वर्ण-योजना से लिया जाय तो कहना पड़ेगा कि केशव की रचनाओं में परिमाण की दृष्टि से परुषा वृत्ति का प्राधान्य है—यद्यपि मधुरा और कोमला का प्रयोग भी अपने आपमें पर्याप्त मात्रा में देखने को मिल जाता है। यह गुणों-विषयक उपर्युक्त उद्धरणों से देखा जा सकता है। इसी प्रकार वामन के अनुसार रीति का अर्थ विशिष्ट गुणों की समान रूप से व्यञ्जक शब्दार्थावली की परीक्षा ली जाय तो उस दृष्टि से भी केशव पीछे नहीं ठहरते, यह अर्थ-ध्वनन के प्रसंग में उद्धृत छन्दों से स्पष्ट है। इनके अतिरिक्त यदि रुद्रट के कथनानुसार केवल समास के प्रयोग के आधार पर रीति के भेद प्रस्तुत करके केशव की रचनाओं का अध्ययन करें तो स्वतः ही उनकी रचनाओं में वैदर्भी का प्राधान्य इसलिए मिलेगा क्योंकि ब्रजभाषा समास-प्रधान भाषा नहीं है। वैसे सामान्य रूप से राजप्रशस्तियों तथा स्तोत्रों एवं इतर बिषयों सम्बन्धी रचनाओं में दो-तीन पदों से युक्त समस्त

शब्दावली का प्रयोग होने के कारण पांचाली रीति भी उनके काव्य का प्रधान अंग कही जा सकती है।

शब्द शक्ति

अभिव्यक्ति के सहज माध्यमरूप में भाषा की सफलता तभी सम्भव है जबकि उसका प्रत्येक पद अनुभूति के विविध अवयवों की सही प्रतीति कराये। चूंकि कोई भी पद एक ही अनुभूति की विभिन्न छायाओं का सही प्रतिनिधित्व नहीं कर सकता, इसी कारण कवि को प्रायः इसके अर्थ का संकोच अथवा विस्तार करना पड़ता है। अर्थ के अन्तर्गत इस प्रकार के परिवर्तन की आवश्यकता का न्याय तथा उसका नियमन शब्द-शक्ति करती है। कहने की आवश्यकता नहीं कि केशव ने आवश्यकतानुसार शब्द की तीनों ही शक्तियों का आश्रय लिया है।

अभिधा—अभिधा शक्ति का सम्बन्ध केवल शब्द के उस अर्थ के साथ ही होता है जिसमें किसी भी प्रकार के शिल्प की अपेक्षा नहीं रहती। यह अपने मूल रूप में प्रस्तुत होकर विषय का सही रूप में ग्रहण इस प्रकार से करता है कि विषय की अनुभूति होने से पूर्व किसी भी प्रकार का मानसिक व्यायाम पाठक को नहीं करना पड़ता। दूसरे, कभी-कभी यह अपने आप में इतना रमणीक भी होता है कि इसमें किसी भी प्रकार का परिवर्तन अर्थात् इसकी सूक्ष्मता की ओर घसीटकर ले जाना (इसमें किसी भी प्रकार के व्यंग्य का समावेश करना) अधिक चारुता उत्पन्न नहीं करता। काव्य शास्त्र में वाच्यार्थ के इसी रूप को गुणीभूत व्यंग्य के नाम से अभिहित किया जाता है।

केशव ने शब्द-शक्ति के सम्बन्ध में यद्यपि अपना कोई सैद्धान्तिक मत तो प्रस्तुत नहीं किया तथापि इतना निश्चित है कि अभिधा के व्यापार सम्बन्धी इन दोनों तथ्यों से वे भली-भांति परिचित थे। यही कारण है कि अपनी रचनाओं में उन्होंने शब्दों द्वारा उच्च कोटि के सौन्दर्य का निर्वाह करने में पूर्ण सफलता प्राप्त की है। उदाहरण के लिए—

> तोसे **सपूतहि जाइकै** बालि **अपूतहि की पदवी पगु धारे**।
> अंगद सग लै मेरी सबै दल आजुहि **क्यों न हतै बपुमारै**।।१५।।
>
> (रामचन्द्रिका : षोडश प्रभाव)

उपरोक्त उद्धरण में काले टाइप में अंशों और शब्दों का वाच्यार्थ अपने मूलरूप में ही सुन्दर है—इनमें किसी प्रकार की सूक्ष्मता को खोजना अथवा इनके स्थान पर अन्य समानार्थक शब्द रखना रचनाओं की प्रभाव शक्ति को नष्ट कर डालेगा।

लक्षण और व्यंजना—अपनी रमणीयता के कारण वाच्यार्थ रसास्वाद में सहायक होता ही है, किन्तु यदि इसको सूक्ष्मता प्रदान की जाय तो उससे भी रस की आस्वादनीयता में वृद्धि हो जाती है। अर्थगत यह सूक्ष्मता लक्षणा और व्यञ्जना से आती है। अभिधा जहाँ केवल काव्य-विषय को ग्रहण कराती है वहाँ लक्षणा से उसके मूर्त

रूप की अपेक्षा उसके गुणों की अधिक प्रतीति होती है—व्यञ्जना द्वारा इससे आगे इन गुणों के अन्तःक्षेत्र की झलक का ग्रहण संभव हो पाता है। इस प्रकार रस, जो विषय की अनुभूति से प्राप्त हुआ आनन्द मात्र है, उसके आस्वादन में यदि शब्दार्थ की सूक्ष्म-से-सूक्ष्मतर प्रतीति को इतना महत्त्व मिला तो आश्चर्य ही क्या? कहना न होगा कि अर्थबोध सम्बन्धी व्याघात से युक्त हुए भी लक्ष्यार्थ और व्यंग्यार्थ के सूक्ष्मता-जन्य सौंदर्य का महत्त्व स्वीकार करने के लिए बाध्य ही नहीं किया, प्रत्युत उन्होंने व्यंग्य-प्रधान काव्य को ध्वनि कहकर उसकी उत्कृष्टता की घोषणा की है।

जो हो, केशव ने वाचक शब्दों का प्रयोग जिस सिद्धहस्तता के साथ किया है लाक्षणिक और व्यंजक शब्दों के प्रयोग में भी उतनी ही पटुता दिखाई है। उनके लाक्षणिक प्रयोगों में से कतिपय तो आलंकारिक हैं। और वे साम्यमूलक अलंकारों के प्रयोग में सहज ही देखे जा सकते हैं। इनके अतिरिक्त ऐसे प्रयोग भी उनकी रचनाओं में कम नहीं हैं जिनसे अनुभूति को स्पष्टता प्राप्त नहीं हुई, प्रत्युत उनमें अलौकिक सौन्दर्य अर्थात् ध्वनि भी विद्यमान है। देखिये—

ब्राह्मन बेचत बेदन कों सु मलेच्छ महीप की सेव करैं जू।
क्षत्रिय दंडत हैं परजा अपराध बिना द्विजवृत्ति हरैं जू।
छाँड़ि दयौ क्रय-विक्रय वैस्यनि क्षत्रिन ज्यौं हथियार धरैं जू।
पूजत सूद्र शिला धनु चोरत चित्त में राजन को न डरैं जू।।१४।।

(विज्ञान गीता : सप्तम प्रभाव)

यहाँ ब्राह्मणों को वेदों का विक्रय और म्लेच्छों की सेवा करते, क्षत्रियों को निरपराध प्रजा को दंडित करते और ब्राह्मणों की आजीविका छीनते हुए, वैश्यों को व्यापार से विरत होते और हथियार धारण करते हुए एवं शूद्रों को मूर्तिपूजा और चोरी करने के साथ निर्भय हुआ बताया गया है। पर शास्त्रों में इन चारों वर्णों के ये कर्म नहीं बताये गये। अतः मुख्य अर्थ का बाध हुआ। तब इस वाच्यार्थ को सर्वथा त्याग कर लक्षणा के आधार पर अर्थ होगा कि इन वर्णों ने अपने-अपने शास्त्र-विहित कर्मों को त्यागकर अन्य वर्णों के कर्म ग्रहण कर लिए हैं। इस प्रकार उक्त सभी वाक्यार्थों में कर्म-वैमुख्य व्यंग्यार्थ हुआ। चूंकि इस अर्थ द्वारा वाच्यार्थ का तिरस्कार है अतः इसमें अत्यन्त तिरस्कृत—अविवक्षित वाच्यध्वनि है।

लाक्षणिक शब्दों के समान व्यञ्जक शब्दों का प्रयोग भी केशव ने अत्यन्त स्वच्छता से किया है। संस्कृत भाषा पर असाधारण अधिकार होने के कारण वे शब्दों को एक से अधिक अर्थों में इतने वैशिष्ट्य के साथ प्रयुक्त करते हैं कि व्यञ्जना शक्ति के समस्त अवयव अर्थ की प्रेषणीयता में सहज ही दृष्टिगत हो जाते हैं—

श्री रघुनाथ को बानर केशव आयो हो एक न काहू हयो जू।
सागर का मद झारि चिकारि त्रिकूट की देह बिहारि छयो जू।
सीय निहारि संहारि कै राकस सोक असोकबनीहि दयो जू।
अक्षकुमारहि मारकै लंकहि जारिकै नीकेहि जात भयो जू।।८।।

(रामचन्द्रिका : षोडश प्रभाव)

यहाँ 'एक न काहू हयोजू', 'त्रिकूट की देह विहारि छयोजू', 'सीय निहारि', 'सँहारि कै राकस', 'सोक असोक बनीहि दयो,' 'अक्षकुमारहि मारिकै' तथा 'लंकहि जारिकै' वाक्यों अथवा वाक्यांशों के साथ 'नीकेहि जात भयो' वाक्य से राम की शक्ति को असाधारणता की व्यञ्जना हो रही है। अतएव इसमें शब्दशक्त्युद्भवसंलक्ष्यक्रम व्यंग्य-ध्वनि है—

मुहावरे और लोकोक्तियाँ

मुहावरे और लोकोक्तियाँ प्रत्येक जीवित भाषा की अपनी विशेषता हुआ करती हैं। इनके मूल में यद्यपि लक्षणा-शक्ति काम करती है तथापि इनसे क्रमशः चलतापन और प्रभावकता आने के कारण भाषा में अतिरिक्त सामर्थ्य आ जाती है। केशव ने अवसर मिलने पर अपनी भाषा में भी इनका प्रयोग अत्यन्त आग्रह के साथ किया है और इसमें उन्हें पूर्ण सफलता मिली है। उदाहरण के लिए देखिये—

हंसि बोलत ही सु हंसै सब केसव लाज भगावत लोग भगै।
कछु **बात चलावत** घैरु चलै मत आनत ही मनमत्थ जगै।
सखि तू जुकही सु हुती मन मेरेऊ जाति यहै न **हियौ उमगै**।
हरि त्यौं टुक दीठि **पसारत** ही अंगुरीन **पसारन** लोग लगै।।३।।

(रसिकप्रिया : षोडश प्रभाव)

मारनहार उबारनहार सु तो **सबके सिर ऊपर हैयै**।।६४।।

(कविप्रिया : एकादश प्रभाव)

राम की बाम जो आनी चोराइ सो लंक में **मीचु की बेलि बई** जू।
... ...
बीस बिसे बलवंत हुते जु **हुती दृग** केसव रूप रई जू। (६)

(रामचन्द्रिका : पंचदश प्रकाश)

इहि भाँति रच्यौ जग झूठो महा सु **कहा जगदीस के हाथ परयौ**।।४९।।

(विज्ञानगीता : नवम प्रभाव)

इन उद्धरणों में काले अक्षरों में छपे मुहावरे जिन भावों की व्यञ्जना करा रहे हैं, वे केवल अनुभूति के विषय हैं। इसी प्रकार का प्रभाव लोकोक्तियों के प्रयोग में है—

आग को तौ दाध्यो अंग आगि ही सिरातु है।।३८।।

(कविप्रिया : षष्ठ प्रभाव)

हम पर कीजत रोष **कालगति जानि न जाई**।
होनहार ह्वै रहै मिटैं मेटी न मिटाई।
... ...
होइ तिनूका बज्र बज्र तिनुका ह्वै टूटै।।२०।।

(रामचन्द्रिका : सप्तम प्रभाव)

जानि परै परमेसुर की गति पेटन की गति जानि न जाई।।२८।।

(विज्ञानगीता : तृतीय प्रभाव)

उक्ति वैचित्र्य

उक्ति-वैचित्र्य उत्तम काव्य का सहज अंग है। इसके द्वारा भाषा में वह धार आ जाती है जो व्यंग्य को तीखा और तीव्र बनाने में सहायता प्रदान करती है। यहाँ यह कह देना असंगत न होगा कि 'वैचित्र्य' से हमारा अभिप्राय कविभणितिगत वैदग्ध्य-जन्य अर्थात् कविकर्म-कौशल-जन्य उस शब्दार्थ-चारुता से है जिसको वक्रोक्तिजीवितकार आचार्य कुन्तक ने 'वक्रता' संज्ञा से अभिहित किया है। अतएव केशव के उक्ति-वैचित्र्य की परीक्षा 'वक्रोक्तिजीवित' में बताये गये वक्रता के उन सभी भेदों के आधार पर करेंगे जिनसे भाषागत सौंदर्य में अभिवृद्धि होती है। अस्तु !

कुन्तक द्वारा परिगण्ित वक्रता के छः भेदों में ये चार भाषा सौंदर्य की अभिवृद्धि से सम्बद्ध कहे जा सकते हैं—१. वर्णविन्यासवक्रता, २. पदपूर्वार्द्धवक्रता, ३. पदपरार्द्धवक्रता और ४. वाक्यवक्रता। इनमें वर्णविन्यास-वक्रता से उनका अभिप्राय स्पष्टतः अनुप्रास-योजना और इसके अतिरिक्त वर्गान्तयोगी स्पर्शों, त, ल, न आदि वर्णों के द्वित्व तथा रेफादि-युक्त वर्णों की आवृत्ति से रहा है जिसके लिए वे विषयानुकूलता, सौंदर्य, नवीनता तथा प्रसाद गुण आवश्यक मानते हैं। 'यमक' का उन्होंने इसमें अन्तर्भाव कर दिया है। केशव ने इन सभी तत्वों का अपनी रचनाओं में जिस कौशल के साथ निर्वाह् किया है उसके विषय में पहले चर्चा की जा चुकी है। यहाँ तो इस सम्बन्ध में इतना कहना ही पर्याप्त होगा कि उनका वर्ण-विन्यास इतना सधा हुआ है कि सहज ही उनके भाषाधिकार का परिचय दे देता है।

सार्थक वर्ण-समूह का ही दूसरा नाम 'पद' है। संस्कृत-व्याकरण के अनुसार इसके दो अंग हैं—प्रकृति और प्रत्यय, जिनका अपने स्थान पर विशेष महत्त्व हुआ करता है। कुन्तक ने इसीलिए इनके वैदग्ध्य पूर्ण प्रयोग को पदपूर्वार्द्ध-वक्रता और पदपरार्द्ध-वक्रता—इन दो पृथक् संज्ञाओं से अभिहित करते हुए इनके उपभेदों का सूक्ष्म विवेचन किया है। पदपूर्वार्द्ध-वक्रता के ये आठ भेद उन्होंने कहे हैं—१. रूढ़ि वैचित्र्य-वक्रता, २. पर्याय-वक्रता, ३. उपचार-वक्रता, ४. संवृत्ति-वक्रता, ५. विशेषण-वक्रता, ६. वृत्ति-वक्रता, ७. लिंग-वैचित्र्य-वक्रता तथा ८. क्रिया-वैचित्र्य-वक्रता। इनमें रूढ़ि-वैचित्र्य से आचार्य का आशय कोश तथा लोक व्यवहार में प्रसिद्ध अर्थ के अन्तर्गत लोकोत्तर चमत्कार उत्पन्न करने से है, जबकि पर्याय-वक्रता की सफलता वे पर्यायवाची शब्दों का उनकी आत्मा के अनुसार प्रयोग करने में मानते हैं। उपचार-वक्रता जहाँ साम्य-मूलक-अलंकार-व्यापार का पर्याय मात्र है, वहाँ विशेषण का वैदग्ध्य प्रयोग पूर्ण विशेषण-प्रधान अलंकारों की कोटि में रखा जा सकता है—वैसे अलंकार के अभाव में भी विशेषण वस्तु-वर्णन को सुन्दर बना देते हैं। संवृति-वक्रता तथा वृत्ति-वक्रता का सम्बन्ध क्रमशः संज्ञा आदि के गोपन तथा समस्त पदावली की योजना से उत्पन्न चमत्कार से है—लिंग और क्रिया के विविध प्रयोगों से भी विशिष्ट सौंदर्य की सृष्टि होती है। इसी प्रकार दूसरी ओर १. काल २. कारक, ३. वचन, ४ पुरुष, ५. उपग्रह (धातुपद)-सूचक प्रत्ययों तथा निपातन आदि स्वतन्त्र प्रत्ययों के कुशल प्रयोग होने से ये सभी

पदपरार्द्ध-वक्रता के उपभेद हो जाते हैं। परन्तु यहाँ यह कह देना असंगत नहीं कि कुन्तक का यह विवेचन संस्कृत भाषा पर ही आधृत है, ब्रजभाषा की प्रकृति संस्कृत से भिन्न होने के कारण उसमें प्रकृति और प्रत्यय की उक्त विशेषताएँ अपने अनुसार ही मिल सकती हैं।

केशव संस्कृत और ब्रजभाषा के व्याकरणों से भली भाँति परिचित थे—संस्कृत-व्याकरण पर संभवतः उनका विशेष अधिकार भी था। इधर उनका जन्म भी इस भाषा के ऐसे पंडितों के घर में हुआ था जहाँ के नौकर भी लोक भाषा में बात नहीं करते थे। यही कारण है कि उनकी भाषा यद्यपि लोक भाषा है तथापि उसमें इस भाषा का विशेष प्रभाव दृष्टिगत होता है। कहना न होगा कि इस प्रभाव ने उनकी भाषा को अव्यवस्थित बनाने के स्थान पर अत्यन्त समर्थ और भावाभिव्यंजक बनाने में पूर्ण योग दिया है। कदाचित् इसीलिए उनके काव्य में सामान्यतः वक्रता के उक्त भेद भी सम्यक् रूप से देखने को मिल जाते हैं। यहाँ बानगी के लिए प्रत्येक सम्बन्धी एक-एक उद्धरण देते हैं, देखिए—

१. रूढ़िवैचित्र्य वक्रता—

भावै जहाँ व्यभिचारी बँदै रमै परनारी
द्विजगन दंड धारी चोरी परपीर की।
मानिनीन ही के मन मानियत मानभंग
सिंधुहि उलंघि जाति कीरति सरीर की।
मूलै तो अधोगतिन पावत है केसौदास
मीचु ही सो है वियोग इच्छा गंगानीर की।
बंध्या बासनानि जानु बिधवा सु बाटिकाई
ऐसी रीति राजनीति राजै रघुवीर की ॥११॥

(रामचन्द्रिका : अष्टविंश प्रकाश)

यहाँ काले शब्दों के रूढ़ अर्थों के भीतर प्रसंग-वैशिष्ट्य की सहायता से लोकोत्तर चमत्कार उत्पन्न किया गया है।

२. पर्याय-वक्रता

भूषन फूलन के अंग अंग सरासन फूलन के अंग सोहै।
पंकज चारु बिलोचन घूमत मोहमयी मदिरा रुचि रोहै।
बाहुलता रतिकंठ बिराजति केसव रूप को रूपक जो है।
सुन्दर स्याम स्वरूप बने जगमोहन ज्यों जग के मन मोहै ॥४॥

(विज्ञानगीता : द्वितीय प्रभाव)

भगवान कृष्ण का एक नाम जगन्मोहन भी है। कवि के विचार में यह दूसरा नाम इसीलिए पड़ा है क्योंकि वे अपने रूप के द्वारा सबको मोहते हैं। प्रस्तुत प्रसंग में कृष्ण के इस नाम, पर्याय द्वारा रूप-सौंदर्य को पुष्ट करते हुए चमत्कार की सृष्टि की जाने से पर्याय-वक्रता है।

३. उपचार-वक्रता

सूल से फूल सुबास **कुबास-सी भाक-सी से** भए भौन सभागे।
केसव बाग **महाबन सो जुर सी** चढ़ी जोन्ह सबै अँग दागे।
नेह लग्यो उर नाहर सो निमी नाह घरीक कहूँ अनुरागे।
गारी से गति बिरी **बिष सी** सिगरेई सिगार **अंगार-से** लागे ।।२३।।

(रसिकप्रिया : सप्तम प्रभाव)

इसमें समस्त काले शब्दों में उपमानों के कारण ही नायिका का विरह प्रभावशाली बन सका है। भाव की गहराई तक केशव कितने जा सकते हैं, यह इस उद्धरण से स्पष्ट है।

४. संवृत्ति-वक्रता

नाम सुने **जिनको** अरि मत्तगयंद दिगंत अनंतनि **नाके**।
बर्नत विक्रम को क्रम केसव सेष असेष मुखावलि **थाके**।
सो यहि बीर नरेसहि जानहु स्वर्ग को फूल लसै सिर जाके।
राजनि माँझ विराजतु है समसेर गहे सम सेर न **ताके** ।।१६।।

(जहाँगीरजसचन्द्रिका)

इसमें समस्त काले टाइप में दिये सर्वनाम ही विषय के पराक्रम को ग्राह्य एवं प्रभावी बना रहे हैं।

५. विशेषण-वक्रता

को बपुरा जो मिल्यो है विभीषन है कुलदूषन जीवैगो **कौ लौं**
कुंभकरन्न मर्‌यो मघवारिपु तौ रे कहा न डरौं जम **सौ लौं**।
श्रीरघुनाथ के गातन सुंदरि जानहि तूँ कुसलात न **तौ लौं**।
साल सबै दिगपालन कौं कर रावन के करवाल है **जौ लौं** ।।५२।।

(कविप्रिया : एकादश प्रभाव)

इसमें समस्त काले टाइप में दिये गये विशेषण (को बपुरा) तथा क्रिया-विशेषण ही अपनी उपस्थिति द्वारा ऐसा सौंदर्य उत्पन्न कर रहे हैं जिससे वक्ता (रावण) का औद्धत्य सहज आकर्षक बन गया है।

६. वृत्ति-वक्रता—

मूषकबाहन गजबदन एकरदन मुदमूल।
बंदहु **गननायक**-चरन सरन सदा सुखतूल ।।१।। (रतनबावनी)

यहाँ काले शब्दों में समास की सहायता से ही गणेशजी का बिम्ब स्पष्ट होकर ग्राह्य बन सका है।

७. लिंग-वैचित्र्य वक्रता—

कोपि उठी विधि हू तें सुबीर नरप्पति दान कृपान की धारा।
कंत हमारो किये बहु खंड बहाय दिये तिनकी जलधारा।

कैसी करैं हम कासो कहैं जु बचैं करि केसव कौन की सारा।
यौं बहुबार पुरंदर के दरबार पुकारति दारिद-दारा।।३८।।
(वीरचरित्र : बत्तीसवाँ प्रकाश)

यहाँ दारिद्र्य पत्नी (स्त्री०) की इन्द्र (पु०) के समक्ष यह पुकार कि उसके पति (पु०) को कवि के आश्रयदाता (पु०) की दो स्त्रियों—कृपाण की धारा तथा दान के समय संकल्प-जल की धारा ने मारकर बहा दिया, आश्रयदाता की दानशीलता को प्रभावी बना रही है। कहना न होगा कि स्त्री और पुरुष विषयक यह प्रसंग कल्पित करके ही कवि ने यह चमत्कार उत्पन्न किया है।

८. **क्रियावैचित्र्य-वक्रता**—

पेट चढ़्यो पलना पलका चढ़ि पालकि हू चढ़ि मोह मढ़्यो रे।
चौक चढ़्यो चित्रसारि चढ़्यो गजबाजि चढ़्यो गढ़ गर्व चढ़्यो रे।
ब्योम बिमान चढ़्योई रह्यो कहि केसब सो कबहूँ न पढ़्यो रे।
चेतत नाहि रह्यो चढ़ि चित्त सो चाहत मूढ़ चिता चढ़्यो रे।।२४।।
(रामचन्द्रिका : षोडश प्रकाश)

इसमें 'चढ़ना' क्रिया के प्रयोग द्वारा ही लोकोत्तर चमत्कार उत्पन्न किया गया है।

पदपरार्द्ध-वक्रता—इससे सम्बद्ध भी एक उदाहरण देते हैं जिसमें प्रत्यय, निपात, कारक आदि का चमत्कार स्वतः स्पष्ट है—

आजु कछू अँखियाँ हरि और सी मानों महावर माँह रँगी है।
मोहन मोही सी लागति मोहिं इतें पर मोहन मोह लगी हैं।
मेरी सों मोसहुं मानह बेगि हियें रस रोष की रीति जगी हैं।
मेरे वियोग के तेज तचीं किधों केसव काहू के प्रेम पगी हैं।।१८।।
(रसिकप्रिया : सप्तम प्रभाव)

यहाँ 'रँगी हैं', 'लगी हैं', 'जगी हैं' और पगी हैं' में काल-वक्रता; 'कछू', 'और सी मानों' और 'किधों' में अव्यय-वक्रता, 'अंखियाँ' के 'याँ' में निपात-वक्रता तथा 'हियें' और 'वियोग के तेज' में कारक-वक्रता-जन्य सौंदर्य ही समस्त छन्द के वर्ण्य-विषय को आकर्षक बना रहा है। इसी प्रकार वचन, पुरुष और धातु-पद सम्बन्धी वक्रता भी केशव की रचनाओं में खोजी जा सकती है—यद्यपि ब्रजभाषा में सामान्य रूप से इसके दर्शन इसलिए नहीं होते क्योंकि इसकी (ब्रजभाषा की) प्रकृति संस्कृत से भिन्न है।

जहाँ तक वाक्य-वक्रता का प्रश्न है, केशव का काव्य उसका सबसे विशाल क्रीडा-क्षेत्र रहा है। विभिन्न अलंकारों के प्रयोग में तो इसके दर्शन होते ही हैं, इससे आगे जहाँ-जहाँ उन्होंने दो व्यक्तियों में परस्पर वार्तालाप दिखाया है वहाँ-वहाँ इसका चमत्कार चरमोत्कर्ष पर पहुँच गया है। हिन्दी-साहित्य में केशव अपनी संवाद-योजना के लिए प्रसिद्ध ही नहीं, अपनी तुलना में किसी को ठहरने भी नहीं देते। इसका रहस्य केवल उनके द्वारा वाक्य-वक्रता के प्रयोग में ही निहित रहा है। उदाहरणार्थ एक छन्द

प्रस्तुत करते हैं जिससे यह सहज ही स्पष्ट हो जाएगा कि उन्होंने किस सफाई से दो वक्ताओं (रावण और अंगद) के वाग्वैदग्ध्य को प्रकट किया है—

राम को काम कहा, रिपु जीतहिं, कौन कबै रिपु जीत्यो कहा।
राम बली, छल सों, भृगुनंदन गर्व हत्यो, द्विज दीन महा।
दीन सु क्यों छिति छत्र हत्यो, बिन प्रानन हैहय राज कियो।
हैहय कौन ? वहै बिसर्‌यो जिन खेलत हीं तुम्हैं बाँधि लियो ।।११।।

(रामचन्द्रिका : षोडश प्रकाश)

संक्षेप में केशव की भाषा सौष्ठव की दृष्टि से भी अपने-आप में किसी प्रकार से हीन नहीं कही जा सकती। भावों अथवा विषय के बिम्बों को मार्मिक अभिव्यक्ति प्रदान करने के लिए जिन साधनों की अपेक्षा होती है, उन्होंने उनकी योजना यथावश्यकता अत्यन्त कौशल के साथ की है। यदि यह कहें कि भाषा सौष्ठव के उक्त साधनों के प्रयोग के कारण ही वे अपने काव्य को प्रभावशाली बनाने में समर्थ हो सके हैं तो असंगत न होगा।

(कुल मिलाकर) निष्कर्ष रूप में कह सकते हैं कि शब्द—भाण्डार, व्याकरण और सौष्ठव – तीनों की दृष्टि से केशव की भाषा आदर्श है। इसमें सन्देह नहीं कि शब्दों तथा व्याकरण-सम्बन्धी नियमों के वैविध्यपूर्ण प्रयोग के कारण उनकी भाषा में कहीं-कहीं ऐसे दोष आ गये हैं जो स्पष्ट एवं खटकने वाले हैं तथापि इस दिशा में साहस कर ब्रजभाषा को शब्दों और व्याकरण के नियमों की दृष्टि से क्रमशः समृद्ध और व्यापक बनाने में उन्होंने जो महत्त्वपूर्ण योग दिया है उसकी तुलना से वे नगण्य हैं। व्यापक रूप से भाषा-प्रसाधन के विभिन्न साधनों का सफल प्रयोग उनकी रचनाओं में जितना हुआ है उतना संभवतः अन्यत्र दुर्लभ है। वास्तव में यदि केशव न हुए होते तो रीतिकालीन कवि अपनी भाषा में उनका अनुकरण करते हुए संस्कृत की तत्सम शब्दावली का खुलकर प्रयोग कर अपने युग के काव्य को कला और शिल्प की दृष्टि से मूल्यवान् बना सकते, इसमें सन्देह है।

केशव का प्रकृति-चित्रण

डॉ० विजयपालसिंह

मनुष्य का जन्म और उसका विकास प्रकृति के मध्य प्रकृति के ही सम्पर्क और सहचर में हुआ है। वह आदिकाल से मनुष्य के क्रिया-कलापों की क्रीड़ास्थली रही है। प्रकृति की ही सुरम्य क्रोड़ में मनुष्य नेत्र खोलता है और मृत्युपर्यन्त उसी की लीला-भूमि पर अपने जीवन के नाना खेल खेला करता है। इस प्रकार मनुष्य और प्रकृति का घनिष्ठ सम्बन्ध है। प्रकृति का अनन्त वैभव मनुष्य के लिए आश्चर्य, कौतूहल, श्रद्धा, अनुराग आदि विभिन्न भावनाओं का विषय रहा है और साहित्य में भी इसी कारण प्रकृति का प्रमुख स्थान है। साहित्य में प्रकृति के भव्य और सुरम्य दृश्यों का नाना प्रकार से प्रयोग किया गया है। संस्कृत-साहित्याचार्यों ने तो प्रकृति को केवल उद्दीपन विभाव के अन्तर्गत जागरित भावों को उद्दीप्त करने वाले रूप में ही माना है। और नियम निर्धारित कर दिए हैं कि इसी रूप मे प्रकृति के कुछ विशिष्ट अंगों जैसे वन, उपवन, जलाशय, काल, ऋतु आदि का महाकाव्यों में वर्णन हो; किन्तु प्राचीन संस्कृत-साहित्य में प्रकृति के उद्दीपनरूप के अतिरिक्त आलम्बनरूप में यथातथ्य चित्रण, और अलंकरणरूप में प्रकृति का प्रचुर प्रयोग भी मिलता है। मनुष्य के कार्य-कलापों तथा भावनाओं की पृष्ठभूमि-रूप में भी प्रकृति का पर्याप्त चित्रण साहित्य में हुआ है। साथ ही प्रकृति के मानवीकरण की भी प्रवृत्ति कवियों की रही है। इसके अतिरिक्त विभिन्न कवियों ने अपनी अलग-अलग मान्यताओं के आधार पर कभी तो प्रकृति में ईश्वर के अनिवार्य नियम को चरितार्थ होते पाया, कभी उससे जीवन-तथ्यों का उपदेश ग्रहण किया। कहीं उसमें क्रूरता और असहिष्णुता पाई तो कभी उसे सहानुभूति और सहृदयता से परिपूर्ण पाया है। वाल्मीकि, कालिदास और भवभूति आदि प्रकृति-प्रेमी कवियों ने प्रकृति की सुषमा में मग्न होकर प्रकृति के सुन्दर आदि यथातथ्य चित्र प्रस्तुत किए हैं। किंतु बाद के साहित्य में प्रकृति के शुद्ध स्वरूप के सहज और स्वाभाविक तथा संश्लिष्ट चित्र उपलब्ध नहीं होते हैं। कारण यही प्रतीत होता कि भारतीय दर्शन में प्रकृति की स्वतन्त्र सत्ता नहीं मानी गई, उसकी सत्ता ब्रह्म के साथ ही है। प्रकृति को महापुरुषो की अनुचरी के रूप में माना गया है। अतः 'रसात्मकं वाक्यं काव्यम्' वाली काव्य-परिभाषा में भी स्वतन्त्र रूप से प्रकृति-चित्रण के लिए कोई स्थान नहीं दिया गया। हिन्दी में आचार्य केशव ही प्रकृति के विशद तथा स्वतन्त्र चित्रण की ओर सर्व-प्रथम आकर्षित हुए।

आलम्बन-रूप में

रीतिकाल के सभी आचार्य-कवियों देव, भिखारीदास आदि ने रस-निरूपण करते हुए प्रकृति को शृङ्गार के उद्दीपन विभाव के रूप में ही मान्यता दी है। किन्तु केशवदास ने इस समस्त परम्परा के विरुद्ध प्रकृति-रूपों को आलम्बन के अन्तर्गत रखा है। 'कोकिल कलित वसन्त फूलि फल दलि अलि उपवन' के द्वारा प्रकृति को भी आलंबन-सूची में स्थान दिया है।[1]

प्रकृति-वर्णन के सम्बन्ध में केशव की अपनी मान्यताएँ थीं और उन्हें ध्यान में रखते हुए उन्होने अपने ग्रन्थों में प्रकृति का चित्रण किया है। परन्तु वे प्रकृति के परंपरा-भुक्त उपादानों के चित्रण के ही पक्ष में हैं। प्रकृति-वर्णन के प्रमुख उपादान यों गिनाए गए हैं—

देश, नगर, वन, बाग, गिरि, आश्रम, सरिता, ताल
रवि, शशि, सागर भूमि के भूषन रितु सब काल।[2]

'रामचन्द्रिका' में उन्होंने यथास्थान इन सभी का वर्णन किया है। केशव अलंकारवादी कवि थे, अतः उनके वर्णनों में अलङ्कारों की संश्लिष्ट योजना को ही प्रधानता मिली है।

अपनी कृतियों में केशवदास ने प्रकृति-वर्णन की सभी शैलियों को अपनाया है। आलम्बन-रूप में प्रकृति-चित्रण भी उन्होंने पर्याप्त मात्रा में किया है। केशव की 'रामचन्द्रिका' में प्रकृति-वर्णन की दो शैलियाँ दृष्टिगत होती है—रामायण की शैली तथा महाकाव्य की। परम्परा के अनुसार केशव ने कृत्रिम पर्वत और नदी का वर्णन किया है, जिनका उल्लेख संस्कृत-काव्यों में क्रीड़ाक्षेत्र के नाम से हुआ है। यह राजसी वातावरण का प्रभाव माना जा सकता है। उपर्युक्त प्रकृति-विषयों का वर्णन आधुनिक हिंदी काव्य का सा संश्लिष्ट और बिम्बग्राहक नहीं है। केशव का आदर्श माघ, श्रीहर्ष, बाण आदि का आदर्श था और उन्हीं की तरह उनकी प्रवृत्ति प्रकृति के तथ्य-चित्रण की ओर न होकर उपमा, उत्प्रेक्षा, दृष्टान्त आदि के रूप में मिलती है। प्राकृतिक दृश्यों पर पदार्थों का वर्णन नाम-परिगणनात्मक शैली में भी है। 'रामचन्द्रिका' के अधिकांश प्रकृति-वर्णन इसी शैली में हैं। केशवदास के काव्य-सिद्धान्तों के अनुसार वन, वाटिका तथा कहीं समुद्र आदि के वर्णन में कुल विशिष्ट बातें अनिवार्य हैं और इन वस्तुओं के वर्णनों में उन्हें गिनाकर काम चला लेते हैं। उदाहरण के लिए विश्वामित्र के आश्रम के निकटस्थ वन का वर्णन प्रस्तुत है—

तरु तालीस तमाल ताल हिताल मनोहर,
मंजुल बंजुल तिलक लकुच कुल नारिकेर बर।
एला ललित लवंग संग पुंगीफल सोहैं।
सारो सुककुल कलित चित्त कोकिल अलि मोहैं।

१. रसिक प्रिया, छठा प्रभाव, छन्द ६
२. कविप्रिया सातवां प्रभाव, छन्द १

सुभ राजहंस कलहंस कुल नाचत मत्तमयूरगन।
अतिप्रफुलित फलित सदा रहे केसवदास बिचित्र बन ।।[1]

यहाँ उल्लेखनात्मक रीति पर कवि ने देश-काल की सीमा का ध्यान रखते हुए वृक्षों और पदार्थों के नाम गिना दिए हैं। इस तथ्य से कवि को कोई प्रयोजन नहीं है कि दक्षिण में पाये जाने वाले एला, लवंग और पुङ्गीफल अयोध्या और मिथिला के मध्य स्थित वन में कैसे हो सकते हैं। सम्भवतः विचित्र वन कहकर कवि ने इस विश्वामित्र के तप-प्रभाव से प्रसूत माना हो; परन्तु ऐसा वर्णन करते समय केवल कवि-परम्परा का पालन-मात्र कर रहा है।

इसी के आधार पर 'रामचन्द्रिका' में उन्होंने राम की वाटिका का वर्णन किया है।[2]

इस वर्णन को पढ़कर वाटिका की पुष्प, फल और सुगन्ध-समृद्ध शोभा का संश्लिष्ट चित्र पाठक के सम्मुख नहीं आता। वाटिका-वर्णन में जो-जो बातें आनी चाहिए थीं कवि ने निरपेक्ष भाव से उपस्थित कर दो हैं। फिर भी एक ही स्थल पर प्रकृति का इतना विस्तृत वर्णन केशव के पूर्व हिन्दी-साहित्य में किसी कवि ने नहीं किया है।

सरोवर के वर्णन में भी कवि के अनुसार कमलों, भ्रमरों, पक्षियों तथा जलचरों का वर्णन होना चाहिए। केशवकृत अयोध्या के सरोवर के वर्णन में यह सभी प्रस्तुत है—

सुर सर सोभे, मुनि मन लोभे।
सरसिज फूले अलि रस भूले।
जलचर डोलैं, बहु खग बोलैं।
बरनि न जाहीं, उरझाहीं ।।[3]

सरिता-वर्णन में जलचर, हय, जलज, तट, जड़ामुण्ड, मुनिवास, स्नान आदि का वर्णन केशव के अनुसार आवश्यक है। सरयू-वर्णन इन्हीं मान्यताओं के आधार पर है।[4]

यहाँ भी सरिता की शोभा के प्रति केशव का अनुराग परिलक्षित नहीं होता। नामोल्लेख-मात्र है। पंचवटी, पम्पासर, प्रवर्षण पर्वत आदि का वर्णन भी कवि ने आवश्यक वस्तुओं की सूची देकर कर दिया है और इससे उनकी प्राकृतिक सुषमा का कोई चित्र पाठक के मन में नहीं उभरता। वास्तव में परिगणन-शैली में किए गए ये वर्णन प्रकृति-वर्णनों में परम्परा-पालन के अतिरिक्त और कुछ नहीं हैं। प्रस्तुत को छोड़कर कवि अप्रस्तुत पर दृष्टि डालने लगता है। दण्डक वन का वर्णन ऐसा ही है—

---

१. रामचन्द्रिका, तृतीय प्रकाश, छन्द १
२. वही, बत्तीसवाँ प्रकाश, छन्द ३, ४, ६
३. वही, प्रथम प्रकाश, छन्द ३२, ३३
४. वही, प्रथम प्रकाश, छन्द २५, २७

सोभत दंडक की रुचि बनी ।
भाँतिन भाँतिन सुन्दर घनी ।
सेव बड़े नृप की जनु लसे ।
श्रीफल भूरि भाव जहँ बसै ।
बेर भयानक सी अति लगै ।
अर्कसमूह जहाँ जगमगै ।
नैननि की बहु रूपनि ग्रसे ।
श्रीहरि की जनु मूरति लसे ।[1]

अलंकार-योजना के अन्तर्गत हम देख चुके हैं कि ऐसे स्थलों का कवित्व चमत्कारी वर्णन की प्रवृत्ति से दब जाता है और काव्य मध्यम कोटि का रह जाता है। ऐसे वर्णनों में कवि की दृष्टि प्रकृति की नैसर्गिक सुषमा की ओर कम ही आ पाती है। वह आलंकारिक चमत्कार की ओर उन्मुख हो जाता है।

चन्द्र-वर्णन में चन्द्रमा की नैसर्गिक सुषमा का किंचिन्मात्र भी आभास न देकर कवि उपमानों की माला गूंथने लग जाता है। पर चन्द्रमा के वर्ण से साम्य रखनेवाले उपमानों को उतनी प्रगल्भता के साथ उपस्थित किया है कि काव्यानन्द तो मिलता ही है—

फूलन की सुभ गेंद नई। सूंघि सची जनु डारि दई।
दर्पन सो ससि श्री रति को। आसन काम महीपति को।
फेन किधौं नभसिंधु लसै। देवनदी जल हंस बसै।
संख किधौ हरिकेकर सोहै। अम्बर सागर ते निकसो है।।[2]

इन्हीं कतिपय वर्णनों को देखकर कुछ आलोचक शुक्ल जी के इस कथन से सहमत हैं कि "केशव के लिए प्राकृतिक दृश्यों में कोई आकर्षण नहीं था। केशव को कवि-हृदय नहीं मिला था, उनमें वह सहृदयता और भावुकता न थी जो एक कवि में होनी चाहिये।"[3] परन्तु परिस्थिति ऐसी नहीं है। यदि हम छिद्रान्वेषण करने ही बैठें तो हिन्दी के तथाकथित श्रेष्ठ कवियों में भी अनेक दोष निकाले जा सकते हैं। केशव में प्रकृति के प्रति सहृदयता थी। 'यत्र-तत्र चमत्कार के कारण वर्णन दब अवश्य गए हैं, जहाँ कवि ने बिम्ब ग्रहण कराने की सफल चेष्टा की है। ऐसे स्थल इस बात के प्रत्यक्ष प्रमाण हैं कि केशव में प्रकृति का शाब्दिक चित्र खींचने की पर्याप्त क्षमता थी। इस प्रतिभा का परिचय 'रामचन्द्रिका' में अनेक स्थलों पर मिलता है। राम जिस समय जनकपुरी में प्रवेश करते हैं वैसे ही सूर्य का उदय होता है और वहाँ अलंकृत शैली में कवि ने सूर्य की प्रातःकालीन अरुणिमा की शोभा का चित्रण किया है।

---

१. रामचन्द्रिका ग्यारहवाँ प्रकाश, छन्द १९, २०
२. वही, तीसवाँ प्रकाश, छन्द ४१, ४२
३. हिन्दी साहित्य का इतिहास, आचार्य रामचन्द्र शुक्ल, पृ० २०९

अरुन गात अतिप्रात पद्मिनी-प्राननाथ मय
मानहु केशवदास कोकनद कोक प्रेममय।
परिपूरन सिंदूर पूर कैधौं मंगल घट।
किधौं सक्र को छत्र मढ़्यो मानिकमयूख पट।
कै श्रोनित कलित कपाल यह किल कापालिक काल को।
यह ललित लाल कैधौं लसत दिग्भामिनि के भाल को।[1]

कमल और चकवा का अरुण अनुराग, सिन्दूरी वर्ण का मंगल कलश, मणि-कांति-सुशोभित इन्द्र का छत्र, सभी उपमान तेज संचय करते हुए प्रातःकालीन सूर्य की भलीभांति अभिव्यंजना करते हैं। संभवतः उसे सूर्य की प्रचण्डता दर्शित कराने का स्मरण हो आता है। फलतः वह ऐसा उपमान उपस्थित कर देता है जो इस दृश्य की मनोरमता में बाधक बन जाता है। सूर्य उसे वैसा ही लाल प्रतीत होता है जैसे कापालिक के हाथ में रक्तरंजित कपाल। परन्तु शीघ्र ही वह एक मनोरम कल्पना कर उस व्याघात को हटाकर सम्पूर्ण दृश्य की मनोहारिता को व्यंजित कर देता है—सूर्य मानो दिग्वधू के भाल की सौभाग्यसूचिका लालमणि है। कहना न होगा कि प्रत्येक पक्ति में नवीन अप्रस्तुत की योजना होते हुए भी यहाँ प्रस्तुत अर्थात् उदीयमान सूर्य का ही चित्र प्रधान है।

इससे भी अधिक अलंकृत शैली में कवि ने प्रभात-वर्णन किया है। पर यह वर्णन अत्यन्त संश्लिष्ट और बिम्बग्राही है।[2] प्रातःकाल देखते-देखते कैसे सब तारे छिप जाते हैं और सूर्य कहाँ से पहुँच जाता है। इस दृश्य का वर्णन कवि ने एक सुन्दर रूपक के सहारे कर दिया है।

चढ़ो गगन तरु धाइ, दिनकर बानर अरुनमुख।
कीन्हों झुकि झहराई, सकल तारका कुसुम बिन।[3]

कवि की यह सूझ प्रशंसनीय है। प्रकृति के गण्यात्मक रूप की अत्यन्त सजीव अभिव्यक्ति यहाँ कवि ने की है।

प्रकृति में ऐसे ही कल्पनात्मक सौन्दर्य के दर्शन कवि ने अन्यत्र भी किए हैं। भ्रमरों सहित सुगन्धित कमलोंवाली गोदावरी मानो बहुनयन इन्द्र की शोभा धारण किए हुए है—

अति निकट गोदावरी पाप संहारिनी।
चल तरंग तुंगावली चारु सहारिनी।

---

१. रामचन्द्रिका, पांचवां प्रकाश, छन्द संख्या १०
२. वही, तीसवां प्रकाश, छन्द १८, २१
३. वही, पांचवां प्रकाश, छन्द १३

अलि कमल सौगन्ध लीला मनोहारिनी।
बहुनयन देवेस सोभा मनोधारिनी।[1]

पहले दिए गए वन-वर्णन में जहाँ नामोल्लेख-मात्र है वहाँ 'वीरसिंहदेवचरित' में यही वर्णन बिम्ब-ग्रहण लिए हुए है।[2] यहाँ केवल सूचना-मात्र नहीं है वन के दृश्य का विस्तृत और यथार्थ चित्रण करने की वृत्ति अधिक परिलक्षित होती है। देश-काल की उपेक्षा यहाँ भी है, पर उसके लिए केशव को दोषी ठहराकर कवि-संप्रदाय की परंपरा को दोषी मानना होगा।

कवि प्रकृति का भलीभाँति निरीक्षण करना जानता था और जहाँ-जहाँ वह हृदय को साथ लेकर चला है, वहाँ उसने प्रकृति के अत्यन्त सुन्दर एवं मनोहर दृश्य प्रस्तुत किए हैं। वर्षा का अत्यन्त मनोरम चित्र कवि ने खींचा है।[3]

किन्तु कवि का अलंकार-वैभव-सम्पन्न हृदय उसे प्रकृति को उसके सहज स्वाभाविक रूप में अधिक काल तक नहीं देखने देता और श्लेष आदि का आग्रह उसे ऋतु की रम्यता भुलाकर उसका भयप्रद रूप-वर्णन करने में लगा देता है। वर्षा कभी उसे कालिका के रूप में दिखाई देती है तो कभी वियोगिनि-रूप में। अन्य ऋतुएं भी अपने प्रकृत रूप में न आकर बहुरूप बनाकर उगती हैं। वसंत शिव समान और ग्रीष्म शबर-समूह बन जाती है। शरद शारदा जैसी है तो हेमन्त विमुख प्रिय की प्रिया है और शिविर वर नारि! और ऐसे अस्वाभाविक चित्र प्रस्तुत करते समय कवि प्रकृति से रागात्मक संबंध स्थापित नहीं कर पाया है, किन्तु जहाँ वह ऐसा कर सका है वहाँ प्रकृति के सहज स्वरूप की अत्यन्त मनोहर अभिव्यक्ति हुई है। 'रसिकप्रिया' में कवि ने घने बादलों द्वारा फैलाए गए अंधकार की अत्यन्त सुन्दर और मार्मिक व्यञ्जना की है—

राति ह्वै आई चले घर कौं दसहूँ दिसि मेह महा मढ़ि आयो।
दूसरो बोल ही तें समुझे केसव यों छिति में तम छायो।[4]

कहीं-कहीं वातावरण का वर्णन अतिशयोक्तिपूर्ण होने पर भी सुन्दर है। यथा—

केसोदास मृगज-बछेरू चोषै बाघनीन
चायत सुरभि बाघबालक बदन है।
सिंहन की सटा ऐचै कलभ करनि करि
सिंहन को आसन गयंद को रदन है।[5]

इस प्रकार प्रकृति के शुद्ध स्वरूपों का चित्रण कवि ने विस्तार के साथ किया

---

१. रामचन्द्रिका, ग्यारहवाँ प्रकाश, छन्द २३
२. वीरसिंहदेवचरित
३. देखिए रामचन्द्रिका तेईसवाँ प्रकाश, छन्द ११-१४
४. रसिकप्रिया, पंचम प्रभाव, छन्द ३०
५. रामचन्द्रिका, बीसवाँ प्रकाश, छन्द ४०

है। अधिकतर नामपरिगणनात्मक शैली में हैं। सजीव फड़कते हुए अलंकृत एवं चमत्कार पूर्ण वर्णनों की प्रचुरता है। अधिकांश स्थलों का प्रकृति-काव्य आचार्यत्व के भार से अभिभूत हो जाता है, जिसमें संस्कृत के परवर्ती चमत्कार-प्रवण साहित्य का बहुत कुछ दायित्व है। आधुनिक ढंग के स्वतन्त्र संश्लिष्ट प्रकृति-चित्रण केशव में नहीं मिलते, पर ऐसे वर्णन भी कम नहीं हैं जहाँ कवि ने बिम्ब-ग्रहण कराने की सफल चेष्टा की है और जो इस बात के परिचायक हैं कि केशव में भी प्रकृति के यथातथ्य निरीक्षण और सूक्ष्म चित्रण की क्षमता थी।

उद्दीपन-रूप में

भारतीय काव्यशास्त्रों में प्रकृति की मान्यता उद्दीपन विभाव के रूप में भी स्वीकृत की गई है। जब किसी स्थायीभाव का आलम्बन प्रकृति न होकर अन्य कोई प्रत्यक्ष आलम्बन होता है उस समय प्रकृति उद्दीपन विभाव के अन्तर्गत ही आती है। प्रकृति और मनुष्य का सम्बन्ध चिरस्थायी होने के कारण मन की किसी भी दशा में प्रकृति उसके समानान्तर लगती है। चित्त की आनन्दमयी स्थिति में प्रकृति का उल्लास आनन्द को द्विगुणित करता है और कभी मनुष्य की व्यथा से निरपेक्ष रहकर उसे कष्ट पहुँचाता है। प्रकृति के सुन्दर और भयंकर दृश्य संयोग या विप्रयोग में, आश्रय के हृदय में जगे हुए भाव को तीव्रतम कर देते हैं। यही कारण है कि काव्यशास्त्रों में और विशेष कर शृङ्गाररस के कवियों में प्रकृति के उद्दीपन पक्ष को अत्यधिक महत्त्व दिया गया है।

प्रकृति के उद्दीपनात्मक रूप के सम्बन्ध मे केशव की शास्त्रीय धारणा कुछ भिन्न है, यह बात हम आचार्यत्व-सम्बन्धी परिच्छेद में देख चुके हैं। वे जहाँ तक शृङ्गार का सम्बन्ध है, उसकी व्यापकता एवं मनोवैज्ञानिकता के आधार पर, प्राकृतिक समजस रूपों एवं दृश्यों में उद्दीपनात्मक ही नहीं, आलम्बनात्मक क्षमता स्वीकार करते हैं। अयोध्या नगरी के उपवन को उन्होंने कामोद्दीपन रूप में वर्णित किया है।

देखि बाग अनुराग उपज्जिय। बोलत कलध्वनि कोकिल सज्जिय।
राजति रति की सखी सुवेषनि। मनहु बहति मनमथ संदेसनि।[1]

यहाँ केशव ने अपनी धारणा के अनुसार उपवन के रमणीक दृश्य को रत्युद्भावन की क्षमता प्रदान करने का प्रयत्न किया है।

हम देख चुके हैं कि केशव का यह दृष्टिकोण आचार्य-परम्परा से भिन्न रहा है। अतः उस परम्परा का अनुसरण करते हुए हम इस प्रकार के स्थलों को अपनी आलोचना में उद्दीपनात्मक रूपों में ही रख सकते हैं और अपनी धाराबद्ध दृष्टि से ही उसकी समीक्षा कर सकते हैं। साथ ही यह भी ध्यान रखने की बात है कि केशव ने प्रकृति को जो आलम्बन-रूपता प्रदान की है, वह शृङ्गाररस के सन्दर्भ के एक विशेष उद्देश्य की पूर्ति के लिए ही।

---

१. रामचन्द्रिका, प्रथम प्रकाश, छंद ३०

प्रिय के समीप होने पर तो आनन्द ही आनन्द है इसी कारण तप्त धूल और आतप का आधिक्य राम के साथ सीता को शीतल प्रतीत होता है।

धाम को राम समीप महाबल। सीतहिं लागत है अति सीतल।
मारग की रज तापित है अति। केशव सीतहिं सीतल लागत।[१]

'कविप्रिया' के आक्षेपालंकार के प्रसंग में प्रकृति के उद्दीपक-रूप का अत्यन्त स्पष्ट अंकन कवि ने किया है। प्रकृति के साथ मानव-हृदय का तादात्म्य जैसा इस बारहमासे में कवि ने दिखाया है वह प्रशंसनीय है। प्रत्येक मास अपनी-अपनी विशेषताओं में संयोगियों के सुख की अभिवृद्धि करता हुआ उनकी भावनाओं को उद्दीप्त करता है और वे बिछुड़ने के नाम से घबराने लगते हैं। निम्न पद में ही नारी हृदय चारों ओर की प्रकृति को हर्षित और अपने-अपने प्रिय से संयुक्त होते देख आन्दोलित हो उठता है—

केशव सरिता सकल मिलित सागर मन मोहैं।
ललित लता लपटात तरुन तन तरुवर सोहैं।
रुचि चपला मिलि मेघ चपल चमकत चहुँ ओरन।
मन भावन कहँ भेंटि भूमि कूजत मिस मोरन।
इहि रीति रमन रमनी सकल लागे रमन रमावनै।
प्रिय गमन करन की को कहै गमन सुनिये नहिं सावनै ॥[२]

वास्तव में उद्दीपन की दृष्टि से काव्यशास्त्रों में बसन्त और वर्षा को विशेष स्थान दिया गया है। संयोगी हो या विरही दोनों के मन को वर्षा उत्कण्ठित कर देती है। इसी कारण कालिदास ने इसे 'कामिजनप्रियः' कहा है। और यह मान-मोचन करानेवाली ऋतु है। केशव के राधा और कृष्ण का मान भी वर्षा के प्रभाव से स्वतः ही भंग हो जाता है।[3]

घनमाला अभिसारिका को आमन्त्रण देने लग जाती है और विद्युत उसको पथप्रदर्शिका बन जाती है—

लीनी हम मोल अनबोलों आई जान्यौ मोह,
मोहिं घनस्याम घनमाला बोलि लाइ है।
देख्यौ ह्वै है दुख जहाँ देह हू न देखी परै।
देखी कैसें बाट 'केसो' दामिनी दिखाई है ॥[४]

विरह में शीतल चन्द्रमा सूर्य-सा प्रतीत होता है, दिशाएं अग्नि-सी प्रतीत हाने लगती हैं—

---

१. रामचन्द्रिका, नवम प्रकाश, छंद ३७-३८
२. कविप्रिया, दशम प्रभाव, छंद २८
३. रसिकप्रिया, दशम प्रभाव, छंद २७
४. वही, सातवां प्रभाव, छंद २८

हिमांसू सूर सो लगै सो बात वज्र सो बहै।
दिसा लगे कृसानु ज्यों विलेप अंग कों दहै।
विसेष कालराति सी कराल राति मानिये।
वियोग सीय को न, काल लोकहार जानिये।।[1]

यहाँ अपह्नुति के आवरण में अनुभूति की प्रधानता का सुन्दर प्रकाशन कवि ने किया है। सीता के अपहरण के पश्चात् राम की विरहावस्था के कारण जड़ और चेतन-भेद विस्मृत हो जाता है।[2] इतना ही नहीं, चकोर से भी सहायता की याचना करते हैं। सीताकृत चकोर के प्रति पूर्व-उपकार का स्मरण कराते हुए राम चकोर से सीता के सम्बन्ध में पूछते हैं।[3]

अब तक तो वे मनुष्येतर प्राणिवर्ग से ही सहायता की याचना करते हैं पर विरह का आवेग जैसे-जैसे बढ़ता है वे प्राणहीन पदार्थों, वृक्षों व वनस्पतियों तक से सीता सम्बन्धी वार्ता पूछने लगते हैं। अन्य वृक्षों को कठोर हृदय बतलाते हुए वे करुण वृक्ष से सहायता की प्रार्थना करते हैं।[4]

प्रिया के अभाव में प्रकृति के विभिन्न उपादानों को जो उनकी प्रिया के अंगों से साम्य रखते थे देखकर जैसे-तैसे वे जीवन धारण किए हुए थे। पर वर्षाऋतु ने आकर उनका यह अवलम्ब भी छीन लिया—

कलहंस कलानिधि खंजन। कंज कछू दिन केसव देखि जिये।
गति आनन लोचन पाइन के अनुरूपक से मन मानि लिये।
यहि काल कराल ते सोधि सबै हठिकै वरषा मिस दूरि किये।
अब धौं बिनु प्रान प्रिया रहिहैं कहि कौन हितू अवलम्बि हिये।।[5]

किन्तु कभी-कभी प्रकृति में विरदग्ध हृदय का साम्य देखकर विरही राम को यत्किंचित् संतोष भी मिलता है। निरन्तर जल-वर्षण के कारण और घनघोर घटाच्छन्न आकाश के कारण से सूर्य की ज्योति कम हो जाती है और चन्द्रमा भी मन्द-दुति रहता है। राम को इन दोनों में अपने उल्लासहीन हृदय का साम्य मिलता है।[6]

इस प्रकार प्रकृति को मानवीय भावनाओं के आधार पर अंकित करते हुए उद्दीपन शैली का आश्रय कवि ने लिया है और मानव तथा प्रकृति के बीच सुन्दरता और सहृदयता से एक कोमल भावना प्रदर्शित करने का सफल प्रयास किया है। यद्यपि प्रत्येक शब्द में यहाँ भी कवि ने अपना काव्य-कौशल दिखाया है, पर इन प्रकृति-चित्रणों

---

१. रामचन्द्रिका, बारहवाँ प्रकाश, छन्द ४२
२. वही, बारहवाँ प्रकाश, छन्द ३९
३. वही, बारहवाँ प्रकाश, छन्द ४०
४. वही, बारहवाँ प्रकाश, छन्द ४१
५. वही, तेरहवाँ प्रकाश, छन्द २२
६. वही, तेरहवाँ प्रकाश, छन्द ९

में उनकी अलंकारवादी मनोवृत्ति और रस-परिपाक-शक्ति का उचित सामंजस्य बन पड़ा है।

उपमान रूप में

उपमान-योजना करते समय भी सभी कवियों ने प्रकृति के असीम भण्डार से लाभ उठाया है और यह स्वाभाविक भी है। सूर्य, चन्द्र, नक्षत्र, मेघ, आंधी, समुद्र, वन, पर्वत, लता, वृक्ष, पुष्प, भ्रमर आदि हमारे जीवन से घनिष्ठ सम्बन्ध रखते हैं और इसी कारण ये हमारी दृष्टि से ओझल भी नहीं होते। किसी के मुख पर झलकते हुए तेज की अभिव्यक्ति के लिए हम सूर्य को उपमान बनाते हैं तो कभी शरीर की कोमलता की व्यञ्जना कराने के लिए उसे लता जैसे बताते हैं। किसी वस्तु का वर्णन करते समय सादृश्य-स्थापना के लिए प्रकृति ही हमारी सहायिका हुई है। मानवीय सौन्दर्य की पूर्ण और प्रभावमयी अभिव्यञ्जना के लिए कवि को प्रकृति में सब कुछ मिल जाता है और कवियों के ऐसे ही प्रयोगों को देखकर काव्यशास्त्रियों ने कुछ उपमानों रूढ़ कर दिया है। हां, उसके साथ-साथ अपनी प्रतिभा के बल से नये उपमानों का आविष्कार भी करते हैं या प्रसिद्ध उपमानों को नवीन ढङ्ग से भी रखते हैं। जो कवि साहित्यिक परंपरा में बंधे होते हैं वे प्रकृति का अप्रस्तुत रूप में उपयोग रूढ़ि के आधार पर ही करते हैं और रीतिकाल के कवियों में यही चीज़ मिलती है। किन्तु कुशल और प्रतिभाशाली कवियों ने अवश्य कुछ नये और सुन्दर प्रयोग किए हैं। केशव इन्हीं में से हैं। राधा की शोभा के वर्णन में प्रकृति के सभी रूढ़ उपमान कवि ने प्रयुक्त कर दिए हैं।[1]

कंज, दारचों, बिम्ब, पिकबैनी, कल्पतरु आदि क्रमशः नायिका के नेत्र, दशन, अधर आदि अवयवों के लिए प्रसिद्ध उपमान हैं और प्रायः सभी कवियों ने अपने-अपने काव्य में उनका प्रयोग किया है। सीता के नख-शिख वर्णन में भी कवि ने प्रचलित उपमानों का प्रयोग किया है। मुख के लिए चन्द्रमा प्रसिद्ध उपमान है और केशव श्लेष पुष्ट उपमा के द्वारा सीता के मुख की शोभा का वर्णन करते हैं।

चन्द्रमा सी चन्द्रमुखी सब जग जानिए।[2]

यहाँ कवि ने चन्द्र की सभी विशेषताओं को सीता के मुख में भी दर्शित करा दिया है। परन्तु शीघ्र ही वह सीता के मुख के लिए बड़े तार्किक ढङ्ग से चन्द्रमा को अनुपयुक्त उपमान ठहराकर कमल जैसा दर्शित करता है—

सुन्दर सुवास अरु कोमल अमल अति।
सीता जू को मुख सखि केवल कमल सो।।[3]

---

१. रसिकप्रिया, तेरहवाँ प्रभाव, छन्द ५
२. रामचन्द्रिका, नवाँ प्रकाश, छन्द ४०,
३. वही, नवाँ प्रकाश, छन्द ४१

कहीं-कहीं कवि प्रसिद्ध उपमानों की अपेक्षा उपमेय के सौन्दर्य का उत्कर्ष दिखाते हैं। केशव ने भी उपमेय मुख में उत्कर्ष और उपमान कमल तथा चन्द्र में अपकर्ष दिया है—

एकै कहैं अमल कमल मुख सीता जू को।
एकै कहैं चन्द्र सम आनन्द को कन्द री।
होइ जौ कमल तौ रयानि में न सकुचे री।
चन्द जो तो वासर न होइ दुति मन्द री।
वासर ही कमल रजनि ही में चन्द मुख ॥[१]

कवि ने अपनी सभी रचनाओं में प्राकृतिक रूप उपमानों का प्रयोग किया है, जिनमें कहीं-कहीं मौलिकता का भी संस्पर्श है।

अनेक प्राकृतिक रूपों की अप्रस्तुत रूप में परीक्षा सादृश्य की दृष्टि से बड़ी मनोहर और उपयुक्त बन पड़ी है। राम, लक्ष्मण आदि की बारात से जनक-पुरवासियों के मिलन को दिखाने के लिए कवि ने सागर और सरिता के प्रेम-मिलन की स्वाभाविक उत्प्रेक्षा दी है।

वनि चारि बरात चहूँ दिसि आई,
नृप चारि चमू अगवान पठाई।
जनु सागर कौं सरिता पगुधारो,
तिनके मिलिवे कहँ बाँह पसारी ॥[२]

इसी प्रकार वन जाते हुए राम के पीछे उमड़ते हुए जन-सागर के लिए भगीरथ के पीछे बहती हुई गंगाधारा की उत्प्रेक्षा अत्यन्त भावपूर्ण हो गई है।[3]

इसी प्रकार कहीं निजी अनुभव के सहारे उन्होंने प्रकृति के अत्यन्त मार्मिक और स्वाभाविक चित्रों को अप्रस्तुत रूप में नियोजित किया है। वन में राम से भेंटने के लिए माताएँ उसी आकुलता से दौड़ती हैं, जैसे घास चरकर आती हुई गाएँ अपने बछड़ों से मिलने को दौड़ती हैं—

मातु सबै मिलिवे कहँ आईं। ज्यौं सुत को सुरभी सु लवाई ॥[४]

कहना न होगा कि ऐसे स्थलों पर कवि ने अत्यन्त सहृदयतापूर्वक प्रकृति के क्षेत्र से अप्रस्तुतों को चुना है। पर उनकी प्राकृतिक अप्रस्तुत-योजना का चरम उत्कर्ष वहीं है जहाँ वे चमत्कार का आश्रय लेते हैं। रावण के हाथ पड़ी सीता बवंडर के मध्य पड़े हुए सुन्दर चित्र जैसी है—

चित्र कीसी पुत्रिका कै रूरे वगरूरे माँहि।[५]

---

१. रामचन्द्रिका, नवाँ प्रकाश, छन्द ४२
२. वही, छठा प्रकाश, छन्द ४
३. वही, नवाँ प्रकाश, छन्द ३०
४. वही, दसवाँ प्रकाश, छन्द २८
५. वही, बारहवाँ प्रकाश, छन्द २०

रूप और आकार के वर्णन में भी कवि ने चमत्कार की प्रेरणा से उपमानों को ग्रहण किया है। मार्ग में जाते हुए राम, सीता और लक्ष्मण ऐसे प्रतीत होते हैं मानो—

मेघ मंदाकिनी चारु सौदामिनी रूप रूरे लसैं देहधारी मनो।
भूरि भागीरथी भारती हंसजा अंस के हैं मनो, भाग भारे भनो।।[१]

अवधपुरी में अटारियों पर चढ़ी हुई स्त्रियों का सुन्दर चित्रण हुआ है। उनके शरीर की शोभा मेघों में से कौंधती हुई दामिनी और सूर्य-किरणों से अभिषिक्त कमलिनी के समान व्यञ्जित की है।

प्राकृतिक उपमानों का उपयोग केशव ने पर्याप्त रूप से किया है। वे संस्कृत के अच्छे अध्येता थे और संस्कृत की अप्रस्तुत-योजना उन्होंने ग्रहण की थी। संस्कृत-साहित्य-शास्त्र की मान्यताओं के अनुसार वे अप्रस्तुत-योजना में शब्द को भी रूप, गुण क्रिया के समान ही साम्य-वैषम्य का आधार बनाकर चलते हैं। अपनी निजी प्रतिभा से उन्होंने उपमानों की नवीनता या प्रचलित उपमानों के नवीन प्रयोग दर्शित किए हैं तथा प्रकृति-रूपों का सफल प्रयोग किया है, किन्तु जहाँ बिना सुन्दर-साम्य-स्थापना का विवेचन किए हुए कवि ने प्राकृतिक उपमानों का प्रयोग किया है, वहाँ पर यह योजना आज के आलोचक की दृष्टि से उपहासनीय हो गई है।[२] यही कारण है कि केशव पर यह आरोप लगाया जाता है कि प्रकृति-निरीक्षण का उन्हें अवकाश न था। परन्तु एक तो ऐसे चित्र केशव के काव्याकाश में दो-एक टिमटिमाते हुए तारों के समान ही हैं; दूसरे, उनके पीछे कृतिकार का व्यक्तित्व एवं एक परम्परा है। केशव ने प्रकृति के मार्मिक, स्वाभाविक तथा सजीव चित्रों के लिए सफल अप्रस्तुत योजना का भी पर्याप्त प्रयोग किया है। साथ ही साथ उनके ऐसे स्थलों का भी अभाव नहीं जहाँ प्रस्तुत-योजना का प्रयोग रूप-साम्य, भाव-साम्य तथा वातावरण-निर्माण के लिए किया गया है।

मानव-भावनाओं के रूप में

निरन्तर प्रकृति के साथ रहते-रहते मनुष्य को प्रकृति बिलकुल निरपेक्ष और जड़ नहीं प्रतीत होती। यह स्वाभाविक है कि वह चराचर प्रकृति को सचेतन और भावशील पाए। यही कारण है कि प्राचीनकाल से काव्यकार प्रकृति को मानव का सा रूपाकार देते आए हैं और उनमें मानव-क्रिया और उनमें मानव-क्रिया और मानव-व्यापारों को खोजते रहे हैं। प्रकृति के चेतन प्राणियों में तो मनुष्य की-सी भावनाएँ ममत्व, रक्षा, विरह-व्यथा आदि मिलती ही हैं। किन्तु प्रकृति के उपासक कवियों ने जड़ प्रकृति में भी, पेड़-पौधे आदि में भी, मानव-संसार का अनुकरण पाया है और उनमें भी सुख-दुख, हर्ष-विषाद, ईर्ष्या-संवेदना, आदि का अनुभव किया है, प्रकृति के इस

---

१. रामचन्द्रिका, नवाँ प्रकाश, छन्द ३५
२. वही, तेरहवाँ प्रकाश, छन्द ८८

प्रकार के मानवीकरण के क्षेत्र में कालिदास सर्वश्रेष्ठ हैं। केशव को भी इस दृष्टि से पर्याप्त सफलता मिली है। यद्यपि उनके काल में प्रकृति से अधिक महत्त्व मनुष्य को दिया जाने लगा था, तथापि उन्होंने प्रकृति मानव-सुलभ भाव को खोजने का सफल प्रयत्न किया है। अलङ्कारों से नाक-मुंह सिकोड़ने वाले लोगों के पल्ले कुछ न पड़े यह बात दूसरी है। वर्षा को चण्डी के विकास-रूप में तथा शरद् को कुलीन सुन्दरी के रूप में चित्रित किया है। इतना ही नहीं, यह शरद् उन्हें उस वृद्धा दासी की तरह भी दर्शित होती है जो उन्हें प्रातःकाल उठाने आती थी—

लक्ष्मन दासी वृद्ध सी आई सरद सुजाति।
मनहु जगावन को हमहिं बीते बरषा राति ॥[1]

यहाँ पर वृद्धा से शरद् का रूप-साम्य न दिखाकर कवि ने कर्म-साम्य की उत्प्रेक्षा कर डाली है। इसी प्रकार शरद् कहीं उन्हें शारदा जैसी प्रतीत हुई है। शिशिर वरना की सी शोभा धारण करती है।

वर्षा में बाढ़युक्त नालियाँ अपने किनारों को डुबा देती हैं जैसे अभिसारिकाएं अपने धर्म के मार्ग को मिटा देती हैं—

अभिसारिनि सी समझो परनारी।
सतमारग मेटन कौं अधिकारी ।[2]

जिस प्रकार से सज्जन पुरुष निरपराधी को कष्ट देने वाले आततायी का दण्ड देने के लिए सन्नद्ध हो जाते हैं, वैसे ही इन्द्र भी अपने बल-बलसहित सूर्य पर चढ़ाई कर बैठते हैं, क्योंकि उसने निरपराध पृथ्वी के शरीर को ताप पहुँचाया है।[3]

प्रायः कविगण ऐसा वर्णन करते रहे हैं कि अवतारी पुरुषों के सम्मान में प्रकृति नम्र और अनुकूल हो जाती है। केशव ने भी राम के सम्मान में प्रकृति की विषम परिस्थितियों का अनुकूल हो जाना दिखाया है, मानो ईश्वर के सम्पर्क में प्रकृति अपनी मलिनता त्याग कर प्रफुल्लित हो उठी हो।[4]

यह राम के संसर्ग का ही प्रभाव है। एक स्थल पर कवि ने प्रकृति का अत्यन्त कमनीय और मनोरम वातावरण प्रस्तुत किया है। राम और सीता जब एकत्र बैठते हैं तब सीता के वीणा-वादन पर मुग्ध होकर पशु-पक्षी घिर आते हैं और राम द्वारा प्रेमपूर्वक पहनाए गए आभूषणों को भी निश्शंक भाव से ग्रहण करते हैं—

जब जब धरि बीना प्रकट प्रबीना बहु गुनलीना सुख सीता।
पिय जियहि रिझावै दुखनि भजावै विविध बजावै गुनगीता।

---

१. रामचन्द्रिका, तेरहवाँ प्रकाश, छन्द २७
२. वही, तेरहवाँ प्रकाश, छन्द २०
३. वही, तेरहवाँ प्रकाश, छन्द १५
४. वही, नवाँ प्रकाश, छन्द ३६

तजि मति संसारी विपिनबिहारी सुखदुखकारी घिरि आवैं।
तब तब जगभूषन रिपकुलदूषन सबकों भूषन पहिरावैं।।[1]

इस प्रकार हिंस्र पशुओं में भी संगीत-प्रेमी होना कवि ने पाया है। महान् विभूतियों के साक्षात्कार से प्रकृति-जीवों में वैषम्य-भावना ही तिरोहित हो जाती है। तभी तो भारद्वाज आश्रम के पशु सहज विरोध को भुलाकर जीवन-यापन करते हैं—

'केसोदास' मृगज-बछैरु चौषै बारनीन
चाटत सुरभि बाघबालक बदन है।।[2]

उपदेशात्मक रूप में

इतना ही नहीं, प्रकृति का उपदेशात्मक रूप भी कवि के सम्मुख आया है। प्रकृति के स्वाभाविक तथ्यों को दृष्टि में रखकर कवि उनसे जीवन-तथ्यों का संग्रह करता है—

तरनि-किरनि उदित भई, दीप जोति मलिन गई।
सदय हृदय बोध-उदय, ज्यों कुबुद्धि नासै।।[3]

इसी प्रकार कहीं उन्होंने मानव-जीवन के सत्यों को प्रकृति में चरितार्थ होने दिया है। ब्राह्मण जब सुरापान करने में लीन होता है तो उसकी शोभा व सम्पत्ति नष्ट हो जाती है। उसी प्रकार चन्द्र भी वारुणी की इच्छा करने मात्र से श्रीहीन हो गया है—

जहीं बारुनी की करी रंचक रुचि द्विजराज।
तहीं कियो भगवन्त विन सम्पति सोभा साज।।[4]

निष्कर्ष

उपर्युक्त विवेचन से निष्कर्ष निकलता है कि केशव ने प्रकृति के चित्र खींचे हैं और पर्याप्त मात्रा में। प्रकृति का उन्होंने आलम्बन, उद्दीपन, उपमान, पृष्ठभूमि, प्रतीक, अलंकार, उपदेश, दूती, बिम्ब-प्रतिबिम्ब, मानवीकरण, रहस्य तथा मानव-भावनाओं का आरोप आदि सभी शैलियों में वर्णन किया है। प्रकृति का यथातथ्य और सुन्दर चित्रण करने की क्षमता उनमें थी और वे चाहते तो उसको अपना आलंबन बनाकर और प्रकृति का स्वच्छन्द व स्वाभाविक चित्रण कर प्रकृति-कवि के रूप में प्रसिद्ध हो सकते थे। वैभव और विलास के वातावरण में रहने के कारण उनकी मनोवृत्ति कला-पक्ष की ओर विशेष रही। संस्कृत-साहित्य के अति सम्पर्क के कारण उनकी

---

१. वही, ग्यारहवां प्रकाश, छन्द २७
२. रामचन्द्रिका, बीसवां प्रकाश, ४०
३. वही, तीसवां प्रकाश, छन्द १९
४. वही, पांचवां प्रकाश, छन्द १४

दृष्टि बहुत कुछ बद्ध रही। फलतः प्रकृति-चित्रण यत्र-तत्र दुरूह प्रतीत होते हैं। उनमें हृदय की अपेक्षा बुद्धि का प्राधान्य हो गया है। यदि उनमें चमत्कारप्रियता न होती तो उनके प्रकृति-चित्र भी भवभूति और कालिदास के समकक्ष हो सकते थे। परन्तु उन्होंने प्रकृति को कवि की दृष्टि से नहीं अपितु कवि-सम्प्रदाय की दृष्टि से देखा है। अतः वे अपने उद्देश्य में सर्वथा सफल हुए हैं।

केशव की भाव-व्यंजना

डॉ० हीरालाल दीक्षित

(अ) प्रबन्ध-ग्रन्थों में

प्रबंधकार कवि की भावुकता का सबसे अधिक पता यह देखने से चल सकता है कि वह किसी आख्यान के अधिक मर्मस्पर्शी स्थलों को पहचान सका है या नहीं।[1] इस कसौटी पर केशव की 'रामचन्द्रिका' को कसने से ज्ञात होता है कि अधिकांश स्थलों पर मार्मिकता के साथ अनुरक्त होने वाली सहृदयता केशव में न थी। रामकथा के अन्तर्गत दशरथ-मरण और रामवनगमन, चित्रकूट में राम-भरत-मिलाप, शबरी का आतिथ्य, सीताहरण और लक्ष्मण-शक्ति के बाद राम-विलाप आदि स्थल अधिक मर्मस्पर्शी हैं। प्रायः इन सभी स्थलों पर केशव की रागात्मिका वृत्ति लीन होती नहीं दिखलाती देती। कदाचित इसीलिए बहुधा लोग केशव को हृदयहीन कह डालते हैं। किन्तु बुढ़ापे में पनघट पर मृगलोचनी कामिनियों द्वारा 'बाबा' कह कर सम्बोधित किये जाने पर अपने सफेद बालों को कोसने के लिए प्रसिद्ध कवि हृदयहीन था, यह कहना उचित न होगा। केशव में भिन्न-भिन्न मानव-मनोभावों को परखने की पूर्ण क्षमता थी। इस कथन के प्रमाण-स्वरूप 'रसिकप्रिया' और 'कविप्रिया' के स्फुट छन्द उपस्थित किये जा सकते हैं। प्रबन्धकाव्य के क्षेत्र में भी केशव के संवाद उनके मनोवैज्ञानिक पर्यवेक्षण का परिचय देते हैं। संवादों से इतर स्थलों पर भी कवि ने भिन्न-भिन्न प्रकृतस्थ भावों को सुन्दर व्यञ्जना की है, यद्यपि ऐसे स्थल कम अवश्य हैं।

राम, सीता और लक्ष्मण के साथ बन में चले जा रहे हैं। उनके अलौकिक सौन्दर्य को देखकर भोले-भाले बनवासी मोहित और किंकर्त्तव्य-विमूढ़ हो जाते हैं। उनका हृदय तर्क-वितर्क में पड़ जाता है और वे मन में विचार करते हैं कि 'हे भगवान, यह लोग कौन हैं'। किन्तु जब वे कुछ भी निश्चय नहीं कर पाते और उनका चित्त भारी भ्रम में उलझ जाता है तो मानवोचित स्वाभाविक उत्सुकतावश वे राम से एक ही साँस में अनेक प्रश्नों की झड़ी लगा देते हैं।

कौन हो कित ते चले कित जात हो केहि काम जू।
कौन की दुहिता बहू कहि कौन की यह वाम जू।

---

१. तुलसीदास, शुक्ल, पृ० सं० ८८

एक गाँव रहो कि साजन मित्र बन्धु बखानिये।
देश के पर देश के किधौं पंथ की पहचानिये ॥[१]

'शोक' का वर्णन कवि ने तीन स्थलों पर किया है। सीताहरण और लक्ष्मण-शक्ति के बाद राम की शोक-विह्वल दशा के चित्रण में तथा मेघनाथ-वध के पश्चात् रावण की दशा के वर्णन में। मारीच-रूपी स्वर्ण-मृग को मारने के बाद जब राम अपनी कुटी को वापस आकर सीता को नहीं पाते तो उनके हृदय में स्वाभाविक रूप से अनेक तर्क-वितर्क उठते हैं। वे लक्ष्मण से कहते हैं कि कहीं सीता स्नेहवश मुझे ढूँढ़ने वन में तो नहीं गई, अथवा तुमसे कुछ कहा सुनी तो नहीं हो गई जिस दुःख में वह कहीं छिपी बैठी है, अथवा यह कोई अन्य पर्णकुटी तो नहीं है।

निज देखौं नहीं शुभ गीतहि सीतहि कारण कौन कहौ अबहीं।
अति मोहित कै बन माँझ गई सुर मारग में मृग मार्‌यो जहीं।
कटुबात कछू तुम सो कहि आई किधौं तेहि त्रास दुराय रहीं।
अबहै यह पर्णकुटी किधौं और किधौं वह लक्ष्मण होइ नहीं।[२]

आशा के क्षीण तन्तु के सहारे राम, सीता की खोज करते आगे बढ़ते हैं किन्तु मार्ग में जटायु से यह समाचार पाकर कि सीता को रावण हर ले गया, राम पर एका-एक अशनिपात हो जाता है, जो उन्हें पागल बना देता है। सीता के प्रेम से विह्वल राम विलाप करते हुए पक्षियों और वृक्षलताओं आदि से करुणा-पूर्ण शब्दों में पता पूछते हुए दिखलाई देते हैं। चक्रवाक के जोड़े को देखकर राम उनसे कहते हैं कि 'जब जब तुम सीता को हमारे साथ देखते थे तो तुम्हें दुःख होता था। आज मुझे सीता से वियुक्त देखकर कदाचित् तुम्हें संतोष हो रहा हो, किन्तु वैर-भाव त्याग कर हमारी दशा पर सहानुभूति दिखलाते हुए तुम्हें सीता का पता बता देना चाहिए।

अवलोकत हे जब ही जब हीं। दुख होत तुम्हें तबहीं तबहीं।
यह वैर न चित्त कछू धरिये। सिय देहु बताय कृपा करिये।[३]

कुछ और आगे बढ़ने पर राम, चकोर से कहते हैं कि 'चकोर, जिस सीता के चन्द्रमुख को देखकर तुम चन्द्रमा को भी भूल जाते थे, जिनके मुख को देखकर तुम जीवन धारण करते थे, आज वही सीता खो गई है। अतएव सीता के उपकारों को स्मरण कर उसकी खोज में तुम मेरी सहायता करो।

शशि को अवलोकन दूर किये। जिनके मुख की छवि देखि जिये।
कृति चित्त चकोर कछूक धरो। सिय देहु बताय सहाय करो ॥[४]

आगे बढ़ने पर 'करुणा' नामक वृक्ष को देखकर राम कहते हैं कि 'हे करुणा,

---

१. रामचन्द्रिका, पूर्वार्ध, छं० सं० ३१, पृ० सं० १७३
२. वही, पूर्वार्ध, छं० सं० २७, पृ० सं० २२९
३. वही, पूर्वार्ध, छन्द सं० ३९, पृ० सं० २३३
४. वही, पूर्वार्ध, छन्द सं० ४०, पृ० सं० २३३

मकरंद के प्रार्थी भौंरे को चम्पा पुष्प के पास भी फटकने नहीं देता, इस प्रकार वह याचक का शत्रु है। अतएव मैं उसके पास सीता का पता पूछने नहीं गया। अशोक शोक-रहित है अतएव वह मेरे शोक का अनुभव नहीं कर सकता। केवड़े, केतकी, गुलाब आदि के पास जाना भी व्यर्थ है क्योंकि यह सब तीक्ष्ण स्वभाव (कांटेदार) वाले हैं। तुमको सज्जन जान हम तुमसे ही सीता का पता पूछने आये हैं, किन्तु तुम भी मौन हो। क्या यह उचित है। तुम तो करुणामय हो, तुमको तो मुझ पर दया कर सीता का पता बताना ही चाहिये। बोलो, बताओ, सीता कहाँ है।'

कहि केशव याचक के अरि चंपक शोक अशोक भये हरिकै।
लखि केतक केतकि जाति गुलाब ते तीक्षण जानि तजे डरिकै।
सुनि साधु तुम्हैं हम बूझन आये रहे मन मौन कहा धरिकै।
सिण को कछु सोधु कहौ करुणामय हे करुणा करुणा करिकै।।[1]

राम के शोक का दूसरा स्थल है लक्ष्मण-शक्ति। लक्ष्मण के शक्ति लगने पर एक बार फिर राम के हृदय के बांध टूट गये और उनके नेत्रों से अश्रुसरिता प्रवाहित हो गई। उन्होंने कहा, 'हे लक्ष्मण, एक बार तो मेरी ओर देखो। मेरे प्राण जा रहे हैं उन्हें बचाओ। मैं तुम्हारे किन-किन गुणों का स्मरण करूं। तुम तो भाई होते हुए भी पुत्र के समान मेरी आज्ञा का पालन करते थे और पुत्र के समान आचरण करते हुए भी मित्र के समान मेरी सहायता करते थे। तुम मेरी आँखों की ज्योति थे और तुम्हीं मेरे अस्त्र-शस्त्र तथा बल-विक्रम थे। आज तुम्हारे बिना मैं निशस्त्र और निर्बल हूं। एक बार तो आँखें खोलकर मेरी ओर देखो। सत्य समझो, मैं तुम्हारे बिना एक क्षण भी जीवित न रह सकूंगा। मुझे प्राणों का मोह नहीं, दुःख केवल इस बात का है कि विभीषण को लंका देने का वचन न पूरा कर सका। अपने 'प्रभु' की सेवा और सहायता के लिए तुम सदैव तत्पर रहते थे। क्या अपने 'प्रभु' को कलंकित होते देख सकोगे। कदाचित् नहीं, तो उठो और मेरी प्रतिज्ञा की रक्षा करो।'

लक्ष्मण राम जही अवलोक्यो। नैनन ते न रह्यो जल रोक्यो।
बारक लक्ष्मण मोहि बिलोको। मोकहँ प्राण चले तजि रोको।
हौं सुमिर गुण केतिक तेरे। सोदर पुत्र सहायक मेरे।
लोचन बान तुही धनु मेरो। तू बल बिक्रम बारक हेरो।
तू बिन हौं पल प्रान न राखौं। सत्य कहौं कछु झूठ न भाखौं।
मोहि रही इतनी मन शंका।
देन न पाई विभीषण लंका।
बोलि उठो प्रभु को प्रन पारौ।
नातरु होत है मो मुख कारौ।।[2]

१. रामचन्द्रिका, पूर्वार्ध, छन्द सं० ४१, पृ० सं० २३४
२. वही, पूर्वार्ध, छन्द सं० ४३-४६, पृ० सं० ३७०-३७१

लक्ष्मण द्वारा मेघनाद का वध किये जाने पर इसी प्रकार रावण पर एकाएक शोक का पहाड़ टूटा था, जिसके फलस्वरूप रावण का कठोर हृदय भी शोक-विह्वल हो गया। अब मनुष्य पर अचानक कोई बहुत बड़ा दुःख पड़ता है तो उसे जीवन, सुख और संसार से विरक्ति हो जाती है और असीम निराशा की दशा में वह सब ओर से उदासीन हो जाता है। मेघनाद के वध से रावण की भी यही दशा हुई थी। ऐसी ही मानसिक स्थिति में रावण कहता है कि 'आज से सूर्य, जल, वायु, अग्नि, चन्द्रमा आदि मेरी ओर से निडर होकर आनन्दपूर्वक विचरण करें। किन्नर गान करें, गंधर्व नाचें और यक्ष सुखपूर्वक कर्दम का लेप करें। ब्रह्मा, रुद्रादि तीनों लोक के देवता जाकर इन्द्र का अभिषेक करें। सीता राम को और लङ्का का राज्य कुलद्रोही विभीषण को दे दिया जाये। ब्राह्मणगण भी स्वच्छन्दतापूर्वक जाकर यज्ञानुष्ठान आदि कृत्य करें।'

आजु आदित्य जल, पवन पावक प्रबल,
चंद आनंद भय, त्रास जग को हरौ।
गान किन्नर करो, नृत्य गंधर्व कुल,
यक्ष विधि लक्ष उर यक्ष कर्दम धरौ।
ब्रह्म रुद्रादि दै, देव तिहुँ लोक के,
राज को जाय अभिषेक इन्द्रहिं करौ।
आजु सिय राम दै, लंक कुलदूषणहिं,
यज्ञ को जाय सर्वज्ञ विप्रहु बरौ॥[1]

जिस समय रंचमात्र आशा न हो उस समय यदि किसी मनुष्य की प्रियवस्तु अथवा प्रिय समाचार प्राप्त हो जाता है हो एकाएक उसे अपने नेत्रों अथवा कानों पर विश्वास नहीं होता और बुद्धि चक्कर में पड़ जाती है। नव पल्लव-युक्त अशोक से अग्नि की याचना करने पर अग्नि के स्थान पर राम की मुन्दरी मिलने पर सीता के हृदय की यही दशा हुई थी। मुन्दरी पर राम का नाम पढ़ कर सीता की मति भ्रम में पड़ गई। उन्हें एकाएक विश्वास न हुआ कि यह राम ही की मुद्रिका है। उनके हृदय में स्वाभाविक रूप से तर्क-वितर्क होता है कि लड़कपन से इस मुन्दरी को राम अपने हाथ में धारण करते रहे हैं। यह किस प्रकार उनसे वियुक्त हुई अथवा इसे यहाँ कौन लाया। यह भेद किस प्रकार ज्ञात हो, किससे पूछने जाऊँ।

जब बाँचि देख्यो नाउं। मन परयो संभ्रम भाउ।
आबाल ते रघुनाथ। यह धरी अपने हाथ।
बिछुरी सु कौन उपाउ। केहि आनियो यहि ठांउ।
सुधि लहौं कौन प्रभाउ। अब काहि बूझन जाउँ॥[2]

---

१. रामचन्द्रिका, पूर्वार्ध, छन्द सं० ३, पृ० सं० ३९

२. वही, पूर्वार्ध, छं० सं० ६७-६८, पृ० सं० २७८

रावण-वध के पश्चात् हनुमान द्वारा रामादि के प्रत्यागमन का समाचार सुनकर भरत के हृदय की भी बहुत कुछ ऐसी ही दशा हुई थी; यद्यपि इस अवसर पर जड़ मुन्दरी के स्थान में चैतन्य हनुमानजी संवादवाहक के रूप में भरत जी के पास आये थे। हनुमानजी ने यह सुखद समाचार सुनकर भरत सुख-सागर में निमज्जित हो गये और एकाएक इस समाचार की सत्यता पर उन्हें विश्वास न आया। वे सोचने लगे 'हे 'हे ईश, हनुमानजी मुझसे क्या कह रहे हैं। क्या यह सच है, अथवा मैं स्वप्न देख रहा हूँ।'

सुनि परम भावती भरत बात।
भये सुख समुद्र में मगन गात।
यह सत्य किधौं कछु स्वप्न ईश।
अब कहा कह्यो मोसन कपीश।।[1]

केशवदास जी ने 'हर्ष' की भी बड़ी सुन्दर व्यञ्जना की है। चिर-वियोग के बाद प्रियतम की मुद्रिका पाकर सीता को जो हर्ष हुआ होगा वह अवर्णनीय है। कविवर केशवदास ने अपनी प्रतिभा का परिचय देते हुए सीता जी ने मुद्रिका का वर्णन नाना प्रकार से कराकर सीता के हर्षातिरेक को व्यञ्जित किया है। हर्षातिरेक में जड़ मुन्दरी को सजीव मानकर उससे सीता का बातचीत करना भी मनोवैज्ञानिक है। मुन्दरी के प्रति सीता का उपालम्भ है:

श्रीपुर में वन मध्य हौं, तू मग करी अनीति।
री मुंदरी अब तियन की, को करिहै परितीति।।[2]

आगे सीता जी उससे राम की कुशल पूछती हैं किन्तु उसके उत्तर न देने पर हनुमान से उसके मौन का कारण पूछती है:

कहि कुसल मुद्रिके राम गात।
सुभ लक्ष्मण सहित समान तात।
यह उतरु देति नहि बुद्धि वंत।
केहि कारण धौं हनुमंत संत।।[3]

हनुमान जी ने भी बड़ी चतुरता के साथ मुन्दरी के मौन का कारण और सीता के मुन्दरी के प्रति किये गए प्रश्न का उत्तर एक ही साथ दे दिया।

तुम पंछत कहि मुद्रिके मौन होत यदि नाम।
कंकन की पदवो दई तुम बिना या कहं राम।।[4]

'लज्जा' भारतीय ललनाओं का भूषण है। केशवदासजी ने एक स्थल पर कुल-

---

१. रामचन्द्रिका, उत्तरार्ध, छं० सं० २४, पृ० सं० ८
२. वही, पूर्वार्ध, छं० सं० ८५, पृ० सं० २८५
३. वही, पूर्वार्ध, छं० सं० ८६, पृ० सं० २८५
४. वही, पूर्वार्ध, छं० सं० ८७, पृ० सं० ४८५

वधुओं की लज्जा की भी मनोहर व्यञ्जना की है। राम के रनिवास की कामिनियाँ बाटिका-विहार के लिए गई हैं। एक स्थान पर वह देखती हैं कि रस-लोलुप भौंरे-भौंरियों के सामने ही मालती का चुंबन कर रहे हैं। यह दृश्य देखकर वे ललनाएँ लजा जाती हैं और घूँघट के भीतर ही भीतर मुस्कराती हैं।

अलि उड़ि धरत मंजरी जाल। देखि लाज साजति सब बाल।
अलि अलिनी के देखत धाइ। चुम्बत चतुर मालती जाइ।
अद्‌भुत गति सुन्दरी विलोकि। विहँसति है घूंघट पट रोकि ।।[१]

'हास्य' की एक झलक उस समय दिखलाई देती है जब रावण का यज्ञविध्वंस करने के लिये गये हुए बानरगण रावण की चित्रशाला में मंदोदरी को ढूंढ़ते हुए पहुँचते हैं। अंगद चित्रखचित पुतलियों को रावण की रानियाँ समझकर पकड़ने दौड़ते हैं किन्तु जब निकट पहुँचते हैं तो उन्हें अपना भ्रम ज्ञात होता है। यह देख-देखकर वहाँ छिपी देवकन्याएँ हँसती हैं।

भगीं देखि कै शंकि लंकेस बाला।
दुरी दौरि मंदोदरी चित्रसाला।
तहाँ दौरिगी बालि को पूत फूल्यो।
सबै चित्र की पुत्रिका देखि भूल्यो।
गहै दौरि जाको तजै ता दिसा को।
तजै जादिशा को भजै वाम ताको।
भलै कै निहारी सबै चित्रसारी।
लहैं सुन्दरी क्यों दरी को विहारी।
तजै देखि कै चित्र की श्रेष्ठ धन्या।
हँसी एक ताको तहीं देव कन्या ।।[२]

सीता को खोज लगाकर वापस आये हुए हनुमानजी की रामद्वारा प्रशंसा किये जाने पर हनुमान के शब्दों में स्वाभाविक 'दीनता' का प्रकाशन है। हनुमान जी कहते हैं कि 'हे महाराज, आप व्यर्थ ही मेरी प्रशंसा करते हैं, मैंने किया ही क्या है। आपकी मुद्रिका मुझे समुद्र के उस पार ले गई और सीताजी की मणि के प्रभाव से मैं इस ओर आया हूँ। लंका जलाकर भी मैंने कौन-सा विक्रम किया है। वह तो स्वयं मृत थी। अक्षकुमार को मारा, वह भी निर्बल बालक था। तदनन्तर शत्रु द्वारा बाँधा गया। यदि बली होता तो बाँधा ही क्यों जाता। वृक्ष अवश्य तोड़े किन्तु वे जड़ थे। इस प्रकार मैंने कुछ भी तो विक्रम नहीं किया जो इस प्रकार आप मेरी प्रशंसा कर रहे हैं।'

गई मुद्रिका लैं पार। मनि मोहि लाई बार।
कह कर्‌यो मैं बाल रंक। अति मृतक जारी लंक।

---

१. रामचन्द्रिका, उत्तरार्ध, पृ० सं० २१७
२. वही, पूर्वार्ध, पृ० सं० ४०३

अति हत्यो बालक अच्छ। लै गयो बांधि विपच्छ।
जड़ वृक्ष तोरे दीन। मैं कहा विक्रम कीन।।[१]

वीरोचित 'उत्साह' की व्यञ्जना केशव ने कई स्थलों पर बड़ी मार्मिक की है। महाबली कुम्भकर्ण युद्ध-स्थल में रामचन्द्रजी से कहता है, 'हे राम, मुझे ताडका या सुबाहु न समझना जिसको तुमने सहज ही मृत्यु के घाट उतार दिया। मैं शिवपिनाक भी नहीं हूँ जिसे तुमने फूल की तरह तोड़ डाला। मैं ताल नहीं हूँ और न बाली अथवा खर हूँ, जिसे तुमने बेध कर रख दिया। खरदूषण भी नहीं हूँ जो तुम्हारे बाणों का लक्ष्य हो गया। तनिक सामने देखो, मैं देव और असुर कन्याओं से भोग करने वाला तथा महाकाल का भी काल कुम्भकर्ण हूँ। राम, मैं तुम्हें युद्ध के लिए चुनोती देता हूँ। लंका आकर तुम्हें गर्व हो गया है, आज संसार के सामने तुम्हारा बल प्रकट हो जायगा।

न हौं ताड़का, हौं सुबाहौ न मानो।
न हौं शंभु कोदंड साँची बखानो।
न हौं ताल, बाली, खरै, जाहि मारो।
न हौं दूषणै सिंधु सूधे निहारो।
सुरी आसुरी सुन्दरी भोगकर्णै।
महाकाल को काल हौं कुंभकर्णै।
सुनौ राम संग्राम को तोहि बोलौं।
बढ़ो गर्व लंकाहि आये सु खोलौं।।[२]

आगे चलकर कुम्भकर्ण और मेघनाद के वध के पश्चात् निराश रावण को उत्साहित करता हुआ वीर मकराक्ष कहता है कि 'मेरे सामने कुम्भकर्ण और इन्द्रजीत क्या हैं। एक सोया करता था और दूसरा डरते हुए युद्ध करता था। जब तक आपका यह दास जीवित है तब तक सीता को यहाँ से कौन ले जा सकता है। महाराज, आप निश्चिन्त होकर लंका का राज भोगिए। मुझे युद्ध के लिए शीघ्र विदामात्र कर दीजिए। विश्वास रखिये, मैं युद्ध में सुग्रीवादि सहित राम-लक्ष्मण को परमधाम पहुँचा दूंगा और अयोध्या पर अधिकार कर उसे आपकी राजधानी बनाकर रहूँगा।

कहा कुंभकर्णै कहा इन्द्रजीतौ।
करै सोइबो वा करै युद्ध भीतौ।
सुजौलौं जियो हौं सदा दाल तेरे।
सिया को सकै लै सुनो मंत्र मेरे।
महाराज लंका सदा राज कीजै।
करौ युद्ध मोको बिदा वेगि दीजै।

---

१. रामचन्द्रिका, पुवार्ध, छं० सं० ३३-३४, पृ० सं० ३०८
२. वही, पूर्वार्ध, छं० सं० २२, ३३, पृ० सं० ३८७, ३८८

हतौं राम स्यौं बन्धु सुग्रीव मारौं।
अयोध्याहि लै राजधानी सुधारौं ।।[1]

इसी प्रकार शत्रुघ्न के बाणों से मूर्छित लव के लिए विलाप करती हुई सीता के प्रति कुश का कथन है, 'मां, तू व्यर्थ ही शोक करती है। यदि शत्रु स्वयं यमराज है तो भी मैं उसको मार कर और उसके दल को नष्ट कर लव को छुड़ा लूंगा। हे मां, तभी आकर मैं आपके चरणों का दर्शन करूंगा।'

रिपुहि मारि संहारि दल यम ते लेहुँ छँड़ाय।
लवहि मिलैहौं देखिहौ माता तेरे पाँय ।।[2]

वही कुश लक्ष्मण से वीर के सामने आकर भी असीम उत्साह से उन्हें ललकार कर कहता है, 'हे लक्ष्मण, मुझे मकराक्ष या इन्द्रजीत समझने की भूल न करना, जिन्हें तुम अपने बाणों का लक्ष्य बना चुके हो। यहाँ हम तुम्हें रण में सम्मुख देखकर विचलित होने वाले नहीं हैं। जिस यश का आज तक तुमने संचय किया है, मुझसे युद्ध कर उसे क्यों गँवाते हो। लक्ष्मण, मुझसे युद्ध कर अपनी माता को व्यर्थ ही अनाथ मत करो।

न हौं मकराक्ष न हौं इन्द्रजीत। विलोक तुम्हैं रण होहुँ न भीत।
सदा तुम लक्ष्मण उत्तम गाथ। करौ जनि आपनि मातु अनाथ ।।[3]

(ब) मुक्तक रचनाओं में :

केशवदासजी प्रबन्ध की अपेक्षा मुक्तक रचनाओं में विभिन्न मानव-भावों के प्रत्यक्षीकरण में अधिक सफल हुए हैं। प्रेम संसार का मूल है। केशव ने भी अधिकांश मुक्तकों में नायक-नायिका के प्रेम और विभिन्न अवस्थाओं तथा परिस्थितियों में प्रेमिका के भावों की गंभीर और मार्मिक व्यंजना की है। इन मुक्तकों में रसराज कृष्ण तथा गोपियाँ आलंबन के रूप में प्रयुक्त किये गये हैं। अस्तु ! प्रेम का अंकुर धीरे-धीरे उत्पन्न और पल्लवित होता है। नायिका ने नायक के गुणों के विषय में सुना, जिसे सुनकर उसके दर्शन की लालसा हुई। दर्शन मिले पर ठगोरी लग गई। नायक ने नायिका के हृदय में घर कर लिया और अब तो चाहने पर भी वह हृदय से दूर नहीं होता।

सौहैं दिवाय दिवाय सखी इक वारक कानन आन बसाये।
जानै को केशव कानन ते कित ह्वै हरि नैनन मांझ सिधाये।
लाज के साज धरेई रहे तब नैनन लै मन ही सो मिलाये।
कैसी करौं अब क्यों निकसो ही हरे हिय में हरि आये ।।[4]

किसी से प्रेम हो जाने तथा उसके न मिलने पर न तो खेल अच्छा लगता है

---

१. रामचन्द्रिका, पूर्वार्ध छं० सं० ७, ८, पृ० सं० ३८५
२. वही, उत्तरार्ध, छं० सं० २६, पृ० सं० २८२
३. वही, उत्तरार्ध, छं० सं १७, पृ० सं० ३०२
४. रसिकप्रिया, छं० सं० १६, पृ० सं० ६८

और न हँसी। गीत की ध्वनि बाण के समान प्रतीत होती है। वस्त्र और शृङ्गार की ओर से अरुचि हो जाती है। प्रेमी से साम्य अथवा सम्बन्ध रखने वाली वस्तुएँ ही अच्छी लगती हैं। केशव के नायक रसराज कृष्ण की भी यही दशा है।

खेलत न खेल कछू हँसी न हँसत हरि,
सुनत न गान कान तान बान सी बहै।
ओढ़त न अंबर न डोलत दिगंबर सो,
शंबर ज्यों शंबरारि दुःख देह को दहै।
भूलिहूँ न सूंघै फूल फूल तूल कुम्हिलात
गात, खात बीरहू न बात काहू सो कहै।
जानि-जानि चंद मुख केशव चकोर सम,
चंदमुखी, चंद ही के बिंव ज्यों चितै रहै।।[1]

बिहारी की नायिका 'बतरस' के लालच से कृष्ण की मुरली 'लुका' कर रख देती है। इधर केशव के कृष्ण इसी उद्देश्य से एक गोपी को मार्ग में घेरकर खड़े हो जाते हैं और उससे 'दधि' माँगते हैं। गोपी, कृष्ण को दही देने की इच्छा रखते हुए भी नहीं देती और उन्हें खिझाती है। यह 'प्रेम की रार' है। बातों में रस का सागर छलक रहा है।

दै दधि, दीनो उधार हो केशव, दानी कहा जव मोल लै खैहैं।
दीन्हें बिना तो गईं जु गईं, न गईं न गईं घर ही फिर जैहैं।
गोहित बैरु कियो, हित हो कब, बैरु किये बरु नीके ही रैहैं।
बैर कै गोरस बेचहुगी अहो बेच्यो न बेच्यो तो ढारि न दैहैं।।[2]

यदि प्रेमी अपने प्रिय से हँसी में भी कोई तीखी बात कह देता है तो उसके हृदय पर गहरी चोट लगती है। एक दिन कृष्ण ने अपनी प्रेमिका से हँसी ही हँसी में कह दिया कि जिसको पिता ने अपने घर से निकाल दिया उससे उनसे प्रेम कैसे निभ सकता है। यह सुनकर नायिका के अविरल आँसू बह चले और फिर उसे सांत्वना देना कठिन हो गया।

एक समय एक गोपी सों केशव कैसहूँ हाँसी की बात कही।
या कहँ तात दई तजि जाहि कहा हम सो रस रीति नही।
को प्रति उत्तर देइ सखी दृग आँसुन की अवलो उमहीं।
उर लाय लई अकुलाय तऊ अधिरातिक लौ हिलकी न रहीं।।[3]

प्रेम एकाधिपत्य स्वत्व चाहता है। प्रेमी यह कभी सहन नहीं कर सकता कि उसका प्रिय किसी अन्य से भी प्रेम करे। एक बार एक गोपी, कृष्ण से कुछ पूछ रही

---

१. कविप्रिया, छं० सं० २०, पृ० सं० ३५४
२. कविप्रिया, छं० सं० ३९, पृ० सं० ४१
३. रसिकप्रिया, छं० सं० ४४, पृ० सं० १०७

थी। अचानक कृष्ण के मुख से किसी अन्य नायिका का नाम निकल गया। अब तो नायिका के हाथ का पान का बीड़ा हाथ में और मुंह का मुंह में ही रह गया और आतुरतापूर्वक शब्दों के साथ हो आंखों से अश्रुधार प्रवाहित हो चली।

बूझत ही वह गोपी गुपालहिं आजु कछू हँसिकै गुणगाथहि।
ऐसे में काहू को नाम सखी कहि कैसे धौ आइ गयो ब्रजनाथहि।
खाति खवावति ही जु बिरी सु रही मुख की मुख हाथ की हाथहि।
आतुर ह्वै उन आँखिन तें अँसुवा निकसे अखरानि के साथहि ॥[१]

मान प्रेम का आवश्यक अंग है। यह ऐसी प्रेम की रार है जो प्रेम-रस को बढ़ाती है। मान दुधारी तलवार है जो प्रेमी और प्रेमिका दोनों पर असर करती है। नायिका ने एक बार अपने प्रिय से मान किया। वह मना कर हार गया किन्तु वह न मानी। नायक को निराश जाना पड़ा। अब नायिका को स्वयं अपने किये पर पश्चाताप हो रहा है।

पांइ परेहू तें प्रीतम त्यों कहि केशव क्योंहूँ न मैं दृग दीनी।
तेरी सखी शिष सीख न एकहू रोष ही की शिष सीखजू लीनी।
चंदन चंद समीर सरोज जरै दुख देह भई सुख हीनी।
मै उलटी जु करी विधि मोकहँ न्याइन ही उलटी विधि कीनी ॥[२]

अभिसार प्रेम-परीक्षा की कसौटी है। लोक-लज्जा को तिलांजलि दे, बाधाओं का सामना करते हुए प्रिय से मिलने के लिए जाकर प्रेमिका अपने प्रगाढ़ प्रेम का परिचय देती है। प्रेम अंधा होता है। केशव की नायिका मार्ग में चलने वाले बालक, वृद्ध और युवाओं की चिन्ता न करती हुई प्रेमी से मिलने के लिए चली जा रही है।

गोप बड़े बड़े बैठे अथाइनि केशव कोटि सभा अवगाहीं।
खेलत बालक जाल गलीन मैं बात विलोकि विलोक बिकाहीं।
आवति जाति लुगाई चहूँ दिशि घूँघट में पहिचानति छाहीं।
चंद सो आनन काढि कहाँ चलि सूझत है कछु तोहि कि नाहीं ॥[३]

रात्रि का समय है। बादल घिरे हैं। घना अंधकार छाया है। कांटों और कीच का उल्लंघन करती हुई नायिका अकेली आई है। उसका साहस देखकर नायक भी चकित रह गया। आज इस प्रकार बिना बुलाये आकर नायिका ने नायक को मोल ले लिया।

लीने हमें मोल अनबोलें आई जान्यो मोह,
मोहि घनश्याम घनमाला बोलि ल्याई है।

---

१. रसिकप्रिया, छं० सं० ५, पृ० सं० १७२
२. वही, छं० सं० १५, पृ० सं० १२४
३. वही. छं० सं० ३६, पृ० सं० १३८

देखो ह्वै है दुख जहाँ देहऊ न देखी परै,
देखो कैसे बाट केशो दामिनी दिखाई है।
ऊँचे नीचे बीच कीच कंटकन पीड़े पग,
साहस गयंद गति अति सुख दाई है।
भारी भय कारी निशि निपट अकेली तुम,
नाहीं प्राणनाथ साथ प्रेम जो सहाई है ।।[१]

जिस प्रकार दिन के बाद रात्रि अनिवार्य है, उसी प्रकार सुख के बाद दुःख और संयोग के बाद वियोग, संसार का नियम है। किन्तु प्रेमी के लिए अपने प्रिय से वियुक्त होने की सम्भावना ही कितनी दुःखदायी है, यह वही समझ सकता है जिसने वियोग-दुख को सहन किया है। आज केशव की नायिका का प्रेमी किसी कार्यवश परदेश जा रहा है। बेचारी नायिका किंकर्तव्यविमूढ़ है। यदि वह रहने को कहती है तो प्रभुता प्रकट होती है। यदि यह कहती है कि जो ठीक समझो वह करो तो उदासीनता सूचित होती है। यदि कहती है कि साथ ले चलो तो लोक-लज्जा का प्रश्न सामने आता है। अंत में वह अपने प्रिय से ही पूछती है कि उस अवसर पर उसे क्या कहना उचित होगा।

जो हौं कहौं 'रहिये' तो प्रभुता प्रगट होति,
'चलन' कहौं तो हित हानि, नाहि सहनो।
'भावै सो करहु' तो उदास भाव प्राणनाथ,
'साथ लै चलहु' कैसे लोक लाज बहनो।
केशो राय की सौं तुम सुनहु छबीले लाल,
चले ही बनत जोपै नाहीं राजा रहनो।
तैसिये सिखाओ सीख तुमही सुजान प्रिय,
तुमहिं चलत मोहि जैसो कछु कहनो ।।[२]

आज नायिका अपने प्रिय से वियुक्त है। आँखें मेह से होड़ लगा रही हैं। साँसों के साथ ही रात्रि भी बढ़ती-सी जा रही है और काटे नहीं कटती। हँसी भी लुप्त हो गई। नींद क्षण-भर के लिए बिजली के समान आती और फिर न जाने कहाँ चली जाती है। पपीहे के समान 'पी-पी' की रट लगी है। शरीर ताप से तप रहा है। इस प्रकार केशव द्वारा अंकित विरहिणी का निम्नलिखित चित्र यथातथ्य है।

मेह कि हैं सखि आँसू उसासनि साथ निसा सु बिसासिनि बाढ़ी।
हांसी गयी उड़ि हंसनि ज्यों, चपला सम नींद भई गति काढ़ी।
चातकि ज्यों पिउ पीउ रटै, चढ़ी चाप तरंगिनि ज्यों तन गाढ़ी।
केशव वाकी दशा सुनि हौं अब, आगि बिना अंग अंगन डाढ़ी ।।[३]

---

१. रसिकप्रिया, छं० सं० ३१, पृ० सं० १३४
२. कविप्रिया, छं० सं० २०, पृ० सं० २१३
३. वही, छं० सं० ४२, पृ० सं० १७६

ज्यों-ज्यों दिन बीते वियोग-व्यथा बढ़ती ही गई और अब तो उसकी दशा पागलों की सी हो रही है। वह चौंककर इधर-उधर देखता है, पृथ्वी पर अपनी ही परछाईं देखकर डर-सी जाती है तथा प्रश्न करने पर और का ओर उत्तर देती है। उसे न तो बड़ों के सामने घूंघट काढ़ने का ध्यान है और न वस्त्र संभालने का। आज उसकी सब सुध भूली हुई है। उसकी दशा ऐसी हो रही है जैसे उसे किसी की दृष्टि लग गई हो, सन्निपात ज्वर हो गया हो अथवा किसी ने कुछ करा दिया हो।

केशव चौकति सी चितवै क्षिति पा धर कै तरकै तकि छाहीं।
बूझिये और कहै मुख और सु और की और भई क्षण माहीं।
डीठि लगी किधौं वाइ लगी मन भुलि पर्यो कै कर्यो कछु काहीं।
घूंघट की घट की पट की हरि आजु कछू सुधि राधिकै नाहीं ॥[1]

सखियाँ समझाने आती हैं किन्तु उसकी समझ में उनकी सीख नहीं आती और आये भी कैसे, उसकी बुद्धि तो प्रीतम के साथ ही चली गई। अंत में वे स्वाभाविक रूप से खीझकर चली जाती हैं।

कौन के न प्रीति कौन प्रीतमहि न बिछुरत,
तेरे ही अनोखे पतिव्रत गाइयतु है।
यतन करेही भले आवै हाथ केशव दास,
और कहो पक्षिन के पाछे धाइयतु है।
उठि चलौ जो न मानै काहू की वलाइ जानै,
मान सो जो पहिचानै तावे आइयतु है।
याके तो है आजु ही मिलौं कि मरि जाउँ माई
आगि लागे मेरी आली मेह पाइयतु है ॥[2]

आज कृष्ण के परम सखा उद्धव गोपियों के पास कृष्ण का संदेशा लाये हैं परन्तु प्रेम का नहीं, योग का संदेशा है। किन्तु गोपियाँ तो योग-विशेष (वियोग) का साधन कर रही थीं, उनकी दृष्टि में उद्धव के तुच्छ योग का मूल ही क्या। अतएव राधा उद्धव को मुँहतोड़ उत्तर देती है।

राधा राधा रमन के, मन पठयो है साथ।
उद्धव ह्यां तुम कौन सों, कहो योग की गाथ ॥[3]

अब भी उद्धव अपना राग अलापे ही जाते हैं। सुनते-सुनते गोपियों के कान पक गये और वह खीझ उठीं किन्तु कहें क्या। एक तो उद्धव आज उनके अतिथि हैं और फिर सबसे बड़ी बात यह है कि वह प्रियतम के सखा हैं। अतएव वे इतना ही कहकर रह जाती हैं कि हे उद्धव, हृदय में अच्छी तरह समझ लो, यदि अब भी तुम

---

१. रसिकप्रिया, छं० सं० ४२, पृ० सं० १६७
२. वही, छं० सं० ६, पृ० सं० १८८
३. कविप्रिया, छं० सं० ३०, पृ० सं० ३७

न माने तो अंत में तुम्हें पछताना पड़ेगा।

कहौं कहा तुम पाहुने, प्राणनाथ के मित्त।
फिर पीछे पछिताहुगे, ऊधो समुझौ चित्त ।।[१]

इन दोहों में केशवदासजी विप्रलम्भ-शृङ्गार के सम्राट सूरदासजी के निकट पहुँचते दिखलाई देते हैं। ऊपर दिये हुए उदाहरणों मे स्पष्ट है कि शृङ्गार के दोनों पक्षों, संयोग और वियोग के चित्रण में केशव का पूरा आधिपत्य था और शृङ्गार रस पर लिखने वाले हिन्दी-साहित्य से किसी भी कवि के छन्दों के समकक्ष इस विषय पर लिखे गये केशव के छन्द रखे जा सकते हैं। केशव के छन्दों में कवि का गम्भीर पर्यवेक्षण है, और तन्मयता भी। इस प्रकार के अन्य अनेक उदाहरण 'रसिकप्रिया' और 'कविप्रिया' नामक ग्रन्थों में भरे पड़े हैं। हाँ, केशव के कुछ छन्दों में अश्लीलता अवश्य है, किन्तु बहुत कुछ यह उस समय और समाज का प्रभाव है जिसमें केशव उत्पन्न हुए थे। शृङ्गार रस पर लिखने वाला प्राय: कोई तत्कालीन कवि इस दोष से सर्वथा मुक्त नहीं है। यहाँ तक कि महात्मा सूरदास भी इस दोष से एकदम नहीं बचे हैं। हम इतना ही कह सकते हैं कि केशवदासजी, भूषण के समान परिस्थितियों के निर्माता न होकर परिस्थितियों द्वारा निर्मित थे।

शृंगार से इतर रसों की व्यंजना

शृङ्गार रस के बाद यदि किसी रस के निरूपण में केशव को सफलता मिली है तो वह वीर रस है। 'रामचन्द्रिका' से केशव के वीररस-सम्बन्धी छन्दों के उदाहरण पूर्वपृष्ठों में दिये जा चुके हैं। यहाँ अन्य ग्रंथों से कुछ छन्द उद्धृत किये जाते हैं। 'रतनबावनी' नामक ग्रन्थ में वीररस का सबसे अच्छा परिपाक हुआ है। सम्राट् अकबर की सेना से लोहा लेने के लिए प्रस्थान करते हुए, योद्धाओं और सामंतों के प्रति कुंवर रतनसेन की वीरोक्ति है :—

रतनसेन कह बात सूरसामंत सुनिज्जिय।
करहु पैज पन धारि मारि सामंतन लिज्जिय।
धरिय स्वर्ग अच्छरिय हरहु रिपु गर्व सर्व अब।
जुरि करि संगर आज सूरमंडल भेदहु सब।
मधुसाह नंद इमि उच्चरइ खंडखंड पिंडहिं करहुँ।
कट्टहुँ सुदंत हथियान के मर्दहुं दल यह प्रन धरहुँ ।।[२]

दूसरा ग्रंथ जिसमें कुछ स्थानों पर वीररस का अच्छा निरूपण हुआ है केशव का 'वीरसिंह देव-चरित' है। अकबर की सेना से मुठभेड़ न करने के लिए शिक्षा देने वाले क्षेत्रपाल के प्रति कुमार भूपालराय का कथन है :

---

१. कविप्रिया, छं० ३१, पृ० सं० ३७

२. रतनबावनी, पंचरत्न, छं० सं० ८, पृ० सं० २

मीत करहिं जनि भाँति बंस रनजीति हमारो।
व्रतधारी जस अमल ताहि अब करो न कारो।
राजनि के कुल राज कहा फिरि फिरि अवतरियो।
अब तब जब कब करन कहत अब ही किनि मरियो।
सुर सूरनि मंडल भेदि ज्यों बिना गये से हरि सरन।
सब सूरजि मंडल भेदि त्यौं रामदेव देखैं सरन ॥[१]

केशव के ग्रंथों में शृङ्गार अथवा वीर दो ही रसों की प्रधानता मिलती है, किन्तु प्रसंगवश अन्य रसों का भी यथास्थान निरूपण हुआ है। 'रामचन्द्रिका' में कई स्थलों पर रौद्ररस का अच्छा परिपाक हुआ है। परशुराम द्वारा गुरु-निंदा सुनकर शांतशील राम को असीम क्रोध हुआ और उन्होंने परशुराम को ललकार कर कहा :

भगन कियो भव धनुष साल तुमको अब सालौं।
नष्ट करौं विधि सृष्टि ईश आसन ते चालौं।
सकल लोक सहरहुँ सेस सिरते धर डारौं।
सप्त सिंधु मिलि जाहि होइ सबहि तम भारौं।
अति अमल जोति नारायणी कह केशव बुझि जाय बर।
भृगुनंद संभारु कुठारु मै कियो सरासन युक्त सर ॥[२]

इसी प्रकार लक्ष्मण-शक्ति के अवसर पर किसी से यह सुनकर कि सूर्योदय होने के पूर्व ही यदि लक्ष्मण को औषधि न दी जायेगी तो उनकी मूर्छा चिर निद्रा में परिणित हो जायेगी, राम शोक भूलकर रुद्ररूप ग्रहण कर लेते हैं।

करि आदित्य अदृष्ट नष्ट जम करौं अष्ट बसु।
रुद्रन बोरि समुद्र करौं गंधर्व सर्व पसु।
बलित अबेर कुबेर बलिहिं गहि देउँ इन्द्र अब।
विद्या धरन अविद्य करौं बिन सिद्धि सिद्ध सब।
निजु होहिं दासि दिति की अदिति अनिल अनल मिटि जाय जल।
सुनि सूरज! सूरज उवत ही करौं असुर संसार बल ॥[३]

भयानक रस वीररस का सहकारी है। राम की सेना के चलने पर राम के शत्रुओं पर जो आतङ्क छा जाता था, उसका वर्णन करते हुए कवि ने लिखा है कि व्याकुल होकर राम के शत्रु पर्वत-कन्दराओं में जाकर छिप गये हैं, वस्त्राभूषण आदि इधर-उधर बिखरे पड़े हैं। उनको सहेजकर रखने की भी किसी को सुधि नहीं है।

रामचन्द्र कीन्हे तेरे अरिकुल अकुलाय।
मेरु के समान आन अजल घरीनि में।

---

१. बीरसिंहदेव-चरित, छन्द सं० २२, पृ० ८०
२. रामचन्द्रिका, पूर्वार्ध, छं० सं० ४२, पृ० सं० १४२
३. वही, पूर्वार्ध, छं० सं० ४८, पृ० सं० ३७२

सारी शुक हंस पिक कोकिला कपोत मृग।
केशोदास कहूँ हय करभ करीनि में।
डारे कहूँ हार टूटे राते पीरे पट छूटे।
फूटे हैं सुगन्ध घट स्रवत तरीनि में।
देखियत शिखर शिखर प्रति देवता से।
सुन्दर कुँवर अरु सुन्दरी दरीनि में।।[१]

महाराज वीरसिंहदेव के युद्ध के लिए प्रयाण करने पर भी भय से संसार भर में खलबली मच जाती है। केशव का कथन है :

भूतल सकल भ्रमित ह्वै गयो। लोक-लोक कोलाहल भयो।
गाजि उठे दिग्गज तिंहि काल। संकित सकल अंक दिगपाल।
रौर परी सुरपुरी अपार। बाढ़े सुरपति चित्त विचार।
कल्पवृक्ष गज वाजि समेत। सौंपे सुरगुरु को इहि हेत।
धर्म राज के धक पक भई। दंडनीति कुंभज को दई।
चिंता तरुन बरुन उर गुनी। तबही उतरि गई बारुनी।।[२]

युद्ध के बाद युद्ध-स्थल की दशा श्मशान के समान हो जाती है, अतः केशव ने दो-एक स्थलों पर युद्ध के प्रसंग में वीभत्स रस का भी निरूपण किया है। 'वीरसिंह देव-चरित' ग्रंथ में ओछड़े के युद्ध का वर्णन करते हुए कवि ने लिखा है :

अति रूरी राजत रन थली। जूझि परे तहं हय गय बली।
खण्डनि खण्ड लसैं गज कुम्भ। श्रोनित भर भभकन्त भसुण्ड।
... ...
घन घाइनि घाइल घर परैं। जोगनि जोरि जंघ सिर धरैं।
अंचल मुख पोंछति जगमगी। कण्ठ श्रोन पिय मारग लगी।।[३]

'रामचन्द्रिका', 'कविप्रिया' और 'विज्ञानगीता' ग्रन्थो में कवि ने कई स्थलों पर शान्त रस की भी मार्मिक व्यंजना की है। निम्नलिखित छन्द में कवि कहता है कि चार दिन के लिए संसार में आकर प्राणी सांसारिक वस्तुएँ अपना समझने लगता है। कैसा भ्रमजाल है।

माछी कहै अपनो घरु माछरु मूसो कहै अपनो घरु ऐसो।
कोने घुसी कहैं घूसि घिनौनी बिलारि और ब्याल मिले मह बैसो।
काटत स्वान सो पक्षि औ भिक्षुक भूत कहैं, भ्रम जाल है जैसो।
हौंहूँ कहौं अपनो घरु तैसहि ता घरु सो, अपनो घरु कैसो।।[४]

---

१. कविप्रिया, छं० सं० ११, पृ० सं० १२९
२. वीरसिंहदेव-चरित, पृ० सं० ७३
३. वीरसिंहदेव-चरित, भारत जीवन प्रेस, पृ० सं० ३५३
४. रामचन्द्रिका, उत्तरार्ध, छन्द सं० २६, पृ० सं० ६८

नीचे दिये हुए छन्द में पाप-सागर के तैरने वाले मूढ़ जनों की करुणाजनक अवस्था का चित्र खींचा गया है।

पैरत पाप पयोनिधि में नर मूढ़ मनोज जहाज चढ़ोई।
खेल तऊ न तजै जड़ जीव बरु वड़वानल क्रोध डढ़ोई।
झूठ तरंगनि में उरझे सु इते पर लोभ प्रवाह बढ़ोई।
बूड़त है तेहि ते उवरे कह केशव काहे न पाठ पढ़ोई ॥[1]

हास्यरस, शृङ्गार का सहायक माना गया है। केशव ने शृङ्गार की लपेट में स्फुट रूप से 'रसिकप्रिया' के दो एक उदाहरणों में हास्यरस की बड़ी ही मधुर व्यंजना की। एक बार कृष्ण स्त्री के वेश में आये। गोपियों ने जाकर राधा से कहा कि महाबन से रति के समान एक सुन्दरी आई है, जो इस प्रकार गाती है मानो स्वयं वीणापाणि सरस्वती पधारी हों। राधा ने उसे बुला लाने को कहा। उसके आने पर राधा सादर उससे मिलीं। यह देखकर वहाँ उपस्थित अन्य गोपियाँ खिलखिलाकर हँसने लगीं।

आई है एक महाबन ते तिय गावत मानो गिरा पगुधारी।
सुन्दरता जनु काम की कामिनी वोलि कह्यों वृषभानु दुलारी।
गोपिकै ल्याइ गुपालहि वै अकुलाइ मिली उठि सादर भारी।
केशव भेंटत ही भरि अंक हँसी सब कीक दै गोपकुमारी ॥[2]

अब कृष्ण के उपहासास्पद बनने की बारी थी। एक गोपी खाली मटकी सर पर रख, कुछ छाछ की छींटें मटकी पर डाले हुए उस ओर निकली जहाँ कृष्ण थे। कृष्ण ने उसे देख, आगे बढ़कर दही के लालच में उस मटकी को उतारा। जब कृष्ण ने उसे खाली देखा तो खिसिया गये। उधर गोपी अंचल की ओट में हँस दी।

सखि वात सुनो इक मोहन की निकसी मटुकी शिरपरी हलकै।
पुनि बांधि लई सुनिये नत नारु कहूँ कहुँ बुँद करी छलकै।
निकसी उहि गैल हुते जहँ मोहन लीनी उतारि जवै चलकै।
पतुकी धरी श्याम खिसाइ रहे उत ग्वाल हँसी मुख आंचल कै ॥[3]

१. रामचन्द्रिका, उत्तरार्ध, छन्द सं० २२, पृ० सं० ६६
२. रसकप्रिया, छ० सं० १६, पृ० सं० २३६, २३७
३. वही, छ० सं० १७, पृ० सं० २३७

रामचन्द्रिका में महाकाव्यत्व

डॉ० जगन्नाथ तिवारी

महाकाव्यत्व की दृष्टि से रामचन्द्रिका में केशव को कहाँ तक सफलता मिली है, इस प्रश्न पर विचार करने के पहले हमें यह जान लेना अत्यन्त आवश्यक है कि संस्कृत साहित्य के आचार्यों ने महाकाव्य की कौन-कौन-सी विशेषताएँ बतलाई हैं और संस्कृत के महाकाव्यों में उनका कहाँ तक पालन हुआ है। केशव के सामने संस्कृत साहित्य के लक्षण तथा लक्ष्य दोनों प्रकार के ग्रन्थ मौजूद थे और उन्हीं के अनुसार केशव ने अपनी रामचन्द्रिका की रचना भी की। किसी कवि की आलोचना करते समय हमें इस बात को कभी न भूलना चाहिए कि उस कवि के ऊपर किन-किन परिस्थितियों का प्रभाव पड़ा है और उसने किस दृष्टिकोण से अपने ग्रन्थ की रचना की है। अपने बनाये हुए आलोचना के नियमों की अनुचित कसौटी पर किसी प्राचीन महान् कवि को कस कर उसे असफल बताना उचित नहीं।

काव्यादर्श, साहित्यदर्पण इत्यादि संस्कृत के लक्षण ग्रन्थों में महाकाव्य के जो लक्षण दिये गए हैं उनका सारांश यह है : महाकाव्य सर्गबद्ध होना चाहिए और इसकी कथा का ऐतिहासिक आधार होना चाहिए। इसका उद्देश्य अर्थ, धर्म, काम और मोक्ष की प्राप्ति होना चाहिए। इसका नायक देवता या धीरोदात्त क्षत्रिय होना चाहिए अथवा इसमें एक उच्च वंश के अनेक राजाओं का वर्णन होना चाहिए। महाकाव्य में पूरा विस्तार होना चाहिए और इसमें कम से कम आठ सर्गों का होना आवश्यक है। प्रत्येक सर्ग में सामान्यतया एक ही छन्द होना चाहिए, किन्तु अन्त में छन्द का बदलना आवश्यक है। किसी-किसी सर्ग में अनेक बदलते हुए छन्दों का भी प्रयोग हो सकता है। महाकाव्य के लिए प्रचुर वर्णनों से अलंकृत होना आवश्यक है। उसमें नगर, समुद्र, पर्वत, ऋतु, चंद्रोदय, सूर्योदय, उद्यान-क्रीड़ा, सलिल-क्रीड़ा, मंत्रणा, रणप्रयाण, नाटकाभ्युदय इत्यादि का सुन्दर वर्णन होना चाहिए। महाकाव्य का प्रधान रस शृङ्गार, वीर तथा शांत में से कोई एक हो सकता है। अन्त में महाकाव्य की शैली अत्यन्त अलंकृत तथा रसभाव-पूर्ण होना चाहिए।

इसके अनन्तर यदि हम संस्कृत के प्रसिद्ध महाकाव्य किरातार्जुनीय, शिशुपाल-वध, नैषधचरित इत्यादि पर दृष्टि डालते हैं तो इनमें भी इन्हीं उपर्युक्त नियमों का पूर्णरूप से अथवा विशेष रूप से अनुसरण पाते हैं।

केशव के सामने ये दोनों प्रकार के लक्षण और लक्ष्य ग्रन्थ मौजूद थे और वे इन

नियमों से पूर्ण परिचित थे। रामचन्द्रिका में इन सब नियमों का पूर्णरूप से पालन किया गया है। इसकी कथा का आधार बाल्मीकि रामायण है। राम जैसे धीरोदात्त मर्यादा-पुरुषोत्तम इसके नायक हैं। इसमें आठ से अधिक सर्ग भी हैं, जिनका नाम केशव ने प्रकाश रखा है। इसका आकार संक्षिप्त नहीं है। छन्दों के प्रयोग में अवश्य केशव ने अधिक स्वतन्त्रता से काम लिया है और अनेक छन्दों का प्रयोग किया है। छन्दों की विविधता के कारण रामचंद्रिका में कोई त्रुटि नहीं आने पाई है। प्रत्युत एक अपूर्व सौंदर्य आ गया है और पद-पद पर नूतनता का अनुभव होता है। रामचंद्रिका में फड़कते हुए वर्णनों का भरमार है। वाटिका-वर्णन, सूर्योदय वर्णन, शरद-वर्णन, त्रिवेणी-वर्णन, भारद्वाजाश्रम-वर्णन, युद्ध-वर्णन इत्यादि वर्णनों से रामचंद्रिका भरी पड़ी है। रामचंद्रिका में शृङ्गार, वीर और शान्त तीनों रस मिलते हैं और इनका सुन्दर परिपाक हुआ है। जितनी चमत्कारपूर्ण अलंकृत योजना रामचन्द्रिका में दिखलाई देती है। उतनी हिन्दी के अन्य महाकाव्यों में नहीं। रसों और भावों से सारा ग्रन्थ भरा पड़ा है। सारांश यह है कि महाकाव्यत्व की दृष्टि से रामचन्द्रिका केशव की एक उत्कृष्ण कलापूर्ण रचना है।

कतिपय आधुनिक आलोचकों द्वारा रामचन्द्रिका में महाकाव्य की दृष्टि से कुछ त्रुटियाँ बतलाई गई हैं। उन पर भी अब थोड़ा-सा विचार कर लेना चाहिए। कहा गया है कि महाकाव्य में प्रबन्धत्व के लिए कथानक की जञ्जीर में सब कड़ियों का स्पष्ट दर्शन होना चाहिए और रामचन्द्रिका में इस बात का अभाव है। इसके उत्तर में केवल इतना ही निवेदन किया जा सकता है कि महाकाव्य जीवन चरित या इतिहास नहीं है जिसमें कथानक के सब विवरणों का रहना आवश्यक है। कवि उन्हीं स्थलों को चुन लेता है जिनमें उसकी वृत्ति रमती है और उन्हीं का क्रमिक वर्णन करता है और इसी क्रमिक वर्णन से प्रबन्धत्व स्वयं आ जाता है। रामचन्द्रिका में केशव ने भी इस अधिकार का उपयोग किया है अतः उनके ऊपर प्रबन्धाभाव का दोष लगाना उचित नहीं। दूसरी बात यह है कि रामकथा जनता के हृदय में इस दृढ़ता से बद्धमूल है कि यदि कोई कवि रामकाव्य में कुछ विवरणों को छोड़ भी दे तो इससे कोई हानि नहीं हो पाती। पाठक स्वयं सम्बन्ध जोड़ लेता है। कुछ आलोचकों का कथन है कि संवाद की अधिकता के कारण भी रामचन्द्रिका की प्रबन्ध-धारा रुकती-सी दिखलाई देती है। यह कथन तो मुझे ऐसा प्रतीत होता है जैसे कोई कहे कि किनारे पर स्थित मनोहर वृक्षों के कारण नदी की धारा में रुकावट आ जाती है। मेरी समझ में तो फड़कते हुए सजीव संवादों के द्वारा रामचन्द्रिका की प्रबल-धारा में एक अपूर्व मनोहरता-सी आ जाती है, उसमें रुकावट नहीं आ पाती।

अन्य दोष जो इस दृष्टि से रामचन्द्रिका पर लगाया गया है वह यह है कि केशव में कथानक के गम्भीर और मार्मिक स्थला को पहचानने की शक्ति नहीं है। यहाँ पर केवल इतना ही कहना पर्याप्त है कि सब की रुचि एक ही समान नहीं होती और इसी कारण मार्मिकता की भी कोई विशेष कसौटी नहीं हो सकती। जो स्थल एक

व्यक्ति को अधिक मार्मिक प्रतीत होते हैं, दूसरे को भी उतने ही मार्मिक नहीं प्रतीत हो सकते। और दूसरी बात यह भी है कि रामकथा के जो मार्मिक स्थल इन आलोचकों द्वारा बतलाए गए हैं, उनका वाल्मीकि और तुलसी ने पहले ही पूर्णरूप से चित्रण कर दिया था और शायद केशव पिष्टपेषण करना उचित नहीं समझते थे, इसलिए भी उन्होंने उन स्थलों को उतना अधिक विस्तार देना उचित नहीं समझा। अन्य बात यह भी हो सकती है कि रामकथा के ये स्थल प्रायः करुणा और शोक से भरे हुए हैं और संस्कृत के आचार्यों ने महाकाव्य में करुण रस की प्रधानता का विधान नहीं किया है अतः केशव ने इस कारण से भी इन स्थलों को चलता हुआ कर दिया हो। अस्तु किसी कवि की आलोचना करते समय हमारे लिए उचित तो यह है कि जो कुछ उसने लिखा है उसी की विशेषताओं का विवेचन करें। और उसी के आधार पर उसका मूल्य निर्धारित करें। यदि हम कुछ सहृदयता से काम लेंगे तो रामचन्द्रिका में मार्मिक और गम्भीर स्थलों की कमी भी नहीं दिखलाई देगी। यदि हम केवल रामाश्वमेध-प्रकरण को ही लें और उसका अच्छी तरह से विश्लेषण करें तो भावुकता, सरसता और कौतूहल का पूर्ण प्रवाह वहाँ दिखलाई पड़ेगा। स्वाभाविक वस्तु वर्णन, स्वभाव चित्रण और युद्ध-वर्णन सब अपने उत्कृष्ट रूप में दिखलाई पड़ेंगे। रामचन्द्रिका में सीता-स्वयंवर, परशुराम संवाद, हनुमान-लङ्का-गमन, राम-रावण-युद्ध प्रकरण इत्यादि अन्य अत्यन्त उत्कृष्ट स्थल हैं जो केशव की अनुभूति और प्रतिभा के पूर्ण परिचायक हैं।

तीसरा दोष जो महाकाव्यत्व की दृष्टि से रामचन्द्रिका पर लगाया गया है वह यह है कि इसमें दृश्यों की स्थानगत विशेषताओं की ओर ध्यान नहीं दिया गया है और केशव ने प्राकृतिक दृश्यों के लिए कोई आकर्षण नहीं दिखलाया है। इस कथन के पूर्वार्द्ध के समर्थन में कहा गया है कि केशव बिहार प्रान्त में स्थित विश्वामित्र के तपोवन का वर्णन करते हुए कह चलते हैं कि 'एला ललित लवंग संग पुंगी फल सोहैं' और उन्हें यह पता भी नहीं कि बिहार में यह चीजें होती हैं या नहीं। इसके उत्तर में केवल इतना ही कहा जा सकता है कि आलोचक महोदय ने विश्वामित्र के तपोवन का पूरा वर्णन ध्यान से नहीं पढ़ा। केशव इस बात से भली-भाँति परिचित हैं कि बिहार में ये चीजें नहीं होतीं, किन्तु वे विश्वामित्र जैसे महर्षि के अलौकिक प्रभाव से भी अपरिचित नहीं हैं और वे इसी प्रभाव की व्यञ्जना कराने के लिए उन वस्तुओं को भी उनके तपोवन में लाकर रख देते हैं जो सामान्यत बिहार में अत्यन्त दुर्लभ ही नहीं अलभ्य भी हैं। केशव स्वयं इस वर्णन के अन्त में कहते हैं—'अति प्रफुलित फलित सदा रहै केशवदास विचित्र वन।' केशवदासजी स्वयं इस वन को विचित्र तथा अलौकिक समझते हैं। अतः उनकी समझ में इसकी सभी बातें विचित्र हैं। अतः उसके अनुसार इस वन में एला, लवंग इत्यादि का होना भी असंगत नहीं है। उपर्युक्त कथन में उत्तरार्द्ध के समर्थन में कहा गया है कि 'देखे मुख भावै अनदेखेई कमल नन्द' कहकर केशव ने अपनी इस मनोवृत्ति का स्पष्ट परिचय दे दिया है कि प्रकृति में उनके लिए कोई आकर्षण नहीं है। कहने की आवश्यकता नहीं कि किसी भी कथन को अपने प्रकरण से हटाकर जिस तरह चाहे

तोड़ा-मरोड़ा जा सकता है। यही दशा केशव के उपर्युक्त कथन की भी हुई है। अपने वास्तविक स्थान पर यह केवल अर्थवाद के रूप में है, सिद्धान्तवाद के रूप में नहीं। ग्रामीण स्त्रियाँ जानकी के मुख को देखकर उसकी अलौकिकता सिद्ध करने के लिए युक्तियाँ दे रही हैं। उन्हीं युक्तियों में से ऊपर का कथन भी एक है। जब कोई व्यक्ति अपने कथन की पुष्टि में प्रमाण देने लगता है तो जोश के कारण उसके कथन में परिमिति की भावना नहीं रह जाती और वह सत्य को भी मिथ्या का रूप देने का प्रयत्न करता है। ऐसे समय के उसके कथन अर्थवाद के रूप में ही लिए जाते हैं, सिद्धान्तवाद के रूप में नहीं। यही बात यहाँ भी है। अतः इस कथन को लेकर यह कहना कि केशव ने कमल की सुन्दरता को सर्वथा अस्वीकृत कर दिया है, उचित नहीं। जिस केशव ने सौन्दर्य-वर्णन करते समय अन्यत्र सैकड़ों स्थानों पर चन्द्रमा और कमल को सौन्दर्य का उपमान माना है और इस प्रकार उनके सौंदर्य को स्पष्टतः स्वीकार किया है उस केशव के लिए यह कहना कि उसके हृदय में कमल के लिए कोई आकर्षण नहीं है, अर्थ का अनर्थ करना है। रामचन्द्रिका में सुन्दर प्राकृतिक वर्णनों की भी कमी नहीं है और इस दृष्टि से यदि हिन्दी के प्राचीन कवियों में से किसी से केशव की तुलना न की जाय तो उनका स्थान नीचा नहीं ठहर सकता।

इसी प्रकार की कुछ और भी त्रुटियाँ बतलाई गई हैं किन्तु जब उन्हें हम परीक्षण की कसौटी पर कसते हैं तो वे सभी निरर्गल प्रतीत होती हैं। इन उपर्युक्त आक्षेपों के सम्बन्ध में इतना और भी कह देना आवश्यक प्रतीत होता है कि इनका सम्बन्ध महाकाव्य के बाह्य रूप के साथ है और इनके रहते हुए भी यदि उसकी आत्मा जिसका सम्बन्ध कवि की प्रतिभा, अनुभूति और कालनिपुणता से है, सुरक्षित है तो उसके महाकाव्यत्व में कोई विशेष त्रुटि नहीं नहीं आ सकती। रामचन्द्रिका में केशव की प्रतिभा, अनुभूति और कला-निपुणता इतनी प्रबल दिखाई देती है कि उनके सामने ये आक्षेप कोई महत्त्व नहीं रखते। अतः अन्त में हम इस निष्कर्ष पर पहुँचते हैं कि रामचंद्रिका केशव की एक सफल उच्चकोटि की कलापूर्ण कृति है।

टीकाएँ और टीकाकार

पं० विश्वनाथप्रसाद मिश्र

केशव के तीन ग्रंथों पर प्रमुख रूप से टीकाएँ लिखी गईं—रसिकप्रिया, कविप्रिया और रामचन्द्रिका पर। यों कविप्रिया के अन्तर्गत आने वाले 'शिखनख' के हस्तलेख पृथक् भी मिलते हैं और उस पर एक प्राचीन गुजराती टीका भी है, जो सं० १७६२ के पूर्व हुई[1] और विज्ञानगीता का गद्यरूपांतर अभी थोड़े दिनों पूर्व प्रयाग से प्रकाशित हुआ है। रसिकप्रिया की सबसे पुरानी टीका संस्कृत में है। सं० १७५५ में यह टीका की गई। टीकाकार श्रीरत्नमणि के शिष्य समर्थ हैं। उसका नाम प्रमोदिनी है और वह सुगमार्थ-प्रबोधिनी है।[2] उसके अन्त में यह दोहा अधिक है—

सूरभाषा तें अधिक है ब्रजभाषा सों हेत।
ब्रजभूषन जाकों सदा मुखभूषन करि लेत ।।१७।।

हिन्दी में रसिकप्रिया के सबसे प्राचीन टीकाकर सूरति मिश्र हैं। इनकी टीका का नाम रसगाहकचन्द्रिका या जोरावर प्रकाश है। यह सं० १७९१ वि० में निर्मित हुई थी। जोधपुर के राजपुस्तकालय में सं० १७८४ आश्विन बदी एकादशी रविवार का लिखा एक खंडित हस्तलेख 'रसिकप्रिया सटीक' नाम से संगृहीत है (खोज, १९०२-२५९) कहीं यह सूरति मिश्र की टीका की ही प्रतिलिपि न हो। यदि उससे भिन्न है तो यह दूसरी टीका है। टीकाकार का नाम अज्ञात है। इसके तीसरे टीकाकार श्री कुशलधीर हैं, जिन्होंने गुर्जर-राजस्थानी में इसकी टीका गद्य में प्रस्तुत की। टीका का निर्माणकाल अज्ञात है, लिपिकाल सं० १७९६ आसोज (आश्विन) सुदी ४ शुक्रवार है। इसके पूर्व वह कभी अवश्य लिखी गई। पर कब ? कहना कठिन है। सूरति मिश्र की टीका के पूर्व की भी हो सकती है। इसके चौथे टीकाकार है 'कासिम' (खोज, ९-१४७)। इस टीका का रचनाकाल अज्ञात है। मियाँ कासिम ने अपने को वाजिद-सुत लिखा है। ये वाजिद कौन थे, कहा नहीं जा सकता। इसकी पाँचवीं टीका श्री जगतसिंह की हुई है, ये भिनगा राज्य के राज परिवार के महाराज कुमार थे। इनका समय सं० १८७७ वि० के आस-पास है। दिग्विजयभूषण के रचनाकार श्री दिग्विजयसिंह के ये पुत्र थे। इन्होंने टीका का नाम 'जगतविलास' रखा है। (खोज, २३-१७९ एच) । टीका गद्य में लिखने

१. देखिए 'राजस्थान, में हिन्दी हस्तलिखित ग्रन्थों की खोज', दूसरा भाग, पृ० १४०

२. वही, पृ० १३७

का कारण यों लिखा है—

बाँधे छंद प्रबन्ध विधि होत तिलक अति गूढ़।
ताते हौं बातन लिखौं जेहि बूझे मति मूढ़।।
बिनु प्रयास बिनु गुर पढ़ै बूझै जेहि सब लोग।
ताते यह सब जगतहित कियो जगत उतजोग।।

सूरति मिश्र की टीका पद्यों में है और कठिन है, इसी से इन्होंने इसे बातन (गद्य) में लिखा है।

इस पर छठी टीका सरदार कवि की है। इस टीका का नाम 'सुखविलासिका' है, दूसरा नाम 'काशिराज प्रकाशिका' भी है। ये काशी राज्य के राजकवि थे और रघुनाथ बंदीजन के पुत्र थे। टीका का रचनाकाल यों दिया हुआ है—

३ ० ९ १
सिवदृग गगनो ग्रह सुपनि रद-गनेस की साल।
जेठ सुक्ल दसमी सु गुरु करो ग्रन्थ सुखमाल।।

टीका के निर्माण में उनके शिष्य नारायण ने पूरी सहायता की है। इसका उल्लेख भी इस प्रकार किया गया है—

कहुँ कहुँ नारायण कियो याको तिलक अनूप।
चित्तवृत्ति दै करि कृपा मुदित भए सब भूप।।

उस समय काशी राज्य के शासक थे श्री ईश्वरीनारायण सिंह जी। उनके समय में अनेक साहित्यिक कार्य इस राज्य के द्वारा किए गए। सबसे मुख्य कार्य उस समय रामचरितमानस की टीका का हुआ, जिसका नाम 'परिचर्या-परिशिष्ट प्रकाश' है। 'परिचर्या' काष्ठजिह्वा स्वामी की टिप्पणी है और 'परिशिष्ट' श्री ईश्वरीनारायण जी की लिखी चूर्णिका। विस्तृत टीका महात्मा श्री हरिहरप्रसाद जी की लिखी 'प्रकाश' नामक है।

इन सबके अतिरिक्त एक टीका नागरीप्रचारिणी सभा के आर्यभाषा पुस्तकालय में (संख्या ४४८) है। यह सूरति मिश्र और सरदार कवि की टीका से तो भिन्न है, पर यह नहीं कह सकते कि यह सर्वथा नवीन टीका है या ऊपर उल्लिखित टीकाओं में से कोई, क्योंकि यह आदि-अन्त से खंडित है।

आधुनिक युग में रसिकप्रिया की एक चलती टीका श्रीलक्ष्मीनिधि चतुर्वेदी की १९५४ ई० में प्रकाशित हुई है। सांप्रतिक युग में दूसरी टीका मेरी लिखी हुई अब प्रकाशित हुई है, यद्यपि यह लिखी गई थी सं० १९९८ में ही। इसका नाम 'प्रिया-प्रसाद' है।

कविप्रिया के सबसे प्राचीन टीकाकार सूरति मिश्र हैं। यह टीका जहानाबाद के श्री नसरुल्लाह खाँ के आश्रय में निर्मित हुई थी। इनका काव्य-नाम 'रसगाहक' था। इसका निर्माणकाल ज्ञात नहीं है, पर यह निश्चित है कि यह टीका भी रसिकप्रिया की टीका के साथ ही बनी होगी, अर्थात् सं० १७९१ के लगभग। कविप्रिया की दूसरी

टीका नाजिर सहजराम की लिखी है। इसका नाम 'सहजरामचन्द्रिका' है। ये जोधपुर के महाराज गजसिंह के आश्रित थे। टीका का रचनाकाल यों दिया हुआ है—

संवत अठदस सत बरस चौंतीसै चितधार।
रची ग्रंथरचना रुचिर विजयदसमि सनिवार॥

इसकी तीसरी टीका श्रीहरिचरणदास की लिखी है। इसका नाम 'कविप्रिया-भरण' है। यह सं० १८३५ में लिखी गई थी—

संबत अठारह सौ बिते पैंतिस अधिके लेख।
साका सत्रह सौ भने कियो ग्रन्थ हरि देख॥
माघ मास तिथि पंचमी सुकला कवि को वार।
हरि कवि कृति सों प्रीति हो राधानंदकुमार॥

हरिचरणदास सरयू-गंडकी-गंगा के संगम पर चैनपुर ग्राम (जिला सारन, छपरा) के निवासी थे। ये सरयूपारी ब्राह्मण वासुदेव के पौत्र और रामधन के पुत्र थे। कृष्णगढ़ महाराज के युवराज विरुदसिंह के आश्रय में रहकर यह टीका इन्होंने प्रस्तुत की। इनका जन्म १७६६ वि० में हुआ था (खोज, ०४-५८)।

इस पर चौथी टीका धीर कवि की लिखी है, जो सं० १८७० में निर्मित हुई—

संबत द्वादस षष्ट सत सत्तर सुभ नभ मास।
प्रथम द्वैस बुध धीर कबि कीनौ अर्थ प्रकास॥

यह टीका राजा वीरकिशोर की प्रेरणा से लिखी गई थी। एक धीर कवि शाह-आलम के दरबार में भी थे। हो सकता है दोनों एक ही हों। शाहआलम की मृत्यु (सं० १८६३) पर वीरकिशोर के आश्रम में आ गए हों (खोज, ०६-२८)।

इसकी पाँचवीं टीका दौलतराम भट्ट की लिखी है। ये असनी के रहने वाले थे। टीका सं० १८८७ में लिखी गई। ये नरहरि के वंशज थे और इनके पिता का नाम शिवनाथ और पुत्र का मदनेश था। टीका ब्रजभाषा गद्य में है। 'खोज' में भ्रम से भाषा का नाम बुन्देलखंडी हिन्दी लिखा गया है (खोज, २०-३५ बी)।

इस पर छठी टीका सरदार कवि की लिखी है। इन्होंने अपने शिष्य नारायण की सहायता से इसका भी निर्माण किया है—

आय नरायन सिस्य सों कह्यो सुकवि सरदार।
महाराज दीनो हुकुम करौ तिलक सुविचार।
गुरु सिस्य मिलिकै कियौ याकौ तिलक अनूप।
जो कछु बिगरो होय सो छमियो कविवर भूप।
रसिकप्रिया के तिलक में प्रस्न अनेक विधान।
रामचन्द्र की चन्द्रिका ऐसो तिलक बखान।

इनके रसिकप्रिया के तिलक की चर्चा पहले हो चुकी है। रामचन्द्र-चन्द्रिका का तिलक अप्राप्य है। गुरु-चेले ने क्या-क्या काम किया इसका विवरण भी इसमें दिया है—

विषम पदन की व्याख्या कीनी कबि सरदार।
वहै नरायन सिस्य मन, बृहत करी सुविचार।।
संबत उनइस सैं- बहुरि एकादस की साल।
कातिक सुदि नवमी ससी सुलभ करि कबि बाल।।

यह पहले लाथो में छपी थी, बाद में नवलकिशोर प्रेस से सं० १९८६ में मुद्रित हुई।

सं० १९८२ में स्वर्गीय लाला भगवानदीनजी की इस पर 'प्रियाप्रकाश' टीका प्रकाशित हुई। लालाजी छतरपुर में बहुत दिनों तक अध्यापक रहे, इसलिए बुंदेली भाषा से वे भली भांति परिचित थे। केशव क जिन बहुत-से शब्दों को पुराने टीकाकारों ने नहीं समझा था उन्हें लालाजी ने स्पष्ट कर दिया है। उनका संकल्प था कि रसिकप्रिया पर भी टीका लिखूं। पर वह संकल्प उनके जीवनकाल में सम्पन्न न हो सका। उसकी पूर्ति उनके शिष्य ने की। लाला जी की टीका शब्दार्थ भावार्थ आदि अपेक्षित विवरणों से संवलित अत्यन्त सुबोध टीका है।

आठवीं टीका श्री लक्ष्मीनिधि चतुर्वेदी की है जो लालाजी की टीका के आधार पर लिखी गई। प्रियाप्रकाश बहुत दिनों से समाप्तप्राय था, अभी कुछ दिनों पूर्व उसका संस्करण प्रकाशित हुआ है।

रामचन्द्रिका पर महाराज जगतसिंह दोतहरा (गोंडा) की टीका सं० १८८५ के पूर्व कभी लिखी गई होगी। उन्होंने उसमें इसके छंदों पर विस्तृत विचार किया है। वे लिखते हैं—

केसवदास प्रकास करि रामचन्द्रिका चारु।
बहु छंदनि जुत पावनी रामचरित सुख सारु।।
छंदग्यान जिनको नही लिखि लिखि कियो असुद्ध।
ताते मैं लक्षन कियो होहि न छंदविरुद्ध।।

दूसरी टीका श्री जानकीप्रसाद की प्रसिद्ध टीका है, जिसका नाम 'रामभक्ति प्रकाशिका' है। इसमें अच्छा श्रम किया गया है। कुछ ज्ञातव्य विषय विस्तार से दिए हुए हैं। यह मुद्रित भी हो चुकी है। चन्द्रिका पर सरदार कवि की भी टीका थी, जिसका उल्लेख कविप्रिया की टीका के प्रसंग में हो चुका है, पर वह उपलब्ध नहीं है। आधुनिक काल में स्वर्गीय लाला भगवानदीनजी ने 'केशव-कौमुदी' नाम से इसकी टीका प्रकाशित की। टीका करने में लालाजी ने कई प्राचीन हस्तलेखों का आलोड़न भी किया और श्रीजानकीप्रसाद की टीका से भी सहायता ली। टीका का नाम भी बड़ा अर्थ-व्यंजक रखा गया है, जिसके दुहरे अर्थ हैं। केशव = राम + कौमुदी = चन्द्रिका, साथ ही केशव = केशव कवि + कौमुदी = व्याख्या। 'केशवकौमुदी' दो खडों में प्रकाशित हुई है। इसके दूसरे खंड में इन्होंने प्राचीन पद्धति की संक्षिप्त आलोचना एक दोहे में निर्मित कर मुखपृष्ठ पर मुद्रित कराई, जिसमें यमक और लाटानुप्रास का सांकर्य दर्शनीय है—

सूर सोई जि न बाँचियो केसव तुलसी सूर :
सूर सोई जिन बाँचियो केसव तुलसी सूर ।।

आधुनिक युग में इस टीका का बहुत अधिक प्रचार हुआ और इसके कई संस्करण प्रकाशित हुए। यदि लालाजी की टीका न होती तो इस युग में केशव के अध्ययन में सचमुच बहुत बड़ी बाधा थी। उन्होंने केशव की कठिन रचना को टीका द्वारा सरल करने के लिए एक दोहे में क्षमार्थना भी की है—'टीका रचि-रचि सरल किय छमियो कबि अपराध।

केशव के काव्य में युगीन-चित्रण

डॉ० विजयेन्द्र स्नातक

हिन्दी-साहित्य के इतिहास में कविवर केशवदास का स्थान जितना विवादास्पद है उतना शायद किसी अन्य कवि का नहीं। केशवदास का रचनाकाल भक्तियुग है; अनेकानेक किवदन्तियों से प्रसिद्ध है कि केशव, गोस्वामी तुलसीदास के समकालीन थे। किन्तु प्रसिद्ध इतिहास लेखकों ने केशव को भक्त कवि नहीं माना और उन्हें साहित्य के इतिहास में सूर, तुलसी, मीराँ आदि की परम्परा से पृथक् रखकर शृङ्गारी कवि ठहराया है। शृंगार की जो समृद्ध काव्य-परम्परा रीतिकाल में प्रवाहित हुई, केशवदास का स्थान उसमें भी नहीं है। यह निर्विवाद होते हुए भी रीति काव्य की शास्त्रीय-परम्परा में गुण और परिमाण की दृष्टि से केशव का काव्य अप्रतिम है, केशव रीतिकाव्य के प्रवर्त्तक नही माने गए। रामकाव्य परम्परा को इतिहास लेखकों ने एक काव्यधारा के रूप में स्वीकार किया है, प्राणचन्द चौहान और हृदयराम जैसे साधारण कवियों को तो रामकाव्यधारा में स्थान प्राप्त है किन्तु रामचन्द्रिका जैसा महाकाव्य लिखने वाले केशवदास को उस परम्परा मे भी अस्वीकृत किया गया है। भाग्य की यह विचित्र विडम्बना केशव के संदर्भ में जितनी सटीक उतरती है, अन्यत्र शायद ही कहीं देखने को मिले।

केशव दरबारी कवि थे। ओरछा राज्य के दरबार में उनका सम्मान था। उनकी सहज प्रवृत्ति शृंगार काव्य प्रणयन की थी। किन्तु काव्य प्रतिभा का उन्हें भरपूर वरदान प्राप्त था इसे सहज में ही हमारे हिन्दी साहित्य के इतिहास लेखकों ने क्यों कर भुला दिया? शास्त्र का जैसा पुष्ट और परिपूर्ण ज्ञान केशव को था वैसा उनके समसामयिक कवियों को नहीं था, यह तथ्य भी अनायास विस्मृत हो गया। केशव का काव्य युगीन परिस्थितियों तथा राजदरबारों का जीवन्त चित्र प्रस्तुत करता है किन्तु उसका इन गुणों के कारण भी इतिहास ग्रन्थों में उल्लेख नहीं हुआ। इन समस्त उपेक्षाओं के बावजूद केशव का स्थान हिन्दी साहित्य में अप्रतिम बना हुआ है। इसमें दो मत नहीं हो सकते।

वस्तुतः युग और युगीन परिस्थितियों के संघर्षों के बीच केशव ने जो काव्य-सृजन किया वह सन्त, भक्त, शृंगारी, वीर आदि किसी एक कोटि का नहीं है। केशवदास का व्यक्तित्व वैविध्यपूर्ण था। राम के प्रति असीम श्रद्धा और राजा के प्रति संपूर्ण समर्पण, दरबारी वातावरण में लोक-व्यवहार का ज्ञानार्जन और पाखंडी-दम्भी व्यक्तियों

के प्रति गहरी अरुचि, शास्त्र परम्परा में काव्य सृजन और वैराग्य-विवेक के वर्णन में स्वतन्त्र चिन्तन पद्धति का अनुसरण—ये सभी विलक्षण रुचियाँ केशव के व्यक्तित्व का निर्माण करती हैं। इस रुचि-वैविध्य का वरदान केशव के व्यक्तित्व को अपने सम-सामयिक कवियों से पृथक् करने के साथ अद्वितीय भी बना देता है। कवि और आचार्य का मिश्रण तो रीतिकालीन अनेक कवियों में लक्षित किया जा सकता है किन्तु लोक और परलोक को व्यवहार समन्वित आदर्श परम्परा अन्यत्र दुर्लभ है। केशव ने अपने समकालीन समाज को जिस अन्तरंग दृष्टि से देखा है वैसी सूक्ष्मेक्षिका अन्य कवियों के पास नहीं थी। सन्त, भक्ति कवि या आचार्य के एकांगी व्यक्तित्व से ऊपर उठकर या इन चारों में समान भाव से अनुस्यूत रहकर पनपने वाला व्यक्तित्व हिन्दी में यदि किसी कवि का है तो वह कविवर केशवदास का ही है। इस चतुर्विध प्रभाव से निर्मित व्यक्तित्व का एक उपेक्षित पक्ष है व्यापक युगीन-चित्रण। केशव के इसी उपेक्षित पहलू का उद्‌घाटन करने के लिए मैं कुछ पंक्तियाँ यहाँ लिख रहा हूँ।

केशवदास के सुप्रसिद्ध ग्रन्थों में कविप्रिया और रसिकप्रिया यद्यपि काव्य-शास्त्रीय परम्परा के रीति ग्रन्थ है किन्तु उनके उदाहरणों में केशव ने लोक-रीति व्यवहार का अनेक स्थानों पर संकेत दिया है। उन संकेतों को शायद पाठक दूरारूढ़ कल्पना कहकर अमान्य ठहरा दे अतः मैं केशव के अन्य ग्रन्थों को इस संदर्भ में उदाहृत करना उचित समझता हूँ। केशवरचित महाकाव्य रामचन्द्रिका, विज्ञानगीता और वीरसिंह देव चरित के आधार पर ही मैं केशव के लोक-व्यवहार ज्ञान का तथा युगीन-चित्रण का परिचय प्रस्तुत करने का प्रयत्न करूंगा।

राजधर्म और युगधर्म

केशव-साहित्य पर अनुसंधान करने वाले विद्वानों का प्रयत्न यह रहा है कि केशव की दार्शनिक मान्यताओं के सदृश लौकिक या राजनीतिक मान्यताओं का मूल उत्स प्राचीन नीतिग्रन्थों में ढूंढ़ कर सिद्ध करे कि केशव राजनीति के सम्बन्ध में शुक्राचार्य के अनुयायी थे, धर्मनीति के सम्बन्ध में मनु को प्रमाण मानते थे और युद्धनीति के लिए उनका ध्यान चाणक्य की ओर जाता था। यह ठीक है कि दो-तीन स्थलों पर केशव ने शुक्राचार्य और मनु का स्मरण किया है किन्तु उनका मौलिक चिन्तन सर्वतोभावेन इन आचार्यों के कठोर शास्त्र मर्यादा का अनुकर्ता नहीं था। केशव ने राजनीति का वर्णन रामचंद्रिका तथा वीरसिंह देव चरित में अनेक स्थलों पर किया है। राजा का वर्णन करते हुए केशव ने उनकी कोटियाँ या वर्ग बनाए हैं उनका आधार शुक्राचार्य का ही है। रावण ने महोदर से मंत्र (राजनीति) की जिज्ञासा की थी। महोदर ने पहले तो रावण से कहा कि आप हित की बात को भी उलटी समझते हैं, समय-असमय का विचार आपको नहीं रह गया है किन्तु आपका आग्रह है तो मैं संक्षेप में राजनीति का वर्णन करता हूँ।

'पृथ्वी पर राजा चार प्रकार के होते हैं। एक प्रकार के राजा इसी लोक की

साधना करना जानते हैं, जैसे बली वेणु जो अपने को ईश्वर मानता था। दूसरे प्रकार के राजा परलोक की साधना करते हैं जैसे राजा हरिश्चन्द्र जिन्होंने सत्यपरायण होकर समस्त राज्य-ऐश्वर्य दान कर दिया था। तीसरे प्रकार के राजा लोक-परलोक दोनों का साधन करते हैं जैसे मिथिला के राजा विदेह जनक, चौथे प्रकार के राजा ऐसे दुराग्रही होते हैं कि अपना लोक-परलोक दोनों स्वयं अपने हाथों नष्ट कर लेते हैं जैसे राजा त्रिशंकु जो सबके उपहास के पात्र हैं।'[१]

इसी प्रकार मंत्रियों के शील, स्वभाव, कर्तव्य को ध्यान में रखते हुए केशव ने चार प्रकार के मन्त्री स्वीकार किये हैं। मंत्रियों के वर्णन में भी केशव का उपजीव्य शुक्र नीति ही है। केशव कहते हैं कि 'मोहि सुनायो शुक्र जू, सोधि-सोधि सब तंत्र।' इसी प्रकार मंत्रियों के मंत्र भी चार प्रकार के लिखे हैं। इन मंत्रों का स्वरूप विष समान, अनार समान, एक गुड़ जैसा और एक नीम जैसा। इस राजनीति वर्णन में केशव पर युगीन परिस्थितियों का प्रभाव कितनी मात्रा में पड़ा था, यह विचारणीय है। वस्तुतः केशव ने अपने समय के राजा और मंत्रियों को लोक-व्यवहार करते देखा था। उस समय के हिन्दू नरेश सम्राट अकबर या उसके बाद जहाँगीर के अधीन थे। उनकी स्वतन्त्र सत्ता प्रायः लुप्त हो गई थी अतः राजनीति के सिद्धांतों के प्रतिपादन में परम्परा से हटकर हम कोई नवीन तथ्य केशव के वर्णनों में नहीं पाते।

केशव सामन्ती युग के कवि थे। जिन राजदरबारों में रहते थे उनका प्रभाव उन पर पड़ना स्वाभाविक था। असाधु राजा को साधु मानने की बात केवल सामन्ती प्रभाव में कही या मानी जा सकती है। जो असाधु या दुष्ट हो उसे साधु मानना न तो सत्य है और न न्याय-संगत ही लेकिन केशव अपने युग के प्रभाव में कहते हैं—

इनको विलगु न मानिये, कहि केशव पल आधु।
पानी, पावक, पवन, प्रभु, ज्यों असाधु त्यों साधु॥[२]

नारी धर्म वर्णन

नारी धर्म वर्णन प्रसंग में भी केशव की सीमित और युगीन प्रभाव से आवेष्टित हैं। परम्परा से नारी को परतन्त्र रहने तथा पति के निधन पर सती होने का उपदेश धर्मोपदेष्टा करते आ रहे हैं। मनु ने भी 'नास्त्री स्वातन्त्र्यमर्हति' कहकर इसी संकीर्ण विचार का समर्थन किया था। केशव ने इसी दृष्टि के आलोक में नारी-धर्म का वर्णन लिखा है :

'नारी तजै न आपनो सपने हू भरतार।
पंगु गुंग, बौरा, वधिर, अंध अनाथ अपार॥

---

१. द्रष्टव्यः रामचन्द्रिका, प्रकाश-१९

२. रा० च०, १६वां प्रकाश, पृ० २८५

अंध अनाथ, अपार वृद्ध बावन अति रोगी।
बालक, पंड, कुरूप, सदा कुवचन जड़ जोगी।।
कलही, कोढ़ी, भीरु, चोर, ज्वारी, व्यभिचारी।
अधम, अभागी कुटिल कुमति पति तजै न नारी।।

इस नारी-धर्म-वर्णन को पढ़कर जिस गहरे अंधविश्वास की जड़ता लक्षित होती है वह उस युग की परम्परा का प्रतिफलन मात्र है। रामचरित मानस में ठीक इसी प्रकार का वर्णन गोस्वामी तुलसीदास ने भी किया। विचार और विवेक-विहीन इस पाखंड ने नारी को चेतन-शक्ति-सम्पन्न, सत्ता-विहीन ही ठहरा दिया था। इतनी ही नहीं केशव ने तो विधवा धर्म वर्णन करते हुए जिन कठोर वर्जनाओं का विधान किया है उन्होंने जीवित नारी (विधवा) को मृतवत् बना दिया है। विधवा के लिए निषेधों की लम्बी तालिका प्रस्तुत करते हुए केशवदास कहते हैं :

गान बिन, मान बिन, हास बिन जीवहीं।
तप्त नहि खाय जल सीत नहि पीवहीं।।
तेल तजि, खेल तजि, खाट तजि सोवहीं।
सीत जलन्हाय नहि उष्ण जल जीवहीं।।
खाय मधुरान्न नहि, न पाय पनहीं धरै।
काय मन वाच सब धर्म करिबौ करै।
कृच्छ्र उपवास सब इन्द्रिय न जीतहीं।
पुत्र सिखलीन तन ज्यों लगि अतीत हीं।।[1]

इसी सन्दर्भ में यह जान लेना चाहिए कि जितनी कठोर कृच्छ्र साधन स्त्री के लिये केशवदास ने लिखी है, अपने युग के प्रभाव में पुरुष (पति) को उतनी ही स्वतन्त्रता भी दी है। पति के मरने पर पत्नी (विधवा) का हँसना, खेलना, स्नान करना, खाना सब निषिद्ध है, विवाह करने का तो प्रश्न ही नहीं उठता, लेकिन पति महाशय, पुरुष होने के नाते सर्व तंत्र स्वतन्त्र रहकर पत्नी के मरने पर दूसरा, तीसरा, चौथा विवाह भी कर सकते हैं और भोग-विलास के समस्त साधनों में लीन रह सकते है :

पति पतिनी बहु करै, पति न, पतिनी बहु करही।
पति हित पतिनी जरहि, पति न पतिनीहित मरही।।[2]

धन महिमा

सामन्ती युग में धन सम्पत्ति के विषय में वही धारणा थी जो हम आज के युग में देख रहे हैं। वैराग्य और अपरिग्रह का उपदेश धर्मग्रंथों में लिखा अवश्य मिलता है

१. रा० चं०, नवाँ प्रकाश
२. वीरसिंहदेवचरित, पृ० १८४

किन्तु जीवन में उसे चरितार्थ कर पाना असंभव नहीं तो दुस्साध्य अवश्य है। संस्कृत की 'सर्वे गुणा कांचनमाश्रयन्ते' वाली सूक्ति अपनी व्यावहारिकता में जितनी सत्य है ईशोपनिषद् की 'मागृधः कस्यस्विद्धनम्' उतनी ही आदर्शमयी है। केशव के समक्ष यह दोनों विचारधाराएँ विद्यमान थीं। केशव दरबारों के ठाट-बाट और ऐश्वर्य से पूर्णतया परिचित थे। उन्होंने अपने युग को देखकर नहीं स्वयं भोग कर कहा था—

काहू को नहिं कोऊ मित्त। मित्त अकेलाई जग वित्त।
सोई पंडित सोई साधु। जा के घर में वित्त अगाधु।
ऊँच नीच सब जातै होइ। ऊँचहि नीच बखानन लोइ।
ना वित्तहि तू तृन कर गनै। बहुत विवूचे तो से धनैं।[1]

धन की अमित महिमा का गान केशव की यथार्थवादी दृष्टि का परिणाम है। दान भी वही दे सकता है जो धनवान है, सम्मान भी वही प्राप्त कर सकता है जिसके पास धन है। धन्य वही है जो धनवाला है। इस संसार में धन से श्रेष्ठ और कुछ नहीं है। धन की इस महिमा को पढ़कर लगता है त्याग, वैराग्य और अपरिग्रह केवल धर्मग्रंथों में ही रहते हैं, व्यवहार में उन्हें न तो कोई प्राप्त करना चाहता है और न उन्हें पाकर कोई धन्य ही होता है—

जो धन होय तो दीजतु दान। धन ही तं है सब सनमान।
जाही के धन सोही धन्य, ताते मलीन धरती अन्य।।[2]

कलिवर्णन और युगीन-चित्रण

केशवदास ने अपने युग का वर्णन स्थान-स्थान पर प्रसंग आने पर तो किया है किन्तु 'विज्ञान गीता' में कलियुग का विस्तृत वर्णन भी प्रकारान्तर से अपने युग का ही चित्रण है। विज्ञान गीता का सप्तम प्रभाव इसी कलियुग वर्णन के लिए लिखा गया है। यदि हम वर्णन के तथ्यों का विश्लेषण करें तो विदित होगा कि मध्ययुग की स्थिति को ही केशव ने शब्दों में अंकित किया है। चार्वाक की विचारधारा उस युग में बड़ी तीव्रता से फैल रही थी और स्थान-स्थान पर उनके गुप्त केन्द्र बनाये थे। वेद और शास्त्र के प्रति चार्वाक मतावलम्बियों की उपेक्षा बुद्धि थी। वेद के निर्माता वे लोग भांड, धूर्त और निशाचर को मानते थे। ऋण करके घी पीने में उनका विश्वास था। भस्मीभूत देह का पुनरागमन उनके मत में कदापि संभव न था। चार्वाक सम्प्रदाय का यह प्रभाव केशव ने कल्पना के आधार पर नहीं लिखा है। वस्तुतः उस काल में यह सब घटित हो रहा था—केशव ने उसे कलिकाल कहकर चित्रित भर कर दिया है—

"हास विलास विलासिन सों मिलि लोचन लोल विलोकन रूरे।
भाँतिन भाँति के परिरंभन निर्भय राग विरागिन पूरे।

---

१. वी० दे० च०, प्रथम प्रकाश
२. वही०, द्वि० प्रकाश

नाग लता दल रंग रंग, अधरामृत पान कहा सुख सूरे।
केशवदास कहा व्रत संयम संपति मांझ विपत्ति न कूरे।।

हास-विलास के मध्य लोल लोचनों का सौन्दर्य, आलिंगन-परिरंभन का आनन्द और अधरामृत पान के साथ इस संसार में व्रत और संयम के लिए स्थान ही कहाँ है। यह वस्तुतः सामन्ती युग का पूरा सजीव प्रभाव है।

कलियुग के प्रभाव का वर्णन केशवदास ने प्रायः शैली में किया है जिस शैली में गोस्वामी जी ने कलिकाल का वर्णन किया है। ब्राह्मण जाति जिसका कर्तव्य कर्म अध्ययन-अध्यापन था, इस काल मे पैसा लेकर वेदों के ज्ञान को बेच रही है। क्षत्रिय प्रजा पालन से विमुख होकर ब्राह्मणों की जीविका छीन रहे हैं, वैश्य वर्ग का व्यापार शिथिल हो गया है, शूद्र लोग मूर्तिपूजन में लीन हैं, तस्करी करते हैं, और राजा से भयभीत न होकर मनमाना आचरण करते हैं। यह विपर्यय देखकर लगता है कि यह युग मर्यादा-विरोधी है—

ब्राह्मण बेचत वेदनि को सुमनेच्छ महीप की सेव करैं जू।
अक्षिय छांडत है परजा अपराध बिना द्विजवृत्ति हरैं जू।।
छांड़ दयो क्रय विक्रय वैश्यनि क्षत्रिन ज्यों हथियार धरैं जू।
पूजत शूद्र शिला, धन चोरति चित्त में राजनि को न डरैं जू।।

... ...

भूलत है कुल धर्म सबै तबहीं जबहीं वह आनि ग्रसै जू।
केशव वेद पुराणनि कौन सुनै समुझै न त्रसै न हँसै जू।।
देवनिते नर देवनि ते सुतिया वर बार न ज्यों विलसै जू।
यंत्रन मंत्रन भूरि गने जग यौवन काम पिशाच वसै जू।।

तीर्थ, महंत और मठाधीश

केशवदास यद्यपि परम्परावादी रूढ़ विश्वासों में स्वयं आस्था रखते थे। किन्तु उन्हें इस बात का दुःख था कि धर्म-स्थान अथवा तीर्थ स्थान पाखंड से भरते जा रहे हैं। दंभ और पाखंड के आवरण में साधु का कपट वेश धारण करने वालों को केशव ने क्षमा नहीं किया। गंगा के किनारे धूमी रमाकर पूजन का ढोंग करने वाले कपटी साधुओं को तथा मठों-मन्दिरों में महंत या मठाधोश बनकर जनता को ठगने वाले कपटी धर्मात्माओं को केशव ने घृणा की दृष्टि से देखा है। ऐसा प्रतीत होता है कि धर्म के नाम पर मठों-मन्दिरों में जो स्वेच्छाचार और सदाचार उस युग में फैल गया था उसे केशव ने भली-भांति देखा था। उनकी दृष्टि उन स्थानों पर गई थी जहाँ धर्म के नाम पर भीषण अनाचार होता था। गंगा नदी के पावन तोर्थ पर ढोंग करने वाले साधुओं का केशव ने इस प्रकार, वर्णन किया है—

गंगा काछनि वरतिहों, पूजत साधु अपाट।
पाई कपिला गाय सी, पटु पाखंड चपाट।।

इसमें तनिक भी सन्देह नहीं कि केशव का युग धर्म और कर्मकांड की दृष्टि से पाखंड का युग था। महंत और मठाधीश ढोंग का स्वाँग रच रहे थे।

कन्नौज के किसी दुश्चरित्र मठधारी का वर्णन रामचन्द्रिका के एक प्रसंग में केशव ने समाविष्ट कर दिया है। यह वर्णन वस्तुतः मठाधीशों की यथार्थ स्थिति का सटीक शैली में परिचय देने वाला है—

एक कनौज हुतौ मठधारी।
दैव चतुर्भुज कौ अधिकारी।
मन्दिर कोउ बड़ौ जब आवै।
अंग भली रचनानि बनावैं।।
जा दिन केसव कोऊ न आवै।
ता दिन पालक तेन उठावै।
भेंटन लै बहुधा धन कीन्हो।
नित्य करै बहु भोग नवीनौ।।[1]

केशव मठधारियों को जघन्य पापी और अपराधी मानते थे। उनके युग में मठाधीश इतने अधिक पाप पंकिल हो गये थे कि केशव को कहना पड़ा कि जिनके हृदय में राम का विरोध बसता है उन्हें मठधारियों का पाप लगे।

जिनके रघुनाथ विरोध बसै जू। मठधारिन के तिन पाप ग्रसै जू।

इसी प्रकार रामचन्द्रिका में रावण के हाथ में पड़ी हुई सीता का वर्णन करते हुए केशव ने कहा है कि सीता ऐसी प्रतीत होती है जैसे पाखंडी के हाथ में सिद्धि आ गई हो या मठाधीश के वश में बलात् एकादशी पड़ गई या चांडाल ने अनधिकार से सामवेद की शाखों को ग्रहण कर लिया हो।

पाखंडी की सिद्धि कै मठेस बस एकादसी।
लीनी कै स्वपचराज साखा सुद्ध साम की।।

श्रावक और बौद्ध भिक्षु

ऐसा प्रतीत होता है कि जैन और बौद्ध श्रावकों का अनाचार भी उस युग में निंदनीय बन गया था। विज्ञान गीता में केशव ने जिस स्तर पर श्रावकाचार्य का उल्लेख दिया है वह आचारभ्रष्टता का ही द्योतक है। श्रावकाचार्य मल-मूत्र में लिपटा, नग्न और हाथ में मोर पंख लेकर इस प्रकार विचरण कर रहा है जैसे कोई नरक का प्राणी भूतल पर आ गया है। इसके उपदेश इतने घृणित और निंद्य है कि संभ्रान्त श्रोता उन्हें एक पल भी सुनने को उद्यत नहीं होता। वह कहता है कि कन्या, वधू और बहन के साथ रात-दिन विलास करो। चित्त को कभी मलिन मत होने दो। यही गुरु की उपासना शैली है। श्रावकों की भाँति बौद्ध भिक्षु भी उस युग में इसी प्रकार ही की मलिन

---

१. रा० चं०, प्र० ३४, छन्द १९

वृत्ति वाला हो गया था। श्रावकाचार का चित्र देखिए—

यह कौन आवत है सखी मल पंक अंकित अंग।
शिर केश लुंचितनग्न हाथ शिषी शिखंड सुरंग।।
यह नर्क की कोऊ जीव है जिनि याहि देखि डराहि।
निज जातिये यह श्रावका अति दूर ते तजि ताहि।।
... ...
कन्याका भगिनि वधू मिलि जो रमै दिन राति।
चित्त मलिन न कीजई, गुरु पूजियै इहि भांति।।[1]

श्रावक की भांति बौद्ध भिक्षु भी इसी रंग में रंगा हुआ है। वह कहता है कि मैं सभी को दिव्य दृष्टि से देखता हूं और भोग में तथा मुक्ति में कोई भेद नहीं मानता। भिक्षुक को रमणियों के साथ भोग करने से रोकना नहीं चाहिए।

कापालिक और भैरवी चक्र

विज्ञान गीता और रामचन्द्रिका के अनेक वर्णनों को पढ़कर ऐसा लगता है कि केशवदास के समय में चार्वाक, श्रावक, बौद्धभिक्षु, कापालिक, मठाधीश, महन्त, भैरवी चक्र, आदि सब में अनाचार व्याप्त था और समाज पर इन सबका घातक प्रभाव पड़ रहा था। वृन्दावन, प्रयाग और काशी जैसे तीर्थ स्थानों पर मठधारियों ने स्वेच्छाचार फैलाया हुआ था और पूजा-पाठ के स्थान पर घोर पाखंड छाया हुआ था। भैरवीचक्र में फँसे हुए वाममार्गी व्यक्ति व्यभिचार को जीवन विलास का लक्ष्य स्वीकार करते थे और नीच जाति की स्त्रियों को कुकर्म के लिए ग्रहण किया जाता था। मथुरा और वृन्दावन में भैरवी चक्र का अड्डा बन गया था। केशव ने मथुरा-वृन्दावन को श्रद्धा-विहीन नगरी माना है—

मथुरा वृन्दावन सबै, ढूंढ़्यो देवि अशेष।
कबहुं न श्रद्धा देखिये चित विचार करि देख।।[2]

केशव ने इसी प्रसंग में विज्ञान गीता में लिखा है कि श्रद्धा भैरवी के पाश में फंस गई थी कि उसे विष्णुभक्ति ही छुड़ा सकती है। कापालिकों का भी वर्णन केशव ने किया है। कापालिकों का एक समय बहुत बड़ा जाल सारे देश में फैल गया था। निरक्षर और साधनहीन पाखंडी कापालिकों में जनता की श्रद्धा उतनी नहीं थी जितनी उनके पाखंड और मिथ्याचार से जनता त्रस्त और भयभीत थी। सूर्य की लालिमा का वर्णन करते हुए केशव ने कापालिक के रक्त परिपूर्ण खप्पर का उपमान प्रस्तुत किया है "कै श्रोणित कलित कपाल यह कापालिक काल को।" कापालिकों के पाखंड का वर्णन विज्ञान गीता में भी उपलब्ध होता है।

---

१. विज्ञान गीता, पृ० ७४-७५
२. विज्ञान गीता

जाति वर्णन

केशवदास वर्णाश्रम व्यवस्था को मानते थे। पाखंड और मिथ्याचार से खिन्न होकर भी केशव ने ब्राह्मणों को साधु और श्रेष्ठ कहा और उनकी सेवा-अर्चा का संकेत अनेक स्थलों पर मिलता है। ब्राह्मण के सम्बन्ध में उनके विचार प्रायः अंध परम्परा-श्रित ही हैं। लंगड़ा, लूला, गूंगा, अंधा, अनाथ ब्राह्मण यदि सदाचारी हो तो सम्मान-नीय हो सकता है किन्तु अज्ञ, मूर्ख और अविवेकी ब्राह्मण की पूजा कौन करेगा ? केशव ने तो इन सबको भी पूज्य ठहरा दिया है। उनकी दृष्टि में ब्राह्मण का पक्षपात किसी तर्क पर आश्रित न होकर अंधविश्वास पर टिका हुआ है—

द्विज मांगे सो देय विप्र को वचन न खंगिय।
विप्र वैर नहि करिय विप्र कहं सर्वस दिज्जिय।।[1]
पंगु ब्राह्मण, अंध, गुंग अनाथ, राजकि रंक।
अज्ञ होहि कि विज्ञ भेद मानिए करि शंक।।
पूजिए मन वचन कर्मनि प्रेम पुण्य प्रमान।
सावधान ह्वै सेइए, सब विप्र ब्रह्म समान।।[2]

ब्राह्मण को ब्रह्म के समान ठहराने की दृढ़ता केशवदास जैसे कवि के लिए कुछ आश्चर्यजनक नहीं है। केशव ने अपने समय की कुछ अन्य जातियों का भी संकेत यत्र-तत्र किया है। उनमें माथुर (चौबे ब्राह्मण) भी हैं। इन माथुरों को केशवदास ने ब्रह्म समान नहीं माना। माथुर से केशव का किसी अन्य जाति से तात्पर्य न होकर माथुर चौबे ब्राह्मणों से ही है क्योंकि माथुर कायस्थों का वेदाध्ययन आदि कार्य नहीं होता। माथुरों को वेदाध्ययन विमुख देखकर केशव खिन्न हैं—

कबहुँ न सुन्यो कहूँ गुरु को कह्यो उपदेश।
अज यज्ञन भेद जानत धर्म कर्म न लेश।।
स्नान दान सयान संयम योग याग संयोग।
ईराना तनु गूढ़ जानत मूढ़ माथुर लोग।।
... .
ठौर ठौर विराजहिं मठपाल मुक्त कुतर्क।
घोष एक कहा रहो जा संग ते बहु तर्क।।[3]

लोभ के प्रसंग में वीरसिंह देवचरित में भी कुछ निम्न जातियों के शील-स्वभाव की ओर केशव ने संकेत किया है। पासी, वधिक, जगातो, बनिया, सुनार आदि को अशो-भन व्यापार करने वाला बताया है। मद्यपान करके अथवा गांजा-भांग आदि का सेवन कर इन जातियों के लोग वेश्या गमन करते हैं—

---

१. रतन बावनी, छन्द १९
२. विज्ञान गीता
३. विज्ञान गीता, तृतीय प्रभाव

मत चल ठग ठठेर बट पार।
पासिया चेरे चोर लवार।।
... ...
वधिक जगाती वनिक सुनार।
इन्हें आदि हैं मीत अपार।।
पुस्ता पीवहिं मांगहिं खाइ।
मदिरा पी वैश्या पहं जाइ।।[१]

केशवदास ने कायस्थ जाति का वर्णन बहुत अच्छे शब्दों में पूरी सहानुभूति के साथ किया है। ऐसा प्रतीत होता है कि केशव के युग में कायस्थ जाति के लोग अपने कर्त्तव्य को पूरी निष्ठा के साथ निबाहते थे। रिश्वत आदि लेना प्रचलित नहीं हुआ था। कायस्थों के हाथ में राज्य का लेखा-जोखा रहता था और क्रय-विक्रय आदि में भी राजा इस जाति के लोगों की सहायता लेता था। सभा की कार्यवाही लिखना भी कायस्थ-लेखक का काम था। इन सभी कार्यों में कायस्थ निर्लोभी रहकर व्यवहार करता था जिससे केशवदास जी बहुत प्रसन्न थे :

परम साधु कायथ जानिये।
निरलोभी साँचो मानिये।
जानै धर्माधर्म विचार।
जानै अगनित नृप व्योहार।।
मोल दो गुनो वर्न विधान।
क्रय विक्रय ताके परिवाण।
नृप मुदा कै मुद्रित करै।
सभा सदन की मूडा धरै।।[२]

केशवदास ने द्राविण तथा दक्षिण देशों को निरक्षर ठहराया है। केशव के इस कथन का आधार क्या है, कुछ नहीं कहा जा सकता। "नहि नहि द्राविण दक्षिणी अक्षर स्वच्छ वचात।" आदि स्फुट उक्तियों में इस प्रकार के भाव मिलते हैं।

आश्रम-व्यवस्था

आश्रम-व्यवस्था के सम्बन्ध में अपने विचार विस्तारपूर्वक कहीं व्यक्त नहीं किये। प्रतीत होता है कि उस युग के पाखंडी साधुओं को देख कर केशव का मन संन्यास की ओर से बिरत हो चुका था। वानप्रस्थ आश्रम की परिणति संन्यास में होती है अतः वानप्रस्थ का भी उन्होंने वर्णन नहीं किया। ब्रह्मचर्य और गृहस्थ दो ही प्रमुख आश्रम थे। ब्रह्मचर्य का लोप हो रहा था। बाल्यावस्था में विवाह होते थे अतः शेष रहा केवल

१. वी० सि० दे० च०, प्रथम प्रकाश
२. वी० सिं० दे० च०, पृष्ठ ३३४-३५

गृहस्थाश्रम। केशव ने उसे ही श्रेष्ठ माना और कह दिया कि मन को वश में रखने वाले व्यक्ति के लिए घर और वन में कोई अन्तर नहीं रहता—

कहि केशव भीतर योग जगै
अति बाहिर भोगिन सो तनु है।
मन हाथ सदा जिनके तिनके
वन ही घर है घर ही वन है।

केशव के साहित्य के अनुशीलन से यह तथ्य स्पष्ट हो जाता है कि अन्य भक्त कवियों की भाँति अपने युग की परिस्थितियों से असम्पृक्त नहीं रहना चाहते थे। राज दरबारों में रहने के कारण उनकी व्यावहारिक दृष्टि अत्यन्त सूक्ष्म परिवर्तनों पर भी सहज ही चली जाती थी। सूर और तुलसी की भाँति वे भक्त नहीं थे—सद्गृहस्थ की भाँति समाज के सभी क्षेत्रों और परिवर्तनों से अपने को जुड़ा रखते थे। राजा, मंत्री, प्रजा, महन्त, मठाधीश, श्रावक, साधु, स्त्री-पुरुष सभी को उन्होंने पास से देखा-परखा था, अतः उनके काव्य में युगीन-चित्रण पर्याप्त मात्रा में उपलब्ध होता है। लोकव्यवहारानुमोदित नीति पर उनकी दृष्टि गई भी और उन्होंने नीति-परक काव्य न लिखने पर भी नीति की स्थान-स्थान पर चर्चा की है। इतिहास और युग धर्म का उन्होंने वीरसिंहदेवचरित में पर्याप्त मात्रा में वर्णन किया है। मैंने संक्षेप में उनके युगीन-चित्रण की झांकी मात्र प्रस्तुत करने का प्रयास किया है। नीति वर्णन तथा इतिहास चित्रण इस लेख में समाविष्ट नहीं है।

केशव का हिन्दी-साहित्य में स्थान

डॉ० विजयपालसिंह

हिन्दी-साहित्य में केशव एक विशिष्ट एवं महत्त्वपूर्ण स्थान रखते हैं। उनका व्यक्तित्व बहुमुखी था, उनका महत्त्व भी बहुमुखी है। उनका स्थान निर्दिष्ट करने के लिए उनके किसी एक पक्ष-मात्र को ध्यान में रखकर, उन्हें किसी कवि से छोटा या बड़ा कह देना आलोचना-दृष्टि का संकोच ही होगा। फिर उनके किसी पक्ष को लेकर किसी सजातीय पक्ष वाले से ही तुलना ठीक होगी। देव का स्थान निर्धारित करते हुए डॉ० नगेन्द्र ने ठीक ही लिखा है कि हिन्दी काव्य एक सागर के समान है। इसमें अनेक धाराएँ प्रवहमान हैं जो दिशा, परिमाण तथा गुण सभी में एक-दूसरे से भिन्न हैं। इन विभिन्नताओं का विचार न करते हुए किसी भी कवि का समस्त सजातीय कवियों में से एक साथ स्थान निर्णीत कर देना सर्वथा भ्रामक एवं निराधार होगा।[1] केशव का व्यक्तित्व देव की अपेक्षा कहीं अधिक बहुपक्षी है, अतः उनके लिए तो यह बात और भी अधिक आवश्यक है।

प्रतिभा और व्युत्पत्ति (शास्त्रज्ञान) साहित्यकार के दो धरातल हैं, जहाँ से वह अपना निर्माण करता है। कहने की आवश्यकता नहीं कि केशव के दोनों धरातल पुष्ट हैं। उनकी प्रतिभा ने कवि-रूप में नहीं आचार्य-रूप में भी अनेकत्र चमक पैदा की है उनकी व्युत्पत्ति ने आचार्यत्व ही नहीं उनके कवित्व की भी प्राणप्रतिष्ठा की है।

केशव की व्युत्पत्ति ने उन्हें एक प्रौढ़ आचार्य बनाया है। उनकी व्युत्पत्ति की रेखाएँ तीन क्षेत्रों में अधिक स्पष्टता से उभरी हैं :

१. काव्यशास्त्र

२. दर्शन

३. धर्म-भक्तिशास्त्र

इन तीनों में काव्यशास्त्रीय पक्ष अधिक मुखर एवं प्रसिद्ध है। काव्यशास्त्रीय पक्ष का मूल्यांकन हम आचार्यत्व शीर्षक अध्याय में कर चुके हैं। अपने समय तक परिनिष्ठित समस्त संस्कृत साहित्यशास्त्र का ज्ञान उन्हें है। उस ज्ञान का अन्धानुकरण नहीं। अपनी निजी अभिरुचि एवं मान्यताओं को भी पूर्ण स्थान मिला है । यद्यपि

---

१. देव और उनकी कविता, डॉ० नगेन्द्र, पृष्ठ २९४

'रसिकप्रिया' एवं 'कविप्रिया' का प्रणयन एक शिक्षक की दृष्टि से ही हुआ है और एक शिक्षक का काम अपनी बात कहना नहीं, प्रौढ़ साहित्यकारों की बात को अच्छे ढंग से कहना मात्र होता है; किन्तु केशव का शिक्षक इतने तक ही सीमित नहीं रहा। एक आलोचक-शिक्षक की भाँति उसने अपना दृष्टिकोण भी सामने रखा है। वस्तुतः केशव का आचार्यत्व संस्कृत-आचार्यत्व की उद्धरणी होते हुए भी उनके अपने दृष्टिकोण से ही उपस्थित किया गया है। जैसे रस के विषय में उन्होंने रसवादी आचार्यों को सामने रखा है, अलंकारों के लिये अलंकारवादी आचार्यों को। 'कविप्रिया के आचार्यत्व म परिचयात्मकता अधिक है, तो 'रसिकप्रिया' के आचार्यत्व में मौलिकता का पुट अधिक। यह बात रस-सामग्री के लक्षणों में स्पष्ट है। शृंगार के 'रसराजत्व' की प्रतिष्ठा का उन्हें आग्रह है। यह युग की प्रतिध्वनि है, जो हिन्दी-साहित्य में सर्वप्रथम केशव में साग्रह वाचाल होकर आई है। क्रियात्मक साहित्य ही युग एवं समाज से प्रभावित नहीं होता, आलोचना-साहित्य भी होता है। केशव ने हिन्दी की निजी आवश्यकताओं को समझाने का प्रयत्न किया है। संस्कृत-साहित्यशास्त्र को परखते हुए अपनी सार-ग्राहिणी प्रवृत्ति से अपनी बुद्धि की सीमाओं के भीतर उन्होंने मान्यताओं का चयन किया। उन्होंने काव्यशास्त्र के प्रारम्भिक युग की मान्यताओं तथा अपने काल तक विकसित हुई परम्पराओं दोनों को ध्यान में रखकर हिन्दी के लिए एक काव्यशास्त्र निर्मित करने का प्रयास किया है जो उस युग के पाठक और कवि दोनों को सहायक हो सके। इस काव्यशास्त्र में एक बात का अभाव रहा, वह था गद्य का अभाव। गद्य के अभाव में न तो केशव की निजी मान्यताओं और अभिरुचियों की स्थापना हो सकी और न प्राचीन मान्यताओं का विश्लेषण ही हो सका। अतः केशव का यह कार्य अस्पष्ट रहा। हमारा अनुमान है कि केशव अपने जिज्ञासु की तृप्ति मौखिक रूप में करते रहे होंगे। किन्तु उनकी तर्क-पद्धति लिखित रूप में न आ सकने के कारण उनका दिखाया मार्ग परवर्ती युग का जन-पथ नहीं बन सका। आचार्यत्व की दृष्टि से रीतिकाल का अमौलिक युग न तो केशवी दृष्टिकोणों का विकास कर सका न प्राचीन प्रौढ़ मान्यताओं को सामने रखकर उन्हें परख ही सका। वह केवल केशव के महत्त्व से अभिभूत रहा, किन्तु अपने चलने के लिए उसने पचास वर्ष बाद ही चिन्तामणि द्वारा जयदेव और अप्पय दीक्षित का बनाया हुआ सरल मार्ग पकड़ लिया। दिशा उसने केशव से ली। लक्षणोदाहरण की पद्धति पर आचार्यत्व और कवित्व का संगम करने की यह परम्परा हिन्दी में समारोह के साथ केशव के द्वारा ही प्रतिष्ठित हुई है। हिन्दी-साहित्यशास्त्र के प्रथम आचार्य होने का ऐतिहासिक महत्त्व केशव के लिए सुरक्षित है। चिन्तामणि आदि परवर्ती आचार्य तो उनसे दिशा की प्रेरणा लेकर, 'कुवलयानन्द', 'चन्द्रालोक', 'साहित्य-दर्पण' जैसी सरल पुस्तकों की उद्धरणी करते रहे।

केशव को संस्कृत के आनन्दवर्धन, अभिनवगुप्त, मम्मट, जगन्नाथ जैसे महामहिम आचार्यों की कोटि में नहीं रखा जा सकता। उन्होंने न किसी नूतन पथ का उद्घाटन किया, न किसी सिद्धान्त-विशेष का सतर्क प्रतिपादन। इन आचार्यों की तुलना में केशव

का इतना ही महत्त्व है कि वे प्राचीन मान्यताओं का सुचारु अध्ययन करके उनके विषय में अपनी निजी धारणाएं बनाने की क्षमता जुटा सके। केशव की मौलिकता का स्वरूप यही है। वास्तव में आलोचनाशास्त्र के अन्तिम पदक्रमों में आकर, जबकि सिद्धांत निरूपण का कार्य समाप्त हो चुका था, मौलिकता का यही रूप विशेष रह गया था। किन्तु परवर्ती रीतिकाल में यह क्षमता भी लुप्त हो गई। यह देखकर हमारी दृष्टि में केशव का महत्त्व और भी बढ़ जाता है।

केशव के आचार्यत्व का क्षेत्र मम्मट, विश्वनाथ के समान ही व्यापक है। रीतिकाल में केवल अलंकार-क्षेत्र या नायिका-भेद-क्षेत्र में घूमनेवाले कवि-आचार्यों को छोड़ दें तो हमारे सामने प्रमुख पांच नाम आते हैं—कुलपति-मिश्र, श्रीपति, भिखारीदास, प्रतापसाहि और देव। ये सब केशव के परवर्ती आचार्य हैं। केशव के हाथों रीतिकाल का शिलान्यास हुआ था, इनके द्वारा भवन-निर्माण। रीतिकाल के ये परवर्ती आचार्य मौलिकता की दृष्टि से केशव से बहुत पीछे हैं। हाँ, एक बात उसके पक्ष में अवश्य है। निजी मौलिकता की दृष्टि की गुंजायश न रखने के कारण वे मम्मट, विश्वनाथ आदि आचार्यों के सिद्धान्तों की उद्धरणी अधिक सफलता से कर सके हैं। यह बात कुलपति, श्रीपति, भिखारीदास, प्रतापसाहि चारों के लिये समान रूप से कही जा सकती है। देव तो इस गुण में भी इन आचार्यों से कुछ पीछे हैं। देव के विषय में डॉ० नगेन्द्र की स्पष्ट स्वीकृति है कि देव ने मुक्त कण्ठ से उनका (केशव का) गौरव स्वीकार किया है और अनेक स्थलों पर उनका अनुकरण किया है। इसके अतिरिक्त जहाँ तक पांडित्य की गम्भीरता का प्रश्न है, केशव देव से बढ़कर है।[1] विषय-प्रतिपादन की स्पष्टता और सिद्धान्त के व्यावहारिक उपयोग की दृष्टि से श्रीपति और भिखारीदास केशव से निस्संदेह अधिक सफल हैं। इस सफलता का कारण हम ऊपर बता चुके हैं। भिखारीदास के विषय में डॉ० नगेन्द्र की सम्मति है, विवेचन की स्वच्छता, सिद्धान्तों का व्यावहारिक उपयोग तथा काव्य की प्रकृति का ज्ञान। इन तीनों के विचार से दास की तुलना में देव क्या, कोई भी रीतिकालीन आचार्य नहीं ठहरता। उनका केवल एक ही पक्ष दुर्बल है मौलिकता।[2] वस्तुतः भिखारीदास संस्कृत साहित्य शास्त्र के सफल उद्धरणीकार हैं, स्वतन्त्र विचारक नहीं। डॉ० नगेन्द्र द्वारा की हुई भिखारीदास की प्रशंसा की अपनी सीमा है। उन्होंने देव और केशव के रस-सम्बन्धी पक्ष को लेकर देव को अधिक गौरव दिया है। वे कहते हैं, 'केवल एक बात में देव स्पष्टतः ही केशव से अधिक गौरव के अधिकारी हैं—वह है उनकी सूक्ष्म एवं गहरी चेतना, जो कि आलोचक अथवा आचार्य का एक मूलवर्ती गुण है।[3] जहाँ तक भिखारीदास के कवि-पक्ष का सम्बन्ध है, देव की रसमयता को स्वीकार करते हुए भी 'रसिकप्रिया' में रस का अभाव

---

१. देव और उनकी कविता, डॉ० नगेन्द्र, पृष्ठ २९६
२. वही, पृष्ठ २९५
३. वही, पृष्ठ २९६

हमें दृष्टिगत नहीं होता।

समस्त रीतिकाल में केशव के समान व्यापक अध्ययन, गहरी पैठ एवं मौलिक दृष्टिवाला आचार्य अन्य नहीं दिखाई देता।

हिन्दी-आचार्यत्व का आधुनिक स्वरूप बहुत परिवर्तित हो चुका है। केशव आधुनिक आचार्यों के सताजीय नहीं रह गए। अतः आधुनिक आचार्यों से उनकी तुलना का प्रश्न ही नहीं उठता, क्योंकि डॉ० नगेन्द्र की ही शब्दावली में स्थान का निर्णय सजातियों में ही हो सकता है।

इस प्रकार केशव ऐतिहासिक दृष्टि से ही हिन्दी के प्रथम आचार्य नहीं हैं, प्रौढ़ता, व्यापकता एवं मौलिकता की दृष्टि से भी रीतिकाल के सर्वश्रेष्ठ आचार्य भी हैं। वे रीतिकाल के युगनिर्माता साहित्यकार हैं, यह बात कम महत्त्व की नहीं। युग-निर्माण की दृष्टि से निर्गुण-परम्परा में कबीर का, कृष्ण-भक्ति-परम्परा में सूर का, राम-भक्ति-परम्परा में तुलसी का जो स्थान है, साहित्य को एक निश्चित धारा में मोड़ देने की क्षमता की दृष्टि से रीति-परम्परा में वही स्थान आचार्य केशवदास का है।

केशव व्युत्पति-पक्षीय काव्यशास्त्रीय क्षेत्र में ही प्रौढ़ नहीं है, दर्शन एवं धर्म-शास्त्र के क्षेत्र में भी उनकी अच्छी पैठ है। यह सत्य है कि केशव मनु के समान धर्म-नियन्ता नहीं, शंकर के समान दार्शनिक नहीं, तुलसी के समान भक्त नहीं, किन्तु धर्म-शास्त्र, दर्शनशास्त्र एवं भक्तिशास्त्र सम्बन्धी उनका अध्ययन प्रशस्त है। दर्शन के क्षेत्र में वे तुलसी के समान ही सामंजस्यवादी हैं। तुलसी की अपेक्षा उनका सामंजस्य भी अधिक प्रशस्त है। तुलसी के दर्शन की आज तक खींचतान हो रही है। केशव का दर्शन स्पष्ट है, अद्वैतवाद, जिसके व्यावहारिक पक्ष में द्वैत की भूमि है और इसके साथ ही भक्ति, धर्मयोग, वैराग्य आदि सबकी समाई है। 'विज्ञानगीता' उनकी इस क्षेत्र की क्षमता का मूर्त प्रमाण है।

केशव की व्युत्पत्ति का एक क्षेत्र और है—'इतिहास'। रतनबावनी, वीर-सिंहदेव-चरित और जहाँगीर-जस-चन्द्रिका में तात्कालिक इतिहास की ऐसी सामग्री सुरक्षित है, जिसका उल्लेख अन्य ऐतिहासिक ग्रन्थों में नहीं मिलता है। 'विज्ञानगीता' के रूप में प्रतीक-काव्य लिखकर तथा इन उपर्युक्त रचनाओं के रूप में ऐतिहासिक काव्यों की रचना करके हिन्दी-साहित्य के समक्ष केशव ने दो सर्वथा नवीन साहित्य-बिधाओं के द्वार खोले थे। संस्कृत के लिए चाहे ये रचना-विधाएँ नवीन न हों, किन्तु हिन्दी के लिए अवश्य नई चीज थीं। खेद है कि परवर्ती रीतियुग इन दिशाओं में प्रगति न कर सका।

जहाँ तक केशव के कवित्व-पक्ष का सम्बन्ध है, केशव हमारे समक्ष 'राम-चन्द्रिका' के प्रबन्ध कवि, 'विज्ञानगीता' के प्रतीक, पाठ्यरूप रचयिता तथा तीन ऐति-हासिक काव्य-कृतियों के निर्माता के रूप में आते हैं। जहाँ तक साहित्य की विधाओं का प्रश्न है, पिछली दो विधाएँ उनकी अपनी है यह हम ऊपर कह चुके हैं। मुक्तक कवि के रूप में रसिकप्रिया की सरसता का जादू शुक्लजी तक की लेखनी पर बोल चुका

है। अतः उसके विषय में भी अधिक कहने की आवश्यकता नहीं। अब रहता है उनका प्रबन्धकवि-रूप। इस क्षेत्र में उन पर कई प्रकार के आक्षेप लादे गये हैं। प्रबन्ध-कौशल, भावुकता तथा प्रकृति-निरीक्षण का अभाव एवं चमत्कार का फेर इन आक्षेपों में प्रमुख हैं। इन आक्षेपों में शुक्लजी के मानदण्डों की प्रतिध्वनि है। शुक्लजी के मानदण्ड तुलसी को सामने रखकर बने थे। प्रबन्ध-रचना में केशव का दृष्टिकोण तुलसी से भिन्न है। उन्होंने रामचरित के अंशों का चुनाव वर्णन-वैभव के अवकाश को ध्यान में रखकर किया है, तुलसी की भाँति इस काव्य की दृष्टि से नहीं। 'रामचन्द्रिका' में वे नाटकीय तत्त्वों से भी प्रभावित हुए हैं। इसी दृष्टि से उन्होंने संवादात्मक सौन्दर्य का उसमें पुट दिया है। प्रबन्ध सूत्रों की नाटकीय योजना करते हुए उन्होंने कथा-सम्बन्धी सूत्रों के अनिवार्य निर्वाह की ओर भी आग्रहपूर्वक ध्यान नहीं दिया। जहाँ तक भावुकता का प्रश्न है, केशव की भावुकता तुलसी सूर की कोटि की भावुकता नहीं, किन्तु रीतिकाल के अन्य कवि-पंडितों की अपेक्षा उनकी भावुकता कम नहीं। 'देखे मुख भावे, अनदेखेई कमल चन्द' जैसे स्थलों को लेकर शुक्लजी ने केशव में हृदयहीनता ही नहीं, हृदयहीनता की हद दिखाई है। किन्तु आज शुक्लजी की पक्षपातिनी दृष्टि पहचानी जा चुकी है और बहुत-सी मान्यताओं से उनका पक्षपात सिद्ध हो चुका है। रही प्रकृति-निरीक्षण एवं चमत्कार की बात। केशव के कई शताब्दी पूर्व से ही संस्कृत-काव्य प्रकृति-निरीक्षण से दूर हटता हुआ चमत्कार की ओर चला आ रहा था। केशव उसी परम्परा के कवि हैं। निस्सन्देह वे प्रकृति के जन्मजात कवि नहीं। उनमें आलंकारिक चमत्कार का मोह भी सजग है। किन्तु उनके आलंकारिक चमत्कार में दुरूहता नहीं है। श्लेष, यमक आदि के कुछ स्थलों में दुरूहता का आभास होता है। उसके दो कारण है। एक तो हम इस प्रकार की काव्य-परम्परा से दूर पड़ चुके हैं, दूसरे, इन अलंकारवाले स्थलों को हम विश्वनाथ, जयदेव आदि के लक्षणों की छाया में समझना चाहते हैं। केशव के लक्षण इन पिछले आचार्यों से भिन्न हैं। उनके श्लेष, यमक आदि उनके ही लक्षणों के अनुसार समझने पर उतने दुरूह नहीं रह जाते जितने आज समझे जाते हैं।

निस्सन्देह हम 'रामचन्द्रिका' को 'रामचरितमानस' के समकक्ष नहीं रख सकते। किन्तु हमें ध्यान रखना चाहिए कि 'रामचन्द्रिका' और 'रामचरितमानस' दो भिन्न कोटि के महाकाव्य हैं। मानस के स्रोत में साहित्य-मर्मज्ञ पंडित और हलवाले किसान समान रूप से अवगाहन करते हैं। दोनों उसकी समान पूजा करते हैं। मानस भक्ति का भाव-काव्य है। 'रामचन्द्रिका' दरबारी काव्य है। इसी कारण उसमें प्रभावोत्पादन एवं चमत्कार के प्रति कलाकार की जागरूकता है। विश्व-साहित्य का इतिहास उठा लीजिए कोर्ट और कुटिया के काव्य में कला की जागरूकता और अजागरूकता का अन्तर मिलेगा। 'रामचन्द्रिका' मानस की अपेक्षा संस्कृत-साहित्य के उत्तरयुगीन महाकाव्यों से अनुप्राणित हुई है। सत्य बात तो यह है कि ओरछा के रजत आसनों पर बैठकर सम्मान के भारों से बोझिल मस्तिष्क सदा रामचन्द्रिकाएं ही लिखते आए हैं

और सुर-सरिता के पावन तट पर रामानन्दी तिलक-लंगोटी लगाकर 'रामचरित-मानस'। न ओरछा में तुलसी मानस लिख पाते, न काशी में केशव की कलम चंद्रिका।

केशव में भावुकता, कल्पना, रस, अलंकार, वर्णन-वैभव, चमत्कार अपने-अपने स्थान पर अलग-अलग रचनाओं में सब कुछ है। सब मिलाकर केशव का कवि प्रतिभा-वान कवि की अपेक्षा शास्त्रकवि अधिक है। उनका कला-पक्ष भाव की अपेक्षा अधिक मुखर है। कला-पक्ष की दृष्टि से वे सूर और तुलसी से भी बढ़कर हैं। भाव और कला के सामंजस्य को ध्यान में रखकर उनका नम्बर सूर-तुलसी के निस्सन्देह पश्चात् हैं। तुलसी की अपेक्षा सूर का भाव-पक्ष संगत है। तुलसी में भाव और कला का अनायास सामंजस्य है, बिहार में सचेतन एवं सायास। केशव में कविता-कामिनी की विशेष सज्जा के लिए आभूषणों का मोह है।

रीतिकाल के अन्य सभी कवियों में केशव का स्थान महत्त्वपूर्ण है। कला के परिमार्जन में बिहारी उनसे कहीं प्रशस्त हैं। भावुकता और लाक्षणिक चारुता में घनानन्द उनसे बहुत बढ़े हुए हैं। पद्माकर की झंकृतियां केशव को बहुत पीछे छोड़ जाती हैं। देव की रस-चेतना को सभी स्वीकार करते हैं। और भी कलाकार हिन्दी के पास हैं, हो सकता है उनमें कोई न कोई गुण केशव से बहुत बढ़-चढ़कर हो। किन्तु सब मिलाकर केशव के पास जितना है उतना इन मध्ययुगीन कलाकारों में किसी के पास नहीं।

अभिव्यंजना-सामर्थ्य की दृष्टि से केशव की भाषा सूर-तुलसी की अपेक्षा निर्बल है। किन्तु व्यवस्था की दृष्टि से वह उनसे सबल है। ब्रज के इतिहास में व्यवस्था की ओर ध्यान सर्वप्रथम केशव का गया था। इस प्रयास का सफल परिपाक बिहारी में आकर हुआ है।

वस्तुतः हिन्दी-साहित्य के पास अनेक रत्न हैं, जिनके नाम, गुण, उपयोगिता एवं प्रभाव भिन्न-भिन्न हैं। हमारी ही बोली में हमारे हृदय और मस्तिष्क को एकदम झकझोर देनेवाला कबीर के समान हिन्दी में दूसरा कौन है। हमारी संस्कृति के समस्त सौंदर्य का प्रतिनिधि तुलसी के समान कौन है! भावों की उत्ताल तरंगों में लहरा देने वाला जादू के सूर के अतिरिक्त और किसके पास है। कल्पनालोक में भाव का तूलिका से सतरंगी चित्र अंकित करने में प्रसाद की कला का किसे उपमान बनाएं। केशव का भी अपना महत्त्व है। आचार्यत्व को कवित्व से, व्युत्पत्ति को प्रतिभा से, पांडित्य को भावुकता से मिलाकर अपने बहुमुखी महत्व से अभिभूत कर देने की क्षमता रखनेवाला केशव-सा दूसरा नाम देने के लिए हिन्दी बहुत दिनों से सोच रहा है और न जाने कब तक उसे सोचना पड़ेगा।

रामचन्द्रचन्द्रिका

गणेश-वन्दना
(दंडक)

बालक मृनालनि ज्यों तोरि डारे सब काल कठिन कराल त्यों अकाल दीह दुख कों।
बिपति हरत हठि पद्मिमी के पात सम पंक ज्यों पताल पेलि पठवै कलुष कों।
दूरि कै कलंक-अंक भव-सीस-ससि सम राखत है 'केसोदास' दास के बपुष कों।
साँकरे की साँकरनि सन्मुख होत तोरे दसमुख मुख जोवैं गजमुख मुख कों ॥१॥

सरस्वती-वन्दना

बानी जगरानी की उदारता बखानी जाइ ऐसी मति उदित उदार कौन की भई।
देवता प्रसिद्ध सिद्ध रिषिराज तपबृद्ध कहि कहि हारे सब कहि न काहू गई।
भावी भूत बर्तमान जगत बखानत है 'केसोदास' क्यों हू ना बखानी काहू पै गई।
पति बर्नैं चारमुख पूत बर्नैं पाँचमुख नाती बर्नैं षटमुख तदपि नई नई ॥२॥

राम-वन्दना

पूरन पुरान अरु पुरुष पुरान परिपूरन बतावैं न बतावैं और उक्ति कों।
दरसन देत जिन्हैं दरसन समुझैं न नेति नेति कहैं बेद छाँड़ि भेद युक्ति कों।
जानि यह 'केसोदास' अनुदिन राम राम रटत रहत न डरत पुनरुक्ति कों।
रूप देहि अनिमाहि गुन देहि गरिमाहि नाम देहि महिमाहि भक्ति देहि मुक्ति कों ॥३॥

अयोध्यापुरी-वर्णन

(मधुभार) ऊँचे अवास, प्रति ध्वज अकास।
सोभा बिलास सोभै प्रकास ॥४॥

(आभीर) अति सुन्दर अति साधु, थिर न रहति पल आधु।
परम तपोमय मानि, दंडधारिनी आनि ॥५॥

(त्रिभंगी) कबिकुलबिद्याधर सकल कलाधर राजराज बर बेष बने।
गनपति सुखदायक पसुपति लायक सूर सहायक कौन गनै।
सेनापति बुधजन मंगल गुरुगन धर्मराज मन बुद्धि घनी।
बहु सुभ मनसाकर करुनामय अरु सुरततरंगिनि सोभसनी ॥६॥

(हीरक) पंडितगन मंडितगुन दंडित मति देखिये।
क्षत्रियवर धर्मप्रबर क्रुद्ध समर लेखिये।
वैस्य सहित सत्य रहित पाप प्रगट मानिये।
सूद्र सकति बिप्र भगति जीव जगति जानिये ।।७।।

(मरहट्टा) अति उच्च अगारनि बनी पगारनि जनु चिंतामनि नारि।
बहु सत मखधूपनि धूपित अंगन हरि की सी उनहारि।
चित्री बहु चित्रनि परम बिचित्रनि 'केसवदास' निहारि।
जनु बिस्वरूप की अमल आरसी रची बिरंचि बिचारि ।।८।।

(कुंडलिया) पंडित अति सिगरी पुरी मनहु गिरागति गूढ़।
सिंहचढ़ी जनु चंडिका मोहति मूढ़ अमूढ़।
मोहति मूढ़ अमूढ़ देवसंग दिति ज्यों सोहै।
सब सिंगार सदेह मनो रति मन्मथ मोहै।
सब सिंगार सदेह सकल सुख सुषमा मंडित।
मनो सची बिधि रची बिबिध विधि बरनत पंडित ।।९।।

(काव्य) मूलन ही की जहाँ अधोगति 'केसव' गाइय।
होमहुतासन-धूम नगर एकै मलिनाइय।
दुर्गति दुर्गुन ही जु कुटिल गति सरितन ही में।
श्रीफल को अभिलाष प्रगट कबिकुल के जी में ।।१०।।

(दोहा) अति चंचल जहँ चलदलै बिधवा बनी न नारि।
मन मोह्यो रिषिराज को अद्‌भुत रूप निहारि ।।११।।

(सोरठा) नागर नगर अपार, महामोहतम-मित्र से।
तृस्नालता-कुठार लोभसमुद्र-अगस्त्य से ।।१२।।

सीता-स्वयंवर

बंताल—(घनाक्षरी)

विधि के समान हैं बिमानीकृतराजहंस बिबिध बिबुधजुत मेरु सो अचलु है।
दीपति दिपति अति सातो दीप दीपियतु दूसरो दिलीप सो सुदक्षिना को बलु है।
सागर उजागर की बहु बाहिनी को पति छनदानप्रिय किधौं सूरज अमलु है।
सब बिधि समरथ राजै राजा दसरथ, भगीरथपथगामी गंगा कैसो जलु है ।।१३।।

(दोहा) जद्यपि ईंधन जरि गए, अरिगन 'केसवदास'।
तदपि प्रतापानलनि के पल पल बढ़त प्रकास ।।१४।।

(पंकजवाटिका)

राम चलत नृप के जुग लोचन।
बारि भरित भए बारिद-रोचन ।।

पाइन परि रिषि के सजि मौनहि।
'केसव' उठि गए भीतर भौनहि ॥१५॥

(दोहा) खंडपरसु को सोभिजै सभामध्य कोदंड।
मानहु सेष असेषधर-धरनहार बरिबंड ॥१६॥

(सवैया) सोभित मंचन की अवली गजदंतमई छवि उज्जल छाई।
ईस मनौ बसुधा में सुधारि सुधाधर-मंडली मंडि जोन्हाई।
तामहँ 'केसवदास' बिराजत राजकुमार सबैं सुखदाई।
देवनि स्यौं जनु देवसभा सुभ सीयस्वयंबर देखन आई ॥१७॥

(विजय) दिगपालन की भुवपालन की लोकपालन की किन मातु गई च्वै।
भाँड़ गए उठि आसन तें कहि 'केसव' संभुसरासन को छ्वै॥
काहू चढ़ायो न काहू नवायो न काहू उठायो न आँगुरहू द्वै।
कछु स्वारथ भो न भयो परमारथ आए ह्वै बीर चले बनिता ह्वै ॥१८॥

सूर्योदय-वर्णन

राम—(चौपाई)

कछु राजत सूरज अरुन खरे। जनु लक्ष्मन के अनुराग भरे।
चितवत चित्त कुमुदिनी त्रसै। चोर-चकोर-चिता सी लसै ॥१९॥

लक्ष्मण—(षट्पद) अरुन गात अतिप्रात पद्मिनी-प्राननाथ भय।
मानहु 'केसवदास' कोकनद कोक प्रेममय।
परिपूरन सिंदूर पूर कैंधौं मंगलघट।
किधौं सक्र को छत्र मढ्यो मानिकमयूख-पट।
कै श्रोनित कलित कपाल यह किल कापालिक काल को।
यह ललित लाल कैंधौं लसत दिग्भामिनि के भाल को ॥२०॥

(तोटक) पसरे कर कुम्दिनि काज मनो।
किधौं पद्मिनि को सुख देन घनो।
जनु रिक्ष सबै यहि त्रास भगे।
जिय जानि चकोर फँदानि ठगे ॥२१॥

राम—(चंचरी) व्योम में मुनि देखिजै अति लालश्री मुख साजहीं।
सिंधु में बड़वाग्नि की जनु ज्वालमाल बिराजहीं।
पद्मरागनि की किधौं दिवि धूरि पूरित सी भई।
सूर-बाजिन की खुरी अति तिक्षता तिनकी हई ॥२२॥

विश्वामित्र—(सोरठा) चढ़ो गगन तरु धाइ, दिनकर बानर अरुनमुख।
कीन्हो झुकि झहराइ, सकल तारका कुसुम बिन ॥२३॥

लक्ष्मण—(दोहा) जहीं बारुनी की करी रंचक रुचि द्विजराज।
तहीं कियो भगवत बिन संपति सोभा साज ॥२४॥

(तोमर) चहुँ भाग बाग तड़ाग। अब देखिये बड़ भाग।
फल फूल सों संजुक्त अलि यौं रमैं जनु मुक्त ॥२५॥

राम—(दोहा) तिन नगरी नित नागरी प्रतिपद हंसक-हीन।
जलजहार सोभित न जहँ प्रगट पयोधर पीन ॥२६॥

(सवैया) सातहु दीपन के अवनीपति हारि जिय में जब जाने।
बीसबिसे ब्रतभंग भयो सु कहो अब 'केसव' को धनु ताने।
सोक की आगि लगी परिपूरन आइ गए घनस्याम बिहाने।
जानकि के जनकादिक के सब फूलि उठे तरु पुन्य पुराने ॥२७॥

विश्वामित्र और जनक की भेंट

विश्वामित्र—(सवैया) 'केसव' ये मिथिलाधिप हैं जग में जिन कीरति-बेल बई है।
दान-कृपान-बिधानन सों सिगरी बसुधा जिन हाथ लई है।
अंग छ-सातक आठक सों भव तीनिहु लोक में सिद्धि भई है।
बेदत्रयी अरु राजसिरी परिपूरनता सुभ जोगमई है ॥२८॥

जनक—(सोरठा) जिन अपनो तन स्वर्न, मेलि तपोमय अग्नि में।
कीन्हो उत्तम बर्न, तेई बिस्वामित्र ये ॥२९॥

लक्ष्मण—(मोहन) जन राजवंत। जग जोगवंत।
तिनको उदोत। केहि भाँति होत ॥३०॥

श्रीराम—(विजय) सब क्षत्रिन आदि दै काहू छुई न छिये बिजनादिक बात डगे।
न घटे न बढ़े निसिबासर 'केसव' लोकन को तमतेज भगे।
भवभूषन-भूषित होत नहीं मदमत्त गजादि मसी न लगे।
जलहू थलहू परिपूरन श्री निमि के कुल अद्भुत जोति जगे ॥३१॥

विश्वामित्र—(विजय) आपने आपने ठोरनि तो भुवपाल सबै भुव पाल सदाई।
केवल नामहिं के भुवपाल कहावत हैं भुव पालि न जाई।
भूपन की तुम ही धरि देह बिदेहन में कल कीरति गाई।
'केसव' भूषन कों भवभूषन भू-तल तें तनुजा उपजाई ॥३२॥

जनक—(बोधक) ये सुत कौन के सोभहिं साजें। सुन्दर स्यामल गौर बिराजें।
जानत हौं जिय सोदर दोऊ। कै कमला-बिमलापति कोऊ ॥३३॥

विश्वामित्र—(चौपाई)

सुन्दर स्यामल राम सु जानौ। गौर सु लक्ष्मन नाम बखानौ।
आसिष देहु इन्हें सब कोऊ। सूरज के कुलमण्डन दोऊ ॥३४॥

विश्वामित्र—(घनाक्षरी)

दानिन के सील पर दान के प्रहारी दिन, दानवारि ज्यों निदान देखिजै सुभाय के।
दीपदीप हू के अवनीपन के अवनीप, पृथु सम 'केसोदास' दास द्विज गाय के।

आनन्द के कंद सुरपालक से बालक ये, परदारप्रिय साधु मन बच काय के।
देह धर्मधारी पै विदेहराजजू से राज, राजत कुमार ऐसे दशरथ राय के।।३५।।

जनक—(दंडक)

वज्र तें कठोर है कैलास तें बिसाल कालदंड तें कराल सब काल काल गावई।
'केसव' त्रिलोक के बिलोकि हारे देव सब, छोड़ि, चद्रचूड़ एक और को चढ़ावई।
पन्नग प्रचण्डपति प्रभु की पनच पीन पर्बतारि पर्बतप्रभा न मान पावई।
बिनायक अनेक पै आवै ना पिनाक ताहि कोमल कमलपानि राम कैसे ल्यावई।।३६।।

धनुष-भंग

(सवैया) उत्तमगाथ सनाथ जबै धनु श्रीरघुनाथजू हाथ कै लीनो।
निर्गुन ते गुनवंत कियो सुख केसव संत अनंतन दीनो।
ऐच्यों जही तबही कियो संजुत तिच्छ कटाक्ष नराच नवीनो।
राजकुमार निहारि सनेह सों संभु को साँचो सरासन कीनो।।३७।।

सतानंद—(दंडक)

प्रथम टंकारि झुकि झारि संसार-मद चंड कोदंड रह्यो मंडि नवखंड कों।
चालि अचला अचल घालि दिगपालबल पालि रिषिराज के बचन परचंड कों।
सोधु दै ईस कों बोध जगदीस कों क्रोधु उपजाइ भृगुनंद बरिबंड कों।
बाँधि वर स्वर्ग कों साधि अपवर्ग धनुभंग को सब्द गयो भेदि ब्रह्मंड कों।।३८।।
(दोहा) सीताजू रघुनाथ कों अमल कमल की माल।
पहिराई जनु सबनि की हृदयावलि-भूपाल।।३९।।

परशुराम-संवाद

(चंचरी) मत्त दंति अमत्त ह्वै गए देखि देखि न गाजहीं।
ठौर ठौर सुदेस 'केसव' दुन्दुभी नहि बाजहीं।
डारि डारि हथ्यार सूरज जीव लै लय भाजहीं।
काटिकै तनत्रान एकनि नारि भेषन साजहीं।।४०।।
(दोहा) बामदेव रिषि सों कह्यो; परसुरास रनधीर।
महादेव को धनुष यह कैं तोर्‌यो बलबीर।।४१।।
बामदेव—(दोहा) महादेव को धनुष यह परसुराम रिषिराज।
तोर्‌यो 'रा' यह कहत ही समुझ्यो रावनराज।।४२।।

परशुराम (चन्द्रकला)

बर बान सिखीन असेष समुद्रहि सोखि सखा सुखहीं तरिहौं।
पुनि लंकहि ओटि कलंकित कै फिरि पंक कनकहि की भरिहौं।
सब भूंजि कै राकस खाकस कै दुख दीरघ देवन को हरिहौं।
सितिकंठ के कंठन को कठुला दसकंठ के कंठन को करिहौं।।४३।।

(संयुक्ता) परशुराम—यह कौन को दल देखिये ?
वामदेव—यह राम को प्रभु लेखिये।
परशुराम—कहि कौन राम विचारिये ?
वामदेव—सर ताड़का जिहि मारिये।।४४।।

परशुराम—(त्रिभंगी) ताड़का सँहारी, तिय न बिचारी, कौन बड़ाई ताहि हने।
वामदेव—मारीचहुँ तो संग, प्रबल सकल खल, अरु सुबाहु काहू न गने
करि क्रतु रखवारी, गुरु सुखकारी, गौतम की तिय सुद्ध करी
जिन हर-धनु खंड्यो, रघुकुल मड्यो सीय स्वयंबर माँझ बरी

परशुराम—बोरौं सबै रघुबंस कुठार की धार में बारन बाजि सरथ्थहि।
(किरीट) बान की बायु उड़ाइकै लक्षन लक्ष करौं अरिहा समरथ्थहि।
रामहि बामसमेत पठै बन कोप के भार में भूंजौ भरथ्थहि।
जौं धनु हाथ धरै रघुनाथ तो आजु अनाथ करौ दसरथ्थहि।।४६।।

(परशुराम—दंडक)

अमल सजल घनस्याम बपु 'केसोदास'
चंद्रहू तें चारु मुख सुषमा को ग्राम है।
कोमल कमलदल दीरघ बिलोचननि,
सोदर समान रूप न्यारो न्यारो नाम है।
बालक बिलोकियत पूरन पुरुष गुन,
मेरो मन मोहियत ऐसो एक धाम है।
बैर मानि बामदेवजू को धनु तोर्‌यो इन,
जानत हौं बीस बिसे रामवेष काम है।।४७।।

भरत—(गीतिका)

कुसमुद्रिका समिधै श्रुवा कुस औ कमंडल कों लियें।
कटिमूल स्रुबन-तर्कसी भृगु-लात सी दरसै हियें।
धनु बान तिक्ष कुठार 'केसव' मेखला मृगचर्म स्यौं।
रघुबीर को यह देखिये रस बीर सात्त्विक धर्म स्यौं।।४८।।

राम—(नराच)

प्रचंड हैहयाधिराज दंडमान जानिये।
अखंड कीर्ति लेय भूमि देयमान मानिये।
अदेव देव जेय भीत रक्षमान लेखिये।
अमेय तेज भर्गभक्त भार्गवेस देखिये ॥४९॥

परशुराम—(मदिरा)

तोरि सरासन संकर को सुभ सीय स्वयंबर माँझ बरी।
तातें बढ्यो अभिमान महा मन मेरियो नेक न संक करी।
राम— सो अपराध परो हमसों अब क्यों सुधरै तुम ही धौं कहो।
परशुराम— बाहु दै दोऊ कुठारहि 'केसव' आपने धाम को पंथ गहो ॥५०॥
राम—(कुंडलियाँ) टूटै टूटनहार तरु बायुहि दीजत दोष।
त्यों अब हर के धनुष को हम पर कीजत रोष।
हम पर कीजत रोष कालगति जानि न जाई।
होनहार ह्वै रहै मिटै मेटी न मिटाई।
होनहार ह्वै रहै मोह मद सब को छूटै।
होई तिनूका बज्र बज्र तिनुका ह्वै टूटै ॥५१॥

परशुराम—(माधवी)

'केसव' हैहयराज को मास हलाहल कौरन खाइ लियो रे।
ता लगि मेद महीपन को घृत घोर दियो न सिरानो हियो रे।
मेरो कह्यो करि कोप कराल जो चाहत है बहुकाल जियो रे।
तो लौं नहीं सुख जो लहु तू रघुबंस को सोन सुधा न पियो रे ॥५२॥

भरत—(तन्वी)

बोलत कैसे, भृगुपति सुनिये, सो कहिये तन मन बनि आवै।
आदि बड़े हो, बड़प्पन राखो जातें सब जगजन सुख पावै।
चंदन हू में अति तन घरषे, आगि उठै यह गुनि सब लीजै।
हैहय मारे, नृपति संघारे, यह जस लै किन जुग जुग जीजै ॥५३॥
परशुराम—(नराच) भली कही भरथ्थ तें उठाउ आगि अंग तें।
चढ़ाउ चोपि चाप आप बान लै निषंग तें।
प्रभाउ आपनो दिखाउ छोड़ि बाल भाइ कै।
रिझाउ राजपुत्र मोहिं राम लै छड़ाइ कै ॥५४॥
राम—(दोहा) भगवंतनि नहिं जीतिये कबहूँ कीन्हें सक्ति।
जीतिय एकै बात तें, कीन्हें केवल भक्ति ॥५५॥

(हरिगीत) जब हन्यो हैहयराज इन बिन क्षत्र क्षितिमंडल कर्यो ।
गिरिबेध षनमुख जीति तारकनंद को जब ज्यो हर्यो ।
सुत मैं न जायो राम सो यह कह्यो पर्वतनंदिनी ।
वह रेनुका तिय धन्य धरनी में भई जगबंदिनी ।।५६।।

परशुराम—(दोहा) निज अपराधी क्यों हतौं गुरु-अपराधी छाँडि ।
तातें कठिन कुठार अब रामहिं सों रन मांडि ।।५७।।

(माधवी) भूतल के सब भूपन को मद भोजन तौ बहु भांति कियोई ।
मोद सों तारकनंद को मेद पछ्यावरि पान सिरायो हियोई ।
खीर षड़ानन को मद 'केसव' सो पल में करि पान लियोई ।
राम तिहारेइ कंठ को सोनित पान कों चाहै कुठार पियोई ।।५८।।

लक्ष्मण (विशेषक) क्षत्रिय ह्वै गुरु लोगन को प्रतिपाल करें ।
भूलिहु तो तिनके गुन औगुन जी न धरें ।
तौ हमकों गुरुदोष नहीं अब एक रती ।
जो अपनी जननी तुम ही सुख पाइ हती ।।५९।।

परशुराम (गीतिका) तब एक बिसति बेर मैं बिन क्षत्र की पृथिवी रची ।
बहु कुंड सोनित सों भरे पितृ-तर्पनादि क्रिया सची ।
उबरे जु क्षत्रिय क्षुद्र भूतल सोधि सोधि सँघारिहौं ।
अब बाल वृद्ध न ज्वान छांडहुं धर्म निर्दय पारिहौं ।।६०।।

राम— (दोहा) भृगुकुल-कमल-दिनेस सुनि, जीति सकल संसार ।
क्यों चलिहै इन सिसुन पै, डारत हो जस भार ।।६१।।

परशुराम—(सोरठा) राम सबंधु सँभारि, छोड़त हौं सर प्रानहर ।
देहु हथ्यारिन डारि, हाथ-समेतनि बेगि दै ।।६२।।

परशुराम—(माधवी)

बान हमारेन के तनत्रान बिचारि बिचारि बिरंची करे हैं ।
गोकुल, ब्राह्मन, नारि, नपुंसक जे जग दीन स्वभाव भरे हैं ।
राम कहा करिहो तिनको तुम बालक देव अदेव डरे हैं ।
गाधि के नंद तिहारे गुरू जिनतें रिषिवेष कियें उबरे हैं ।।६३।।

राम—(छप्पय) भगन भयो हरधनुष साल तुमकों अब सालै ।
बृथा होई बिधि-सृष्टि ईस आसन तें चालै ।
सकल लोक सघर सेष सिर तें धर डारै ।
सप्त सिंधु मिलि जाहिं होइ सब ही तम भारै ।
अति अमल ज्योति नारायनी कहि 'केसव' बुझि जाइ बरु ।
भृगुनंद सँभारु कुठार मैं कियो सरासनजुक्त सरु ।।६४।।

परशुराम **(दोहा)** विषयी की ज्यों पुष्पसर गति को हनत अनंग।
रामदेव त्यों हीं करी परसुराम-गति भंग ।।६५।।

रामवन-गमन

(द्रुतविलम्बित)

बिपिनमारग राम बिराजहीं। सुखद सुन्दरि सोदर भ्राजहीं।
बिबिध श्रीफल सिद्धि मनो फल्यो। सकल साधन सिद्धिहि लै चल्यो ।।६६।।
(दोहा) राम चलत सब पुर चल्यो जहँ तहँ सहित उछाह।
मनो भगीरथ-पथ चल्यो, भागीरथी-प्रबाह ।।६७।।
(चंचरी) कौन हो कित तें चले कित जात हो केहि काम जू।
कौन की दुहिता कहि कौन की यह बाम जू।
एक गांउ रहो कि साजन मित्र बन्धु बखानिये।
देस के परदेस के किधौं पंथ की पहिचानिये ।।६८।।

(जगमोहन दण्डक)

किधौं यह राजपुत्री बरही बरी है किधौं उपधि बर्‌यो है यहि सोभा अभिरत हो।
किधौं रति रतिनाथ जस साथ 'केसोदास' जात तपोबन सिवबैर सुमिरत हो।
किधौं मुनिसापहत किधौं ब्रह्मदोषरत, किधौं सिद्धिजुत सिद्ध परम बिरत हो।
किधौं कोऊ ठग हो ठगोरी लीन्हे किधौं तुग, हर हरि श्री हो सिवा चाहत फिरत हो ।।६९।।

(मत्तमातंग लीलाकर दण्डक)

मेघ मंदाकिनी चारु सोदामिनी रूप रूरे लसैं देहधारी मनो।
भूरि भागीरथी भारती हंसजा अंस के हैं मनो, भाग भारे भनो।
देवराजा लिए देवरानी मनो पुत्रसंजुक्त भूलोक में सोहिये।
पक्ष दूसंधि संध्या सँधी है मनो लक्षिये स्वच्छ प्रत्यक्ष ही मोहिये ।।७०।।

(अनंगशेखर दण्डक)

तड़ाग नीरहीन ते सनीर होत 'केसोदास' पुंडरीक झुण्ड भौंर मंडलीन मण्डहीं।
तमाल बल्लरी समेत सूखिकै रहे ते बाग फूलि फूलिकै समूल सूल खण्डहीं।
चितै चकोरनी चकोर मोर मोरनी समेत हंस हंसिनी सुकादि सारिका सबै पढ़ैं।
जहीं जहीं बिराम लेत रामजू तहीं तहीं अनेक भाँति के अनेक भोग भाग सों बढ़ैं ।।७१।।
(दोहा) प्रतिपुर और प्रतिग्राम की प्रतिनगरन की नारि।
सीताजू को देखिकै बरनत हैं सुखकारि ।।७२।।

(प्रकर्ष दंडक)

वासों मृगअंक कहैं तोसों मृगनैनी सब, वह सुधाधर तुहूँ सुधाधर मानिये।
वह द्विजराज तेरे द्विजराजि राजै, वह कलानिधि तुहूँ कलाकलित बखानिये।
रत्नाकर के हैं दोऊ 'केसव' प्रकासकर, अम्बरबिलास कुबलयहितू गानिये।
वाके अति सीतकर तुहूँ सीता सोतकर, चन्द्रमा सी चन्द्रमुखी सब जग जानिये ॥७३॥

अन्य उवाच--(मनहरण दंडक)

कलित कलंककेतु, केतुअरि, सेत गात, भोग जोग की अजोग रोग ही को थल सो।
पून्योई कों पूरन पै प्रतिदिन दूनो दीन, छिनछिन छीन होत छीलर को जल सो।
चंद सो जो बरनत रामचंद को दोहाई, सोई मतिमंद कवि 'केसव' कुसल सो।
सुन्दर सुबास अरु कोमल अमल अति, सीताजू को मुख सखि केवल कमल सो ॥७४॥

अन्य उवाच

एकै कहैं अमल कमल मुख सीताजू को एकै कहैं चंदसम आनन्द को कंद री।
होई जो कमाल तौ रयनि में न सकुचै री चंद जो तो बासर न होइ दुति मंद री।
बासर ही कमल रजनि ही में चंद, मुख बासर हू रजनि बिराजै जगबंद री।
देखे मुख भावै अनदेखई कमल चंद, तातें मुख मुखै सखी कमलै न चंद री ॥७५॥

(दोहा) सीतानयन चकोर सखि, रबिबंसी रघुनाथ।
रामचंद्र सिय कमलमुख, भलो बन्यो है साथ ॥७६॥

(चन्द्रकला)

बहु बाग तड़ाग तरंगिनि तीर तमाल की छाँह बिलोकि भली।
घटिका इक बैठत हैं सुख पाई बिछाइ तहाँ कुस काँस थली।
मग को श्रम श्रीपति दूर करैं सिय को, सुख वाकल अंचल सों।
श्रम तेऊ हरै तिनको कहि 'केसव' चंचल चारु दृगंचल सों ॥७७॥

(सोरठा) श्री रघुबर के इष्ट, अश्रुबलित सीता-नयन।
साँची करी अदृष्ट, झूठी उपमा मीन की ॥७८॥

पंचवटी-वर्णन

(त्रिभंगी) फलफूलनि पूरे, तरुवर रूरे कोकिलकुल कलरव बोलैं।
अति मत्त मयूरी, पियरस पूरी, बनबन प्रति नाचति डोलैं।
सारी सुक पंडित, गुनमंडित, भावनमय अरथ बखानैं।
देखे रघुनायक, सीय सहायक, मनहु मदन रति मधु जानैं ॥७९॥

लक्ष्मण—(दुर्मिला)

सब जाति फटी दुख की दुपटी कपटी न रहै जहँ एक घटी।
निघटी रुचि मीचु घटी हूँ घटी जगजीव जतीन की छटी घटी।
अघओघ की बेरी कटी बिकटी निकटी प्रकटी गुरुज्ञान-गटी।
चहुँ ओरनि नाचति मुक्तिनटी गुन धूरजटी जटी पंचवटी ।।८०।।

(हाकलिका) सोभत दंडक की रुचि बनी। भाँतिन भाँतिन सुन्दर घनी।
सेब बड़े नृप की जनु लसै। श्रीफल भूरि भाय जहँ बसै ।।८१।।
बेर भयानक सी अति लगै। अर्कसमूह जहाँ जगमगै।
नैननि को बहु रूपनि ग्रसै। श्रीहरि की जनु मूरति लसै ।।८२।।

राम—(दोधक)

पांडव की प्रतिमा सम लेखो। अर्जुन भीम महामति देखो।
है सुभगा सम दीपति पूरी। सिंदुर को तिलकावलि रूरी ।।८३।।

सीता

राजति है यह ज्यों कुलकन्या। धाइ विराजति है सँग धन्या।
केलिथली जनु श्रीगिरिजा की। सोभ धरे सितिकंठप्रभा की ।।८४।।

राम —(मनहरन)

अति निकट गोदावरी पापसंहारिनी। चल तरंगतुङ्गावली चारु संचारिनी।
अलि कमल सौगंध लीला मनोहारिनी। बहुनयन देवेस-सोभा मनोधारिनी ।।८५।।

(दोधक) रीति मनो अबिबेक की थापी। साधुन की गति पावत पापी।
कंजज की मति सी बड़भागी। श्रीहरिमंदिर सों अनुरागी ।।८६।।

(अमृतगति) निपट पतिव्रतधरनी। मग-जन को सुखकरनी।
निगति सदा गति सुनिये। अगति महापति गुनिये ।।८७।।

(दोहा) विषमय यह गोदावरी अमृतनि के फल देति।
'केसव' जीवनहार को दुख असेष हरि लेति ।।८८।।

वन-विलास-वर्णन

(त्रिभंगी) जब जब धरि बीना प्रकट प्रवीना बहु गुनलीना सुख सीता।
पिय जियहि रिझावै दुखनि भजावै विविध बजावै गुन गीता।
तजि मति संसारी बिपिन-बिहारी सुखदुःखकारी घिरि आवै।
तब तब जगभूषन रिपुकुल दूषन सबकों भूषन पहिरावै ।।८९।।

सीताहरण

(चामर) छिद्र ताकि क्षुद्रबुद्धि लंकनाथ आइयो ।
भिक्षु जानि जानकी सु भीख कौं बुलाइयो ।
सोच पोच मोचिके संकोच भीम भेष को ।
अन्तरिक्ष ही हरी ज्यों राहु चन्द्ररेख को ।।९०।।

(दण्डक)

धूमपुर के निकेत मानो धूमकेतु की सिखा के,
धूमजोनिमध्य रेखा सुधाधाम की ।
चित्र को सी पुत्रिका के रूरे बगरूरे माहि,
संबर छड़ाइ लई कामिनी के काम की ।
पाखंडी की श्रद्धा के मठेसबस एकादसी,
लोनी के स्वपचराज साखा सुद्ध साम की ।
'केशव' सदृष्टसाथ जीवजोति जैसी तैसी,
लंकनाथ हाथ परी छायाजाया राम की ।।९१।।

सीता-विलाप

(वसंततिलका)

हा राम हा रमन हा रघुनाथ धीर । लंकाधिनाथबस जानहु मोहि बीर ।
हा पुत्र लक्ष्मन छुड़ावहु बेगि मोहि । मार्तण्डबंसजस की सब लाज तोहि ।।९२।।
(दोहा)—सीता के पदपद्म के नूपुर-पट जनि जानु ।
मनहुँ कर्‌यो सुग्रीव-घर राजश्री-प्रस्थानु ।।९३।।

राम—(दुर्मिला)

निज देखौं नहीं सुभ गीतहि सीतहि कारन कौन कहो अबहीं ।
अति मो हित के बन मांझ गई सुर-मारग में मृग मार्‌यो जहीं ।
कटु बात कछू तुमसों कहि आई किधौं तेहि त्रास डेराइ रहीं ।
अब है यह पर्नकुटी किधौं और वह लक्ष्मन होइ नहीं ।।९४।।

वर्षा-वर्णन

(स्वागता) देखि राम बरषा रितु आई । रोम रोम बहुधा दुखदाई ।
आसपास तम की छबि छाई । राति द्यौस कछु जानि न जाई ।।९५।।
मंद मंद धुनि सों घन गाजैं । तूर तार जनु आवझ बाजैं ।
ठौर ठौर चपला चमकै यों । इन्द्रलोकतिय नाचति है ज्यों ।।९६।।

(तारक) भट चातक दादुर मोर न बोले । चपला चमके न फिरैं खंग खोले ।
दुतिवंतन कों बिपदा बहु कीन्ही । धरनी कहँ चंद्रबधू धरि दीन्ही ।।९७।।

(घनाक्षरी)

भौंहैं सुरचाप चारु प्रमुदित पयोधर, भूषन जराइ जोति तड़ित रलाई है ।
दूरि करी सुखमुख सुषमा ससी की नैन अमल कमलदल दलित निकाई है ।
'केसोदास' प्रबल करेनुकागमनहर मुकुत-सुहंसक-सबद सुखदाई है ।
अम्बर बलित मति मोहै नीलकंठजू की कालिका कि बरषा हरषि हिय आई है ।।९८।।

(चन्द्रकला)

कलहंस कलानिधि खंजन कंज कछू दिन 'केशव' देखि जिये ।
गति आनन लोचन पाइनि के अनुरूपक से मन मान लिये ।
यहि काल कराल ते सोधि सबै हठिकै बरषा मिस दूरि किये ।
अब धौं बिनु प्रान प्रिया रहिहैं कहि कौन हितू अवलंबि हिये ।।९९।।

शरद्-वर्णन

(दोहा) बीते बरषाकाल यों आई सरद सुजाति ।
गए अँध्यारी होति ज्यों चारु चाँदनी-राति ।।१००।।

(मोटक) दंतावलि कुंद समान गनो । चंद्रानन कुंतल भौंर घनो ।
भौंहैं धनु खंजन नैन मनो । राजीवनि ज्यों पद पानि भनो ।।१०१।।
हारावलि नीरज हीय रमैं । है लीन पयोधर अम्बर मैं ।
पाटीर जुन्हाइहि अंग धरै । हंसी गति 'केशव' चित्त हरै ।।१०२।।
श्रीनारद की दरसै मति सी लोपै तमता अपकीरति सी ।
मानो पतिदेवन की रति कौं । सन्मारग की समझो गति कौं ।।१०३।।

हनुमान-लंका-गमन

(दंडक)

हरि कैसो बाहन कि बिधि कैसो हेमहंस लीक सी लिखत नभ पाहन के अंक कों ।
तेज को निधान राममुद्रिकाबिमान कैधौं लक्ष्मन को बान छूट्यो रावन निसंक कों ।
गिरिगजगंड तें उड़ान्यो सुबरन-अलि सीतापद-पंकज सदा कलंक रंक कों ।
हवाई सी छूटी 'केसोदास' आसमान में कमान कैसो गोला हनुमान् चल्यो लंक कों ।।१०४।।

रावण-प्रासाद

(तामरस) तब हरि रावन सोवत देख्यो । मनिमय पालिक की छवि लेख्यो ।
तहँ तरुनी बहु भाँतिन गावैं । बिच बिच आवझ बीन बजावैं ।।१०५।।

मृतक चिता पर मानहु सोहै। चहुँ दिसि प्रेतबधू मन मोहै।
जहँ जहँ जाइ तहाँ दुख दूनो। सिय बिन है सिगरो पुर सूनो ॥१०६॥

(भुजंगप्रयात)

कहूँ किंनरी किंनरी ले बजावैं। सुरी आसुरी बाँसुरी गीत गावैं।
कहूँ जक्षिनी पक्षिनी ले पढ़ावैं। नगीकन्यका पन्नगी कों नचावैं ॥१०७॥
पिये एक हाला गुहै एक माला।
बनी एक बाला नचै चित्रसाला।
कहूँ कोंकिला कोक की कारिका कों।
पढ़ावै सुवा ले सुकी सारिका कों ॥१०८॥
फिर्‌यो देखिके राजसाला सभा कों।
रह्यो रीझिके बाटिका की प्रभा कों।
फिर्‌यो ओर चोहूँ चिते सुद्धगीता।
बिलोकी भली सिंसुपामूल सीता ॥१०९॥

सीता-दर्शन

धरे एक बेनी मिली मैल सारी। मृनाली मना पंक तें काढ़ि डारी।
सदा रामनामै ररै दीन बानी। चहूँ ओर हैं राकसी दुखदानी ॥११०॥
ग्रसी बुद्धि सी चित्तचिंतानि मानो। किधौं जीभ दंतावली में बखानो।
किधौं घेरिकै राहु नारीन लीनी। कला चन्द्र की चारु पीयूष-भीनी ॥१११॥
किधौं जीव की जोति मायान लीनी। अबिद्यान के मध्य बिद्या प्रबीनी।
मनो संबर-स्त्रीन में कामबामा। हनूमान ऐसी लखी रामरामा ॥११२॥
तहाँ देवद्वेषी दसग्रीव आयो। सुन्यो देवि सीता महा दुख्ख पायो।
सबै अंग लै अंग ही में दुरायो। अधोदृष्टि कै अश्रुधारा बहायो ॥११३॥

रावण-सीता-संवाद

रावण

सुनो देवी मोपै कछू दृष्टि दीजे। इतो सोच तो रामकाजे न कीजे।
बसै दंडकारन्य देखै न कोऊ। जु देखै महा बावरो होइ सोऊ ॥११४॥
कृतघ्नी कुदाता कुकन्याहि चाहै। हितू नग्न-मुंडीनहीं को सदा है।
अनाथै सुन्यो मैं अनाथानुसारी। बसैं चित्त दंडी जटी मुंडधारी ॥११५॥
तुम्हैं देखि दूषैं हितू ताहि मानै। उदासीन तोसों सदा ताहि जानै।
महा निर्गुनी नाम ताको न लीजे। सदा दास मोपै कृपा क्यों न कीजे ॥११६॥
अदेवीनि देवीनि की होहु रानी। करैं सेव बानी मघौनी मृडानी।
लियें किंनरी किंनरी गीत गावैं। सुकेसी नचैं उर्बसी मान पावैं ॥११७॥

सीता—(मालिनी)

बिच देइ बोली सीय गंभीर बानी।
दसमुख सठ को तू कौन की राजधानी।
दसरथसुतद्वेषी रुद्र ब्रह्मा न भासै।
निसिचर बपुरा तू क्यों न स्यौं मूल नासै ॥११८॥

मुद्रिका प्रदान

(चामर) देखि-देखिकै असोक राजपुत्रिका कह्यो।
देहि मोहि आगि तैं जु अंग आगि ह्वै रह्यो।
ठौर पाइ पौनपुत्र डारि मुद्रिका दई।
आसपास देखिकै उठाइ हाथ कै लई ॥११९॥

सीता-हनुमान्-संवाद

(पद्धटिका) कर जोरि कह्यो हौं पौनपूत। जिय जननि जानि रघुनाथदूत।
रघुनाथ कौन, दशरथ्यनंद। दशरथ्थ कौन, अजतनयचद ॥१२०॥
केहि कारन पठए यहि निकेत। निज देन लेन संदेश हेत।
गुन रूप सील सोभा सुभाव। कछु रघुपति के लक्षन बताउ ॥१२१॥
(दोहा) आँसु बरषि हियरा हरषि सीता सुखद सुभाइ।
निरखि निरखि पियमुद्रिकहि बरनति है बहु भाइ ॥१२२॥

मुद्रिका-वर्णन

सीता—(दोहा) सुखदा सिखदा अर्थदा, जसदा रसदातारि।
रामचंद्र की मुद्रिका, किधौं परम गुरु नारि ॥१२३॥
श्रीपुर में बनमध्य हौ तूं मग करि अनीति।
कहि मुंदरी अब तियन की को करिहै परतीति ॥१२४॥
(पद्धटिका) कहि कुसल मुद्रिके रामगात। पुनि लक्ष्मनसहित समान तात।
यह ऊतरु देति न बुद्धिवंत। केहि कारन धौं हनुमंत संत ॥१२५॥
हनुमान (दोहा) तुम पूंछत कहि मुद्रिके मौन होति यहि नाम।
कंकन की पदवी दई तुम बिन याकहँ राम ॥१२६॥

(दंडक)

दीरघ दरीन बसैं 'केसोदास' केसरी ज्यों,
केसरी कों देखि बनकरी ज्यों कंपत हैं।
बासर की संपति उलूक ज्यों न चितवत,
चकवा ज्यों चंद चितै चौगुनो चंपत हैं।

केका सुनि ब्याल ज्यों बिलात जात घनस्याम,
घनन की घोरन जवासों ज्यों तपत हैं।
भौंर ज्यों भंवत बन जोगी ज्यों जगत रैनि,
साकत ज्यों नाम राम तेरोई जपत हैं ॥१२७॥

(हरिगीतिका) कछु जननि दे परतीति जासों रामचंद्रहि आवई।
सुभ सीस की मनि दई यह कहि सुजस तब जग गावई।
सब काल ह्वै हो अमर अरु तुम समर जय पद पाइहो।
सुत आजु तें रघुनाथ के तुम परम भक्त कहाइहो ॥१२८॥

हनुमान् रावण-संवाद

रावण (विजय) रे कपि कौन तूं ? अक्ष को घातक दूत बली रघुनंदन जू को।
को रघुनन्दन रे ! त्रिसिरा-खर-दूषन-दूषन भूषन भू को।
सागर कैसे तर्‌यो ? जस गोपद, काज कहा ? सियचोरहि देखो।
कैसे बंधाय ? जु सुन्दरि तेरी छुई दृग् सोवत पातक लेखो ॥१२९॥

रावण—(चामर)

कोरिकोरि जातनानि फोरिफोरि मारिये।
काटिकाटि फारि बाँटिबाँटि माँसु डारिये।
खाल खैंचिखैंचि हाड़ भूंजिभूंजि खाहु रे।
पौरि टाँगि रुंडमुंड लें उड़ाइ जाहु रे ॥१३०॥

विभीषण

दूत मारिये न राजराज छोड़ि दीजई। मंत्रि मित्र पूंछिके सो और दंड कीजई।
एक रंक मारि क्यों बड़ो कलंक लीजई। बुंद सूखि गो कहा महासमुद्र छीजई ॥१३१॥

लंकादाह
(भुजंगप्रयात)

जटी-अग्निज्वाला अटा सेत हैं यों। सरत्काल के मेघ संध्यासमै ज्यों।
लगी ज्वालधूमावली नील राजैं। मनो स्वर्न की किंकनी नाग साजैं ॥१३२॥

(दोहा) हनुमत लाई लंक सब बच्यो विभीषन-धाम।
जनु अरुनोदय बेर में पंकज पूरब जाम ॥१३३॥
चिंतामनि सी मनि दई रघुपति कर हनुमंत।
सीताजू को मन रंग्यो, जनु अनुराग अनन्त ॥१३४॥

हनुमान् राम के समक्ष

घनाक्षरी

भौंरिनी ज्यों भ्रमत रहति बनबीथिकानि हंसिनी ज्यों मृदुल मृनालिका चहति है।
हरिनी ज्यों हेरति न केसरी के काननहिं, केका सुनि ब्यालि ज्यों बिलान ही कहति है।
पीउपीउ रटति रहति चित चातकी ज्यों, चंद चितै चकई ज्यों चुप ह्वै रहति है।
सुनहु नृपति राम बिरह तिहारे ऐसी, सूरतिन सीताजू की मूरति गहति है ।।१३५।।

सीता-संदेश

(दोहा) श्रीनृसिंह प्रहलाद की वेद जो गावत गाथ।
गए मास दिन आसुहीं झूंठी ह्वै है नाथ ।।१३६।।
आगम कनककुरंग के कही बात सुख पाइ।
कोपानल जरि जाइ जिनि सोक-समुद्र बुड़ाइ ।।१३७।।

राम (दंडक)

सांचो एक नाम हरि लीन्हे सब दुख हरि और नाम परिहरि नरहरि ठाए हो।
बानर न होहु तुम मेरे बानरस सम, बलीमुख सूर बली मुख निज गाए हो।
साखामृग नाहीं बुद्धि बलन के साखामृग कैधों बेद साखामृग 'केशव' कों भाए हो।
साधु हनुमंत बलवंत जसवंत तुम, गए एक काज कों अनेक करि आए हो ।।१३८।।

तिथि-प्रयान

(तोमर) तिथि बिजय दसमी पाइ। उठि चले श्रीरघुराइ।
हरि जूथ जूथप संग। बिन पक्ष के ति पतंग ।।१३९।।

सुग्रीव—(दंडक)

कहै 'केसोदास' तुम सुनो राजा रामचंद्र, रावरी जबहिं सैन उचकि चलति है।
पूरति है भूरि धूरि रोदसीहि आसपास, दिसदिस बरषा ज्यों बलनि बलति है।
पन्नग पतंग तरु गिरि गिरिराज गजराज मृग मृगराजराजिनी दलति है।
जहाँ तहाँ ऊपर पताल पय आइ जात, पुरइन को सो पात पुहुमी हलति है ।।१४०।।

लक्ष्मण—(दंडक)

भार के उतारिबे कों औतरे हो रामचंद्र किधौं 'केसोदास' भूरि भारत प्रबल दल।
टूटत हैं तरिबर गिरैं गन गिरिबर सूखे सब सरबर सरिता सकल जल।
उचकि चलत हरि दचकनि दचकत मंच ऐसे मचकत भूतल के थलथल।
लचकि लचकि जात सेष के असेष फन भागि गई भोगवती अतल बितल तल ।।१४१।।

मंदोदरी का हितोपदेश

(विजय) राम की बाम जो आनि चोराइ सो लंक में मीचु की बेलि बई जू।
क्यों रन जीतहुगे तिनसों जिनकी धनुरेख न नाखि गई जू।
बीस बिसे बलवंत हुते जु हुती दृग 'केसव' रूप रई जू।
तोरि सरासन संकर को पिय सीय स्वयंबर क्यों न लई जू ॥१४२॥

विभीषण का शरणागमन

(विजय) दीनदयाल कहावत 'केसव' हौं अतिदीन दसा गह्यो गाढ़ो।
रावन के अघओघ में राघव बूड़त हौं बरहीं गहि काढ़ो।
ज्यों गज की प्रहलाद की कीरति त्यों हीं बिभीषन को जस बाढ़ो।
आरतबंधु पुकार सुनो किन आरत हौं तो पुकारत ठाढ़ो ॥१४३॥

रावण-अंगद-संवाद

प्रतिहार (नराच)

पढ़ो बिरंचि मौन बेद जीव सोर छंडि रे।
कुबेर बेर के कही न जक्षभीर मंडि रे।
दिनेस जाइ दूरि बैठि नारदादि संगहीं।
न बोलि चंद मंदबुद्धि इंद्र की सभा नहीं ॥१४४॥

प्रहस्त (चंचरी)—कौन हो पठए सो कौनेहि ह्यां तुम्हें कह काम है ?
अंगद—जाति बानर, लंकनायकदूत, अंगद नाम है।
रावण—कौन है वह बाँधिके हम देह पूंछि सबै दही।
अंगद—लंक जारि सँघारि अक्ष गयो सो बात बृथां कही ॥१४५॥

कौन के सुत ? बालि के, वह कौन बालि न जानिये ?
काँख चाँपि तुम्हें जो सागर सात न्हात बखानिये।
है कहाँ वह ? बीर अंगद देवलोक बताइयो।
क्यों गयो ? रघुनाथ-बान-बिमान बैठि सिधाइयो ॥१४६॥

लंकनायक को ? विभीषन देवदूषन कों दहै।
मोहि जीवत होहि क्यों ? जग तोहि जीवत को कहै।
मोहि को जग मारिहै ? दुरबुद्धि तेरिय जानिये।
कौन बात पठाइयो कहि बीर बेगि बखानिये ॥१४७॥

अंगद (विजय) श्रीरघुनाथ को बानर 'केसव' आयो हौं एक न काहू हयो जू।
सागर को मद झारि चिकारि त्रिकूट की देह बिहारी छयो जू।
सीय निहारि सँहारि के राकस सोक असोकबनीहि दयो जू।
अक्षकुमारहि मारिकै लंकहि जारिकै नीकेंहि जात भयो जू ॥१४८॥

(गंगोदक) राम राजान के राज आए इहाँ धाम तेरे महाभाग जागे अबै।
देवि मंदोदरी कुंभकर्नादि दै मित्र मंत्री जिते पूँछि देखौ सबै।
राखिजै जाति कोपांति कों बंस कों साधिजै लोक में लोकपर्लोक कों।
आनिकै पांपरौ, देसु लै कोषु लै, आसुहीं ईस सीताहि लै ओक कों।।१४९।।

रावण—(मदिरा)

राम को काम कहा, रिपु जीतहिं, कौन कबै रिपु जीत्यो कहा।
बालि बली, छल सों भृगुनंदन गर्ब हत्यो, द्विज दीन महा।
दीन सु क्यों छिति छत्र हत्यो बिन प्रानिनि हैहयराज कियो।
हैहय कौन ? वहै बिसर्यो जिन खेलतहीं तुम्हें बाँधि लियो।।१५०।।

अंगद— सिंधु तर्यो उनको बनरा तुम पै धनुरेख गई न तरी।
बाँधोई बाँधत सो न बन्यो उन बारिधि बाँधिकै बाट करी।
श्रीरघुनाथ-प्रताप की बात तुम्हें दसकंठ न जानि परी।
तेलनि तूलनि पूँछि जरी न जरी, जरी लंक जराइ-जरी।।१५१।।

रावण—(दोहा) जो सुत अपने बाप को बैर न लेइ प्रकास।
तासों जीवत ही मर्यो लोग कहैं तजि त्रास।।१५२।।

अंगद—(दोहा) इनको बिलगु न मानिये कहि 'केसव' पल आधु।
पानी पावक पवन प्रभु ज्यों असाधु त्यों साधु।।१५३।।

रावण—(भुजंगप्रयात)

महामीचु दासी सदा पाइँ धोवै। प्रतीहार ह्वै कै कृपा सूर जोवै।
छपानाथ लीन्हे रहै छत्र जाको। करैगो कहा सत्रु सुग्रीव ताको।।१५४।।

अंगद—पेट चढ़्यो पलना पलिका चढ़ि पालकिहू चढ़ि मोह मढ़्यो रे।
चौक चढ़्यो यो चित्रसारी चढ़्यो गजबाजि चढ़्यो गढ़गर्ब चढ़्यो रे।
ब्योमबिमान चढ़्योई रह्यो कहि 'केसव' सो कबहूँ न पढ़्यो रे।
चेतन नाहि रह्यो चढ़ि चित्त सो चाहत मूढ़ चिताहू चढ़्यो रे।।१५५।।

(विजय) हाथी न साथी न घोरे न चेरे न गाऊँ न ठाऊँ कुठाऊँ बिलैहै।
तात न मात न पुत्र न मित्र न बित्त न तीय कहूँ सँग रैहै।
'केसव' काम के राम बिसारत, ओर निकाम रे काम न ऐहै।
चेति रे चेति अजौं चित-अंतर अंतकलोक अकेलोई जैहै।।१५६।।

रावण—(दोहा) गेंद कर्यो मैं खेल को, हरिगिरि 'केसवदास'।
सीस चढ़ाए आपने, कमल समान सहास।।१५७।।

(वंशस्थ)

तपी जपी विप्रन क्षिप्रहिं हरौं। अदेवद्वेषी सब देव संहरौं।
सिया न देहौं यह नेम जी धरौं। अमानुषी भूमि अबानरी करौं ॥१५८॥

अंगद—(विजय) पाहन तें पतिनी करि पावन टूक कियो धनु द्वै हर को रे।
छत्रबिहीन करी छन में छिति गर्ब हत्यो तिनके बल को रे।
पर्बतपुञ्ज पुरैन के पात समान तरे अजहूँ धरको रे।
होइँ नरायनहूँ पै न ये गुन कौन इहाँ नर बानर को रे ॥१५९॥

राम-रावण-युद्ध

(चामर)

रावने चले चले ते धाम धाम तें सबै।
साजि साजि साज सूर गाजि गाजिकैं तबै।
दीह दुन्दुभी अपार भाँति भाँति बाजहीं।
जुद्धभूमि-मध्य क्रुद्ध मत्त दंति राजहीं ॥१६०॥

(चंचरी) इंद्र श्रीरघुनाथ कों रथहीन भूतल देखिकै।
बेगि सारथि सों कह्यो रथ साजि जाहि बिसेषि कै।
तून अक्षय बान स्वच्छ अभेद लै तनत्रान कों।
आइयो रन-भूमि में करि अप्रमेय प्रमान कों ॥१६१॥
राम कों रथ मध्य देखत क्रोध रावन के बढ़्यो।
बीस बाहुन की सरावलि ब्योम भूतल स्यों मढ़्यो।
सैल ह्वै सिकता गए सब दृष्टि के बल संघरे।
रिक्ष बानर भेदि तक्षन लक्षधा छतना करे ॥१६२॥

(मोटनक) श्रीलक्ष्मन कोप कर्‌यो जबहीं। छोड़्यो सर पावक को तबहीं।
जार्‌यो सरपंजर छार कर्‌यो। नैरित्यन को अति चित्त डर्‌यो ॥१६३॥
दौरे हनुमंत बली बल स्यों। लै अंगद-संग सबै दल स्यों।
मानो गिरिराज तजे डर कों। घेरे चहुँ ओर पुरंदर कों ॥१६४॥

(दण्डक)

सूरज मुसल नील पट्टिस परिघ नल जामवंत असि हनू तोमर प्रहारे हैं।
परसा सुखेन कुंत केसरी गवय सूल बिभीषन गदा गज भिंदिपाल तारे हैं।
मोगरा द्विविद तीर कटरा कुमुद नेजा अंगद सिला गवाक्ष बिटप बिदारे हैं।
अंकुस सरभ चक्र दधिमुख सेष सक्ति बान तीन रावन श्रीरामचंद्र मारे हैं ॥१६५॥

रावण-वंध

राम—(छप्पय) जेहि सर मधु-मद मर्दि महा सुर मर्दन कीनो।
मार्‌यो कर्कस नरक संख हति संखहु लीनो।

निष्कंटक सुर-कटक कर्यो कैटभ-बपु खंड्यो।
खरदूषन त्रिसिरा कबंध तरुखंड बिहंड्यो।
कुम्भकरन जेहि संघर्यो पल न प्रतिज्ञा तें टरौं।
तेहि बान प्रान दसकंठ के कंठ दसौं खंडित करौं ।।१६६।।

(दोहा) रघुपति पठयो आमुहीं असुहर बुद्धि निधान।
दस सिर दसहू दिसन कों बलि दै आयो बान ।।१६७।।

सीता की अग्नि परीक्षा

(तारक) सिगरे तन भूषन भूषित कीने। धरिके कुसुमावलि अंग नवीने।
द्विजवदन बंदि पढ़ी सुभ गीता। तब पावक-अंक चली चढ़ि सीता ।।१६८।।

(भुजंगप्रयात)

सबस्त्रा सबै अंग सिंगार सोहैं। बिलोके रमा देव देवी बिमोहैं।
पिता-अंक ज्यों कन्यका सुभ्रगीता। लसै अग्नि के अंक त्यों सुद्ध सीता ।।१६९।।
महादेव के नेत्र की पुत्रिका सी। कि संग्राम की भूमि में चंडिका सी।
मनो रत्नसिंहासनस्था सची है। किधौं रागिनी राग पूरे रची है ।।१७०।।

रामराज्य-वर्णन

(भुजंगप्रयात)

अनंता सबै सर्वदा सम्यजुक्ता। समुद्रावधिः सप्तइतिर्बिमुक्ता।
सदा वृक्ष फूले फले तत्र सोहैं। जिन्हैं अल्पर्धा कल्पसाखी बिमोहैं ।।१७१।।
चिरंजीवि संजोग-जोग अरोगी। सदा एकपत्नीव्रती भोगभोगी।
सबै सीलसौंदर्य सौगन्धधारी। सबै ब्रह्मज्ञानी गुनी धर्मचारी ।।१७२।।
सबै सुन्दरी सुन्दरी साधु सोहैं। सची सी सती सी जिन्हैं देखि मोहैं।
सबै प्रेम की पुण्य की सद्मिनी सी। सबै चित्रिनी पुत्रिनी पद्मिनी सी ।।१७३।।

(चंद्रकला)

सबकें कलपद्रुम के बन हैं सबकें बर बारन गाजत हैं।
सबकें घर सोभित देवसभा सबकें जयदुन्दुभि बाजत हैं।
निधि सिद्धिविसेष असेषन सों सब लोग सबै सुख साजत हैं।
कहि 'केसव' श्रीरघुराज के राज सबै सुरराज से राजत हैं ।।१७४।।

रसिकप्रिया

श्रीकृष्ण वन्दना

(छप्पय) श्रीवृषभानु-कुमारि-हेत सृंगार-रूप भय।
बास हास-रस हरे, मातु-बंधन करुनामय।
केसी-प्रति अति रौद्र, बीर मारो बत्सासुर।
भय दावानल-पान, पियो बीभत्स बकी-उर।
अति अद्भुत बंचि बिरंचि-मति, सांत संततै सोच चित।
कहि केसव सेवहु रसिक जन, नवरसमय ब्रजराज नित ॥१॥

नव-रस वर्णन

(दोहा) नवहू रस के भाव बहु तिनके भिन्न बिचार।
सबको 'केसोदास', हरि नायक है शृंगार ॥२॥

नायिका-जाति वर्णन

पद्मिनी

(कबित्त) हँसत कहत बात फूल से झरत जात,
गूढ़ भूरि हाव भाव कोक की सी कारिका।
पन्नगी नगी-कुमारि आसुरी सुरी निहारी,
डारौं वारि किन्नरी नरी गँवारि नारिका।
ता पै हौं कहा ह्वै जाउँ बलि जाउँ 'केसोदास',
रचि बिधि एक ब्रजलोचन की तारिका।
भौंर से भँवम अभिलाष लाख भाँति दिव्य,
चंपे की सी कली वृषभान की कुमारिका ॥३॥

नवल अनंगा

(कबित्त) चंचल न हूजे नाथ, अंचल न ऐंचो हाथ,
सोवै नेक सारिकाहू सुक तो सुवायो जू।
मंद करो दीप-दुति चंद-मुख देखियत,
दौरि कै दुराइ आऊँ द्वारि त्यों दिखायो जू।
मृगण-मराल-बाल बाहिरै बिडारि देहुँ,
भायो तुम्हैं 'केसव' सु मोहू मन भायो जू।
छल के निवास ऐसे बचन-बिलास सुनि,
चौगुनो सुरति हू तें स्याम सुख पायो जू ॥४॥

अथ षोडश श्रृंगार-वर्णन

(कबित्त) प्रथम सकल सुचि मंजन अमल बास,
जावक सुदेस केस-पास को सुधारिबो।
अंगराग भूषन बिबिध मुख-बास-राग,
कज्जल-कलित लोल लोचन निहारिबो।
बोलनि हँसनि मदु चातुरीं चितौनि चारु,
पल पल प्रति पतिव्रत प्रतिपारिबो।
'केसोदास' सबिलास करहू कुंवरि राधे,
इहिं बिधि सोरह सिंगारनि सिंगारियो ॥१॥

श्रीराधिकाजू को बोधक हाव

(सवैया) बैठी हुती वृषभान-कुमारि सखीनि की मंडली मंडि प्रबीनी।
लै कुंभिलानो सो कंज परी इक पाइनि आइ गुवारि नवीनी।
चन्दन सों छिरक्यो वह वाकहँ पान दए करुना-रस-भीनी।
चन्दन चित्र कपोलनि लोपि कै अंजन आँजि बिदा कर दीनी ॥६॥

श्रीराधिकाजू को प्रच्छन्न पूर्वानुराग

(कबित्त) फूल न दिखाव सूल फूलन है हरि बिनु
दूरि करि माल बाल-व्याल सी लगति है।
चंवर चलाव जिन, बीजन हलाव मति
'केसव' सुगन्ध बाय बाय-सी लगति है।
चंदन चढ़ाव जिन ताप सी चढ़ति तन,
कुंकुम न लाव अंग आग सी लगति है।
बार बार बरजत बावरी है वारौं आनि,
बीरी न खवाब वीर विष सी लगति है ॥७॥

श्रीकृष्ण को प्रच्छन्न पूर्वानुराग

(सवैया) एक समै वृषभान सुता सजनी-गन में जननी सँग बैसी।
जात उन्हैं चितयो जिहिं रीति सुप्रीति हिये कहि जाइ न तैसी।
ता दिन तें जग की जुवतीनि की लागत 'केसव' बात अनैसी।
चाहि फिर्यो चित चक्र चहूँ न कहूँ दुति देखिये का मुख केसी ॥८॥

श्रीकृष्णजू को प्रकाश लघुमान

(सवैया) बोलि ज्यों आए त्यों बोलत नाहिनै मोसों कहा कछु चूक तिहारी।
'केसव' कैसेहूँ देख्यो सुने बिन जानै कहा कोऊ जी की बिहारी।

खीर सिराइ न जानत खाइ, नई यह भूख की भाँति निहारी।
काँचि ही दाखहि चाहन चाख्यो सु अन्त तऊ तुम कुंजबिहारी ॥९॥

श्रीकृष्णजी को प्रसंग-विध्वंस

(कबित्त) घननि की घोर सुनि, मोरनि को सोर सुनि,
सुनि सुनि 'केसव' अलाप अलीजन को।
दामिनी दमक देखि देह की दिपति देखि,
देखि सुभ सेज देखि सदन सु बन को।
कुंकुम की बास घनसार की सुबास भयो,
फूलनि की बास, मन फूलि कै मिलन को।
हँसि हँसि बोले दोऊ, अनहीं मनाएँ मान
छूटि गयो एकै बार राधिकारमन को ॥१०॥

श्रीकृष्णजी को परिहास

(सवैया) सखि बात सुनो इक मोहन की निकसी मटुकी सिर री हलके।
पुनि बाँधि लई सुनिये नतनारु कहूँ कहूँ बुंद करी छलके।
निकसीं उहि गैल हुते जहँ मोहन लीनी उतारि जबै चल कै।
पतुकी धरी स्याम खिसाइ रहे उत ग्वारि हँसी मुख आँचल कै ॥११॥

राधिकाजू को अद्भुत रस

(कबित्त) ब्रज की कुमारिका वे लीनें सुक-सारिका
पढ़ावैं कोक-कारिकानि 'केसव' सबै निबाहि।
गोरी गोरी भोरी भोरी थोरी थोरी बैस फिरैं
देवता-सी दौरी दौरी भाईं चोराचोरी चाहि।
बिन गुन तेरी आनि भृकुटी कमान तानि
कुटिल-कटाछ-बान यहै अचरज आहि।
एते मान ढीठ ईठ तेरो को अदीठ मन
पीठ दै दै मारती पै चूकती न कोऊ ताहि ॥१२॥

कविप्रिया

(दोहा) गजमुख सनमुख होत ही बिघन बिमुख ह्वै जात।
ज्यों पग परत पयाग-मग पाप-पहार बिलात ॥१॥

भाषा बोलि न जानई जिनके कुल को दास।
भाषा-कवि भो मंदमति तिहि कुल 'केसवदास' ॥२॥
समझैं बाला-बालकनि बरनन पंथ अगाध।
कविप्रिया 'केसव' करी, छमिजो बुध अपराध ॥३॥
अलंकार कबितानि को सुनि सुनि बिबिध बिचार।
कविप्रिया 'केसव' करी कविता को सिंगार ॥४॥
राजत रंच न दोषजुत कबिता बनिता मित्र।
बुंदक हाला होत ज्यों गंगाघट अपवित्र ॥५॥

अथ कविता-अलंकार-वर्णन

(दोहा) जदपि सुजाति सुलच्छनी सुबरन सरस सुबृत्त।
भूषन बिनु न बिराजहीं, कबिता बनिता मित्त ॥६॥

इन्द्रजीतजू को दान

(कबित्त) कारे कारे तम कैसे प्रीतम सुधारे बिधि,
वारि वारि डारे गिरि 'केसोदास' भाखे हैं।
थोरे थोरे मदनि कपोल फूले थूले थूले,
डोलें जल थल बल थानुसुत नाखे हैं।
घंटा टननात घननात घने घूंघुरानि,
भौंर भननात भुवपति अभिलाषे हैं।
दुज्जन-दलिद्र-दल-दलन बिदारिबे कौं
इन्द्रजीत हाथियै हथ्यार करि राखे हैं ॥७॥

बाग-वर्णन

(कबित्त) सहित सुदरसन करुनाकलित कम-
लासन बिलास मधुबन मीत मानियै।
सोहियै अपर्ना रूपमंजरी पै नीलकंठ
'केसोदास' प्रगट असोक उर आनियै।
रंभा स्यों सदंभ बोलै मंजुघोषा उरबसी,
हंस फूले सुमनसु सब सुखदानियै।
देव को दिवान सों प्रबीनरायजू को बाग,
इन्द्र के समान तहाँ इन्द्रजीत जानियै ॥८॥

अथ भाद्रपद-वर्णन

(छप्पय) घोरत घन चहुँ ओर घोष निर्घोषनि मंडहि।
धाराधर धरि धरनि मुसलधारनि जल छंडहि।

झिल्लीगन-झंकार पवन झुकि झुकि झकझोरत।
बाघ सिंघ गुंजरत पुंज-कुंजर तरु तोरत।
निसिदिन बिसेष निरसेष मिटि जात, सु ओली ओढ़िये।
निज देस पियूष, बिदेश बिष भादों भवन न छोड़िये ॥९॥

ग्रीष्मऋतु-वर्णन

(कबित्त) चंडकर-कलित, बलित बर सदागति,
कंदमूल फल फूल दलनि को नासु है।
कीच-बीच बचें मीन, ब्याल बिल, कोककुल,
दुरद दरीनि दिनकृत को बिलासु है।
थिर चर जीवन-हरन बन बन प्रति,
'केसोदास' मृगसिर श्रवन निवासु है।
धावन बली धनुष सोभत निपानि सर,
सबर समूह किधौं ग्रीषम प्रकासु है ॥१०॥

शरद्ऋतु-वर्णन

(कबित्त) सोभा को सदन ससि बदन मदन कर
बंदै नर देव कुबलय बलदाई है।
पावन पद उदार लसति हंसक मार,
दीपति जलजहार दिसि दिसि धाई है।
तिलक चिलक चारु लोचन कमल रुचि,
चतुर चतुरमुख जग जिय भाई है।
अमल अंबर नील लीन पीन पयोधर
'केसोदास' सारदा कि सरद सुहाई है ॥११॥

श्लेषालंकार-वर्णन

त्रि-अर्थ—(कबित्त)

परम बिरोधी अबिरोधी ह्वै रहत सब,
दानिन के दानि, कबि 'केसव' प्रमान है।
अधिक अनंत आप, सोहत अनंत संग,
असरनसरन, निरक्षक निधान है।
हुतभुक हित मति, श्रीपति बसत हिय,
भावत है गंगाजल, जग को निदान है।
'केसोराइ' की सौं कहैं 'केसोराइ' देखि देखि,
रुद्र की समुद्र की अमरसिंह रान है ॥१२॥

चतुरर्थ—(कबित्त)

दानवारि सुखद, जनकजातनानुसारि,
करषत धनु गुन सरस सुहाए हैं।
नरदेव क्षयकर करम हरन खर
दूषन के दूषन सु 'केसोदास' गाए हैं।
नागधर प्रिय मानि, लोकमाता सुखदानि,
सोदर सहायक नवल गुन भाए हैं।
ऐसो राजा राम, ब्रजराम, कै परसुराम,
कैधौं हैं अमरसिंह मेरे उर भाए हैं ।।१३।।

पंच-अर्थ—(कबित्त)

भावत परम हंस जात गुन सुनि सुख
पावत संगीत मीत बिबुध बखानिये।
सुखद सकति धर समरसनेही बहु
बदन बिदित जस 'केसोदास' गानिये।
राजे द्विजराज पद भूषन बिमल कम-
लासन प्रकास परदार प्रिय मानिये।
ऐसे लोकनाथ की त्रिलोकनाथ नाथनाथ,
कैधौं जगनाथ रामनाथ जग जानिये ।।१४।।

अथ अभिन्नक्रिय—(कबित्त)

म प्रयोगिजतु बाजि द्विजराज प्रति,
सुबरन सहित न बिहित प्रमान है।
सजल सहित अंग बिक्रम प्रसंग रंग,
कोष तें प्रकासमान धीरज-निधान है।
दीन को दयाल प्रतिभटन कों साल करे,
कीरति को प्रतिपाल जानत जहान है।
जात हैं बिलीन ह्वै दुनी के दान देखि राम-
चंद्रजू को दान कैधौं 'केसव' कृपान है ।।१५।।

अथ युक्ति व्यतिरेक—(कबित्त)

सुन्दर सुखद अति अमल सकल बिधि,
सबल सफल बहु सरस संगीत सों।
बिबिध सुबासजुत 'केसोदास' आसपास,
राखै दुजराज तनु परम पुनीत सों।

फूले ई रहत दोऊ दीबे ही को प्रतिपल,
देत कामनानि सब मीत हूँ अमीत नों।
लोचन बचन गति बिन, इतनो ई भेद,
इंद्रतरुबर अरु इंद्र इंद्रजीत सों ।।१६।।

मालोपमा---(कवित्त)

मदनमोहन कहो रूप को रूपक कैसो,
मदन-बदन ऐसो जाहि जग मोहिये ।
पदन-बदन कैसो, सोभा को सदन स्याम
जैसो है कमल रुचि लोचननि पोहिये ।
कैसो है कमल जैसो आनंद को कंद सुभ,
कैसो है सुचंद जैसो उपमान टोहिये ।
कैसो है जु चंद वह 'केसव' कुवँर कान्ह,
सुनो प्रान प्यारी जैसो तेरो मुख सोहिये ।।१७।।

विज्ञानगीता

(दोहा) तृषा बड़ी बड़वानली क्षुधा, तिमिंगिल क्षुद्र ।
ऐसो को निकसै जु परि, उत्तर उदर समुद्र ।।१।।
(दोहा) जग को कारन एक मन मन को जीत अजीत ।
मन को मन सुनि सत्रु है मनहीं को मन मीत ।।२।।
(दोहा) मन को रूप अरूप है जैसो है आकासु ।
बढ़त बढ़ाएं बुद्धि के घटत घटाएं आसु ।।३।।

(चन्द्रकला)

निसिबासर बस्तुबिचारहि के मुख साँच हियें करुनाधन है ।
अघनिग्रह संग्रह धर्मकथानि परिग्रह साधन को गन है ।
कहि 'केसव' भीतर जोग जगै अति बाहिर भोगन सों तन है ।
मन हाथ सदा जिनके तिनके बन ही घर है घर ही बन है ।।४।।

रतनबावनी

(छप्पय) पंच कहैं सो कहिय पंच के कहत कहिज्जिय।
पंच लहैं तो लहिय पंच के लहत लहिज्जिय।
पंच रहैं तो रहिय पंच के दिख्खत दिख्खिय।
परमेसुर अरु पंच सबन मिलि इक्कव लिख्खिय।
सुनि रतनसेन मधुसाह-सुव पंचसथ्थ नहिं लज्जियै।
कहि 'केसव' पंचन संग रहि पंच भजैं तहँ भज्जियै ।।१।।
रतनसेन रन रहिव प्रान क्षत्रिय ध्रम राखहु।
करहु सुबचन प्रमान सूर सुरपुर पग नाखहु।
डेढ़ सहस असवार सहस दो पयदर रहियव।
पील पचास समेत इतिक सूर सुरपुर मग लहियव।
सोइ सहस चारि सैना प्रबल तिन महँ कोउ न घर गयव।
सोइ रतनसेन महराज को 'केसव' जस छन्दन कह्यव ।।२।।

———

वीरसिंहदेव-चरित

(छपद) सिखावान-कर-कलित जलज अक्षत सिर सोहै।
हरि-चरनोदक-बृन्द, कुंदि-दुति अति मन मोहै।
अंग बिभूति बिभाति सहित गनपति सुखदायक।
बृषबाहन संग्राम-सिद्धि-संजुत सब लायक।
उर चतुर चारु चक्री बसतु सँग कुमार हर-मार-मति।
जय संकर संका-हरन-भव पारबती-पति सिद्धगति ।।१।।
हौं धरनीधर धन्य धीरु हौं धनुक-धुरंधर।
हौं इक सूर सुजान एकरस सदा सिद्धकर।
अद्‌भुत अमर अनादि अचल अचला अनंतगति।
हौं उत्तिम हौं उच्च उदित हौं अति उद्दिम मति।
कहि 'केशवदास' निवास-निधि मो समान अब और नहिं।
सुनि दान, दीनदिन मान तूं हौं समर्थ संसार महिं ।।२।।
(छपद) तूं समर्थ कब भयो बिस्व-बंचक बिरुद्धकर।
तूं लोकप लोकेस कियो परलोक लोकहर।
तूं अति कृपन कुबुद्धि कूर कातर कुचील तन।
तूं कुरूप पट कपट निपट कटु सठ कठोर मन।

त्रिय तातु न मातु न पुत्र पति मित्र न तेरे मानियै।
दिनवान कहाँ तूं लोभ लघु कैसें बड़ो बखानियै ॥३॥
(छपद) तेरो सखा समूल गयो लंकापति रावन।
करै बिभीषन राज सदा मेरो मनभावन।
टोडरमल तुव मित्त मरे सबही सुख खायो।
मोरे हित बरबीर बिना टूकु दीननि रोयो।
तुव सुजन जगत महँ प्रात उठि लेइ न कोऊ नावँ कहँ।
मो मीत मधुक्करसाहि को जस जगमगत जगत्त महँ ॥४॥

———

छन्दमाला

(मदिरा)

सात भगन करि अंत गुरु बाइस अक्षर छंद।
'केसव' मदिरा छंद यह कुसुमस्वेद मकरंद।
उदा०—बाग तड़ाग तरंगिनि तीर तमाल की छाँह बिलोकि भली।
तौ घटिका इक बैठि रहैं सुख पाइ बिछाइ सु काम थली।
औ मग को श्रम दूरि करैं सिय को सुभ बाकल अंचल कै।
हैं श्रम तेउ हरैं तिनको कहि 'केशव' चारु दृगंचल कै ॥१॥

(बसुधा)

उदा०—जा दिन तें ब्रजनाथ चले तब तें जग जानत झूठहि गेहू।
झूठहि केतिन धर्म सने अरु झूठ यहै बर भावत देहू।
'केसव' पापहि क्यों सरिहै मिलिबे बिन जानिय साँच सनेहू।
बातन के मिस या ब्रज में तुम आयहु ऊधव लेन सु लेहू ॥२॥

———

जहाँगीरजसचंद्रिका

(दोहा) उदय भाग अति उदित मति मुनि सर्वज्ञ प्रमान।
जग मैं उद्दिम कर्म ये मेरे जान समान ॥१॥

करम फलै उद्दिम करैं उद्दिम करमहि पाइ।
एकै धरम दुहून को कीनो बिधिना दाइ ।।२।।
दुहुँ विधि उद्दिम करम है सुभ अरु असुभ अपार।
कारन या संसार को समुझो बुद्धि उदार ।।३।।

———

शिखनख

नेत्र-वर्णन

कबित्त

बंधु-बिधु-कोरा में चकोर को सो जोरा बैठ्यो।
किधौं मैन मृगबाल हित के बढ़ाए हैं ।।
किधौं मीनकेत के जुगल मीन जंग जुरे।
किधौं खंजरीट एक पिंजर पढ़ाए हैं ।।
मिलत जिवाइबे कौं बिछुरत मारिबे कौं।
बान के पियूष बिष बोरिकै कढ़ाए हैं ।।
किधौं बिधु पूरन मयंकमुख पूजा करी।
अलिन सहित किधौं नलिन चढ़ाए हैं ।।१।।

●

टिप्पणी

रामचन्द्रचन्द्रिका

(१) बालक = हाथी का बच्चा। मृनालनि = कमल नालों को। अकाल = अभाव। दीह = दीर्घ, लंबा। पात सम = पत्र के समान। पंक = कीचड़। कलुख = कलुष, मलिनता, पाप। कलंक-अंक = कलंक का चिह्न। भव-सीस-ससि = महादेव जी के मस्तक पर स्थित चन्द्रमा। बपुख = वपुष, शरीर। सांकरे = कष्ट, संकट; सांकरनि = जंजीरों को। दशमुख = दशों दिशाओं के लोगों के मुख, अथवा दशमुख = ब्रह्मा के चार मुख + शिव जी के पांच मुख + महेश का एक मुख। मुख जोवें = मुख देखते हैं, अर्थात्, दया के आकांक्षी बने रहते हैं। गजमुख = गणेश जी।

अलंकार—उपमा, अनुप्रास, यमक, परिकरांकुर। छंद—दंडक।

(२) बानी = वाणी, सरस्वती। उदारता = महिमा। बखानी जाय = वर्णन किया जाए। भावी = भविष्य। पति = यहाँ पर ब्रह्मा जी से अभिप्राय है। पूत = यहाँ पर महादेव जी से अभिप्राय है। नाती = यहाँ पर महादेव जी के पुत्र षडानन (स्वामी कार्तिकेय) से अभिप्राय है।

अलंकार—सम्बन्धातिशयोक्ति। छन्द—दंडक।

(३) परिपूरन = सभी प्रकारों से पूर्ण। दरसन = दर्शनशास्त्र (जिनको दर्शन-शास्त्र भी नहीं समझते, वे ही सगुण रूप से दर्शन देते हैं।) अनुदिन = प्रतिदिन। न डरत पुनरुक्ति को = बार-बार कहने के दोष से नहीं डरते हैं। अनिमा = छोटा (सूक्ष्म) रूप साधारण कर सकने की सिद्धि। गरिमा = गुरु रूप धारण कर सकने की सिद्धि। महिमा = बड़ा रूप धारण कर सकने की सिद्धि। मुक्ति = मोक्ष।

अलंकार—सम्बन्धातिशयोक्ति, अनुप्रास, यमक। छन्द—दंडक।

(४) अबास = आवास, निवास-स्थान, घर। सोभा विलास = सजावट की वस्तुएँ।

छन्द—मधुभार।

(५) साधु = १. सीधी २. शरीर को साधनेवाली। थिर = १. स्थिर; २. कंपरहित ३. स्थिरचित्त। तपोमय = तपस्विनी। दंडधारिनी = १. बांस के डंडे के आधार पर स्थित; २. डण्डे के सहारे चलनेवाली।

अलंकार—विरोधाभास। छन्द—आभीर।

(६) इस छन्द में केशव ने अयोध्या और देवपुरी की तुलना की है। यहाँ पर प्रत्येक शब्द के दो अर्थ देखे जा सकते हैं—

कवि = १. कवि; २. शुक्राचार्य। विद्याधर = १. विद्वान् २. देव-विशेष। कलाधर = १. कलाओं के ज्ञाता; २. चन्द्रमा। राजराज = १. राजाओं में राजा, राज-श्रेष्ठ; २. कुबेर। गनपति = १. एक समूह-विशेष का अधिपति, २. गणेशजी। सुख-दायक = १. सुख देने वाला; २. इन्द्र। पसुपति = १. पशुओं की शालाओं का अधिकारी; २. महादेवजी। सूर = १. शूर-वीर; २. सूर्य। सेनापति = १. सेना के विविध विभागों के अधिपति; २. स्वामी कार्तिकेय। बुधजन = १. पंडित लोग; २. बुध ग्रह। मंगल = १. मांगलिक; २. मंगल ग्रह। गुरु = १. गुरुजन; २. बृहस्पति। धर्मराज = १. विविध प्रकार के न्यायाधीश; २. यमराज। मनसाकर = १. मनोवांछित फल देने वाले २. कल्पवृक्ष। करुनामय = १. दयामय; २.विष्णु। सुरतरंगिनी = १. सरयू नदी, २. आकाशगंगा। सोभसनी = शोभायुक्त।

अलंकार—मुद्रालंकार। छन्द—त्रिभंगी।

(७) मंडित गुन = गुणों से मंडित व्यक्ति। दंडित मति = सुशासित बुद्धि वाले। धर्म-प्रबर = धर्म के निर्वाह में श्रेष्ठ। क्रुद्ध समर = युद्ध में शत्रुओं पर क्रोध करने वाले। सहित सत्य = सत्य मार्ग पर चलनेवाले। रहित पाप = पाप न करने वाले। सकति = शक्ति के उपासक। जीव = मन, हृदय। जगति = जगती है।

छन्द—हीरक।

(८) अगारनि = आवासों पर। पगारनि = चहारदीवारियां। जनु = मानो। नारि = समूह। मख-धूमनि-धूपित = यज्ञों से निकले धुएँ से धूपित। अंगन = आंगन। उनहारि = अनुसरण करनेवाली, रूप का सादृश्य। चित्री = चित्रित।

अलंकार—उत्प्रेक्षा। छन्द—मरहट्ठा।

(९) गिरा = वाणी, सरस्वती। गूढ़ = गुप्त। चंडिका = दुर्गा। अदिति = देवताओं की माता। सुषमा = शोभा। सची = इन्द्र की पत्नी, इन्द्राणी।

अलंकार—उत्प्रेक्षा। छन्द—कुंडलिया।

(१०) मूलन ही की = मूलों की ही, जड़ों की ही। १. अधोगति = नीचे की ओर गमन; २. नीच गति। हुतासन = अग्नि। मलिनाइय = १. मन की मलिनता; २. मलिनता। दुर्गति = १. बुरी दशा; २. जिसमें गति न हो सके। कुटिल गति = १. दुर्वृत्ति; २. टेढ़ी चाल। श्रीफल = १. धनराशि; २. बेल का फल (यहाँ पर अभि-प्राय 'कुच' से है, जिसकी उपमा देने के लिए 'श्रीफल' का प्रयोग किया जाता है।)

अलंकार—परिसंख्या। छन्द—काव्य।

(११) चलदलै = पीपल का पत्ता। विधवा = १. पति-हीन; 'धवा' नामक वृक्ष से हीन। बनी = बाटिका।

अलंकार—परिसंख्या। छन्द—दोहा।

(१२) नागर = चतुर। मित्र = सूर्य।

अलंकार—रूपक । छन्द—सोरठा ।

(१३) बिमानीकृत=विमान बनाये हुए हैं, सवारी किए हुए हैं । राजहंस=१. हंस पक्षी; राजाओं के जीव । बिबुध=१. देवता; २. बुधजन, विद्वान् पंडित । दीपति=दीप्ति, शोभा, कांति । दिपति=प्रकाशमान, दीप्तिमान होती है । दीपयतु=प्रकाशित हो जाते हैं । दिलीप=दिलीप चक्रवर्ती । सुदक्षिना=१. दिलीप चक्रवर्ती की रानी; २. सुन्दर दक्षिणा । उजागर=प्रसिद्ध । की=कि, किधौ, या, अथवा । बाहिनी=१. नदी; २. सेना । छनदा=क्षण (विराम या विश्राम) देने वाली, रात्रि । छनदानप्रिय=१. जिसे क्षणदा (रात्रि) अप्रिय है वह, सूर्य २. जिसे प्रत्येक क्षण दान करना प्रिय है, वह दशरथ । भगीरथ-पथगामी=१. भगीरथ के पीछे-पीछे चलनेवाला; २. भगीरथ की राजनीति का अनुसरण करने वाला ।

अलङ्कार—उल्लेख, उपमा, श्लेष, यमक, सन्देह, रूपक । छन्द—घनाक्षरी ।

राजा दशरथ ब्रह्मा के समान हैं । जैसे ब्रह्मा राजहंस पर आरूढ़ रहते हैं, वैसे ही राजा दशरथ अनेक राजाओं के जीवों पर सवारी किए हुए हैं । (अर्थात्, उनके चित्त पर चढ़े रहते हैं) राजा दशरथ मेरु के समान हैं : मेरु पर्वत पर अनेक देवताओं का निवास होता है और राजा दशरथ के यहाँ अनेक पंडितों का । दशरथ के यश की कान्ति से सप्त द्वीप प्रकाशमान हैं । वे दिलीप चक्रवर्ती के समान हैं । जैसे राजा दिलीप को अपनी पत्नी परम पतिव्रता सुदक्षिणा देवी का बल था, उसी प्रकार राजा दशरथ को सुन्दर दक्षिणा का बल है । दशरथ समुद्र के समान हैं । जैसे सागर अनेक नदियों का पति है, वैसे ही राजा दशरथ अनेक सेनाओं के स्वामी हैं । वे सूर्य के समान हैं । जैसे सूर्य अन्धकार का नाश करके सबको आनन्द प्रदान करता है, वैसे ही राजा दशरथ प्रतिक्षण दान देते हुए सबको सुख देते हैं । सब प्रकार के समर्थ राजा दशरथ अपने पूर्वजों की चलाई हुई राजनीति एवं परम्पराओं का वैसे ही अनुगमन करते हैं, जैसे गंगाजल भगीरथ के पथ पर ही प्रवाहमान है ।

(१४) ईंधन=लकड़ी । प्रतापानलनि=प्रतापरूपी अग्नि ।

अलंकार—विभावना, रूपक । छन्द—दोहा ।

(१५) जुग=दो (युग) । बारिद रोचन=लाल बादल (लाल आँखों से आँसू आने लगे) ।

छन्द—पंकजवाटिका । इस छन्द में केशव ने राजा दशरथ के मनोभावों का सुन्दर वर्णन किया है ।

(१६) खंडपरसु=महादेव जी । असेष=सम्पूर्ण । धर=धरती, पृथ्वी । बरिबंड=प्रबल ।

अलंकार—उक्तविषया वस्तूत्प्रेक्षा । छन्द—दोहा ।

(१७) अवली=पंक्ति । सुधाधर-मंडली=चन्द्रमा का परिवेश (वर्षाकाल में चन्द्रमा के चारों ओर बननेवाला घेरा) । जोन्हाई=ज्योत्स्ना से । देवन स्यौं=देवताओं के सहित ।

अलंकार—उक्तविषया वस्तूत्प्रेक्षा । छन्द—सवैया ।

(१८) किन मातु गई च्वै = माता का गर्भ क्यों न गिर गया ? अर्थात् वे पैदा ही क्यों हुए ? भाँड भए = स्वयं अपनी अप्रतिष्ठा कराई । छ्वै = छूकर । आँगुरहूँ द्वै = दो अंगुल तक भी । भो = भयो, हुआ ।

अलंकार—तृतीय विषम । छन्द—विजय ।

(१९) अरुन खरे = बहुत लाल । कुमुदिनी = एक पुष्प जो रात में ही खिलता है । त्रसै = डरता है । लसै = शोभायमान है ।

अलंकार—उपमा और उत्प्रेक्षा । छन्द—चौपाई ।

(२०) पद्मिनी-प्राननाथ = कमलों का पति, सूर्य (जिसके उदय होने पर कमल खिलते हैं) । भय = भए, हुए । कोकनद = कमल । कोक = चक्रवाक पक्षी । सिन्दूरपूर = सिंदूर से रंगा हुआ । मंगलघट = विवाह-आदि मांगलिक अवसरों पर उपयुक्त घट । किधौं = संदेह-वाचक । सक्र = इन्द्र । मानिकमयूख-पट = माणिक की किरणों से बुना हुआ वस्त्र । श्रोनित कलित = रक्त से भरा । किल = निश्चयात्मक शब्द । कापालिक = कापालिक सिद्ध, शैव मतावलम्बी तांत्रिक साधु जो काली अथवा महामाया भैरवी की उपासना करते हैं । लाल = माणिक्य । दिगभामिनी के भाल को = (पूर्व) दिक्-रूपी स्त्री के मस्तक पर ।

अलंकार—रूपक और सन्देह से पुष्ट उत्प्रेक्षा, अनुप्रास, यमक । छन्द—षट्पद ।

(२१) कर = १. किरण; २. हाथ । पद्मिनी = कमलिनी । ऋक्ष = तारा, नक्षत्र । त्रास = भय । फंदानि ठगे = फंदा समझकर ठगा-सा रहता है ।

अलंकार—उत्प्रेक्षा और सन्देह । छन्द—तोटक ।

(२२) व्योम = आकाश । लाल श्रीमुख = लाल रंग के सूर्य । साजहीं = सज्जित हो रहे हैं; शोभा दे रहे हैं । पद्मराग = एक प्रकार का कीमती पत्थर, माणिक । दिवि = आकाश । सूर-बाजिन = सूर्य के रथ के घोड़े । खुरी = सुम । तिक्षता = तीक्ष्णता । हुई = भारी हुई ।

अलंकार—संदेह और उत्प्रेक्षा । छन्द—चंचरी ।

(२३) झुकि = झुक कर । झहराइ = हिलाकर । तारका = तारिकाएँ, नक्षत्र ।

अलंकार—सांगरूपक । छन्द—सोरठा ।

(२४) बारुनी = १. पश्चिम दिशा; २. मदिरा, शराब । द्विजराज = १. चन्द्रमा २. ब्राह्मण । तहीं = त्यों ही । भगवन्त = १. सूर्य; २. भगवान् विष्णु ।

अलंकार—श्लेष । छन्द—दोहा ।

(२५) चहूँ भाग = चारों ओर । बड़ भाग != बड़े भाग्यशाली ! (हे राम !) जनु = मानो । मुक्त = मुक्त विचरण करने वाले साधु ।

अलंकार—उत्प्रेक्षा । छन्द—तोमर ।

(२६) ति = ते, बे। नगरी = नगर, बस्ती। नागरी = नगर में निवास करने वाली स्त्री, चतुर स्त्री। प्रतिपद = १. प्रत्येक पैर में; २. स्थान-स्थान पर। हंसक = १. बिछुआ; २. हंस + क = हंस और जल। जलज = जल से उत्पन्न—१, मोती; २. कमल। पयोधर = १. स्तन; तालाब। पीन = १. पुष्ट; २. बड़े-बड़े।

अलंकार—श्लेष। छन्द—दोहा।

(२७) बीसबिसे = निश्चय ही। घनस्याम = १. श्रीराम; २. काले बादल। बिहाने = प्रातःकाल। तरुपुन्य पुराने = पूर्व पुण्य-रूपीवृक्ष।

अलंकार— समाधि, परिकरांकुर तथा रूपक। छन्द—सवैया।

(२८) केशव ! = हे राम ! दान विधानन सों = दान के विधान से, (अर्थात्, दान दे कर)। कृपान बिधानन सों = युद्ध के विधान से (अर्थात्, युद्ध करके)। अंग छः = वेद के छः अंग, १. शिक्षा, २. कल्प, ३. व्याकरण, ४. निरुक्त, ५. ज्योतिष, ६. छन्द। अंग सातक = राज्य के सात अंग : १. राजा (स्वामी), २. मंत्री (अमात्य), ३. मित्र (सुहृद्), ४. कोष, ५. देश (राष्ट्र), ६. दुर्ग, ७. सेना (बल)। राज्य के सात अंगों का उल्लेख 'शुक्रनीति' में इस प्रकार हुआ है :

स्वाम्यमात्य-सुहृत्कोश-राष्ट्र-दुर्ग-बलानि च.।
राज्यं मवति सप्ताङ्गं तत्र मूर्द्धा स्मृतः नृपः ॥
(शुक्रनीति, १-६१)

अंग आठक = योग के आठ अंग : १. यम, २. नियम, ३. आसन, ४. प्राणायाम, ५. प्रत्याहार, ६. धारणा, ७. ध्यान, ८. समाधि। जनकराज ने वेद के छः अंग, राज्य के सात अंग तथा योग के आठ अंगों से उत्पन्न सिद्धि प्राप्त की। वेदत्रयी = ऋक्, यजुः तथा साम-वेद। राजसिरी = राजश्री, राजसी वैभव। सुभ जोगमई है = सुन्दर तथा अच्छा योग (मिलन) हुआ है।

अलंकार—रूपक। छन्द—सवैया।

(२९) मेलि = डालकर। बर्न = १. रंग; २. जाति।

अलकार—श्लेष से पुष्ट रूपक। छन्द—सोरठा।

(३१) विजना = व्यंजन, पंखा। वात = हवा। डगै = हिलती है। तमोंतेज = तेज (तीव्र, घना) अन्धकार। भवभूषन = शिवजी का शरीर लेपन, विभूति। मसी = कालिख (काजल)।

अलंकार—व्यतिरेक। छन्द—विजय।

(३२) भुव = भूमि, पृथ्वी। विदेह = जीवनमुक्त। कल = निर्मल। भूषन क भवभूषन = भूषणों के लिए भी सुन्दर भूषण, अलंकारों के लिए भी अलंकार-स्वरूपा। भू-तल-तें = पृथ्वी से।

अलंकार—विधि तथा विरोधाभास। छन्द—विजय।

(३३) कमलापति = विष्णु। विमलापति = ब्रह्मा।

अलंकार—सन्देह। छन्द—दोधक।

(३४) आशिष = आशीर्वाद । सूरज के कुलमंडल = सूर्यवंश के श्रेष्ठ पुरुष ।

छन्द—चौपाई ।

(३५) दानिन के शील = दानियों में श्रेष्ठ । पर दान के प्रहारी दिन = (विरोध पक्ष में) = दूसरों से प्रतिदिन दान लेने वाले; (विरोध-परिहार के पक्ष में) = प्रतिदिन शत्रुओं से दण्ड के रूप में दान लेने वाले । दानवारि = दानवों के शत्रु (विष्णु) । निदान = अन्तत: । अवनीप = भूमि-पालक, राजा । पृथु = पुराण-प्रसिद्ध राजा । आनंद को कंद = आनन्द के बादल । परदार = (विरोध पक्ष में) अन्यों की स्त्री; (विरोध-परिहार के पक्ष में) = पृथ्वी अथवा लक्ष्मी ।

अलंकार—विरोधाभास, उपमा, अनुप्रास । छन्द—घनाक्षरी ।

(३६) कराल = भयंकर । काल-काल = काल का भी काल, अर्थात् काल से भी अतीत, उच्च । चंद्रचूड = महादेव जी, जिनके सिर पर चन्द्रमा शोभायमान है । पन्नग प्रचंडपति प्रभु = प्रचंड पन्नगों का स्वामी, अर्थात्, बड़े-बड़े साँपों का राजा = (वासुकी) । पनच = प्रत्यंचा । पीन = मोटी । पर्वतारि = पर्वतों का शत्रु (इन्द्र) जिसने अपने वज्रायुध से पर्वतों के पर काट दिए थे । मान = गुरुता का संकेत । कमलपानि = कमल-जैसे जिसके हाथ हों, वे (श्रीराम) ।

अलंकार– वाचकलुप्तोपमा, व्यतिरेक, अनुप्रास । छन्द—दंडक ।

(३७) उत्तम गाथ = सर्वप्रशंसित; शिव-धनुष—जिसकी कथा सुविख्यात है । निर्गुन तें गुनवंत कियो = प्रयंचा-रहित स्थिति (पहले के राजा प्रत्यंचा नहीं चढ़ा पाए थे) को गुणवंत किया (अर्थात् राम ने प्रत्यंचा चढ़ा दी ।) नराच = बाण । सांचो सरासन कीनो = 'शरासन' का तात्पर्य 'धनुष' से है जिस पर बाण चढ़ा रहता है । यहाँ पर श्रीराम ने अपनी प्रेम-दृष्टि रूपी बाण से शिव-धनुष को सच्चे अर्थ में 'शरा-शन' कर दिया ।

अलंकार—विधि, रूपक, अनुप्रास तथा परिकरांकुर । छन्द—सवैया ।

(३८) टंकोर = टंकार, धनुष चढ़ाने पर होने वाला शब्द । चंड कोदंड = कठोर धनुष । मंडि रह्यो = भर गया । नवखंड = पौराणिक मान्यता के अनुसार नवखंड इस प्रकार हैं—इला, रमणक, हिरण्य, कुरु, हरि, वृष, किंपुरुष, केतुमाल तथा भारत। अचला = पृथ्वी । घालि = तोड़ कर । ईस = महादेव जी । जगदीस = श्री विष्णु । भृगुनंद = परशुराम जी । बरिबंड = प्रबल, बलवंत । बाधि बर स्वर्ग को = स्वर्ग के वर (श्रेष्ठ) निवासियों को बाधा देकर । (उनके शांत जीवन को भङ्ग करके) साधि अपवर्ग को = मोक्ष साध कर (दधीचि महर्षि की हड्डियों से निर्मित शिव-धनुष पर राम का मोक्षदायक हस्त पड़ते ही उस ऋषि को भी मोक्ष प्राप्त हो गया ।)

अलंकार—सहोक्ति, सम्बन्धातिशयोक्ति तथा अनुप्रास । छन्द—विजया ।

(३९) अलंकार—उत्प्रेक्षा । छन्द—दोहा ।

(४०) मत्त = मस्त । दंति = हाथी । अमत्त = मद-रहित । न गाजहीं = गर्जन नहीं कर रहे हैं । सूरज = शूर + ज (शूरों के पुत्र) । तनत्रान = कवच ।

अलंकार—अत्युक्ति। छन्द—चंचरी।

(४३) बर=वर, श्रेष्ठ। बान सिखीन=अग्नि बाणों से। ओटि=पिघलाकर कलंकित—यहाँ पर रावण से अभिप्राय है। सितकंठ=महादेवजी। कठुला=माला।

अलंकार—अनुप्रास। छन्द—चन्द्रकला।

(४५) क्रतु=यज्ञ। गौतम की तिय सुद्ध करी=शिला-रूप में स्थित अहल्या का शाप-मोचन किया। स्वयंबर माँझ बरी=स्वयंवर में वरण किया।

अलंकार—गूढ़ोत्तर। छन्द—त्रिभंगी।

(४६) बोरों=डुबाऊँ। बारन=हाथी। बाजि=घोड़े। लक्षन=लक्ष्मण। अरिहा=शत्रुघ्न।

अलंकार—स्वभावोक्ति (प्रतिज्ञाबद्ध)। छन्द—किरीट।

(४७) अमल=निर्मल। वपु=शरीर। न्यारो=विचित्र। बीसबिसै=निश्चय ही।

अलंकार—भ्रम और अनुमान का संकर। छन्द—दंडक।

(४८) कुसमुद्रिका=कुश (एक प्रकार की पवित्र घास) से बनी हुई मुद्रिका (आंगुरी), जिसको पवित्र कार्य करते समय पहना जाता है। समिधै···होम में उपयुक्त पवित्र काष्ठ। स्रुवा=हवन के समय अग्नि में घी डालने का पात्र। कटिमूल स्रुवन तर्कसी=कमर से कानों तक लम्बा तूणीर (बाणों को रखने का पात्र)। तिक्ष=तीक्ष्ण। स्यों=सहित।

अलंकार—भ्रम और अनुमान का संकर। छन्द—गीतिका।

(४९) हैहयाधिराज=सहस्रबाहु अर्जुन। देयमान=देने योग्य। जेय=जेयमान, जीतने वाले। रक्षमान=रक्षणकर्ता। अमेय=अतुल। भर्गभक्त=शिव जी का भक्त।

अलंकार—उल्लेख। छन्द—नराच।

(५०) बरी=वरण किया। सुधरै=सुधरेगा, ठीक होगा।

अलंकार—गूढ़ोत्तर। छन्द—मदिरा।

(५१) बज्र=वज्रायुध।

अलंकार—लोकोक्ति से पुष्ट गूढ़ोत्तर। छन्द—कुण्डलिया।

(५२) हलाहल=एक प्रसिद्ध विष। कौरन=कौरों में। सिरानो=ठण्डा हुआ। मेद=चर्बी। घृत=घी। सोन=रक्त।

अलंकार—रूपक। छन्द—माधवी।

विशेष—इस छन्द में केशव ने विष-पिये व्यक्ति का उपचार भी बताया है। जिस व्यक्ति ने विष पीया है, उसे पहले घी पिलाना चाहिए, उसके बाद ताजा खून तथा सुधा (चूने का पानी)।

(५३) सो कहिये तन मन बनि आवै=ऐसा वचन कहिये जो तन से अथवा मन से साध्य हो। आदि हौ=प्रथम वर्ण; ब्राह्मण हो, अतः अवध्य हो।

छन्द—तन्वी।

(५४) चाप = धनुष। निषङ्ग = तूणीर, बाणों को रखने का पात्र।

छन्द—नराच।

(५६) गिरिबेध-षनमुख = क्रौंच नामक पहाड़ को तोड़ने वाले षडानन स्वामी कार्तिकेय। तारकनन्द = तारक नामक असुर का पुत्र। राम = परशुराम। पर्वत-नन्दिनी = पार्वती। रेनुका = परशुराम की माता। जगबन्दिनी = सर्वपूज्या।

छन्द—हरिगीत।

(५८) मेद = चर्बी। पछ्यावरि = छाछ से बना हुआ पेय पदार्थ, जो शीघ्र-पाचन के लिए साधारणतः भोजन के अन्त में पिया जाता है। खीर = क्षीर, दूध। सोनित = १. रक्त, २. स्रवित-पदार्थ + नित = नित्य। सिरायो = ठण्डा हुआ।

अलंकार—रूपक। छन्द—माधवी।

(५९) प्रतिपाल = आज्ञापालन। औगुन = अवगुण, बुरा गुण।

छन्द—विशेषक।

(६०) एकविंसति = इक्कीस। सोनित = रक्त। सची = की। सोधि-सोधि = शोधकर, खोज-खोजकर।

छन्द—गीतिका।

(६१) भृगुकुल-कमल-दिनेस = भृगुवंशरूपी कमल के लिए सूर्य के समान।

अलंकार—अप्रस्तुतप्रशंसा, और प्रथम चरण में परम्परित रूपक।

छन्द—दोहा।

(६२) सुबंधु = स्वबंधु, अपने भाइयों को। समेतनि = सहित। बेगि दै = शीघ्र ही।

अलंकार—सहोक्ति। छंद—सोरठा।

(६३) तनत्रान = शरीर की रक्षा करनेवाला (कवच)। बिचारि = विशेष चार व्यक्ति (जिनकी गणना इस प्रकार है :—गोकुल, ब्राह्मण, नारि, नपुंसक) गोकुल = गाएँ।

छन्द—माधवी।

(६४) हरधनुष = शिव-धनुष। ईस आसन तें चाले = महादेवजी को योगासन से हिला दूं। सेष सिर तें धर डारै = शेषनाग के सिर से पृथ्वी को डाल दूं। भारे = बड़ा, घना। नारायनी ज्योति = भगवान् नारायण का वह अंश, जिसके होने से परशु-राम अवतार बने थे।

अलंकार—प्रतिज्ञाबद्ध स्वभावोक्ति, अनुप्रास। छन्द—छप्पय।

(६६) विपिनमारग = वन के मार्ग में। श्री = शोभा। फल = तपस्या के फल। सिद्धि (अष्ट सिद्धियां) = अणिमा, महिमा, गरिमा, लघिमा, प्राप्ति, प्राकाम्य, ईशित्व तथा वशित्व।

अलंकार—उत्प्रेक्षा। छन्द—द्रुतविलंबित।

(६८) दुहिता = पुत्री । बाम = स्त्री, पत्नी । एक गाउं रहो = एक गाँव के रहनेवाले हो ? पंथ की पहिचानिये = रास्ते के मित्र, केवल रास्ते में परिचित व्यक्ति ।

अलंकार—सन्देह । छन्द—चंचरी ।

(६९) बरही = हठात्, बलपूर्वक । बरी है = वरण किया है, विवाह किया है । उपदि = अपने-आप, स्वेच्छा से । सोभा अभिरत हो = ऐसा शोभा से सम्पन्न हो । परम बिरत = पूर्ण विरागी । सिवा = पार्वती ।

अलंकार—सन्देह । छन्द—जगमोहन दंडक ।

(७०) मंदाकिनी = आकाश गंगा । चारु = सुन्दर । सोदामिनी = बिजली । भारती = सरस्वती नदी । हंसजा = सूर्य की पुत्री, यमुना नदी । देवराजा = इन्द्र । देवरानी = शची । पुत्र = यहाँ इन्द्र के पुत्र 'जयन्त' से अभिप्राय है । सोहियै = शोभा दे रहे हों । पक्ष दू = दोनों पक्ष (कृष्णपक्ष तथा शुक्लपक्ष) संध्या संधी है = तीनों संध्याएँ एक दूसरे से मिल गई हों ।

विशेष—यहाँ कवि की कल्पना है कि राम, सीता और लक्ष्मण ऐसे हैं मानों तीनों संध्याएँ (प्रातः संध्या, मध्याह्न-संध्या तथा सायं-संध्या) मिल गई हों : प्रातः-संध्या लाल (सीता जी); मध्याह्न-संध्या, श्वेत (लक्ष्मण जी); सायं-संध्या, श्याम (श्रीरामजी) ।

अलंकार—उत्प्रेक्षा । छन्द—मत्तमातंगलीलाकर दंडक ।

(७१) पुंडरीक = कमल । बल्लरी = लता ।

छन्द—अनंगशेखर दंडक ।

(७३) सुधाधर = अमृत धारण करनेवाला (चन्द्रमा) । तुहूँ सुधाधर मानिये = तुम अमृत के समान अधरों वाली हो । द्विजराजि = दाँतों की पंक्ति । कलानिधि = चन्द्रमा (विविध दिनों में सोलह कलाओं से युक्त) । कलाकलित = समस्त कलाओं की ज्ञाता । रत्नाकर = १. समुद्र, २. रत्न-समूह, रत्नाभरण । अंबर विलास = १. आकाश में विलसित (शोभित) होनेवाला - चन्द्रमा । २. सुन्दर वस्त्रों से शोभित होने वाली—सीताजी । कुबलयहितू = १. कुमुदिनी का हित करनेवाला = चन्द्रमा । पृथ्वी-मंडल की हितैषिणी—सीताजी । सीतकर = १. शीतल किरणोंवाला चन्द्रमा । २. भक्तों आदि का संताप-हरण करके उनको शान्ति प्रदान करने वाली—सीताजी ।

अलंकार—श्लेष, उपमा तथा यमक । छन्द—प्रकर्ष दंडक ।

(७४) कलित कलंककेतु = कलंक के केतु से युक्त, अत्यन्त कलंक से युक्त । केतुअरि = केतु है शत्रु जिसका, वह । यहाँ पर केशव ने, राहु और केतु, दोनों में कोई अन्तर नहीं किया है (पौराणिक मान्यता के अनुसार, चन्द्रमा का शत्रु राहु है) : सेत-गात = श्वेत शरीर वाला, चन्द्रमा । ऊनो ऊनो = अपरिपूर्ण । चन्द्रमा केवल पूर्णिमा के अवसर पर ही परिपूर्ण होता है । छीलर = उथली कीचड़वाली पोखर ।

अलंकार—व्यतिरेक, उपमा, यमक तथा अनुप्रास । छन्द—मनहरण दंडक ।

(७५) आनन्द को कंद = आनन्द का बादल, आनन्द का मूल । रयनि = रजनी,

रात्रि। सकुचै = संकुचित होता है, बन्द हो जाता है। बासर = वासर, दिन का समय। जगबंद = सम्पूर्ण जग के द्वारा वन्दनीय। अनदेखेई कमल चंद = सीताजी का मुख न देखने पर ही कमल तथा चन्द्रमा अच्छे लगते हैं; सीताजी के मुख के समक्ष उनकी कोई तुलना ही नहीं है।

अलंकार—अनन्वयोपमा। छन्द—मनहरण दंडक।

(७७) तरंगिनी = नदी। छाँह = छाया। घटिका = घड़ी। कुस काँस = कुशासन। मग को श्रम = मार्ग का श्रम, पैदल चलने का कष्ट। श्रीपति = सीतानाथ श्रीराम। बाकल अंचल सों = वल्कल वस्त्र के अंचल से। दृगंचल = कटाक्ष, बांकी चितवन।

अलंकार—अन्योक्ति। छंद्र—चन्द्रकला।

(७८) अश्रुबलित = अश्रुओं से युक्त (यहाँ पर आनन्द के अश्रुओं से अभिप्राय है। अदृष्ट = होनहार। झूठी उपमा मीन की = साधारणतः नेत्रों की तुलना मीन से की जाती है। परन्तु मीन तो सदा जल में वास करते हैं, जब कि नेत्रों में सदा जल नहीं रहता। यहाँ पर सीताजी के अश्रुबलित नेत्र पूर्ण रूप से मीन जैसे लगते हैं।

छन्द—सोरठा।

(७९) पूरे = पूर्ण, सम्पन्न। रूरे = सुन्दर। सारी = सारिका, मैना। भावनमय = प्रेमभावमय। सहायक = लक्ष्मण जी। मनहु = मानो। मधु = वसंत।

अलंकार—उत्प्रेक्षा। छन्द—त्रिभंगी।

(८०) दुख की दुपटी = दुःख की चादर (घेरा, आवरण) समाप्त हो जाता है। घटी = घड़ी। निघटी = घट जाती है। मीचु = मृत्यु। घटी हूँ घटी = घड़ी-घड़ी, प्रत्येक घड़ी। जतीन की छूटी तटी = यतियों की समाधि-अवस्था भी छूट जाती है, अर्थात्, यति लोग भी अपनी समाधिस्थ स्थिति में प्राप्त होनेवाले आनन्द से पंचवटी की प्राकृतिक शोभा से प्राप्त आनन्द को अधिक मानते हैं। अघ-ओघ की बेरी = अधिक पाप की बेड़ी। गुरुज्ञान-गटी = श्रेष्ठ ज्ञान की गठरी। गुन धूरजटी = महादेव जी के गुणों से युक्त।

अलंकार—अनुप्रास, यमक तथा ललितोपमा। छन्द—दुर्मिला।

(८१) दंडक = दण्डक नामक एक वन। (पञ्चवटी दण्डक वन का भी एक भाग था)। रुचि = कांति। भाँतिन-भाँतिन = भाँति-भाँति के, तरह-तरह के। सेव = सेवा। श्रीफल = १. बेल का फल। २. ऐश्वर्य, वैभव। भूरि = अधिक।

अलंकार—श्लेष, उत्प्रेक्षा तथा मुद्रा। छन्द—हाकलिका।

(८२) बेर = बेला, समय। अर्क समूह = १. अकौवे का (मदार का) वृक्ष; २. सूर्य समूह (प्रलय कालीन आदित्य)। ग्रसै = पकड़ता है, आकृष्ट करता है। श्रीहरि की जनु मूरति लसै = श्री विष्णु की मूर्ति की भाँति शोभायमान है। (जिस प्रकार श्री विष्णु की शोभा देखने से कभी भी तृप्ति नहीं मिल सकती, अर्थात्, सदा देखते रहने की इच्छा बनी रहती है, उसी प्रकार दंडक वन की शोभा भी है।)

अलंकार—श्लेष, उपमा तथा मुद्रा । छन्द—हाकलिका ।

(८३) अर्जुन = १. पांडवों में तृतीय, २. अर्जुन नामक वृक्ष । भीम = १. पांडवों में द्वितीय, २. अम्लवेत नाम वृक्ष । सुभगा = सौभाग्यवती (सोहागिन) स्त्री । सिंदुर = १. सिंदूर, २. एक वृक्ष । तिलक = १. टीका, २. तिलक नामक वृक्ष । रूरी = सुन्दर, शोभादायक ।

अलंकार—उपमा, उत्प्रेक्षा, श्लेष, मुद्रा । छन्द—दोधक ।

विशेष—रामायण की कथा के पश्चात् ही महाभारत की कथा घटित हुई । अतः राम के मुख से महाभारत के पात्रों का उल्लेख ठीक नहीं है । इसे अर्थ-दोषान्तर्गत 'काल-दोष' कहा जा सकता है ।

(८५) कुलकन्या = कुलीन घर की कन्या । धाइ = १. बच्चों की देखभाल करनेवाली बड़ी स्त्री (नर्स) २. धवा नामक वृक्ष । केलिथली = केलि का स्थान । श्रीगिरिजा = पार्वती जी । सितकंठ = १. मोर, २. महादेव जी ।

अलंकार—श्लेष, उपमा, उत्प्रेक्षा तथा मुद्रा । छन्द—दोधक ।

(८५) चल = चंचल । तुंग = उत्तुङ्ग, उच्च । देवेश = इन्द्र (देवताओं का अधिपति) ।

अलंकार—उत्प्रेक्षा । छन्द—मनहरन ।

(८६) थापी = चलाई है, बनाई है । कंजज = पद्म से उत्पन्न (ब्रह्मा) । श्रीहरिमंदिर = श्रीविष्णु का निवास-स्थान, १. बैकुण्ठ, २. समुद्र ।

अलंकार—व्याजस्तुति, उत्प्रेक्षा, उपमा का संकर । छन्द—दोधक ।

(८७) मगजन = मार्ग के व्यक्ति, पंथी, राहगीर । निगति = जिसकी गति न हो वह पापी । अगति = गतिरहित ।

अलंकार—विरोधाभास । छन्द—अमृतगति ।

(८८) विष = जल । अमृत = अमर, देवता । जीवनहार = जल पीने वाला, अथवा स्नान करने वाला ।

अलंकार—श्लेष से पुष्ट विरोधाभास । छन्द—दोहा ।

(८९) बहुगुनलीना = अनेक गुणों से युक्त । पिय जियहि रिझावै = प्रिय का हृदय प्रसन्न करती हैं । दुखनि भजावै = दुखों को दूर करती हैं । मति संसारी = संसारी मति, भेद अथवा भय । बिपिनबिहारी = वन में विचरण करने वाले जीव-जन्तु । सुख-दुखकारी = सुख देनेवाले मोर, कोकिल आदि तथा दुःख देने वाले सिंह, बाघ आदि । जगभूषन = संसार के आभूषण (श्रीराम) । रिपुकुलदूषन = शत्रुहंता ।

अलंकार—अनुप्रास । छन्द—त्रिभंगी ।

(९०) छिद्र = अवसर, मौका । छुद्रबुद्धि = नीच बुद्धिवाला । सोचपोच = सोच-विचार । मोचिकै = छोड़कर । भीम भेष = बड़ा आकार । चन्द्ररेख = चन्द्रलेखा, दूज का चांद ।

अलंकार—उत्प्रेक्षा । छन्द—चामर ।

(६१) धूमकेतु = अग्नि। धूमजोनि = बादल। सुधाधाम = अमृत का निवास-स्थान—चन्द्रमा। बगरूरा = बवंडर। कामिनी के काम की = रति। मठेस = मठाधीश (आगे भी केशव ने मठाधीशों की निन्दा की है। वे मानते थे कि मठाधीश पाखंडी हो गए थे)। स्वपचराज = चांडालों का राजा। छाया-जाया राम की = राम की छाया-पत्नी (माया-सीता, असली सीता नहीं।)

अलंकार—संदेह से पुष्ट उपमा। छन्द—दण्डक।

(६३) राजश्री = राज्य का वैभव। प्रस्थानु = आगमन का चिह्न।

अलंकार—अपह्नुति तथा उत्प्रेक्षा। छन्द—दोहा।

(६४) सुर-मारग = स्वर (शब्द) का मार्ग (मारीच ने मृत्यु के समय 'हा लक्ष्मण !' जो पुकारा था, उसके मार्ग पर)। त्रास डेराइ रहीं = भय से डर रही हैं।

अलंकार—संदेह। छन्द—दुर्मिला।

(६५) तम की छबि छाई = घना अन्धकार छाया है। द्यौस = दिवस, दिन।

अलंकार—तद्गुण। छन्द—स्वागता।

(६६) तूर = तूर्य, तुरही। तार = मंजीरा। आवझ = ताशा। इन्द्रलोकतिय = देवलोक की स्त्रियाँ, अप्सराएँ।

अलंकार—उत्प्रेक्षा, प्रतिवस्तूपमा। छन्द—स्वागता।

(६७) दादुर = मेंढक। खंग = खड्ग, तलवार। दुतिवंत = स्वयं प्रकाशमान ग्रह। चन्द्रवधू = बीरबहूटी नामक लाल रंग का कीड़ा।

अलंकार—अपह्नुति, प्रत्यनीक। छन्द—तारक।

(६८) इस छन्द में केशव ने वर्षा तथा कालिका का विकट रूपों में साम्य, (श्लेष के आधार पर) प्रस्तुत किया है।

(शब्दार्थ) वर्षा पक्ष में

भौं = भय। सुरचाप = इन्द्रधनुष। प्रमुदित पयोधर = उमड़े हुए बादल। भू = धरती। ख = आकाश। नजराय = देख पड़ती है। तड़ित = बिजली। तरलाई = चंचलता। नैन अमल = नदियाँ निर्मल नहीं हैं। कमल दल दलित = कमल दल दलित हो गए हैं। निकाई = काई के बिना है। प्रबलक = प्रबल जल (की धारा)। रेनुका हर = धूल को बहा ले जाने वाली। गमनहर = आवागमन समाप्त करने वाली। मुकुत सुहंसक सबद = हंसों के शब्दों से रहित (वर्षा में हंस सरोवरों से कहीं चले जाते हैं)। अम्बर = आकाश। बलित = बादलों से युक्त। नीलकण्ठ = मयूर।

भावार्थ

विकट कराल वर्षा ऋतु आई है जिसमें अनेक भय हैं, इन्द्र-धनुष की शोभा है, घनघोर घटा है, भूमि और आकाश को प्रकाशमान करनेवाली चंचल बिजली है। वर्षा के मेघों के कारण सुन्दर चन्द्रमा का बिम्ब नहीं दीख पड़ता। नदियाँ स्वच्छ नहीं हैं;

जल-प्रवाह के कारण कमलदल दलित हो गए हैं। जलाशयों में प्रवहमान जल के कारण काई नहीं है; जल-प्रवाह से धूल भी नहीं है। आवागमन भी बन्द हो गया है। हंसों के चले जाने से उनका सुखद शब्द भी नहीं सुनाई पड़ता। बादलों से युक्त आकाश को देखकर मोर नृत्य करते हैं।

(कालिका-पक्ष में)

सुरचाप = इन्द्रधनुष। प्रमुदित = उन्नत। पयोधर = स्तन। भूखन = भूषण, जेवर। रलाई है = मिली हुई है। सुख = सहज ही। निकाई = शोभा। प्रबल करेनुका = मस्त हथिनियाँ। मुकुत = मुक्त, स्वच्छन्द। हंसक-सबद = बिछुआओं का शब्द। अम्बर = वस्त्र। बलित = युक्त। नीलकण्ठ = महादेव जी।

भावार्थ

कालिका का रूप ऐसा है—इन्द्रधनुष उसकी भौंहें हैं, घने बादल उसके उन्नत कुच हैं, बिजली की छटा ही जड़ाऊ आभूषण हैं, उसके मुख की इतनी शोभा है कि उसके समक्ष चन्द्रमा की शोभा स्वयं नष्ट या हीन हो जाती है (वर्षाकाल में चन्द्रमा प्रायः दीखता ही नहीं), उसके नेत्रों की इतनी शोभा है कि उनके सामने कमल-दल शोभाहीन हो गए हैं (वर्षा में जल-प्रवाह के कारण कमल दल दलित हो जाते हैं), उसकी इतनी सुन्दर चाल है कि हथिनियाँ, जो चाल के लिए प्रसिद्ध हैं; लज्जित होकर नहीं चलती हैं (वर्षा में हाथियों का गमन बन्द हो जाता है); उसके बिछुआओं का स्वच्छन्द शब्द (झिल्ली आदि का शब्द) सुखदायी है; कालिका ने नील वस्त्र धारण किया है (वर्षा में आकाश भी मेघों के कारण नीला रहता है), कालिका नीलकण्ठ (महादेवजी) को मोहित करती है। (वर्षा में मयूर मेघों से मोहित होते हैं)।

अलंकार—संदेह से पुष्ट सभंगपद श्लेष। छन्द—घनाक्षरी।

(९९) कलहंस = सुमधुर शब्द बोलने वाले छोटे-छोटे हंस। कलानिधि = चन्द्रमा। कंज = कमल। कराल = प्रबल, कठिन। शोधि = खोज-खोज कर। हितू = हित चाहने वाला। अवलम्बि = आधार।

अलंकार—क्रम। छन्द—चन्द्रकला।

(१०१) समान = स + मान, गर्वयुक्त। कुन्तल = केश, बाल। राजीव = लाल कमल।

अलंकार—श्लेष से पुष्ट रूपक। छन्द—मोटक।

(१०२) नीरज = १. कुमुद; २. मोती। पयोधर = १. बादल; २. स्तन। अम्बर = १. आकाश; २. वस्त्र। पाटीर = चन्दन। हंसी गति = हंसों की चाल।

अलंकार—श्लेष से पुष्ट रूपक। छन्द—मोटक।

(१०३) तमता = १. अन्धकार; २. अज्ञान। ताप = १. उष्णता, गर्मी; २. त्रिविध ताप। अकीरति = १. अपयश; २. अकर्तव्यता;। पतिदेवन = पतिव्रता।

सन्मारग=१. अच्छा रास्ता २. श्रेष्ठ आचरण का मार्ग। गति=१. चाल; २. सुगति ।

छन्द—मोटक ।

(१०४) हरि कैसो बाहन=श्री विष्णु के वाहन के समान, गरुड़ के समान। विधि कैसो हेम-हंस=ब्रह्मा का वाहन, सुवर्ण-वर्ण के हंस की भाँति। निसंक=निरंकुश। गिरिगजगंड तें=पर्वत-रूपी हाथी के गंडस्थल से। सुबरनअलि=स्वर्ण रंग का भौंरा। कलंक-रंक=कलंक-रहित। हवाई=आतिशबाजी का बाण। कमान=तोप।

अलंकार—उपमा, रूपक, सन्देह, अनुप्रास। छन्द—दण्डक।

(१०५) हरि=वानर (यहाँ पर 'हनुमान जी' से अभिप्राय है।) आवझ=पखावज, एक वाद्य। बीन=वीणा।

छन्द—तामरस।

(१०७) किन्नरी=किन्नर जाति की स्त्री। किन्नरी=सारंगी। सुरी=देव-कन्याएँ। आसुरी=असुरों की कन्याएँ। नगीकन्यका=पर्वत-प्रान्त की कन्याएँ। पन्नगी=नाग-कन्याएँ।

छन्द—भुजंगप्रयात।

(१०८) हाला=मदिरा, शराब। गुहै=गूंथती है। बनी=अलंकृत, सज्जित। चित्रशाला=रंगशाला। कोकिला=कोयल-जैसे स्वर वाली युवतियाँ। कोक की कारिका=कोकशास्त्र की उक्तियों को। सुकी=शुकी सुग्गो।

छन्द—भुजंगप्रयात।

(१०९) प्रभा=शोभा। ओर चौहूँ=चारों ओर। सुद्धगीता=सबसे प्रशंसित (सीता जी)। सिंसुपामूल=शिंशपा (शीशम) वृक्ष के नीचे।

छन्द—भुजंगप्रयात।

(११०) धरे एक बेनी=अलंकार तथा केश-संस्कार के अभाव में समस्त केश एकत्र होकर एक लम्बी जटा-सी बन गई है। मृनाली=कमलदण्ड। काढ़ि डारी=निकाल कर फेंक दिया गया हो। ररै=रटती है।

अलंकार—उत्प्रेक्षा। छन्द—भुजंगप्रयात।

(१११) चितचितानि=मन की चिन्ताओं से। राहु नारीन=राहु की स्त्रियों ने। पीयूष-भीनी=अमृतयुक्त।

अलंकार—उत्प्रेक्षा से पुष्ट संदेह। छन्द—भुजंगप्रयात।

(१९२) किधौं जीव की जोति मायान लीनी=शुद्ध जीवात्मा की ज्योति अज्ञान-रूपी माया से आवृत्त हो। अविद्या=अज्ञान, सांसारिक विषयों में रत बुद्धि। विद्या प्रबीनी=निपुण तथा श्रेष्ठ बुद्धि। संबर-स्त्रीन=शम्बर नामक राक्षस की स्त्रियाँ। कामबामा=कामदेव की पत्नी-रति। रामरामा=सीताजी।

अलंकार—उत्प्रेक्षा से पुष्ट सन्देह। छन्द—भुजंगप्रयात।

(११३) देवद्वेषी = देवताओं का शत्रु (रावण)। दुरायो = छिपा कर, सिकोड़ कर। अधोदृष्टि के = नीचे धरती की ओर देखते हुए।

छन्द—भुजंगप्रयात।

(११७) अदेवी = राक्षसियाँ। बानी = वाणी, सरस्वती। मघौनी = इन्द्राणी, शची। मृडानी = भवानी, पार्वती। सुकेसी = एक अप्सरा।

अलंकार—उदात्त। छन्द—भुजङ्गप्रयात।

(११९) जु अंग आगि, ह्वै रह्यो = तू (अशोकवृक्ष) अङ्ग-अङ्ग में (अर्थात्, सम्पूर्ण वृक्ष) अग्निवत् हो रहा है—लाल पल्लवों से युक्त हो रहा है। ठौर पाइ = अवसर पाकर। पौनपुत्र = पवन-पुत्र, वायुपुत्र हनुमान् जी।

अलङ्कार—भ्रम। छन्द—चामर।

(१२३) सिखदा = सीख (शिक्षा) देनेवाली। अर्थदा = धन-सम्पत्ति देनेवाली। परम गुरु नारि = घर की कोई वृद्धा श्रेष्ठ नारी, जो परिवार के अन्य सदस्यों के सुख के लिए सब प्रकार का प्रबन्ध करती है।

अलङ्कार—श्लेष के पुष्ट सन्देह। छन्द—दोहा।

(१२४) श्री = राजश्री। पुर = अयोध्या। हों = मैं। तू = मुद्रिका। मग = मार्ग में। करी अनीति = अन्याय किया, धोखा दिया। मुंदरी ! = हे मुद्रिके ! परतीति = प्रतीति, विश्वास।

छन्द—दोहा।

(१२५) सहित = हितैषी। समान = स + मान—स्वाभिमानी। बुद्धिवंत सन्त हनुमंत ! = बुद्धिमान् सज्जन हनुमान् !

छन्द—पद्धटिका।

(१२७) दरीन = गुफाओं में। केसरी = १. सिंह, २. केशरी। बनवारी = जङ्गली हाथी। बासर की सम्पति = दिन का प्रकाश। चौगुनी चंपत = अत्यधिक व्याकुल होते हैं। केका सुनि व्याल ज्यों = मोर का शब्द सुनकर सर्प की भाँति। बिलात जात = बिलों में जाकर छिप जाते हैं। घनस्याम = श्रीराम। जवासा = एक प्रकार की घास, जो वर्षा में जल जाती है (मुरझा जाती है, नष्ट हो जाती है।) साकत = शक्ति के उपासक।

अलङ्कार—उपमाओं से पुष्ट उल्लेख। छन्द—दंडक।

(१२८) सीस की मणि—चूड़ामणि, शीशफूल। जयपद = विजय। सुत ! = हे पुत्र ! (हनुमान् !)

छन्द—हरिगीतिका।

(१२९) त्रिशिरा-खरदूषन-दूषन = त्रिशिरा तथा खरदूषण नामक राक्षसों का वध करने वाले। जस गोपद = गाय से पद के बने गड्ढे के समान अत्यन्त सुलभता से।

अलङ्कार—गूढ़ोत्तर। छन्द—विजय।

(१३०) कोरि कोरि = कोटि-कोटि। पौरि = नगर-द्वार पर। रुण्ड = धड़, सिर को छोड़कर बाकी शरीर।

छन्द—चामर।

(१३१) बुंद सूखि गो कहा महासमुद्र छीजई = एक बूंद के सूख जाने से महासमुद्र नष्ट नहीं होगा, अर्थात्, एक हनुमान् को समाप्त करने पर भी राम की अपार सेना बनी रहेगी।

अलङ्कार—दृष्टान्त। छन्द—चामर।

(१३२) जटो = जड़ी हुई। अटा = अटारी। नाग = हाथी।

अलङ्कार—उपमा तथा उत्प्रेक्षा। छन्द = भुजङ्गप्रयात।

(१३३) लाई = जलाई। बेर = वेला, समय। पूरब जाम = प्रथम याम में, पहले प्रहर में।

अलङ्कार—उत्प्रेक्षा। छन्द—दोहा।

(१३५) मृदुल मृनालिका = १. कोमल कमलदण्ड, २. कोमल कमलदण्ड जैसी मृदु बाँहें। केसरी = १. सिंह, २. केशर। बिलान = १. बिलों को (कंदराओं को), २. विलुप्त हो जाना (छिप जाना)। सूरति = दशा। मूरती = शरीर। गहति है = ग्रहण करती है।

अलङ्कार—उपमाओं से पुष्ट उल्लेख। छन्द—घनाक्षरी।

(१३८) हरि = वानर। ठाए हो = स्थापित—किया है, सिद्ध किया है। बानरस = बाणों की शक्ति। बलीमुख = १ वानर; २ बलियों में मुख्य। साखामृग = वानर। बेद-साखामृग = वेदों की शाखाओं में विचरण करने वाले।

अलङ्कार—परिकरांकुर, विधि, अपह्नुति, यमक, लाटानुप्रास आदि से पुष्ट उल्लेख। छन्द—दंडक।

(१४०) उचकि = उछल कर। रोदसी = अंतरिक्ष (स्पेस)। बरषा ज्यों बलनि बलति है = वर्षा जिस प्रकार मेघों से बली होती है, उसी प्रकार राम की सेना बली वानरों से अति बलवती है। राजनि = राशि, समूह, पंक्ति। दलति है = संहार करती है, पीस डालती है। पय = जल, पानी। पुहुमी = पृथ्वी।

अलंकार—उपमा, अनुप्रास, यमक, अत्युक्ति। छन्द—दण्डक।

(१४१) भारत = भार के तर, भार से पूर्ण करते हैं। दचकनि दचकत = धक्के से हिल जाते हैं। मचकत = दबते-उठते हैं। ('स्प्रिङ्ग' की भाँति)। लचकि = झुकना। सेस = शेषनाग। भोगवती = 'अतल' नामक लोक की राजधानी, जो पृथ्वी के नीचे है। अतल बितल तल = अतल और वितल पृथ्वी के नीचे के सात लोकों में से प्रथम दो हैं। सात लोक इस प्रकार हैं—१. अतल, २. वितल, ३. सुतल, ४. तलातल, ५. महातल, ६. रसातल तथा ७. पाताल।

अलंकार—अत्युक्ति, यमक, अनुप्रास, पुनरुक्ति-प्रकाश। छन्द—दंडक।

(१४२) मीचु = मृत्यु । बई = बोई है । बीसबिसे = निश्चय ही । हुतो दृग = जो आँखों को इष्ट थी, जो पसन्द आई थी । रई = रंजित ।

अलंकार—निदर्शना । छन्द—विजय ।

(१४३) अवओघ = महापाप । जस बाढ़ो = कीर्ति फैलाइए । किन = क्यों ।

(१४४) बिरंचि = ब्रह्मा । जीव = बृहस्पति । बेर कै = कितनी बार । न जक्ष भीर मंडि रे = यक्षों की भीड़ मत लगाओ ।

अलंकार—उदात्त । छन्द—नराच ।

देखिए : 'हनुमन्नाटक' : ब्रह्मन्नध्ययनस्य नैष समयस्तूष्णीं बहिः स्थीयताम्,
स्वल्पं जल्प बृहस्पते जडमते नैषा सभा वज्रिणः ।
स्तोत्रं संहर नारद स्तुतिकथालापैरलं तुंबुरो !
सीतारल्लकभल्लभग्नहृदयः स्वस्थो न लंकेश्वरः ।।

(१४५) कौन हौ पठए = किसने भेजा ? ह्यां = यहाँ । जारि = जलाकर ।

अलंकार—गूढ़ोत्तर । छन्द—चंचरी ।

(१४६) कांख चांपि = बगल में दबाकर । न्हात = नहाते । रघुनाथ-बान-बिमान बैठि सिधाइयो = श्रीराम के बाण-रूपी विमान पर बैठकर चला गया ।

अलंकार—गूढ़ोत्तर । छन्द—चंचरी ।

(१४७) देवदूषन = देवताओं का शत्रु (रावण) ।

अलंकार—गूढ़ोत्तर । छन्द—चंचरी ।

(१४८) न काहू हयो जू = कोई भी न मार सका । सागर को मद झारि = समुद्र का अहंकार नष्ट करके (समुद्र पार कर) । चिकारि = गरज-गरज कर । त्रिकूट = वे तीन शिखर जिन पर लङ्का स्थित है । बिहारि छयो जू = विहार करके गया हूँ । नीकेहि = अच्छी तरह से, बिना किसी हानि अथवा कष्ट के ।

छन्द—विजय ।

(१४९) राजान के राज = राजाओं के राजा । महाभाग जागे = भाग्य चमक उठा है । देवि = पटरानी । आनि कै = आकर । देसु लै कोषु लै = देश लो, कोष लो (अर्थात् देश अथवा कोष लेने के लिए नहीं आए हैं) । आसु ही = शीघ्र ही । ओक = घर, निवास स्थान ।

छन्द—गङ्गोदक ।

(१५१) तुम पै = तुम से (बुंदेलखण्डी प्रयोग) । बाट = रास्ता । जरी लंक = रत्न-जटित लंका । जराइ-जरी = जल गई ।

अलङ्कार—यमक । छन्द = मदिरा ।

(१५४) प्रतिहार = द्वार-रक्षक । सूर = सूर्य । कृपा जोवै = कृपा का आकांक्षी बना रहता है । छपानाथ = चन्द्रमा ।

अलङ्कार—उदात्त । छन्द—भुजंगप्रयात ।

(१५५) पेट चढ़्यो = गर्भ में आया । पलिका = पतंग । पालकिहू = विवाह के

समय पालकी चढ़ा। चौक चढ़्यो = विवाह के अवसर पर चौक चढ़ा। चित्रसारी = रंगमहल। चिता हू चढ़्यो चाहत = हे मूढ़! अब चिता पर भी चढ़ोगे (अर्थात्, रण का समय आसन्न हो गया है)।

अलङ्कार—सार, अनुप्रास तथा लोकोक्ति। छन्द—विजय।

(१५७) हरगिरि = कैलास पर्वत (महादेव जी का निवास-स्थान)। सहास = मुस्कराहट के साथ, प्रसन्नता के साथ।

छन्द—दोहा।

(१५८) क्षिप्रहीं = शीघ्र ही। अदेव-द्वेषी = राक्षसों का शत्रु। अमानुषो = मनुषों से रहित।

छन्द—वंशस्थ।

(१६२) सिकता = रेत, बालू। लक्षधा छतना करे = शरीरों को भेद कर, छलनी-सा कर दिया।

अलङ्कार—अत्युक्ति। छन्द—चंचरी।

(१६३) नैरित्यन = राक्षस। छन्द—मोटनक।

(१६४) पुरंदर = इन्द्र। अलङ्कार—उत्प्रेक्षा। छन्द—मोटनक।

(१६५) पट्टिश = खांड़ा। परिघ = गँड़ासा वा लाहांगी। तोमर = शापला। परसा = फरसा। कुंद = बरछी। भिंदिपाल = ढेलवांस, गोफाना। मोगरा = मुद्‌गर। कटरा = कटार। नेजा = भाला। सक्ति = शक्ति, सांग, सूरज = सुग्रीव। सेष = लक्ष्मण।

छन्द—दण्डक।

(१६६) मधु, मुर, नरक, शंख, कैटभ = विष्णु (राम) द्वारा मारे गये राक्षस। तरुखंड = सात ताल वृक्ष, जिनको बेधकर राम ने बालि का संहार किया था। बिहंड्यो = विशेष प्रकार से खंडित किया।

अलङ्कार—स्वभावोक्ति। छन्द—छप्पय।

(१६८) असुहर = प्राणों का हरण करनेवाला, मार डालनेवाला।

छन्द—दोहा।

(१७०) पुत्रिका = तुलसी। राग = अनुराग। रची है = रंगी है।

अलंकार—उपमा और उत्प्रेक्षा से पुष्ट सन्देह। छन्द—भुजंगप्रयात।

(१७१) अनंता = पृथ्वी। सस्य = धान्य। समुद्रावधिः = समुद्र तक। सप्तईति = सात बाधाएं, जिनके कारण खेती को हानि पहुँचती है, निम्नलिखित हैं:

अतिवृष्टिरनावृष्टिर्मूषिकाः शलभाः शुकाः।
स्वचक्रं परचक्रं च सप्तैता ईतयः स्मृताः॥

१. अतिवृष्टि, २. अनावृष्टि, ३. चूहों का लगना, ४. टिड्डी का गिरना, ५. शुकादि पक्षियों से हानि पहुँचना, ६. स्वदेशी राजा की प्रजा से लड़ाई, ७. विदेशी राजा का आक्रमण।

कल्पसाखी = कल्पवृक्ष ।

अलंकार—सम्बन्धातिशयोक्ति । छन्द—भुजंगप्रयात ।

(१७२) भोगभोगी = आठ प्रकार के सुखों को भोगनेवाले । आठ सुख निम्न-लिखित हैं : १. फूलमाला धारण करना, २. इतर-फुलेल लगाना, ३. स्त्री-प्रसंग, ४. अच्छे वस्त्र धारण करना, ५. गाना सुनना व गाना, ६. पान खाना, ७. अच्छे भोजन तथा ८. सवारी और आभूषण ।

छन्द—भुजंगप्रयात ।

(१७३) सुन्दरी = स्त्री । सुन्दरी = खूबसूरत । साधु = पतिव्रता । सती = दक्ष प्रजापति की पुत्री । सद्मिनी = कोठरी । पुत्रिनी = पुत्रवती । चित्रिनी, पद्मिनी = काम-शास्त्रीय विभाजन के अनुसार स्त्रियों के चार वर्ग होते हैं-- पद्मिनी, चित्रिणी, शंखिनी, तथा हस्तिनी । पद्मिनी तथा चित्रिणी श्रेष्ठ मानी गई हैं ।

छन्द—भुजंगप्रयात ।

(१७४) बारन = हाथी । देवसभा = देवताओं की सभा (अर्थात्, नागरिकों के घरों में सभी देवताओं की मूर्तियाँ शोभायमान हैं । निधि सिधि विशेष अशेषन सों = नव निधियों तथा सभी सिद्धियों के प्राप्त हो जाने के कारण । नव निधियाँ निम्न हैं : १. पद्म, २. महापद्म, ३. शंख, ४. मकर, ५. कच्छप, ६. कुंद, ७. मुकुन्द, ८. नील तथा ९. वर्च्चस । अष्ट सिद्धियाँ, देखें पृष्ठ २५१ ।

अलंकार—उदात्त । छन्द—चन्द्रकला ।

रसिकप्रिया

(१) श्रीवृषभानुकुमारी = वृषभानु की पुत्री—श्रीराधिका । हेत = हेतु के लिए । सृंगार-रूप मय = शृङ्गार-रूप हो गए । बास हरे = (गोपिकाओं के) वस्त्र हरने के लिए । मातु बन्धन = माता देवकी का बन्धन । केसी, बत्सासुर = उन राक्षसों का नाम जिनका वध श्रीकृष्ण ने किया था । बकी उर = पूतना नामक राक्षसी का वक्षःस्थल फाड़ते समय । बिरंचिमति + ब्रह्मा की मति (बुद्धि) को । सांत = शान्त रस ।

छन्द—छप्पय ।

(३) कोक की सी कारिका + कोकशास्त्र के नियमों के समान । पन्नगी = सर्पिणी । नगी कुमारि = पर्वत-प्रान्त की कन्या । वारि डारौं = न्योछावर कर दूं । ब्रजलोचन एक तारिका = ब्रजवासियों को प्रिय ।

अलङ्कार—उपमा । छन्द—कबित्त ।

(४) न ऐंचो = मत खींचो । दीप-दुति = दीप की कांति । दौरि कै = दौड़कर । बिडारि देहुँ = बाहर कर दो । भायो जू = भाया है, अच्छा लगता है ।

अलङ्कार—द्वितीय प्रहर्षण । छन्द—कबित्त ।

(५) मंजन = मज्जन, स्नान करना । अमल बास = निर्मल वस्त्र धारण करना । जावक = महावर । केश-पास को सुधारिबो = केशों को भली भाँति बाँधना ।

अंगराग = विविध प्रकार के शरीर-लेप । कज्जल = काजल । मुख बास राग = मुखबास तथा मुखराग; मुखबास = दन्तमञ्जन तथा एला-लवंगादि का चर्वण; मुखराग = अधरों को रंगना अथवा तांबूल से लाल करना । निहारिबो = देखिए । प्रतिपारिबो = पालन करना ।

छन्द — कबित्त ।

(६) कुंभिलानो कंज = राधिका के विरह में श्रीकृष्ण की भाँति मुरझा रहे हैं । गुवारि = ग्वालिनी । छिरक्यो = छिड़काया ।

अलङ्कार—सूक्ष्म । छन्द—सवैया ।

(७) सूल फूल न दिखाव = शूलों की भाँति के फूल मत दिखाओ । व्याल = सर्प । चंवर चलाव जिन = चामर मत चलाओ । बरजत = वर्जन करती, रोकती । बावरी = पगली । बीरी न खवाव = पान का बीड़ा मत खिलाओ ।

छन्द—कवित्त ।

(८) वैसी = बैठी । चितयो = देखा । अनैसो = भद्दी, बुरी । चाहि फिरयो = देखकर चित लौट आया ।

छन्द—सवैया ।

(९) चूक = अपराध, भूल । मोसों = मेरे द्वारा । तिहारी = तेरे लिए । खीर सिराइ न जानत खाइ = दूध को ठंडा करके खाना भी नहीं जानते । दाख = द्राक्षा, अंगूर ।

छन्द—सवैया ।

(१०) अलाप = राग । अली जन = सखियाँ । दामिनी = बिजली । दमक = चमक । अनहीं मनाएँ = बिना मनाए ही ।

छन्द—कबित्त ।

(११) मटुकी = मिट्टी का छोटा घड़ा । नतनारु = मटकी के मुँह पर बांधा जाने वाला कपड़ा । पतुकी = मटकी । हलकै = खाली । छलकै = छलकने से । हुते = थे । ग्वारि = ग्वालिनी । उत = वहाँ ।

छन्द—सवैया ।

(१२) सुक = शुक, तोता । सारिका = मैना । कोक-कारिका = कोकशास्त्र के सूत्र । आनि = शपथ । आहि = है । ढीठि = धृष्ट, प्रौढ़, कुशल । अदीठ = अदृष्ट ।

अलंकार—विरोधाभास, विभावना । छन्द—कबित्त ।

कविप्रिया

(१) गजमुख = गणेशजी । सनमुख = सम्मुख, अनुकूल । बिमुख = नष्ट । गहार = पहाड़ ।

छन्द—दोहा ।

(३) बरनन-पंथ = वर्णन का मार्ग, वर्णन का क्रम। छमिजौ = क्षमा कीजिए। बुध = पंडित ।

छन्द—दोहा ।

(५) न राजत = शोभा नहीं देते । बुंदक = बूंद । हाला = मदिरा, शराब। गंगाघट = वह पात्र, जिसमें गंगाजल हो।

छन्द—दोहा ।

(६) काव्य में अलंकारों के सम्बन्ध में केशव का यह सिद्धान्त वाक्य है।

(७) तम कैसे प्रीतम = राहु के मित्र से। थानुसुत = स्थाणुसुत, शिवजी के पुत्र गणेशजी। नाखे हैं = उल्लंघन कर गए हैं, बढ़ गए हैं। दुवन = दुर्जन। दरिद्र दल दलन = दरिद्र दल को मारने के लिए। अमरसिंह = उदयपुर के महाराणा प्रतापसिंह के पुत्र।

छन्द—कबित्त ।

(८) इस कबित्त में प्रवीणराय के बाग तथा देवसभा की समता का वर्णन किया गया है—

देवसभा के पक्ष में :

सहित सुदरसन करुनाकलित = सुदर्शन चक्र सहित करुणाकर विष्णु। कमलासन = कमल के समान जिसका आसन हो, वह—ब्रह्मा। मधुवन मीत = कृष्ण। अपर्णा = पार्वती। रूपमंजरी = पार्वती की एक सखी। नीलकंठ = शिवजी। केशवदास = भगवान के दास भृगु, सनक आदि मुनि-गण। रंभा, मंजुघोषा, उरबसी = देवसभा की अप्सराएं। हंस = सूर्य। फूले, सुमनसु = प्रसन्न मन के देवता।

प्रवीणराय के बाग के पक्ष में :

सुदर्शन = पुष्प विशेष। करुणा = एक वृक्ष। कमलासन = कमल और आसन। मधुबन मीत मानिये = मधुवन का मित्र जैसा है। अपर्णा = करील वृक्ष। रूपमंजरी = सदा सोहागिन नामक एक पुष्पवृक्ष। नीलकंठ = मोर, कबूतर। अशोक = अशोकवृक्ष। रंभा = कदली, केला। मंजुघोषा = कोकिला। उरबसी = कोकिला का काकली स्वर, जो रसिकों के हृदय में बस जाता है। हंस = मराल। सुमन = फूल।

छन्द—कवित्त।

(६) घोरत = गर्जन करते हैं। निर्घोष = बादलों का स्वर। धरिधरनि = पृथ्वी को पकड़ कर। मुसलधारनि जल = लगातार वर्षा। निशि-दिन विशेष निःशेष मिटि जात = रात और दिन का अन्तर मिट जाता है।

छन्द—छप्पय।

१. रुद्र पक्ष :

(१२) परम विरोधी = परस्पर विरोधी तत्त्व (अग्नि, जल, अमृत, गरल, सर्प मयूर, सिंह, वृषभ इत्यादि)। अनन्त = शेषनाग। निरक्ष = अरक्षित। क = सुख। हुतभुक् = अग्नि। जग को निदान है = संसार का मूल कारण है। सौं = सौगन्ध।

जिनके प्रताप से परस्पर विरोधी वस्तुएँ अथवा जीव मिले रहते हैं। (शिव-समाज में सर्प, मूषक, सिंह आदि तथा शिवजी के शरीर पर गंगा, सर्प चन्द्रमा आदि), जो महादानियों को भी वरदान प्रदान करनेवाले हैं; जो भगवान् विष्णु के सच्चे कवि (गायक) हैं; जो अनन्त से महान् होते हुए भी अनन्त (शेषनाग) को साथ रखते हैं : जो सभी प्रकार से अशरण व्यक्तियों को भी शरण प्रदान करनेवाले तथा अरक्षित व्यक्तियों की रक्षा करने वाले हैं; जो अग्नि के हित की कामना करनेवाले हैं (अर्थात्, यज्ञादि को महत्त्व देते हैं); जिनके हृदय में श्रीनारायण का निवास है; जिनको गंगाजल अत्यधिक प्रिय है; जो संसार के मूल कारण हैं; उनको देख-देखकर तथा शिवजी की सौगन्ध खाकर केशवदास जी कहते हैं कि ये राणा अमरसिंह हैं अथवा स्वयं शिवजी हैं।

२. समुद्र पक्ष :

परम विरोधी = समुद्र में विष, देव, दैत्य आदि; सात्त्विक, तामसी आदि सभी प्रकार के जीव रहते हैं। दानिन के दानि = समुद्र से उत्पन्न कल्पवृक्ष, कामधेनु, लक्ष्मीजी आदि कोई भी वस्तु वरदान के रूप में प्रदान कर सकते हैं। कवि केशव = श्रीनारायण जिसकी प्रशंसा करते हैं। प्रमान है = यह सत्य है। आप = जल। अनन्त = (दूसरी बार प्रयुक्त) शेषनाग। क = जल। निधान है = अन्तिम संचय-स्थान है। हुतभुक् = बड़वा-नल। निदान = मूल कारण।

समुद्र में विष, देव, दैत्य आदि परस्पर-विरोधी तत्व मिले रहते हैं; उनमें मन-चाही वस्तुओं को प्रदान करने वाले कल्पवृक्ष, कामधेनु, लक्ष्मीजी आदि की उत्पत्ति हुई थी। समुद्र की प्रशंसा स्वयं श्रीनारायण करते हैं। समुद्र का जल अनन्त से भी अधिक है। समुद्र में शेष-नाग का निवास है। जिनको कोई शरण नहीं दे सकता, उन अशरण नारायण को भी समुद्र शरण देनेवाला है (नारायण का निवास-स्थान समुद्र ही है), समुद्र ही बडवाग्नि को अपने भीतर रख लेता है। समुद्र को गंगानदी का जल परम प्रिय है। समुद्र (जल) के बिना जगत् ही नहीं है, अतः वह जगत् का मूल कारण है।

३. राणा अमर सिंह पक्ष :

परम विरोधी = शत्रु। प्रमान (प्र + मान) = सभी राजाओं में अधिक मान (सम्मान) रखने वाले हैं। अधिक (अ + धिक) जिनको कोई भी धिक्कार नहीं सकता। अनन्त (अन् + अन्त) = जिनका कोई अन्त (भेद) न पा सके। क = सुख। निधान = प्रवीण। हुतभक = देवता। भावत है गंगाजल = गंगाजल के समान (शुद्ध तथा पवित्र)

विराजमान है । जग को निदान है = संसार में उच्चतम तथा सबसे अधिक प्रतिष्ठित व्यक्ति हैं । केसोराइ = नारायण ।

राजा अमरसिंह के प्रताप के कारण प्रबल विरोधी भी शत्रुता छोड़कर मित्रवत् व्यवहार करते हैं । वे बड़े दानियों से भी अधिक दान देते हैं; वे भगवान् नारायण का गुणगान करते हैं । उनको कोई भी धिक्कार नहीं दे सकता; वे इतने गम्भीर हैं कि उनके साथ रहते हुए भी कोई उनका मन (उनके विचार) नहीं समझ सकता । वे अशरणों को शरण देने वाले तथा अरक्षितों की रक्षा करने वाले हैं । देवताओं का हित करने वाले यज्ञ-यागादि में उनकी रुचि है । परम भक्त होने के कारण श्रीनारायण उनके हृदय में निवास करते हैं । गंगाजल के समान वे परम पवित्र हैं तथा संसार में सर्वाधिक प्रतिष्ठित हैं । केशवदासजी उनको देख-देखकर तथा ईश्वर की सौगन्ध खाकर कहते हैं कि ये राणा अमरसिंह हैं, रुद्र हैं अथवा समुद्र हैं ।

१. रामचन्द्र-पक्ष :

(१३) दानवारि = इन्द्र । जनक जातनानुसारि = जनक राजा की पीड़ा के अनुसार । नरदेव क्षयकर = रावण । खर दूषन के दूषन = खर, दूषण नामक राक्षसों का संहार करनेवाले । नागधर = सर्प भूषण शिवजी ।

श्रीराम इन्द्र को सुख देने वाले हैं; राजा जनक को अपनी प्रतिज्ञा के भंग से उत्पन्न पीड़ा का नाश करके शिव-धनुष को तोड़ते हुए वे बड़ी सुन्दर शोभा से युक्त हैं । वे मानव तथा देवताओं को नष्ट करने वाले रावण का नाश करने वाले हैं; खर-दूषण आदि राक्षसों का संहार करने वाले हैं । श्रीराम के भक्त सदा उनका गुणगान किया करते हैं । महादेवजी उनके प्रिय हैं; वे लक्ष्मी को सदा सुख देनेवाले हैं । उनके भाई उनके सभी कार्यों में सहायक हुए हैं । इस प्रकार अनेक सुन्दर गुणों से राजा रामचन्द्र शोभायमान हैं ।

२. बलराम पक्ष :

दानवारि = श्रीकृष्ण । जनकजातनानुसारि = अपने पिता की यातना में उनके अनुकूल कार्य करने वाले । (बलराम देवकी के गर्भ से रोहिणी के गर्भ में चले गए थे) करषत धनु = गोधन (गायों को) चराते फिरते हैं । नरदेव क्षयकर = दुष्ट राजाओं का संहार करने वाले । खर = धेनुक नामक एक राक्षस ने बलराम जी से लड़ते समय गधे का शरीर धारण किया था । दूषन = संहार करने वाले । नागधर = सर्प का शरीर (शेषावतार होने के कारण, प्रभासक्षेत्र में सर्प के वेष में समुद्र में चले गए थे) सोदर सहायक = भ्राता कृष्ण के सहायक ।

बलराम जी श्रीकृष्ण को सुख देने वाले हैं । अपने पिता की यातना कम करने के लिए उनके अनुकूल कार्य करने वाले हैं; गोधन चराते फिरने वाले हैं । उनमें अनेक सद्गुण हैं वे दुष्ट राजाओं का संहार करने वाले हैं । धेनुक नामक राक्षस की पीड़ा से

प्रजा को मुक्त करने वाले हैं। उनका यश उनके दासों (सामन्तों, सेवकों आदि) द्वारा गाया गया है। वे सर्प-शरीर धारण करने के इच्छुक हैं। वे श्रेष्ठ माताओं को सुख देने वाले हैं। अपने भाई श्रीकृष्ण की सहायता करने वाले हैं; वे सदा नवीन (तरुण) अवस्था के बने रहते हैं।

३. परशुराम-पक्ष :

दानवारि सुखद (दान + वारि सुखद) = दान देते समय छोड़ा जाने वाला संकल्प-जल जिनको प्रिय है। जनक जातनानुसारी = पिता (जमदग्नि मुनि) के कष्ट के अनुसार। नरदेव क्षयकर = क्षत्रियों के विनाशक। खरदूषन के दूषन = तीक्ष्ण दोषों का (घोर अपराधों का) नाश करने वाले। नागधर = शिवजी। लोकमाता = पार्वती। सोदर सहायक न = जिनके भाई सहायक नहीं (जो स्वयं सब कार्य करते रहे)। बल गुण भाए हैं = जिनके बल और गुण सबको प्रिय हैं।

परशुराम जी को दान करते समय छोड़ा जाने वाला संकल्पजल प्रिय है। (अर्थात् जो बहुत दान देने में सुख पाने वाले हैं); अपने पिता के शत्रुओं का संहार करने के लिए धनुष खींचते हुए वे अत्यन्त सुन्दर लगते थे। वे क्षत्रियों के विनाशक, कर्म-हारी (अर्थात् मोक्षदाता) तथा घोरापराधों के नाशक हैं। उनके प्रिय शिष्यों ने उनका यशगान किया है। वे शिवजी के प्रिय शिष्य हैं तथा लोक-माता पार्वती को अपने वीरतापूर्ण व्यवहारों से सुख देने वाले हैं। वे सारा कार्य स्वयं करते रहे; उनके गुण सभी को प्रिय हैं।

४. अमरसिंह-पक्ष :

दानवारि = देवता। जनक जात = बुरे लोग। नानुसारी + (न + अनुसारी) = अनुसरण नहीं करते। सरस (स + रस) = वीरता-सहित। नरदेव क्षयकर करम हरन = ब्राह्मणों को कष्ट या हानि देने वाले कर्मों का नाश करने वाले। खर दूषन के दूषन = श्रीरामजी। नागधर + हाथियों को पकड़ने वाले। लोक = सब लोग। सोदर सहायक = भाई के समान सबके सहायक।

राजा अमरसिंह देवताओं को सुख देने वाले हैं (अर्थात्, यज्ञादि कर्म करने वाले हैं); बुरे लोगों का अनुसरण न करने वाले हैं; धनुर्विद्या में पराक्रमी हैं; ब्राह्मणों को कष्ट देने वाले कर्म न होने देते हैं। वे श्रीराम के प्रसिद्ध भक्त हैं। हाथी पकड़ने वाले भीलों को अपना प्रिय मानते हैं। अपनी माता का वे आदर करके अपने वीर आचरणों से उनको सुख देने वाले हैं। वे भाई के समान सबके सहायक हैं तथा ऐसे सुन्दर गुणों से भूषित हैं जो अन्य राजाओं में नहीं पाए जा सकते हैं।

१. ब्रह्मा-पक्ष :

(१४) भावतपरम = परम प्रकाश के समान शरीर है जिसका, वह। हंस =

श्रीनारायण। जात = पुत्र (सनकादि)। गुण = वाद-विवाद (इस सन्दर्भ की पौराणिक कथा निम्न प्रकार है। ब्रह्म-मानसपुत्र सनकादि के कुछ प्रश्नों का उत्तर ब्रह्माजी से न पाकर, श्रीनारायण का स्मरण किया। तब श्रीनारायण हंस रूप धारण करके आए और वाद-विवाद करके सनकादि को हरा दिया)। संगीत = सामवेद आदि। सुखद सकति = सुख देने वाली शक्ति, सरस्वती। समर सनेही = कामदेव जिसका मित्र, वह + ब्रह्मा (काम की लीला से ही सृष्टि बनती है, अतः सृष्टिकर्ता ब्रह्मा के सहायक के रूप में कामदेव का उल्लेख हुआ है)। द्विजराज = पक्षी श्रेष्ठ, हंस। परदार प्रिय = श्रेष्ठ दारा जिसे प्रिय है, सरस्वती जिसे प्रिय है।

ब्रह्माजी का शरीर परम प्रकाश के समान है। वे हंसावतार नारायण तथा मानस-पुत्र सनकादि के वाग्विवाद को सुनकर प्रसन्न होते हैं; वे संगीतमय वेदों के मित्र हैं; सुखदा शक्ति सरस्वती को धारण करने वाले हैं। सृष्टि-रचना में कामदेव उनका मित्र हैं; वे चार मुख वाले हैं; उनका यश जगत्प्रसिद्ध हैं, वे कमलासन हैं तथा श्रेष्ठ दारा (ब्राह्मणी) ही उनको प्रिय है।

२. कृष्ण-पक्ष :

हंसजा = सूर्य-पुत्री, यमुना। तगुण = (तागुण) उसकी प्रशंसा। संगीत मीत = गान-विद्या के मित्र हैं। सुखद सकति = शिवजी की 'लीला' नामक सुखदायिनी शक्ति, जिसका अवतार राधिकाजी हैं। समर सनेही = कामदेव के मित्र हैं। बहुबदन विदित = अनेक रूप धारण किया (रास-लीला के समय)—यह सर्व-विदित है। द्विजराजपद = भृगु मुनि के पद-चिह्न। कमला = श्रेष्ठ स्त्री। सन = संग। प्रकाश = स्पष्ट है। परदार प्रिय = अन्य की स्त्रियाँ प्रिय थीं। मानि ये = अन्यों की स्त्रियों का उपपति होने पर भी मानी नायक थे।

श्रीकृष्ण को सूर्य-पुत्री यमुना बहुत प्रिय है, उसके गुण सुनकर वे सुख पाते हैं। वे संगीत-विद्या के मित्र हैं, अर्थात्, संगीत-कला में निपुण तथा रुचि रखते हैं। सभी देवता उनकी प्रशंसा (या गुणगान) करते रहते हैं। वे सुखदायिनी शक्ति राधिका जी को धारण करने वाले हैं; कामदेव उनका मित्र है। रासलीला के लिए श्रीकृष्ण ने अनेक रूप धारण किए। भृगु मुनि के पद-चिह्न उनके हृदय में भूषण की भाँति शोभायमान हैं। श्रेष्ठ परदाराएँ उनको प्रिय थीं (अनेक परकीया नायिकाओं के वे उपपति थे), तब भी मानी नायक ही बने रहते थे।

३. शिव-पक्ष :

भावत = प्रभा से युक्त हैं। परमहंस = परमहंसी वृत्ति के हैं। जात = पुत्र (गणेशजी अथवा स्वामी कार्तिकेय)। सुखद सकति = सुखदायिनी पार्वतीजी। द्विजराज पद = चन्द्रमा की 'दो कलाएँ' (अर्थात्, दो कलाओं से युक्त द्वितीया का चन्द्रमा)।

कमलासन = पद्मासन । परदार प्रिय = श्रेष्ठ स्त्री, अर्थात्, लक्ष्मी जी के प्रियपुत्र हैं : मानि ये = बड़े मानी हैं ।

शिवजी सदा प्रभावान् है; परमहंसवृत्ति से रहते हैं, तब भी अपने पुत्र गणेश, कार्तिकेय आदि के गुण सुनकर प्रमुदित होते हैं । वे संगीत के मित्र हैं और लोककल्याण-कारिणी शक्ति पार्वती जी को (अन्नपूर्णा के रूप में) धारण करने वाले हैं । वे कामदेव के बड़े मित्र हैं, पंचमुख हैं तथा श्रीनारायण का यश दास्यभाव से गाते रहते हैं । उनके मस्तक पर द्वितीया का चन्द्रमा शोभायमान है तथा वे पद्मासन लगाकर बैठे हैं । वे लक्ष्मी जी के प्रिय पुत्र हैं और अकिंचन होते हुए भी बड़े मानी हैं ।

४. रघुनाथ-पक्ष :

भावत = अच्छा लगता है । परमहंस जात = परमहंसों का समूह । गुन सुनि सुख पावत = साधुओं के गुण सुनकर सुख पाते हैं । संगीत मीत = संगीत-कला में प्रीति रखनेवाले । सुखद सकति = सुखदायिनी शक्ति का रूप-सीता जी । समर सनेही = युद्ध-प्रिय । बहु वदन विदित जस = अनेक वदन वाले रावण को मारने से उनका यश और भी विदित (प्रसिद्ध) हुआ है । द्विजराजपद = चन्द्र का पद ('विरुद' जैसा) लगा हुआ —रघुवंश के अनेक राजाओं में 'चन्द्र' विरुद पद से अंकित = रामचन्द्र । कमलासन प्रकास = लक्ष्मी के साथ प्रकाशित, अत्यन्त प्रसिद्ध । परदारप्रिय = श्रेष्ठ दारा सीता जी प्रिय (पति) हैं ।

श्रेष्ठ मन वाले शिव, सनकादि परम हंसों का समूह श्रीरामचन्द्र जी को प्रिय हैं; उनकी प्रशंसा सुनकर वे अधिक प्रसन्न होते हैं । वे बड़े युद्ध प्रिय हैं—तथा दशकंठ रावण को मारने से जग में उनकी और प्रसिद्धि हुई; उनका यश उनके दास गाते रहते हैं । इनके नाम के साथ 'चन्द्र' पदवी लगी हुई है (अतः उनका नाम है—रामचन्द्र) । अनेक भूषणों से युक्त वे लक्ष्मीवान् के रूप में जगत् में प्रसिद्ध हैं और श्रेष्ठ स्त्री सीता जी के अति प्रिय पति है ।

५. राजा अमरसिंह-पक्ष :

परम = शिव (उदयपुर के राणाओं के इष्टदेव) । हंसजात गुण = सूर्य पुत्र कर्ण के गुण (दानशीलता, युद्ध-वीरता आदि) । बिबुध = पंडित । सकति = शक्ति, बरछी । द्विजराज = ब्राह्मण । कमलासन प्रकाश = लक्ष्मी से प्रकाशित, अर्थात्, धनी । परदार-प्रिय = जिसे शत्रु की दारा प्रिय है, अर्थात् जिसे शत्रु राजाओं का राज्य जीतने की इच्छा है ।

राणा अमरसिंह जी को अपने इष्टदेव शिव जी भाते हैं; वे कर्ण के समान दानशील तथा वीर हैं । संगीत-शास्त्र के पंडित हैं तथा विशेष कुशल व्यक्ति माने जाते हैं । वे विजय-दायिनी शक्ति (बरछा) धारण करने वाले हैं; युद्धप्रिय हैं तथा ब्राह्मणों

का विशेष आदर करने वाले हैं। वे अति धनी हैं तथा शत्रुओं का राज्य जीतने की इच्छा रखने वाले हैं।

(१५) इस छन्द में केशव ने राम के दान तथा कृपाण का वर्णन अभिन्न क्रिया श्लेष के आधार पर किया है।

दान-पक्ष में :

प्रयोगिजतु = प्रयोग में लाते हैं, अर्थात् देते हैं। सुबरन = सोना। न बिहित प्रमान है = बेहद, जिसका प्रमाण विहित नहीं है। सहित = प्रेम। सांग = संविधान। प्रसंग रंग = (दान के) प्रसंग में अनुरक्त होकर। प्रतिभट = समता रखनेवाला दाता। दुनी = संसार।

कृपाण-पक्ष में :

प्रयोगिजतु = प्रयोग में लाते हैं, उपयोग करते हैं। द्विजराज = क्षत्रिय राजाओं पर। सुबरन = सुन्दर वर्ण (रंग) वाला। न बिहित प्रमान है = बहुत लम्बा। सजल = पानीदार। सहित अंग = मूंठ के साथ। विक्रम प्रसंग रंग = वीरता, युद्ध आदि में रुचि रखने वाला (तीक्ष्ण धार वाला)। कोष = म्यान। दीन = कायर। प्रतिभट = शत्रु। दान-गजमद = मस्ती।

यहाँ दोनों पक्षों के लिए क्रिया एक ही है, पर उसका फल अलग-अलग है। अतः यह अभिन्न क्रिया-श्लेष कहलाता है।

(१६) इस छन्द में केशव ने कल्पवृक्ष और इन्द्रजीत तथा इन्द्र और इन्द्रजीत —इनकी समता बताई है। कवित्त के प्रथम तीन चरणों में ऐसे श्लिष्ट शब्द हैं जो तीनों पर लगते हैं, फिर चौथे में भिन्नता आ जाती है।

कल्पवृक्ष और इन्द्रजीत :

कल्पवृक्ष तथा राजा इन्द्रजीत-दोनों सुन्दर तथा सुख देनेवाले हैं। कल्पवृक्ष निर्दोष है—इन्द्रजीत भी अपने सुशासन के कारण दोष-रहित हैं। कल्पवृक्ष पत्तों से फलों से युक्त हैं- राजा इन्द्रजीत दल (सेना) से युक्त हैं तथा संगीत-विद्या में निपुण हैं। कल्पवृक्ष श्रेष्ठ सुगन्ध से युक्त है—राजा विविध वस्त्र पहने हैं तथा दासों से आवृत हैं। कल्पवृक्ष पर श्रेष्ठ पक्षी बैठे हैं—राजा के पास श्रेष्ठ ब्राह्मण हैं; दोनों के तन परम पवित्र हैं। कल्पवृक्ष और राजा, दोनों सदा उत्साहित रहते हैं, दोनों शत्रु-मित्र की कामना पूर्ण किया करते हैं। केवल अन्तर इतना है कि कल्पवृक्ष के पास आँखें, बाणी तथा चाल, ये तीनों नहीं हैं; जब कि राजा इन्द्रजीत में ये तीनों विद्यमान हैं।

इन्द्र तथा इन्द्रजीत :

सुन्दर = महादेव । सुखद = विष्णु । अति अमल सकल = अति निर्मल कलावान् चन्द्रमा । विधि = ब्रह्मा । सदल = देवताओं की सेना सहित । सफल = धर्मार्थादि चारों फलों को प्राप्त । केसोदास = भगवान् विष्णु के दास हैं ।

इन्द्र और इन्द्रजीत, दोनों समान हैं, क्योंकि इन्द्र, शिव, विष्णु, चन्द्रमा, ब्रह्मा तथा देव-सेना सहित हैं और राजा सुन्दर हैं, प्रजा-वत्सल हैं तथा राज्यकार्यों में दोष-रहित हैं । इन्द्र संगीत-रसिक हैं—राजा स्वयं संगीत-कला में पारंगत हैं । दोनों विविध प्रकार के वस्त्र पहने हुए हैं; दोनों दान देने में उत्साहित तथा शत्रु-मित्रों की कामनाओं की पूर्ति करने वाले हैं । अन्तर केवल इतना है कि इन्द्र के हजार नेत्र हैं—राजा के दो; इन्द्र की वाणी देव-भाषा है, राजा की मनुष्य-भाषा; इन्द्र आकाशगामी है, राजा भूगामी है । अन्यथा दोनों समान हैं ।

छन्द—कवित्त ।

(१७) मदन मोहन ! = हे कृष्ण । शोभा को सदन = शोभा का आगार । रुचि = छवि । जोहिये = देखिए । शुभ ! = हे कृष्ण ! आनंद को कंद = आनन्द का मेघ । टोहिये = खोजिए । कान्ह = श्रीकृष्ण । सोहिये = शोभायमान हैं ।

छन्द—कवित्त ।

विज्ञानगीता

(१) तृषा = तृष्णा । बड़वानल = समुद्र में छिपी रहने वाली अग्नि । तिमिंगल = समुद्र में निवास करने वाली एक बहुत बड़ी मछली ।

छन्द—दोहा ।

(४) निसिबासर = रात-दिन । साँच = सत्य । अघनिग्रह = पाप का त्याग । परिग्रह = पूर्णरूपेण ग्रहणीय ।

छन्द—चन्द्रकला ।

वीरसिंहदेवचरित

(१) सिखावान = अग्नि । कर = किरण । अक्षत = संपूर्ण । सोहै = शोभित है । हरिचरणोदक = गंगा, विष्णु के चरणों से निकली हुई । बृन्द = राशि, समूह । कुंद दुति = कुन्द पुष्प की सी छवि, आभा । मोहै = मोहित करती है । विभाति = शोभायमान है । बृष बाहन = बृष जिसका वाहन हो, वह—परम शिव । संग्राम सिद्धि संजुत = संग्राम-कला में निपुण तथा विजयी । कुमार = कुमार स्वामी, कार्तिकेय । हर मारमति = मार (कामदेव) की मति को भी हरने (भ्रष्ट करने) वाले । संकाहरण-भव = (सांसारिक), शंका (सन्देह, कष्ट) का हरण (नाश) करने वाले ।

छन्द—छप्पय ।

(२) धरनीधर = पृथ्वी को धरने वाला, पृथ्वी का पालन करने वाला । धीर =

धीर। धनुक = धनुष। एकरस = अचंल। सिद्धकर = कार्य-सिद्धि करने वाला। उद्दिम-मति = उद्यमशील, उद्यम में विश्वास रखने वाला। निवास-निधि = निधि (ऐश्वर्य) का निवास (आगार)।

छन्द—छप्पय।

(३) विरुद्धकर = विरोध करने वाला। कृपन = कृपण, लोभी। कुचील = (कुचैल) मैला कुचैला। दिनवान = दिन वाला, भाग्य वाला।

छन्द—छप्पय।

(४) नरबीर = बीरबल।

छन्द—छप्पय।

रतनबावनी

(१) पंच = पाँच लोग, सर्वसम्मति। पंच के लहत लहिज्जिय = यदि पंचों ने अर्थात्, पाँच लोगों ने स्वीकार किया है तो उसे तुम भी (मान) लो। पंच के कहत कहिज्जिय = पंचों ने यदि कहा है तो उसे तुम भी कहो। पंच के दिख्खत दिक्खिय = पंचों ने यदि देखा है। तो उसे तुम भी देखो। लिष्षिय = लिखिये मानिये।

छन्द—छप्पय।

(२) रहिव = रहते हुए। ध्रम = धर्म। सुरपुर पग नाखहु = सुरपुर को लाँघ गया, अर्थात्, वैकुण्ठ से भी ऊँचे धाम को गया। पील = हाथी। छन्दन कह्यव = छन्दों में वर्णन किया गया है।

छन्द—छप्पय।

• • •